Outdoor-Training
Personal- und Organisationsentwicklung
zwischen Flipchart und Bergseil

Schriftenreihe Erleben & Lernen
Herausgegeben von
Prof. Dr. Michael Jagenlauf M. A., Hamburg/Lüneburg
Prof. Dr. Werner Michl M. A., Kempten/Berg

Outdoor-Training

Personal- und Organisationsentwicklung zwischen Flipchart und Bergseil

Niko Schad/Werner Michl

2002
Luchterhand

Die Deutsche Bibliothek – CIP-Einheitsaufnahme

Niko Schad
Outdoor-Training
Personal- und Organisationsentwicklung zwischen Flipchart und Bergseil
Niko Schad. Hrsg.: Werner Michl
Neuwied; Kriftel: Luchterhand, 2002
(Schriftenreihe Erleben & Lernen; Bd. 6)
ISBN 3-472-04794-1

Alle Rechte vorbehalten.
© 2002 by Hermann Luchterhand Verlag GmbH Neuwied.
Das Werk einschließlich aller seiner Teile ist urheberrechtlich geschützt. Jede Verwertung außerhalb der engen Grenzen des Urheberrechtsgesetzes ist ohne Zustimmung des Verlages unzulässig und strafbar. Das gilt insbesondere für Vervielfältigungen, Übersetzungen, Mikroverfilmungen und die Einspeicherung und Verarbeitung in elektronischen Systemen.
Umschlag: Schneider-Reckels, Wiesbaden
Satz: Fotosatz Otto Gutfreund GmbH, Darmstadt
Druck: Amer grafisch bedrijf, Oud Gastel
Printed in the Netherlands, August 2002

∞ Gedruckt auf säurefreiem, alterungsbeständigem und chlorfreiem Papier

Inhalt

Niko Schad/Werner Michl	Vorwort	VII
Rolf Knoblauch	Zum Geleit	XI

Methoden und Hintergründe

Niko Schad	Outdoor-Training – Regenwürmer oder Spanferkel?	3
Matthias Goettenauer	Outdoor-Training im Kontext der Entwicklungen in der betrieblichen Weiterbildung	40
Siegfried Molan-Grinner	Natur und Outdoor-Training – Wie viel Natur ist im Training?	55
Doro Lehmann	Qualitätskriterien von Outdoor-Trainings unter die Lupe genommen	69
Lothar Sippl/Matthias Mokros	Design und Dramaturgie von Outdoor-Trainings	83
Michael Wagner	Transfer 1: Wer hat den Affen auf der Schulter sitzen? – Die Verantwortung für den Transfer	94
Niko Schad	Transfer 2: Was kann und was muss im Training für den Transfer erfolgen?	104
Jürgen Vieth	Schlüsselstellen – Schlüsselsituationen: Marksteine auf dem Weg zur Veränderung	116
Mayke Wagner	Outdoor Goes Intercultural – Möglichkeiten und Grenzen von Outdoor-Training im interkulturellen Kontext	125
Stefan Gatt	Sicherheit bei Seminaren mit erlebnisorientierten Lernmethoden	135
Andrea Karl/Paul Maisberger	So präsentieren sich Anbieter von Outdoor-Trainings – eine Lesehilfe	146

Inhalt

Berichte aus der Praxis

Bert Kohlhaus	Die Brücke aus der Komfortzone – Führungskräfte-Entwicklung einmal anders	157
Roland E. Röttgen	Teamentwicklung einer Change-Management-Steuerungsgruppe	166
Rolf Stapf	Turmbauprojekt – das Unternehmensplanspiel für die »Deutsche Flugsicherung«	177
Wolfgang Servas	Outdoor-Trainings bei der Deutschen Bahn AG – Aspekte bei der Einführung innovativer Projekte in großen Systemen	189
Gerd Rimner/ Bernhard Burggraf	C^4 – Company Country and City Challenge	199
Tina Küssner	»Opel – der Unterschied!«	205
Stefan Mühleisen	Fremde Welten als Trainingsraum	211
Artur Zoll	Ropes-Courses oder: Was kann man in sechs Metern Höhe lernen?	222
Mario Kölblinger	Die überschätzte Wirkung von Hochseilgärten im Management-Training	231

Überblick: die Anbieter

Niko Schad	Anbieter von Outdoor-Trainings – Profile und Positionen	243
Dietrich Kretschmar	Ausbildung zum Outdoor-Trainer – subjektive Zugänge zu objektiven Daten	269
Glossar		286
Autoren und Herausgeber		289

Vorwort der Herausgeber

Vor gut einem Jahr sind die ersten Vorüberlegungen zu diesem Band entstanden. Der Luchterhand Verlag fragte bei uns an, ob wir bereit wären, einen neuen Band in der Schriftenreihe »Erleben & Lernen« zu diesem Thema zu verantworten. Wir haben diese Herausforderung gerne angenommen. Jetzt, wo wir die Texte an den Verlag geben, liegt eine intensive Phase der Arbeit an den Texten und mit den Autoren hinter uns.

Was war unser grundlegendes Konzept? Uns war es wichtig, dass dieser Band das gesamte Spektrum der Arbeit mit der Methode »Outdoor-Training« so weit wie möglich abbildet. Das betraf zum einen die verschiedenen Methoden – vom Training in fernen Wüstengegenden bis hin zu den vergleichsweise unauffälligen Übungen in einem Hotelpark. Zum anderen wollten wir aber auch die Breite der Szene im Bereich Outdoor-Training beschreiben. Daher haben wir Praktiker aus den in Deutschland wichtigsten Unternehmen, die Outdoor-Trainings durchführen, gebeten, als Autoren aufzutreten und entweder bestimmte Themen zu vertiefen oder durch Praxisberichte Einblicke in ihre Trainings zu geben. Dieser Ansatz hat Vor- wie Nachteile. Die Vorteile liegen in der Tatsache, dass sich hier die gesamte Branche in ihrer Vielfalt präsentieren kann und ein guter Überblick über das Feld gegeben wird. Auch wird so eine Schieflage zugunsten eines Anbieters vermieden. Der Nachteil war für uns als Herausgeber, dass wir es mit Praktikern zu tun hatten, die neben ihren laufenden Trainings am Schreiben waren. Bisweilen war schon die alltägliche Kommunikation ein Problem – wenn z. B. der dringend gesuchte Autor gerade im Himalaya unterwegs war. Ein potenzieller Nachteil war auch, dass die verschiedenen Profile der angesprochenen Unternehmen und Autoren zu sehr verschiedenen Beiträgen führten. Hier sanft in Richtung einheitlicher Sprache, Formate und Standards zu drängen – und dabei trotzdem das Originäre der Autoren zu respektieren – war die manchmal nicht ganz leichte Aufgabe von uns Herausgebern. Wir hoffen, dass uns das geglückt ist. Die Frage nach der männlichen und weiblichen Anrede haben wir so gelöst: Wir sprechen von Teilnehmern und meinen natürlich damit auch das vermeintlich schwache Geschlecht; wir sprechen mit »KundInnen« zwar unschön, aber voll im Zeitgeist, beide Geschlechter an und meinen auch die Männer, wenn wir von Trainerinnen sprechen. So haben wir es den einzelnen AutorInnen erspart, die jeweils selbst getroffene Entscheidung in ihrem Beitrag zusätzlich zu begründen.

Für wen ist dieses Buch geschrieben? Wir wenden uns vor allem an Menschen, die sich zum ersten Mal über Outdoor-Trainings informieren wollen.

Vorwort der Herausgeber

Und natürlich an Studierende – der Betriebswirtschaft, der Pädagogik, der Psychologie, der Sozialen Arbeit – und an Betroffene: sei es, weil sie demnächst als Teilnehmer ein Training besuchen werden, sei es, weil sie in irgendeiner Weise an einem Entscheidungsprozess darüber beteiligt sind. Es geht also um einen ersten Überblick. Weniger ist es unser Ziel, die Fachdiskussion zwischen den Praktikern mit diesem Buch zu fördern. Daher haben wir auf eine zu differenzierte Darstellung einzelner Theorieansätze verzichtet, sondern uns auf die »basics« beschränkt. Der fachliche Austausch innerhalb der Trainingsbranche muss an anderer Stelle stattfinden – nachdem wir hier nun ein Buch vorliegen haben, das immerhin ein »gemeinsames Produkt« einer doch repräsentativen Auswahl von Anbietern auf dem deutschen Markt ist, sind wir optimistisch, dass wir auch hier etwas bewirken werden.

Eine weitere Anmerkung: Die Suche nach Praxisberichten gestaltete sich viel schwerer, als zunächst angenommen. Dabei war es ein Hindernis, die Unternehmen zu der Freigabe von Texten zu bewegen. Für uns verwunderlich: Wenn man davon ausgeht, dass in keinem der Berichte personenbezogene Daten oder Unternehmensgeheimnisse ausgeplaudert werden sollten, wundert's uns, dass man sich da so schwer tut. Sie könnten doch stolz sein, dass sie ihren Mitarbeitern eine gute und innovative Methode anbieten. Und wenn mal in einem Bericht steht, dass es in dem Unternehmen an der einen oder anderen Stelle hakt und daher ein Training notwendig war... kann man das nicht zugeben? Oder ist es mit der Fehlerkultur in den Unternehmen doch noch nicht so weit her? Uns auf jeden Fall hat diese vornehme Zurückhaltung verblüfft!

Das Herausgebergespann zeichnet sich durch Gemeinsamkeiten und Unterschiede aus, die wir zu Synergien nutzten. Beide arbeiten wir draußen und drinnen mit Menschen, versuchen Lern- und Denkprozesse anzustacheln, haben uns dem Lernen durch Erlebnis, Erfahrung und Handlung verschrieben. *Niko Schad* verbürgte nicht nur den Blick von innen durch seine reichhaltigen Erfahrungen im Bereich des Outdoor-Trainings, er konnte durch seine zahlreichen Kontakte zu Trainern und Outdoor-Firmen die Bandbreite der Buchthemen garantieren. *Werner Michl*, Experte in Sachen Erlebnispädagogik, im Bereich der Erwachsenenbildung, in der Hochschuldidaktik – und vor allem bei Methoden handlungsorientierten Lernens – konnte neben diesen Fachkompetenzen auch seine reichhaltigen Erfahrungen als Autor und Herausgeber einbringen.

Zu den Beiträgen im Einzelnen: *Niko Schad* gibt zunächst einen ersten Überblick über die Grundzüge des Outdoor-Trainings, *Matthias Goettenauer* geht dann auf den unternehmerischen Kontext ein, in dem Outdoor-Training gebucht und durchgeführt wird. Selbst wenn heute in vielen Trainings Natur nur am Rande oder als Kulisse auftaucht, bleibt die Frage, welche Chancen ihre systemische Nutzung bietet. *Siegfried Molan-Grinner* gibt hier Hinweise, die über gängige Argumentationen hinausweisen. Qualität und Design sind zentrale Kategorien, wenn es um die Buchung und Planung von Outdoor-Trainings geht. *Doro Lehmann* und das Autorenteam *Lothar Sippl* und *Matthias Mokros* geben einen guten Überblick, auf was hierbei von allen Beteiligten zu achten ist. Der Transfer des Gelernten in den Unternehmensalltag ist letztlich das Maß, an dem Unternehmen die Wirksamkeit von Outdoor-Trainings messen wollen. *Michael Wagner* pflichtet dem zwar bei, aber beharrt darauf, dass die Verantwortung für den Transfer bei den Kunden, sprich Teilnehmern und Unternehmen liegt. *Niko Schad* nähert sich aus einem anderen Blickwinkel dem Transferproblem: Er geht von der Fragestellung aus, was von Seiten der Outdoor-Trainer für den Transfer getan werden kann und getan werden muss. *Jürgen Vieth* stellt Schlüsselsituationen innerhalb von Trainings dar, um zu verdeutlichen, wie Lernen im Outdoor-Training passiert, *Mayke Wagner* setzt sich mit dessen Einsatz in interkulturellen Trainings auseinander. Abgerundet wird der mehr theoretische Teil mit einem Beitrag von *Stefan Gatt* zum Thema Sicherheit und einer »Lesehilfe« von *Andrea Karl* und *Paul Maisberger*, die eine Orientierung im Dschungel der Prospekte und Webseiten zu geben versuchen.

Bert Kohlhaus beschreibt im ersten Praxisbericht den Bau einer Seilbrücke. Freilich geht es nicht nur um die Entwicklung handwerklicher Fertigkeiten, sondern immer auch um Metaphern des Lernens: eine Brücke bauen zu Betrieb und Beruf. Am Beispiel »Teamentwicklung einer Change-Management-Steuerungsgruppe« zeigt *Roland E. Röttgen* auf, wie aus den ersten Kundenkontakten und -wünschen ein Seminardesign erstellt wird. *Rolf Stapf* entwickelte mit seiner Firma ein Unternehmensplanspiel für die »Deutsche Flugsicherung«, dem ein komplexes Szenario zu Grunde liegt. Das Zusammenspiel vieler Teams bei unterschiedlichsten Problemlösungsaufgaben ist hier nur ein Abbild der komplexen beruflichen Wirklichkeit. Wie können innovative Projekte und Outdoor-Trainings bei einem der größten europäischen Dienstleistungsunternehmen eingeführt werden? Auf diesen schwierigen Weg bei der Deutschen Bahn AG blickt *Wolfgang Servas* zurück. Inzwischen ist die Bahn einer der größten Anbieter im Outdoor-Bereich. Im »Kampf um die Talente« setzten *Gerd Rimner* und *Bernhard Burggraf* von »C[4] – Company Country and City Challenge« konstruktive Lernprojekte ein – überschaubare und nahezu überall einsetzbare Problemlösungsaufgaben – und schufen mit einfachen Übungen ein komplexes Szenario. Opel und Outdoor-Training? Sehr wenig wurde bislang über eines der umfangreichsten Programme, das die Opel AG durchführte, publiziert. *Tina Küssner* war »live« dabei! In fremde Welten entführt *Stefan U. Mühleisen* die Leserinnen und Leser – so wie Unternehmen, die sich intensive Erfahrungsgewinne erhoffen, wenn sie ihre Führungskräfte und Mitarbeiter statt in den Seminarraum an fremde Orte und Plätze der Welt schicken. Die Beiträge von *Artur Zoll* und *Mario Kölblinger* lesen sich wie These und Antithese – die Synthese überlassen wir den geschätzten Leserinnen und Lesern! Die Frage, was man so alles in sechs Metern Höhe lernen kann, beantwortet *Artur Zoll* zwar durchaus kritisch, kommt aber dann zu einer positiven Bewertung. *Mario Kölblinger* dagegen setzt in seinem frechen und frischen Beitrag vieles in Frage, was bislang unhinterfragt zu den gängigen Lernzielen von Trainings in Hochseilgärten erklärt wurde. Gibt es eine spezielle Ausbildung für handlungs- und erlebnisorientiertes Lernen? Dieser Frage geht *Dietrich Kretschmar* in seinem Artikel nach. Auf der Suche nach der richtigen Ausbildung zum Outdoor-Trainer benutzt Kretschmar subjektive Zugänge zu objektiven Daten.

Wir bedanken uns bei den AutorInnen für die Arbeit und die Geduld, die sie unseren vielen Änderungswünschen entgegengebracht haben. *Bernd Heckmair* verdanken wir einige konzeptionelle Überlegungen in der Frühphase der Erstellung, *Ute Ochtendung* aus Kassel steuerte ihr buchtechnisches Wissen bei und hatte dazu noch viel Geduld mit einem der beiden Herausgeber. Natürlich wünschen wir uns, dass das Buch nicht nur in der Szene angenommen und diskutiert wird. Anregungen, Kritik, Ergänzungen – und selbstverständlich auch Lob – nehmen wir gerne entgegen und hoffen, dass wir die Erkenntnisse in eine zweite, stark überarbeitete und aktualisierte Auflage einfließen lassen können.

Roßhaupten/Berg im Juni 2002

Niko Schad   Werner Michl

Rolf Knoblauch
Zum Geleit

Als ich 1996 zum ersten Mal mit dem Thema Outdoor in Berührung kam, begeisterte mich sofort die unmittelbare Kraft dieser Trainingsform. Die Lösung der in einem Outdoor-Training auftretenden Probleme duldet keinen Aufschub. Da gibt's kein Totreden oder Verstecken hinter Diskussionsbeiträgen, da ist sofortiges, authentisches und unmittelbares Handeln gefragt. Da gibt's auch keine monatelange Verzögerung zwischen Handlung und Ergebnis, die Folgen bzw. der Erfolg des Handelns sind sofort für jeden sicht- und spürbar.

Die Bahn sieht sich in einem hart umkämpften Verkehrsmarkt einer Konkurrenz gegenüber, die über viele Jahre hinweg politisch bevorzugt wurde. Die Strukturen der ehemaligen Behörde und die Arbeitssituation vieler Mitarbeiter waren nicht gerade dafür prädestiniert, der Konkurrenz mit ihren flexiblen Arbeitsbedingungen Paroli zu bieten. Durch Wiedervereinigung und Liberalisierung des Verkehrsmarktes musste die Übernahme des unzeitgemäßen Bahnsystems der ehemaligen DDR bei gleichzeitiger Konkurrenz auf der Straße durch Billiganbieter aus Osteuropa bewältigt werden.

Außerdem befindet sich die ganze Gesellschaft und damit auch die Bahn in einem tiefgreifenden Wandel hin zur Dienstleistungs-, Informations-, Bildungs- und Wissensgesellschaft. In einer komplexen und modernen Arbeitswelt sind auch moderne Konzepte gefragt. Um in diesem Umfeld erfolgreich zu agieren, braucht die Bahn Mitarbeiterinnen und Mitarbeiter, die die Vernetzungen eines Systems mit hoher Verbunddichte erkennen und verstehen. Mitarbeiter, die nicht ängstlich danach fragen, ob es für einen Fall eine Regelung gibt, sondern Kundenbedürfnisse erkennen und flexibel darauf reagieren. Mitarbeiter, die offensiv das größte Mobilitätsunternehmen Europas mitgestalten wollen.

Moderne Personalentwicklung in diesem Unternehmen heißt dabei für mich in erster Linie, vernetztes Denken bei den Mitarbeitern zu fördern und Führungskräfte in die Lage zu versetzen, Such- und Lernbewegungen zu ermöglichen. Wir haben eine Reihe von innovativen Konzepten entwickelt und eingeführt, z. B. Führungsinstrumente wie Balanced Score Card, Führungskräftecoachings oder regelmäßige Mitarbeitergespräche. Neben einem umfassenden und großzügigen System der freiwilligen Weiterbildung zählen dazu auch die Outdoor-Trainings.

Durch ein Outdoor-Training lassen sich in ungewohnter Umgebung mit kreativen Aufgabenstellungen Fähigkeiten wie z. B. Innovationsbereitschaft, vernetztes Denken, Problemlösungs- und Kritikfähigkeit, Teamfähigkeit,

Zum Geleit

Selbstreflexion, Kommunikation und Kreativität fördern. Dies sind Voraussetzungen für die Handlungskompetenz der Fach- und Führungskräfte in der komplexen Bahn der Zukunft.

Lernen outdoor ist für mich ganzheitliches Lernen. Bei der Bearbeitung der gestellten Aufgaben, z. B. dem Bau eines Floßes und der anschließenden Abfahrt auf einem Fluss, geht es nicht allein um die Erfüllung der gesteckten Ziele, sondern um den Prozess, der zum Ergebnis geführt hat. Soziale Kompetenzen gewinnen an Bedeutung, der optimale Einsatz vorhandener Ressourcen entscheidet über das Resultat der Aktivitäten. Die Qualität der Kommunikation und die Form der Kooperation sind Einflussgrößen, die über Arbeitsergebnisse in erheblichem Maße mitbestimmen.

Outdoor-Trainings bieten die Möglichkeit, Aspekte der Zusammenarbeit in einem ungewohnten Rahmen zu beleuchten. Die Natur liefert dabei ein Lern(um)feld, das abseits der gewohnten Bedingungen neue Sichtweisen ermöglicht. Relativ schnell wird z. B. deutlich, wo Optimierungsbedarf in der Zusammenarbeit zwischen der Produktionsabteilung und dem Vertrieb besteht.

Derzeit befinden wir uns bei der Bahn in einer äußerst kritischen und schwierigen Phase des Modernisierungsprozesses. Trotzdem halten wir mit unverminderter Vehemenz an modernen Konzepten wie dem Outdoor-Training fest. Ich sehe diese Investitionen als Investitionen in unsere wichtigste Ressource: unsere Mitarbeiter. Das Unternehmen Zukunft blickt damit nicht ausschließlich auf die kurzfristige Ergebnisverbesserung. Genau wie die Investitionen für unsere modernen Züge und die Neubaustrecken sind Outdoor-Trainings für mich ein wichtiger Zukunftsbeitrag zur Modernisierung der Bahn, und zwar zur Modernisierung des Denkens und Handelns.

Vor ähnlichen Herausforderungen stehen zahlreiche Unternehmen. Outdoor-Training kann in vielen Firmen wertvolle Beiträge zu einem Wandel liefern. Dabei muss sich aber auch die Methode Outdoor selbst noch weiterentwickeln. Es ist eine stärkere Einbindung und Nähe zur betrieblichen Realität sowie eine stärkere Verknüpfung mit fachlichen Kompetenzen, z. B. aus dem Bereich Projektmanagement, erforderlich. Verbindlichkeit und Zielorientierung von Outdoor-Trainings müssen steigen, Prozessorientierung und Transfersicherung wird ein höherer Stellenwert zukommen. Nach der Teilnahme an einem Outdoor-Training muss sich im Arbeitsalltag der Teilnehmer spürbar und nachhaltig etwas verändern. Wenn Kunden diese Verbindlichkeit einfordern, wird das auch zu einer Verbesserung der Qualität von Outdoor-Trainings insgesamt und zu einer Durchsetzung seriöser und kompetenter Anbieter führen.

Vor diesem Hintergrund einer weiteren Professionalisierung sehe ich für den Bereich Outdoor durch die zunehmende Bedeutung von sozialen und personalen Kompetenzen sowie im Führungskräftebereich zusätzlich zu Führungs- und Unternehmerkompetenzen ein breites Potenzial.

Rolf Knoblauch (46) leitet seit 1995 das Dienstleistungszentrum Bildung (DZB) der Deutschen Bahn AG. Mit fast 1000 Mitarbeiter ist das DZB einer der größten Bildungsanbieter Deutschlands. Das DZB erbringt neben dem überwiegenden Teil der Bildungsleistungen innerhalb des DB Konzerns auch umfassende Dienstleistungen im Personalentwicklungssektor für eine Vielzahl weiterer Unternehmen. Innovative Akzente sind neben den Loksimulatoren, einer virtuellen Akademie, transnationaler Berufsausbildung und einem TQM-Team mit 60 Beratern auch die Outdoor-Trainings des DZB.

Methoden und Hintergründe

Niko Schad
Outdoor-Training – Regenwürmer oder Spanferkel?

In diesem Beitrag soll es darum gehen, einen ersten Überblick über Outdoor-Trainings, deren Verbreitung, Nutzen und Stellenwert innerhalb der betrieblichen Bildung zu geben. Dieses Unterfangen gestaltete sich beim Schreiben schwieriger als erwartet. Die Szene ist unübersichtlich geworden. Ein befreundeter Journalist berichtete mir, dass es inzwischen über hundert Anbieter im mitteleuropäischen Raum gibt – Tendenz steigend. Hinzu kommt, dass eine exakte Eingrenzung, was unter Outdoor-Training begrifflich genau zu fassen ist, kaum zu leisten ist. Es gibt fließende Grenzen zu Incentives und Survivaltraining, aber auch zu klassischen Bildungsangeboten, die mal auf die Schnelle mit einer »Outdoorübung« zur Auflockerung des grauen Seminaralltags angereichert werden. Zusätzlich tauchen verschiedene Seminarangebote auf, die nicht unter dem Begriff Outdoor-Training, sondern unter anderen Bezeichnungen veröffentlicht werden. »Handlungsorientiertes Lernen«, »Konstruktives Lernen« oder »Erlebnisorientierte Trainings« sind solche Programme, bei denen im Kern aber nichts wesentlich anders gemacht wird als in den Trainings, die als »Outdoor-Training« angeboten werden.

Ich habe in den mehr als zehn Jahren, die ich in diesem Bereich arbeite, vielfältige Trainingsformen erlebt, die alle unter der Produktbezeichnung »Outdoor-Training« von Bildungsverantwortlichen der jeweiligen Unternehmen gebucht wurden. Daher werde ich ganz pragmatisch vorgehen und mich der Abgrenzungsproblematik insofern entziehen, als ich mich an diese »Marktdefinition« des Produkts halte und sie übernehme. Das mag auf Kosten der begrifflichen Schärfe gehen – aber dafür bietet diese Vorgehensweise reelle Chancen, der Vielfalt der heutigen Entwicklung gerecht zu werden.

1. Szenen aus dem Trainingsleben

Beginnen möchte ich mit einigen Szenen, die ich erlebt habe und die dort entstanden, wo unvorbereitete Beobachter mit Outdoor-Trainings konfrontiert wurden. Deren Reaktionen schufen bei mir eine gewisse Sensibilisierung dafür,

Schad

dass mein tägliches, von mir inzwischen sehr selbstverständlich praktiziertes Handwerk für Außenstehende teilweise schon absurde Züge haben kann und daher einer soliden Begründung bedarf:

- Eine Hütte in den Allgäuer Bergen im August. Herrliches Wetter, viele Wanderer sind unterwegs. Darunter eine Gruppe von rund einem Dutzend Herren und Damen, auffallend uniform. Nicht nur, dass sie einheitliche Anoraks, Hosen und Rucksäcke tragen, auch sonst erscheinen sie anders als der sonstige Tross an Bergwanderern. Irgendwie wirken sie als Gruppe wie ein Fremdkörper, man merkt einfach, dass sie es nicht gewohnt sind, sich hier zu bewegen. Dies gilt insbesondere für einen von ihnen. Er ist am Ende seiner Kräfte, sein Rucksack wird von zwei Kollegen getragen, und auch er selber wird rechts und links von je einem anderen der Gruppe gestützt. Er scheint kaum mehr in der Lage zu sein, auf allen Vieren zu kriechen. Als endlich diese Karawane – für manche eher eine Leidenskarawane – auf der Hütte angekommen ist, wird sie von zwei Personen in Empfang genommen. Diese hatten schon ein wenig früher die Hütte erreicht und dann auf der Hüttenterrasse sitzend mit der Gruppe in regelmäßigen Abständen per Funk kommuniziert. Sind das die »Bergführer«, die für diese offensichtlichen Anfänger verantwortlich sind – denken sich die anderen Hüttengäste – »... sind aber komische Führer, lassen ihre Kundschaft einfach mit ihren Schwierigkeiten allein ...«. Nach dem Abendessen – inzwischen wirken die Gruppenmitglieder wieder etwas erholter, aber auch durch das eine oder andere Bier deutlich beeinflusst – zieht sich die ganze Gruppe in einen Nebenraum zurück für irgendeine Besprechung. Worum es dabei geht, bleibt den übrigen Hüttengästen verborgen, Zuhörer sind eindeutig nicht erwünscht. Für den Rest des Abends bleibt diese Gruppe Hüttenthema – und Gegenstand mancher Spekulationen. Einer will gehört haben, dass es sich um Angestellte einer Bank handeln soll, die für ein Survival hier wären. Aber auch eine Sektenveranstaltung ist im Gespräch ...
- Der Wald von Fontainebleau an einem trüben, aber milden Frühlingstag. Zwischen den bei Kletterern weltberühmten Felsblöcken auf einer kleinen Ebene spielt sich eine merkwürdige Szene ab: Eine Gruppe, vorwiegend aus Herren gesetzten Alters, kriecht auf allen Vieren mit verbundenen Augen über ein mit Seilen markiertes Areal. Sie scheinen etwas zu suchen, und bei näherem Hinsehen realisiert der Betrachter, dass eine Reihe von Gegenständen auf der Fläche verteilt ist, die die Beteiligten mit mehr oder weniger Erfolg aufzuspüren versuchen. Dabei scheinen sie sich auch nicht so ganz über das Vorgehen einig zu sein, wie aus den etwas konfusen Dialogen der Akteure hervorgeht. Bei den vereinzelten Spaziergängern im Wald ruft diese Szene erhebliches Kopfschütteln hervor. Noch irritierter ist ein vorbeifahrender Mountainbiker, der, abgelenkt durch dieses Bild, mit ziemlichem Getöse gegen einen Felsblock fährt – was bei den Beteiligten wiederum große Verunsicherung hervorruft, da sie dieses Geräusch blind nicht einordnen können.

Outdoor-Training – Regenwürmer oder Spanferkel?

- Am Ausgang des Kleinen Walsertales bietet sich Wanderern an einem häufig begangenen Weg folgendes Bild: Zwischen Bäumen sind Stangen, Reifen, Seile und Masten gespannt. Ein wenig erinnert das Ambiente an einen »höher gelegten Hundedressurplatz«. Darauf kann man eine Gruppe von Menschen besichtigen, die, offensichtlich durch Seile gesichert, irgendwelche verwegenen Aktionen durchführen, deren Höhepunkt darin zu bestehen scheint, eine Art Trapez anzuspringen. Zweifelsohne eine Attraktion für die vielen Wanderer, die dort vorbeikommen! Es scheint sich bei dieser Aktion kaum um ein Angebot der örtlichen Bergschulen zu handeln. Dazu ist die Atmosphäre zu ernst, auffallend auch, dass man sich siezt: »Herr Direktor Müller, wenn Sie bitte mal die Sicherung übernehmen würden!« Auch irritiert die Tatsache, dass zwischen den Bäumen ein Flipchart steht, auf der immer dann, wenn einer wieder sicheren Boden erreicht hat, mit ernster Miene eine Punktzahl notiert wird. »Ähnelt einem Kontoauszug«, meint ein Passant, kopfschüttelnd bis amüsiert gehen die meisten weiter.

Diese drei willkürlich herausgegriffenen Szenen sollen dokumentieren, dass für den unbefangenen Betrachter von außen Outdoor-Trainings zunächst mehr als absurd wirken können. Dass es sich hier um seriöse Bildungsarbeit handelt, scheint eine verwegene Behauptung zu sein. Vor allem in der Vergangenheit hat manch Finanzverantwortlicher in Unternehmen sich daher schlicht geweigert, Gelder für solche Veranstaltungen zwischen »Spiel ohne Grenzen« und »Betriebssport extrem« zu genehmigen. Ich kann diese Skepsis durchaus nachvollziehen. Wir als Protagonisten der Branche muten denen, die unsere Produkte kaufen sollen, einiges zu. So ohne weiteres liegt ja nicht auf der Hand, was das Herumstolpern von alpinen Anfängern in den bayrischen Alpen, das »Blinde-Kuh-Spielen« hochbezahlter Manager in Pariser Wäldern oder das Balancieren auf Telegrafenmasten mit Unternehmenszielen zu tun hat. Um dies sinnvoll zu entwickeln, wäre zuvor zu klären, wovon hier die Rede ist. Ich beginne zunächst damit, was meiner Meinung nach Outdoor-Training nicht ist.

2. Zwei Missverständnisse!

Wenn die Branche in den letzten Jahren mit Missverständnissen zu kämpfen hatte, handelte es sich um eine Verwechselung mit Survivaltrainings und mit Incentiveveranstaltungen. Diese Verwechselung lag nahe, da von außen zunächst kein großer Unterschied sichtbar ist: Beide bedienen sich derselben oder ähnlicher Aktivitäten, wie sie im Outdoor-Training verwendet werden. Immer noch werden daher Teilnehmer von Outdoor-Trainings am Montag danach von Kollegen besorgt – »Wie war das Überlebenstraining?« – bis neidisch – »Wie war das Spaßwochenende auf Firmenkosten?« – begrüßt.
Survivaltrainings basieren auf dem Prinzip, Manager mit einem Minimum

an Ausrüstung irgendwo im Dschungel oder sonstwo möglichst weit weg von der Zivilisation auszusetzen mit dem Auftrag, dass sich diese dann zu einem vorher definierten Treffpunkt durchschlagen. Dies aus eigenen Kräften – die Parole heißt: »Mann (meistens) gegen die Widrigkeiten der Natur«. Wer durchkommt, hat den Härtetest bestanden und ist folglich gewappnet, sich im Dschungel wirtschaftlichen Überlebenskampfes zu behaupten. Solche Trainings werden vor allem von Fachleuten aus der Branche angeboten, meist ehemaligen Einzelkämpfern und Abenteurern verschiedenster Couleur. Um diese Trainingsform ist es in den letzten Jahren deutlich stiller geworden. Dafür sind zwei Gründe ausschlaggebend: Einerseits ist gerade bei diesen Trainings die pädagogische Qualität der Veranstalter fragwürdig und auch in der öffentlichen Diskussion stark in die Kritik geraten. Vor allem aber passt diese darwinistische Trainingsform nun wirklich nicht mehr zu dem, was heute in der Wirtschaft gefordert ist – nicht überlebensgestählte Einzelkämpfer, sondern sozial kompetente Teamplayer sind heute gefragt. Nichtsdestotrotz, in der Praxis werden Outdoor-Training und Survival oft in einen Topf geworfen, und ich erlebe es nach wie vor, dass Teilnehmer mit Angelhaken und Survivalkit anreisen und erstaunt sind, wenn im Trainingszentrum Licht und fließend Wasser vorhanden sind und der Speiseplan nicht aus den berühmten Regenwürmern des Hamburger Bäckermeisters besteht.

Aus der Sicht der Branche fast noch gefährlicher, ist die Verwechselung mit dem, was im weitesten Sinne mit dem Begriff »Incentives« bezeichnet wird. Statt Rheindampferfahrt mit anschließender Weinprobe in der Drosselgasse oder einem Mallorcabesuch für verdiente Teams oder Abteilungen werden Natursportarten als Belohnung angeboten, weil diese sich heute entsprechender Beliebtheit erfreuen. Das wohl klassische Medium in diesem Bereich ist das Rafting. Ansehen kann man sich das an einem schönen Sommertag auf der Imster Schlucht, wo täglich ein repräsentativer Querschnitt der heutigen Wirtschaft Richtung Donau geschippert wird. Anschließend gibt es ein zünftiges Spanferkel auf der Kiesbank – Bier vom Fass inklusive! Es gibt vermutlich keine im Outdoor-Training verwendete Aktivität, die nicht auch innerhalb von Incentives Verwendung finden würde: Canyoning, Klettern, Mountainbiken, Seilgärten . . . – aber auch die eigentlich zum Verdeutlichen von Team- und Arbeitsstrukturen entwickelten Problemlösungsaufgaben sowie Vertrauensübungen finden sich in spielerischer Form innerhalb von Incentives – wobei weder gegen Incentives noch gegen die Verwendung dieser Aktivitäten etwas einzuwenden wäre. Nur für die Akzeptanz von Outdoor-Trainings innerhalb von Unternehmen ist die permanente Verwechselung nicht sehr förderlich: Einzelne Mitarbeiter oder auch Teams, die von einem anstrengenden Outdoorseminar kommen und dann von ihrem Vorgesetzten gefragt werden, ob sie sich gut erholt hätten, werden wissen, wovon ich rede. Was spätestens dann ärgerlich wird, wenn es um die Finanzierung geht und Bildungsverantwortliche begründen müssen, warum sie doch ganz beachtliche Summen für vermeintliche »Bespaßungen« aufwenden wollen.

3. Sieben zentrale Merkmale von Outdoor-Training

Nach dieser ersten Abgrenzung will ich nun den Versuch unternehmen, zu definieren oder zu beschreiben, was unter »Outdoor-Training« verstanden werden kann. Outdoor-Training bezeichnet eine Trainingsmethode aus der betrieblichen Weiterbildung, die sich durch folgende Merkmale auszeichnet:

- Sie findet in der Regel unter freiem Himmel statt.
- Sie verwendet häufig die Natur als Lernfeld.
- Sie hat eine hohe physische Handlungskomponente.
- Sie setzt auf direkte Handlungskonsequenzen der verwendeten Aktivitäten.
- Sie arbeitet mit Herausforderungen und Grenzerfahrungen.
- Sie benutzt als Medien eine Mixtur von klassischen Natursportarten, speziellen künstlichen Anlagen sowie eine Palette von Vertrauensübungen und Problemlösungsaufgaben.
- Die Gruppe oder das Team sind ein wichtiger Motor der Veränderung.

Wenn die meisten dieser Kriterien mehr oder weniger erfüllt sind, wird von einem Outdoor-Training gesprochen. Ich kann mir vorstellen, dass bei dieser schwammig wirkenden Definition manch ein Leser den Kopf schüttelt. Die Schwammigkeit hat ihre Ursache in der historischen Entwicklung dieser Trainingsform: Zunächst fand sie tatsächlich nur »outdoor« und fast unter ausschließlicher Verwendung klassischer Natursportarten statt. Erst später kamen dann Aktivitäten an künstlichen Anlagen und die vielfältigen Problemlösungsaufgaben und Vertrauensübungen hinzu. Diese nahmen einen immer breiteren Raum ein, ja wurden bei manchen Trainings sogar zum Schwerpunkt des Seminargeschehens. Trotzdem wurde der Begriff Outdoor-Training weiter verwendet, um das inzwischen veränderte Produkt zu bezeichnen, zum Teil, weil er sich inzwischen eingebürgert hatte, zum Teil, weil es bisher an griffigen sprachlichen Alternativen mangelt. Es gab und gibt vereinzelte Versuche, das Produkt unter einem neuen Begriff auf den Markt zu bringen – etwa als »erlebnisorientiertes Training« oder »handlungsorientiertes Lernen«. Dies geschah teilweise, um mit einer präziseren Produktbezeichnung auf dem Markt anzutreten, zum Teil, um den oben beschriebenen Verwechslungen ein für alle Mal zu entgehen. Mein Eindruck ist aber, dass diese Versuche auch nicht unbedingt mehr begriffliche Schärfe in die Diskussion hereinbringen, und ich bleibe daher selber ganz pragmatisch für dieses Buch beim Begriff des »Outdoor-Trainings« – wie er nun einmal historisch für diese Trainingsform entstanden ist. Ich möchte nun ausführlicher auf die oben genannten Bestimmungskriterien eingehen und sie noch etwas genauer differenzieren bzw. teilweise wieder kritisch hinterfragen.

3.1 Heißt outdoor immer noch draußen sein?

Tatsächlich finden Outdoor-Trainings heute meist draußen statt. Eine Selbstverständlichkeit – man braucht nur die Prospekte der Anbieter durchzusehen und stellt fest, dass praktisch alle Fotos im Freien geschossen sind. Aber ist dies tatsächlich zwingend? Vor wenigen Jahren fand eine umfangreiche Trainingsreihe für ein Unternehmen in einem Zirkuszelt statt. Viele Trainingszentren verfügen über Indoorkletterwände – genau wie sich Seilgartenelemente ohne besondere technische Probleme in Turnhallen oder großen Tagungsräumen installieren lassen. Und erst recht lassen sich die »kleinen Aktivitäten« ohne weiteres im Seminarraum oder Tagungshaus durchführen, gerade weil die Anforderungen an Material und äußere Voraussetzungen minimal sind.

3.2 Natur als Kulisse?

»Die Natur ist das komplexeste Lernfeld, das wir finden konnten« – so steht es in einem Prospekt eines der führenden Trainingsanbieter. Stimmt, allerdings wird diese Komplexität in der Praxis nur noch selten genutzt. Sie wird dort eingesetzt, wo es darum geht, sich über große Strecken zu bewegen, etwa auf längeren Touren oder Expeditionen, oder wenn es darauf ankommt, sich mit minimalem Equipment draußen ein Nachtlager zu bereiten: also dort, wo die Teilnehmer über Zeiträume unmittelbar der Natur und allen damit verbundenen Unsicherheiten ausgesetzt sind.

Gerade diese Programmteile sind heute eher selten geworden, und ich wage zu behaupten, dass gerade diese Komplexität die Ursache dafür ist. Für die Planer von Outdoor-Trainings, ob Trainer oder betriebliche Entscheider, bietet diese Komplexität nicht nur Chancen, sondern auch Risiken: Wetter, Geländeform und alle anderen Komplexitätsfaktoren erschweren die Planbarkeit und Modifikationsmöglichkeit der Programme und erschweren die didaktische Feinstrukturierung – »böse Menschen« reden von Taylorisierung – der Abläufe. Dies halte ich für einen entscheidenden Grund, warum heute weniger Lernen in oder sogar durch die Natur praktiziert wird, sondern mehr künstliche Aktivitäten eingeführt werden, in denen die Komplexität der Natur entscheidend reduziert oder gezähmt wird. So wie eine künstliche Kletterwand gegenüber einem natürlichen Fels nur eine wesentlich geringere Anzahl von Tritt- und Griffmöglichkeiten hat, ist auch die Durchführung einer Übung wie »Spinnennetz« um ein Vielfaches überschaubarer als eine so komplexe Aufgabe wie die Planung einer alpinen Tour. Die Natur ist dann nicht so sehr Lernfeld, sondern Hintergrund, im günstigen Falle stimulierende Kulisse, wobei sich auch noch darüber streiten ließe, ob der gepflegte Rasen unter einem Seilgarten in einem Frankfurter Villenvorort überhaupt noch etwas mit Natur zu tun hat.

3.3 Lernen durch Handeln!

Ein hervorstechendes Merkmal von Outdoor-Trainings ist, dass wirklich »Hand« angelegt wird. Die meisten Aktivitäten erfordern körperlichen Einsatz, ob nun eine Strecke in der Horizontalen oder Vertikalen zurückgelegt werden soll, ob ein Hindernis trickreich überwunden oder ob etwas konstruiert und anschließend gebaut werden soll, fast immer spielt die physische Handlungskomponente eine zentrale Rolle. So entstand auch der Begriff des »Handlungsorientierten Lernens«, der teilweise synonym für die Methoden des Outdoor-Trainings verwendet wird.

3.4 Lernen durch und Leben mit Konsequenzen!

Damit direkt verbunden ist der Begriff der natürlichen Handlungskonsequenzen. Dies meint, dass die Rückmeldung über den Erfolg der gewählten Handlungsstrategien direkt und unmittelbar erfolgt – und zum Teil auch Konsequenzen hat: Schlampige Orientierung auf einer Gebirgstour führt möglicherweise zu kraftraubenden Umwegen und ein schlecht konstruiertes Floß macht seine Benutzer zu Badegästen. Dieses Prinzip gilt auch für die verschiedenen Problemlösungsaufgaben: Wenn bei der Durchführung des Spinnennetzes das Netz berührt wird, so bekommen das alle mit, und je nach Regelvereinbarung müssen alle oder zumindest eine Person noch einmal durchgereicht werden, auch wenn die Arme schon ziemlich lahm sind. Umgekehrt: Bei adäquatem Vorgehen ist der Erfolg direkt und physisch spürbar: Das Hochgefühl im Team, gemeinsam eine Hütte oder den Gipfel erreicht, eine Kletterroute gemeistert oder auch nach wiederholtem Anlauf trotz Erschöpfung und Krisen endlich alle Teilnehmer berührungsfrei durch das Spinnennetz gebracht zu haben – es sind unangenehme wie angenehme Handlungskonsequenzen, die im Outdoor-Training eine wichtige Rolle spielen. Allerdings gibt es Grenzen, innerhalb derer sie zugelassen werden können. Das betrifft den Bereich der Sicherheit oder der körperlichen Unversehrtheit. Kein Trainer wird zulassen, dass Teilnehmer bei einer Bergtour in wirklich kritische Situationen kommen, spätestens wenn die Gruppe droht in Absturzgelände zu kommen, muss er einschreiten. Aber auch, wenn bei widrigen Wetterbedingungen das Risiko abzusehen ist, dass am Montag die Hälfte der beteiligten Belegschaft mit einer Erkältung zu Hause bleiben muss, wird in der Praxis eine Kursleitung eher den einen oder anderen »Verhauer« korrigieren, damit die Gruppe noch zu vernünftigen Zeiten die warme Hütte erreichen kann. Diese einschränkende Bedingung ändert aber nichts an dem hohen Stellenwert, den unmittelbare und spürbare Handlungskonsequenzen innerhalb der Trainings haben.

3.5 Herausforderungen und Grenzerfahrungen

Spontan fallen einem da die Bilder aus den Prospekten der Anbieter ein: der kleine Mensch in schwindelnder Höhe im Seilgarten, die verwegene Raftcrew im tosenden Wildwasser, also all die Abenteuer, die die modernen Natursportarten im Training zu bieten haben. Das ist sicherlich ein Aspekt, und ich habe viele positive Erfahrungen gemacht, wo Teilnehmer in der Auseinandersetzung mit diesen Aktivitäten wichtige Entwicklungsschritte gemacht haben. Andererseits erlebte ich viele Teilnehmer, die bei diesen Aktivitäten eher unbeteiligt waren oder sie einfach als eine angenehme neue Erfahrung »mitnahmen«. Für mich entstand so der Eindruck, dass für sie diese Aktivitäten keine Grenzerfahrung waren, sondern bestenfalls Bestätigung für etwas, was sie ohnehin schon kannten. Dafür konnten aber dieselben Personen bei ganz anderen Aktivitäten an ihre Grenzen kommen: bei nervenden Abstimmungsprozessen am Spinnennetz, beim Zusammensein über längere Zeit mit ihren Kollegen auf relativ engem Raum auf einer Hütte – oder auch bei der Aufgabe, nach einer Übung ihren Kollegen ein klares Feedback zu geben. Das heißt also, dass mit Herausforderungen und Grenzerfahrungen nicht nur die spektakulären Highlights gemeint sind, sondern diese Begriffe im Kontext eines Outdoor-Trainings sehr viel weiter gefasst werden und auch »soziale Grenzerfahrungen« darunter fallen.

3.6 Spektrum der Aktivitäten

Inzwischen ist dieses Spektrum sehr breit geworden.[1] Man kann es grob in drei wesentliche Bereiche unterteilen, die im Folgenden aufgelistet werden:

---

[1] Eine genauere Übersicht findet sich bei Kölsch/Wagner 1998.

Outdoor-Training – Regenwürmer oder Spanferkel?

Klassische Natursportarten	Künstliche hohe Anlagen	Problemlösungsaufgaben/Initiativ- und Vertrauensübungen
– Bergwandern – Bergsteigen – Klettern und Klettersteige – Segeln – Kanutouren – Raften – Canyoning	– Hohe Seilgärten – Indoorkletterwände	(Kleine Elemente), z. B.: – Spinnennetz – Vertrauensfall – Übungen im niedrigen Seilgarten – Konstruktionsübungen – Orientierungstouren

Zur ersten Kategorie ist zu sagen, dass sicherlich Bergwandern und Klettern einen zentralen Stellenwert haben. Nicht jede Natursportart eignet sich per se für Outdoor-Training. Bewährt haben sich die Aktivitäten, die auch für Anfänger und nicht trainierte Menschen leicht und mit wenig Zeitaufwand erlernbar, aber trotzdem herausfordernd sind. Sie müssen aber auch Spielräume für Gruppenprozesse wie auch für individuelle Unterschiede lassen. Daher ist es kein Zufall, dass Bergwandern und Klettern in der Verbreitung sehr weit oben rangieren – Laufen kann jeder, zumindest für die meisten im Flachland lebenden Teilnehmer ist eine alpine Wanderung vermutlich immer noch eine große Herausforderung. Individuelle Unterschiede lassen sich durch organisatorische Maßnahmen noch relativ gut kompensieren, und in geeignetem Gelände können Trainer wie Gruppe durch entsprechende Routenwahl recht unaufwändig auf den jeweiligen Gruppenprozess reagieren. Ähnliches gilt für das Klettern am Fels: Die grundlegende Sicherungstechnik lässt sich in recht kurzer Zeit erlernen, Klettern ist auf jeden Fall herausfordernd, und individuell kann jede Person entscheiden, wie schwer, wie hoch und wie oft sie klettern kann und will. Zur Verdeutlichung ein Gegenbeispiel: Rein theoretisch wären auch Skihochtouren als Medium im Outdoor-Training gut vorstellbar. Bis Anfänger sich jedoch so viel Skitechnik angeeignet haben, dass man sie mit gutem Gewissen auf solch eine Tour mitnehmen könnte, dauert es im optimistischsten Fall mehrere Tage, und manche lernen es nie. Selbst wenn es sich um eine sportliche Gruppe handelt, wären spätestens mit dem Verlassen gesicherter Pistenräume die Entscheidungsspielräume für die Teilnehmer gleich null. Mangels Erfahrung müssten die Trainer jede einzelne Entscheidung treffen – was erklärt, dass Skitouren so gut wie gar nicht im Outdoor-Training genutzt werden. Interessant in diesem Zusammenhang war für mich ein Gespräch mit einem Kollegen, der ein Trainingszentrum an der See leitet: Er vertrat mir gegenüber die Ansicht, dass er immer mehr davon abkäme, seinen Kunden Trainings auf Segelschiffen zu empfehlen: Die Technik, die dort zu erlernen sei, wäre so komplex, dass letztlich keine Spielräume für die teilnehmenden Gruppen übrig bleiben würden. Einen Großteil der Entscheidungen müsste der Skipper treffen, was den Nutzen des Segelns als Lernfeld sehr reduzieren würde. Eine bemerkenswerte Aussage aus dem Mund eines begeisterten Seglers!
Die zweite verbreitete Gruppe sind die Aktivitäten an künstlichen Anlagen.

Am bekanntesten sind zweifelsohne die hohen Seilgärten oder auch »Ropes Courses«, die immer mehr das Bild des Outdoor-Trainings prägen, ja fast schon zum Synonym dafür geworden sind. An ihnen lassen sich eine Reihe von Übungen absolvieren, die alle stark den Themenbereich »Umgang mit Herausforderungen und persönlichen Grenzen«, repräsentieren, aber je nach Auslegung und Sicherungssystem der Anlage auch die Zusammenarbeit in Kleinteams oder größeren Gruppen thematisieren. Der Bearbeitung ähnlicher Themen dienen künstliche Kletterwände, eine beliebte Alternative, wenn es draußen »zum richtigen Klettern« zu kalt oder der Weg zum natürlichen Felsen zu zeitaufwändig ist. Oft wird als Argument für diese künstlichen Elemente angeführt, dass – im Vergleich z. B. zu Bergwanderungen – konditionelle Unterschiede weniger ins Gewicht fallen als dort, so dass bei einer in dieser Hinsicht extrem inhomogenen Gruppe der Seilgarten als Medium geeigneter sein kann. Andererseits kann hier dieses Problem durch unterschiedliche Disposition gegenüber Höhen auf einer anderen Ebene auftreten.

Die dritte Gruppe von Aktivitäten umfasst die so genannten Problemlösungsaufgaben und Vertrauensübungen.[2] Ob sie tatsächlich zum Outdoor-Training im engeren Sinne des Wortes zählen, sei dahingestellt, schließlich lassen sie sich innerhalb jedes beliebigen Seminarrahmens auch drinnen einsetzen. Fakt ist auf jeden Fall, dass sie in fast jedem Outdoor-Training mit großem Erfolg angewendet werden. Sie sind völlig einfach und unaufwändig, haben aber vermutlich gerade deshalb verblüffende Wirkung, wenn es um die Verdeutlichung von Teamprozessen geht. Und sie sind mit minimalem Aufwand – kleinen Regelveränderungen, der Einbettung in passende Geschichten – so zu modifizieren, dass sie genau für die Probleme der jeweiligen Unternehmenseinheiten oder den aktuellen Trainingsprozess »maßgeschneidert« werden können. Sie lösen viel aus und geben oft so viel »Material« für die Diskussion her, dass sie allein ein Training füllen können. Nachhaltig in Erinnerung geblieben ist mir ein Training von drei Tagen, in dem lediglich drei solcher kleinen Übungen stattfanden, die restliche Zeit waren wir mit der Auswertung des Geschehens und den Verknüpfungen mit der aktuellen Unternehmenssituation beschäftigt. Zu den »richtigen« Outdooraktivitäten, wie sie im Programm standen, kam es nicht mehr und es gab niemanden, der dies als sonderlichen Mangel empfand.

---

[2] Ausführliche Beschreibungen dieser Aktivitäten finden sich bei Heckmair 2000, Gilsdorf Kistner 1995, Gilsdorf Kistner 2001. Ursprünglich stammen viele dieser Übungen aus der erlebnispädagogischen Jugendarbeit, sie können aber mit etwas Phantasie für Outdoor-Trainings modifiziert werden, wie es insbesondere Bernd Heckmair demonstriert.

3.7 Das Team als ein wichtiger Motor der Veränderung

Als letzten Punkt meines Definitions- oder Beschreibungsversuchs von Outdoor-Training ist der zentrale Stellenwert der (Lern-)Gruppe als Motor des Lernprozesses zu nennen. Alle mir bekannten Anbieter definieren ihre Trainings als eine Form des »sozialen Lernens«. Damit unterscheiden sie sich signifikant von dem Ansatz des Survivals, zu dem ich eingangs die Abgrenzung vollzogen habe. Was meint hier soziales Lernen? Damit ist nicht nur gemeint, dass Teams trainiert werden. Auch nicht, dass Teamarbeit trainiert werden soll. Das kann außerdem der Fall sein. Entscheidend ist vielmehr, dass die Gruppe, definiert hier als Lerngruppe im Outdoor-Training, als Katalysator des Lernens gesehen wird. Sie hat diese Wirkung, indem sie

- die einzelnen Personen ermutigt – oder auch bremst,
- den Teilnehmern ihr Verhalten spiegelt und rückmeldet,
- einen geschützten Rahmen bietet, in dem angstfrei experimentiert werden kann,
- den einzelnen Personen Vergleiche ermöglicht, um das eigene Verhalten einzuschätzen, so dass sie verschiedene Verhaltensoptionen sehen und auch für sich neue Handlungsmöglichkeiten »demonstriert« bekommen.

Diese sieben Punkte kennzeichnen für mich das, was heute im Allgemeinen unter Outdoor-Training verstanden wird – wobei je nach Orientierung des jeweiligen Betrachters oder Trainers der Fokus mehr oder weniger auf den einen oder anderen Aspekt gelegt wird. Damit kommen wir zum nächsten Kapitel dieses Beitrags:

4. Programmtypen im Outdoor-Training

Es gibt nicht das Outdoor-Training schlechthin, sondern der Trainingsmarkt hat sich inzwischen deutlich differenziert, und unter diesem Begriff werden sehr verschiedene Produkte verkauft, die sich hinsichtlich der verwendeten Aktivitäten signifikant unterscheiden. Grob lassen sich fünf grundlegende Programmtypen unterscheiden:

- Low Impact Programme
- Ropes Course Trainings
- Wilderness Courses
- Gemischte Trainings
- Komplexe Szenarien und City Bound.

4.1 Low Impact Programme

Low Impact Programme arbeiten fast ausschließlich mit Problemlösungsaufgaben und Vertrauensübungen. Sie sind wenig material- und vorbereitungsintensiv, meist reicht ein Parkgelände, um die gängigsten Aktivitäten durchzuführen, und aufgrund der überschaubaren Dauer der Übungen (meist maximal eine Stunde) lässt sich mit ihnen ein relativ durchstrukturiertes Seminarprogramm zusammensetzen, bei dem sequentielles Lernen von Übung zu Übung besonders gut möglich ist. Sie werden oft auch dann verwendet, wo es nicht um ein eigenständiges Training geht, sondern wenn Outdoorelemente in bestehende Seminare integriert werden sollen. Die Anforderungen an die Sportlichkeit der Teilnehmer sind im Vergleich zu anderen hier genannten Formaten eher geringer, auch sind die psychischen Anforderungen nicht so hoch wie beispielsweise bei einem Seilgartentraining. Dafür spielen Planungskompetenz, Kommunikationsfähigkeit, methodische Kompetenz etc. eine sehr große Rolle, wenn es um die Bewältigung der angebotenen Aufgaben geht. Der Vergleich mit betrieblicher Projektarbeit ist nahe liegend und durch geeignete Modifikation der Aufgaben besonders leicht herstellbar.

Einschränkend lässt sich einwenden, dass den Low Impact Programmen oft die einprägsamen, aufrüttelnden Highlights fehlen, das Erleben von wirklichen psychischen wie körperlichen Herausforderungen und das mit deren Bewältigung verbundene Hochgefühl, welches ein wichtiger Hebel persönlicher Veränderung ist. Auch kann man sich darüber streiten, ob diese Trainings tatsächlich zur Gattung »Outdoor-Training« gehören, da einige Bestimmungen, wie im vorigen Kapitel genannt, entfallen. Daher verwenden etliche Kollegen für diese Trainingsform andere Bezeichnungen wie »Handlungsorientiertes Lernen« oder »Arbeit mit konstruktiven Lernprojekten«. Eine andere Variante, sich aus den begrifflichen Kalamitäten zu befreien, besteht in der Aussage, es handele sich um kein Outdoor-Training, sondern man arbeite nur mit Übungen aus demselben... kurzum: Es handelt sich um einen Grenzfall. Faktisch werden diese Trainings vielerorts als Outdoor-Training auf dem Markt gehandelt, daher gehören sie für mich in diese Aufzählung hinein.

4.2 Ropes Course Trainings

Ropes Course Trainings stellen den Seilgarten in den Mittelpunkt des Trainingsgeschehens. Waren Seilgärten im deutschen Sprachraum bis Mitte der neunziger Jahre (im Gegensatz zu den USA, die über eine sehr viel längere Ropes Course Tradition verfügen) noch recht exklusiv und nur bei wenigen Anbietern anzutreffen, hat es in den letzten fünf Jahren eine wahre »Seilgartenschwemme« gegeben. Diese stehen entweder bei den Veranstaltern selber oder inzwischen auch auf dem Gelände vieler Seminarhotels, die diese zumeist in Kooperation mit Trainingsanbietern betreiben. Mit der Verbreitung dieser Anlagen und der damit verbundenen leichten Zugänglichkeit bildete sich eine eigenständige Kategorie von fast reinen »Ropes Course Trainings« heraus. Sie erfahren eine recht hohe öffentliche Aufmerksamkeit, sicherlich nicht zuletzt, weil die Aktionen sehr spektakulär sind und gerade für visuelle Medien wie das Fernsehen viel bieten.

Für diese Trainings gilt, dass für die meisten teilnehmenden Menschen das Moment der individuellen psychischen Herausforderung eine große Rolle spielt. Das fängt bei der Entscheidung der Teilnehmer an, ob sie überhaupt aufsteigen, geht oben weiter mit der Auseinandersetzung mit der Höhe und setzt sich bei jeder der einzelnen Seilgartenstationen fort: Immer muss zwischen Abstieg und Weitermachen gewählt werden, und bei den meisten Anlagen kommt am Schluss oft noch ein »Hammer« – in Form eines Sprungs ins Seil oder an ein Trapez oder Ähnliches. Erst in zweiter Linie spielt die Frage der Unterstützung durch das Team eine Rolle, entweder als »moralische« Stütze oder je nach Sicherungssystem in Form der jeweiligen Sicherungspartner. Wenn man daher grob thematische Schwerpunkte dieser Trainings skizzieren will, so stehen hier meines Erachtens eher individuelle Themen wie Selbstmanagement, Risikoverhalten und die Fähigkeit, Grenzen zu ziehen oder zu erweitern, im Vordergrund. Daneben verspricht man sich positive Auswirkungen auf den Teamgeist der teilnehmenden Teams oder Organisationseinheiten.

4.3 Wilderness Courses

Wilderness Courses nutzen konsequent die Möglichkeiten, die durch ein natürliches Umfeld geboten werden. Geht man puristisch heran, würde man eigentlich nur ihnen das Label »echtes Outdoor-Training« verleihen dürfen. Ihr Grundprinzip besteht darin, dass ihre Teilnehmer zunächst in eine herausfordernde Naturlandschaft gebracht werden. Es handelt sich zum Teil um exotische Gegenden: nordafrikanische Wüsten, Hochlandschaften in Norwegen oder auch der Ozean. Es können im Prinzip auch Gegenden in Mitteleuropa sein, wünschenswert ist ein gewisser Abstand zur Zivilisation. Denn anders als bei den oben beschriebenen Trainingsformaten spielt hier die Natur eine besondere Rolle: Outdoor heißt nicht nur einfach draußen sein, sondern die Auseinandersetzung mit der Natur selber ist das entscheidende Lernfeld: Meist geschieht dies in Form von »Expeditionen«: Ein bestimmtes Ziel ist zu erreichen, sei es eine Oase in der Wüste, ein Berggipfel in den Alpen oder ein Hafen. Und erfolgreich sind die Lerngruppen dann, wenn es den Teams gelingt, die Komplexität des natürlichen Umfelds zu entschlüsseln und sich diesem entweder anzupassen oder es sich nutzbar zu machen. Daher spielt hier das eingangs genannte Kriterium der direkten Handlungsrückmeldung eine besonders wichtige Rolle: Eine missglückte Problemlösung ist für ehrgeizige Menschen zwar ärgerlich, trotzdem kann man sich anschließend den Kaffee im Seminarhotel schmecken lassen. Bei Fehlern im Seilgarten hingegen müssen die Trainer sofort korrigierend eingreifen, da dort die möglicherweise ernsten Konsequenzen nicht akzeptabel sind. Bei dieser Trainingsform hingegen können Fehler zugelassen werden, und sie haben Konsequenzen. Z. B. bedeutet ein Fehler in der Kartennavigation, dass es bis zum Nachtlager und zum Abendbrot schnell ein paar Stunden länger dauern kann – wodurch das Feedback für die dafür Verantwortlichen häufig sehr authentisch im Sinne von Deutlichkeit wird. Das heißt also, dass hier sehr intensive Gruppenprozesse stattfinden, es heißt aber auch, dass diese Trainings viel mehr als die ersten Formate Ungewissheiten für alle Beteiligten mit sich bringen. Damit sind sie didaktisch schwer vorzustrukturieren. Zeit spielt hier eine ganz andere Rolle. Während bei ersteren Trainingsformen schon bei eintägigen Veranstaltungen viel gelernt werden kann, entfaltet sich die Wirkung einer Expedition erst nach einigen Tagen so richtig – dann allerdings oft sehr tief gehend. Sie sind also recht zeitaufwändig, oft kommen zur reinen Trainingszeit dann noch An- und Abreisezeiten hinzu, gerade wenn die Veranstaltungen in abgelegeneren Landschaften stattfinden. Diese und auch die Vorbereitung der Touren werden von verschiedenen Veranstaltern inzwischen schon als Trainingsmedium genutzt, indem die Organisation und gemeinsame Anreise den Teilnehmern bereits als erste Teamaufgabe gestellt wird, die es via Internet zu organisieren gilt. Vermutlich aufgrund dieses Aufwandes wenden sich daher viele dieser Trainingsangebote eher an Individualanmelder, die sich eine Erhöhung ihrer persönlichen Kompetenz in Bezug auf Teamarbeit und Teamleitung versprechen und die sich eher für einige Zeit aus einer Abteilung herauslösen können als eine ganze Funktionseinheit. Daneben spielt es auch eine Rolle, dass die Ungewissheit und Unbestimmbarkeit dieses Settings eher dem Modus von Lernprozessen auf der individuellen Ebene angemessen ist – das ist aber eine Hypothese, bei der ich mir nicht sicher bin, ob sie tatsächlich für das Wahlverhalten der Trainingskunden ausschlaggebend ist.

4.4 Gemischte Trainings

Gemischte Trainings, die den Hauptteil der Programme ausmachen, versuchen die Stärken der oben angeführten Konzepte zu vereinen, indem sie jeweils Ausschnitte der oben genannten Trainingsformen herausgreifen und zu einer geeigneten Dramaturgie zusammenfügen. Das bedeutet, dass mit den einzelnen

Outdoor-Training – Regenwürmer oder Spanferkel?

Elementen weniger intensiv gearbeitet wird – kein ganzes Seilgartentraining, sondern nur ein halber Tag mit ausgewählten Seilgartenelementen, keine mehrtägige Expedition, sondern eine Bergtour mit einer Außenübernachtung auf einer Selbstversorgerhütte. Dafür aber können die einzelnen Elemente sehr differenziert entsprechend den jeweiligen Bildungsanforderungen ausgewählt und in eine sinnvolle zeitliche Abfolge gebracht werden. Wie so etwas aussehen kann, sei hier an einem Beispielprogramm demonstriert:

1. Tag

	Aktivitäten	Themen/Inhalte
8:00	– Trainingsbeginn – Vorstellungsrunde – Abklärung Teilnehmererwartungen – Programmvorstellung und – Programmvereinbarungen	
9:00	Teamübungen: – z. B. Spinnennetz – z. B. Blindes Quadrat – Anmerkungen und Erklärungen	Durch ungewöhnliche Aufgabenstellungen wird das Team in seiner Kreativität u. Problemfähigkeit gefordert. Nur durch koordiniertes Zusammenwirken aller können die Aufgaben bewältigt werden.
13:30	– Tourenplanung	Eine Tour auf eine einfache Selbstversorgerhütte wird selbständig von dem Team geplant und vorbereitet.
14:30	– Tour zur Hütte mit anschließender Übernachtung	Gefordert sind Orientierung und gegenseitige Rücksichtnahme angesichts unterschiedlicher körperlicher Leistungsfähigkeit
19:00	– Selbst zubereitetes »Outdoordinner« – Tagesauswertung	

2. Tag

	Aktivitäten	Themen/Inhalte
8:00	– Klettern und Abseilen im Klettergarten bei der Hütte	Der Einzelne kann mit Unterstützung der Gruppe seine Grenzen erfahren und erweitern! Gegenseitiges Vertrauen und Verantwortungsübernahme werden gefördert.
11:00	Zielvereinbarungen: – Was nimmt sich das Team für die Zeit nach dem Training vor – und was wird unternommen, dies zu kontrollieren? – Was nimmt sich jeder Einzelne nach dem Training vor?	Transferunterstützung, Sicherung der Trainingsergebnisse
15:00	– Abschlussauswertung	
15:30	– Gemeinsamer Abstieg, – Seminarende gegen 17:00	

Vorteil dieses Trainingstyps ist, dass die Vielfalt der Übungen der Verschiedenartigkeit der teilnehmenden Personen eher gerecht wird: Die eine Person macht ihre entscheidenden Erfahrungen im Seilgarten, eine andere hat ihre »Aha-Erlebnisse« eher bei einer der Problemlösungsaufgaben und jemand Drittes merkt auf einmal bei der Tourenplanung, welch unglückliche Rolle er innerhalb des Teamgefüges spielt. Die Gruppe kann auch sehr viel leichter damit umgehen, wenn eine Person bei einer Aktivität von ihrem Recht, »Nein« zu sagen, Gebrauch macht – so z. B. wegen Höhenangst im Seilgarten. Es ist dann nur eine Sequenz, aus der die betreffende Person »aussteigt«, an den restlichen Übungen kann sie wieder aktiv teilnehmen. Wenn sie dagegen zwei Tage nur beobachtend oder sichernd im Seilgarten steht, während die Kollegen sich in der Höhe vergnügen, stelle ich mir das schwieriger für den oder die Betroffenen vor. Und schließlich schafft die Breite der zur Auswahl stehenden Aktionen die Möglichkeit, durch bestimmte Übungen verschiedene Themen in einem Training zu bearbeiten, wie, darauf werde ich später in diesem Beitrag noch zurückkommen.

4.5 Komplexe Szenarien und City Bound

Komplexe Szenarien werden in letzter Zeit immer populärer und stehen etwas quer zu der bis jetzt verwendeten Kategorisierung von Trainingstypen anhand der dort vorwiegend verwendeten Aktivitäten. Sie nehmen Elemente aus allen oben angeführten Formaten auf und verbinden sie durch eine entsprechende »Rahmenhandlung«. Im Kern sind es Planspiele, die aus Elementen des Outdoor-Trainings zusammengesetzt werden. Die Grundstruktur besteht meist darin, dass ein virtuelles Unternehmen mit den zu Trainierenden gebildet wird, die nun eine Reihe von Aktivitäten (Projekten) abzuarbeiten haben, die einen unterschiedlichen Ressourceneinsatz an Menschen, Geld und Material erfordern und mit denen auch jeweils verschiedene Einkünfte für das Unternehmen erwirtschaftet werden können. Daher gilt es für das »Unternehmen«, einen möglichst sinnvollen Zeit- und Kostenplan zu erstellen und die Mitarbeiter optimal einzusetzen... Es muss also wie im richtigen Unternehmen »gemanagt« werden. Projekte können sein:

- die erfolgreiche Durchführung verschiedener Problemlösungsaufgaben,
- die Absolvierung hoher Elemente durch Gruppenmitglieder,
- kleine Orientierungsaufgaben,
- die Erstellung eines Fünfsterne-Menüs auf Spirituskochern im Wald,
- kreative Aufgaben mit Bezug zu aktuellen Unternehmensthemen, z. B. Aufführung eines Sketches zum Thema »Unsere Unternehmenskultur«,
- sowie weitere Aufgaben, deren Spektrum nur von der Phantasie der Trainer begrenzt ist.

Outdoor-Training – Regenwürmer oder Spanferkel?

Verwendet werden Szenarien vor allem in der Arbeit mit sehr großen Organisationseinheiten, die als Organisationen gemeinsam trainiert werden sollen. Die Aufteilung in kleinere Subgruppen mit separaten Programmen entspricht diesem Trainingsziel nicht und versagt dort, wo es darum geht, explizit das Management von größeren Teams oder Organisationseinheiten zu lernen.

Schließlich gilt es noch eine andere Art von Programmen zu erwähnen, die – Puristen werden hier erst recht protestieren – im Kontext von »Outdoor-Training« angewendet werden: Unter dem Begriff »City Bound« werden städtische Räume und Sozialstrukturen analog den Naturlandschaften der Wilderness Trainings als Lern- und Erfahrungsraum genutzt. Es gilt, bestimmte Menschen auf einem Foto gemeinsam abzulichten, für wenige Euro in der Preismetropole München ein Candle Light Dinner mit Tischmusik zu organisieren oder intensive Begegnungen mit Menschen zu organisieren, mit denen man im »normalen Leben« kein Wort wechseln würde – wenn auch viele der oben genannten Bestimmungen von Outdoor-Training hier nicht zutreffen: Herausforderung und Grenzerfahrung sind auch bei diesen Programmen garantiert!

5. Outdoor-Training: für wen und zu welchen Themen?

So vielfältig wie die Verwendung der Medien im Outdoor-Training ist, so heterogen sind die Zielgruppen und damit verbunden die Ziele der Seminare. Für eine grobe Unterteilung unterscheide ich hier einmal zwischen Trainings, die im Kontext einer Personalentwicklung stehen, und zum anderen solche, die im Kontext von Team- bzw. von Organisationsentwicklung stehen. Damit ist jeweils der Ausgangspunkt benannt, von dem aus der Kunde ein Training plant und bucht. Unabhängig davon können die stattfindenden Lernprozesse sich natürlich auf beiden Feldern auswirken.

Ein Outdoor-Training, dessen Ausgangspunkt die Personalentwicklung ist, hat den Grundauftrag, bei einzelnen Teilnehmern Lernprozesse anzustoßen, die diese im Sinne einer »Qualifikation« unabhängig vom jeweiligen Kontext zur Anwendung bringen sollen. Das bedeutet auch, dass sie ein definiertes Thema haben, das entweder sehr weit gefasst ist – etwa unter dem Oberbegriff »Persönlichkeitsentwicklung« –, in den meisten Fällen aber spezifiziert wird: »Führung und Kommunikation«, »Führen von Teams« oder »Auf dem Weg zur Lernenden Organisation« sind gängige Themen, die mit den Methoden des Outdoor-Trainings bearbeitet werden.

Der Zugang zu den Veranstaltungen erfolgt über zwei Wege: Es gibt individuelle Anmeldungen zu offenen Seminaren. Diese können entweder firmenintern sein – dann wird das Training durch die Bildungsabteilungen der jeweiligen Unternehmen organisiert und firmenintern vermarktet. Oder Veranstaltungen werden durch Trainingsunternehmen auf dem freien Markt angeboten, die Teilnehmer melden sich individuell an, und die Trainings bestehen aus gemischten Gruppen verschiedener Unternehmen. Der andere Zugang geschieht im Rahmen von Bildungsprogrammen für spezifische Funktionsgruppen in Unternehmen: Hier wird nicht individuell angemeldet, sondern im Rahmen einer Ausbildung zu einer bestimmten Funktion sind alle Mitarbeiter verpflichtet, ein Outdoor-Training zu einem festgelegten Thema zu absolvieren. Beispielsweise führte ich vor Jahren eine Trainingsreihe zum Thema »Führen und Leiten von Teams« durch, an dem alle Absolventen des Entwicklungsprogramms für Nachwuchsführungskräfte einer Großbank verpflichtend teilnahmen.

Trainings, die im Rahmen von Organisations- oder Teamentwicklung durchgeführt werden, haben nicht die Entwicklung von Individuen, sondern die Verbesserung der Arbeitsbeziehungen vorhandener Funktionseinheiten zum Ziel. Es gibt dabei drei prototypische Trainingsanlässe: Ein Team oder eine andere Arbeitseinheit ist in der Zusammenarbeit massiv gestört und beschließt aus diesem Grund, ein Outdoor-Training zu machen. Oder man ist der Meinung, dass im Prinzip die Zusammenarbeit funktioniert, macht aber trotzdem ein Training, um sie zu verbessern bzw. um präventiv künftige Krisen zu vermeiden. Und schließlich werden Trainings für bestehende Funktionsgruppen oder ganze Unternehmen dann gebucht, wenn ein Veränderungsprozess stattgefunden hat: z. B. eine Fusion zwischen bisher getrennten Organisationseinheiten, eine strategische Neuausrichtung von Unternehmen oder als Kick-off für ein gänzlich neu gebildetes Team oder eine Projektgruppe. Öfter werden auch nach drastischen Personalabbaumaßnahmen Outdoor-Trainings durchgeführt, um die noch verbleibenden Mitarbeiter wieder zu motivieren und zu funktionsfähigen Arbeitsteams zusammenzubringen.

Je nach Struktur des Unternehmens kommen ganz verschiedene Funktionseinheiten zum Outdoor-Training. Natürlich in erster Linie klassische Teams, die direkt face to face zusammenarbeiten. Im Rahmen der Veränderung der Arbeitsstrukturen gibt es auch virtuelle Teams in den Trainings: Menschen, die vorwiegend über moderne Kommunikationsmittel auf räumliche Entfernung kooperieren, aber selten am selben Ort zusammenarbeiten, sehen sich bisweilen zum ersten Mal im Training. Daneben sind beliebige Ausschnitte aus den Unternehmen vertreten – je nachdem, wo nach Ansicht der Entscheider die neuralgischen Punkte in der Kooperation vorhanden sind. Bisweilen passiert es, dass zwar als Kern ein klassisches Team zum Training erscheint, dann aber noch Vertreter anderer wichtiger Bereiche oder auch Kunden, mit denen das jeweilige Team zu kooperieren hat, dazu geladen werden. Und es müssen nicht nur feste Organisationseinheiten sein, auch »Teams auf Zeit«, also Projektgruppen, buchen häufig als Kick-off ein Outdoor-Training, um schneller als Team funktionsfähig zu werden. Und schließlich kommen auch ganze Abteilungen, die man aufgrund ihrer Größe nicht mehr als Teams bezeichnen kann – wie auch komplette Unternehmen. Ich habe auch schon etliche Trainings durchgeführt, an denen kleine Firmen mit der gesamten Belegschaft vom Geschäftsführer bis zum Auszubildenden teilnahmen.

6. Ein Überblick über die Anbietertypen

Blättert man durch die diversen Zeitschriften für betriebliche Bildung, so wird man Inserate einer Vielzahl von Unternehmen finden, die Outdoor-Training anbieten – sei es als Kernprodukt oder als einzelnes Segment ihres gesamten Produktfolios. Ich will hier eine Systematisierung vornehmen,[3] indem ich zwischen vier verschiedenen Anbietertypen unterscheide:

- die Natursportler,
- die Charismatiker,
- die Klassiker,
- die Seminaristen.

6.1 Die Natursportler

Ausgangspunkt der Firmengeschichte ist hier meist ein Unternehmen aus der Freizeit- oder Incentivebranche, das als Bergschule oder als Raftunternehmen zunächst reine Sportangebote für Urlauber oder Firmenausflüge anbietet. Die Mitarbeiterschaft rekrutiert sich aus in der jeweiligen Branche ausgebildeten Spezialisten (Bergführer, Raftguides ...) oder Allroundern mit z. B. sportwissenschaftlicher Ausbildung. Wenn diese Unternehmen zusätzlich zu ihren sonstigen Programmen Outdoor-Training in ihre Produktpalette aufnehmen, so gibt es dafür zwei Gründe: Es sind entweder Anstöße von Kundenseite, oft wird nach einem guten und erfolgreichen Incentive seitens der Kunden gefragt, ob man mehr könne als reine »Spaßveranstaltungen« durchzuführen. Oder die Aufnahme von Trainings in die Produktpalette geschieht aus Eigeninitiative, schließlich kann man damit in einen lukrativen Markt einsteigen. Bei Bildungsveranstaltungen stellt sich zumindest bei den selbstkritisch veranlagten Unternehmen der Branche die Frage nach dem entsprechenden Know-how. Dieses wird zunächst meist extern über entsprechende Trainer eingekauft, parallel dazu werden dann eigene Trainer qualifiziert.

---

[3] Diese Kategorisierung verdanke ich meinem Kollegen Bernd Heckmair, der sie anlässlich einer Presseveranstaltung 1998 entwickelte.

6.2 Die Charismatiker

Diese Anbieter sind im wahrsten Sinne des Wortes die »One Man/Woman Shows« der Branche. Meist sind es bekannte Höhenbergsteiger, Weltumsegler, Extremsportler oder Survivalspezialisten, die sich in ihrem Metier bereits einen Namen gemacht haben und nun ihren Popularitätsbonus nutzen, um im Bildungsmarkt Fuß zu fassen. Vielfach werden dabei eigene Biografie und Bildungsinhalt eng miteinander verknüpft: Botschaften, die sich aus den Erfahrungen der Betreffenden während ihrer Unternehmungen herleiten und die dort sicherlich ihre Berechtigung hatten: »Du wirst es schaffen, wenn du nur an dich glaubst«, »du musst deinen Weg allein gehen« sind solche Kernbotschaften, um die sich solche Trainings häufig drehen. Ob diese den heutigen Anforderungen moderner Teamarbeit entsprechen und auch den Teilnehmern eine realistische Selbsteinschätzung vermitteln, ist fraglich. Solche Messages schmeicheln eher der Eitelkeit manch klassischer Hierarchen, die sich im wahrsten Sinne des Wortes dem Gipfelstürmer über den Wolken näher fühlen als ihren Mitarbeitern. Zumindest ist Vorsicht angebracht, wenn solche Botschaften einseitig in den Vordergrund gestellt werden.

6.3 Die Klassiker

Dies sind Unternehmen, die aus der pädagogischen Richtung stammen. So wie Outdoor-Training genuin unter dem Titel »Erlebnispädagogik« zunächst mit Jugendlichen praktiziert wurde und erst dann in modifizierter Form Anwendung auf die berufliche Bildung fand, wurde diese Entwicklung von solchen Unternehmen teils forciert, teils nachvollzogen. Es handelt sich dabei um Institutionen – zum Teil gemeinnützige Vereine –, die zunächst in der Jugendarbeit tätig waren bzw. auch noch sind und die meist über den Zwischenschritt »Training für Auszubildende« nach und nach in den Bereich Outdoor-Training für Fach- und Führungskräfte eingestiegen sind. Dies geschah oft mit der Absicht, auf diese Weise den ursprünglichen Non-Profit-Bereich querzufinanzieren. Die Mitarbeiterschaft stammt zumeist aus der »pädagogischen Ecke«, oft verbunden mit starker persönlicher Bindung an die jeweiligen Natursportarten, in denen das Unternehmen agiert. Weniger Erfahrungen liegen zunächst im Hinblick auf die Spezifika von Unternehmenskulturen und beruflicher Bildung vor, die aber über einschlägige Fortbildungen und praktische Erfahrungen nachträglich erworben werden.

6.4 Die Seminaristen

Diese kommen aus dem Bereich der beruflichen Bildung und sind entweder als freie auf dem Markt auftretende Bildungsunternehmen oder in Form von Fort- und Weiterbildungsabteilungen großer Wirtschaftsunternehmen tätig. Sie veranstalten schon langjährig Fach- und Führungskräftetrainings im klassischen Seminarformat und erweitern nun ihr Angebot durch Outdoor-Training. Mitarbeiter sind Trainer aus der Wirtschaft entweder mit sozialwissenschaftlichem oder betriebswirtschaftlichem Hintergrund, die zusätzlich als Outdoor-Trainer qualifiziert wurden, oder externe technische Spezialisten, die für die reinen Outdooraktivitäten eingekauft wurden. Die Vermutung liegt nahe, dass diese Trainingsunternehmen am besten qualifiziert sind, gute und erfolgreiche Trainings für Fach- und Führungskräfte anzubieten – schließlich arbeiten sie im Gegensatz zu den bisher genannten Anbietern schon lange mit den Zielgruppen »Teams« und »Führungskräfte«. Die Nähe zur Kultur der Unternehmen und zur betrieblichen Bildung ist ein unbestreitbarer Pluspunkt, vor allem wenn Bildungsangebote zu einem Thema indoor wie outdoor aus einer Hand kommen und miteinander vernetzt werden. Auf der anderen Seite aber fehlt es diesen Anbietern verglichen mit spezialisierten Unternehmen oft an breit angelegtem Know-how und technischen Möglichkeiten im Outdoorbereich. Und es gibt bisweilen auch gute Gründe, ein Training bei einem Veranstalter zu buchen, der nicht aus dem Bereich der beruflichen Bildung stammt, da bisweilen ein leichter »Kulturschock« gerade bei Innovationsthemen den Trainingszielen durchaus förderlich sein kann. So habe ich persönlich sehr gute Erfahrungen in einem Haus gemacht, in dem erlebnispädagogische Kurse für Jugendliche und Fach- und Führungskräftetrainings unter einem Dach stattfanden. Gerade die Tatsache, mal mit einer ganz anderen Bildungskultur als der gewohnten konfrontiert zu sein, wurde von den meisten Kunden als zusätzliches Lernstimulans und als passend zum Medium »Outdoor« wahrgenommen.

Wenn ich in den vorausgegangenen Absätzen vier verschiedene Anbietertypen dargestellt und eine vorsichtige Einschätzung der jeweiligen Stärken und Schwächen versucht habe, so ist dies natürlich mit Vorsicht zu genießen. Es sind nur grobe Tendenzen, die sich aus der jeweiligen Entstehungsgeschichte der Anbietertypen herleiten. Wenn Sie als Leser vor der Situation stehen, einen Trainingsanbieter für Ihr Unternehmen auswählen zu müssen, so soll dies weniger als Entscheidungskriterium, vielmehr als ein Hinweis verstanden werden, wo im Beratungsgespräch noch einmal spezieller nachzufragen ist. Letztlich gibt es nicht den idealen Anbieter oder Anbietertypus, es gibt ja auch kein Outdoor-Training schlechthin. Es kommt vielmehr darauf an, zum jeweiligen Unternehmen, zu den jeweiligen Trainingszielen und zu dem Programmtyp, für den Sie sich als Kunde entschieden haben, die richtigen Trainingsanbieter zu finden. Letztlich zählt unabhängig von dem Profil des einzelnen Veranstalters nur eines, und das ist die Qualität der geleisteten Arbeit.

7. Wirkungsweisen von Outdoor-Training

Die zentrale Frage, die jeder Entscheidung, ein Outdoor-Training zu buchen oder auch nicht, zugrunde liegt, ist die Frage nach der Wirksamkeit. Wirksamkeit heißt, dass Wirkungen, die über die Trainingssituation hinausgehen, erzielt werden, dass Veränderungen im Alltag passieren, also ein Transfer aus der Outdoorsituation in die Arbeitssituation stattfindet und das über einen längeren Zeitraum. An diesem Anspruch muss sich die Branche messen lassen. Ob Outdoor-Training eingekauft wird oder nicht, entscheidet sich letztlich an der vermuteten Wirksamkeit. Im einzelnen Mitarbeiter, im Team, in der Abteilung oder im Unternehmensbereich sollte das Training nachhaltig Entwicklungen anstoßen oder befördern.

Nur so kann eine Begründung gefunden werden, warum Geld und Zeit in diese Trainingsform investiert werden soll. Ich würde sogar einen Schritt weiter gehen: Gerade weil Outdoor-Training vermeintlich so wenig mit betrieblichem Alltag zu tun hat – ich erinnere an die eingangs geschilderten Situationen –, wird seitens der Unternehmen zu Recht besonders genau hingeschaut, welchen tatsächlichen Nutzen sie haben. Die Messlatte wird à priori höher gelegt als bei anderen Methoden. Das mag ungerecht sein, ist aber Fakt und man muss damit leben.

Ich will bei meiner Darstellung folgendermaßen vorgehen: Im ersten Schritt werde ich schildern, wie sich innerhalb der Outdoor-Trainer die Theoriediskussion über das Transferproblem entwickelt hat, sozusagen aus der Sicht der Praktiker. Diese Ansätze gehen von einer ganz eigenständigen Theorie des Outdoor-Trainings aus. In einem zweiten Schritt werde ich das Problem aus einer anderen Perspektive betrachten: Ich nehme als Ausgangspunkt das Gemeinsame aller Trainings- und Lernmethoden und versuche Outdoor-Training als eine mögliche Sonderform in diesen Rahmen einzuordnen. Damit entfällt eine spezifische Transferdiskussion, im Prinzip stellen sich beim Outdoor-Training dann dieselben Transferfragen wie bei allen anderen Methoden und müssen ähnlich beantwortet werden. Aber dazu später, zunächst einmal die klassischen Wirkungsmodelle, auf die sich der Großteil der Anbieter und Trainer bezieht.

7.1 Die drei klassischen Lern- und Wirkungsmodelle im Outdoor-Training

Lange wurde Outdoor-Training ohne besonderen theoretischen Hintergrund durchgeführt. Die Überzeugung, dass sie einen Nutzen bringen, kam bei Trainern wie Kunden aus dem Bauch und war zunächst nicht theoretisch begründet oder abgesichert. Dies galt sowohl für den deutschen Sprachraum wie auch für den englischsprachigen Bereich, in dem aber die Verbreitung von Outdoor-Training als Trainingsmethode einige Jahre vorauseilte.[4] Entsprechend kam der erste Versuch, die gängige Praxis mit einem dreistufigen Theoriemodell zu unterlegen und gleichzeitig damit auch die Entwicklung der Disziplin zu beschreiben, von Stephen Bacon, einem amerikanischen Kollegen.[5] Sein Modell fand Anfang der neunziger Jahre auch in unserem Sprachraum rasche Verbreitung, sein grundlegendes Buch wurde übersetzt, und in den folgenden Jahren bis heute bezog man sich überall, wenn über Transferfragen diskutiert wurde, auf seinen Ansatz. Natürlich ist die Theorieentwicklung weitergegangen, es gibt Verfeinerungen und Modifikationen,[6] aber nach wie vor scheint mir sein Ansatz mit drei »Basismodellen« der brauchbarste und plausibelste Rahmen zu sein, der seitens der Theoretiker des Outdoor-Trainings für die Diskussion des Transferproblems geliefert wurde. Diese Modelle lassen sich wie folgt beschreiben.

7.2 Die Berge sprechen für sich

Dies ist das ursprüngliche Wirkungsmodell, das innerhalb von Outdoor-Training auf dem Markt war. Vereinfacht gesagt setzt dieses Modell auf die Wirkung der Situation als solcher: Durch das Umfeld »Natur« werden Handlungszwänge gesetzt, denen man nicht entgehen kann und die dysfunktionales Verhalten per se konterkarieren. Das so »erzwungene« neue Verhalten wird dann automatisch in die Alltags-(Arbeits-)situation übertragen. Dazu ein fiktives Beispiel:

- Eine Gruppe von Führungskräften geht auf eine Biwaktour. Aufgrund ihrer psychischen Grundstruktur handelt es sich um eine Gruppe von typischen Einzelkämpfern. Am Lagerplatz angekommen, richten sie sich jeweils individuell ihre Nachtlager ein. Irgendwann in der Nacht wachen sie auf, ein heftiges Gewitter demontiert ihre Lagerplätze. Schließlich bauen sie im strömenden Regen eine neue »Gemeinschaftsunterkunft«, die das vorhandene Biwakmaterial besser nutzt, stabiler ist und es der Gruppe ermöglicht, den Rest der Nacht leidlich trocken und komfortabel zu verbringen. Mit diesem

---

[4] Die Theoriediskussion, auf die ich mich hier beziehe, war nicht nur auf Outdoor-Training für Unternehmen bezogen, sondern bezog sich ursprünglich auf die Erlebnispädagogik bzw. das »Experential Learning« insgesamt. Zum Verhältnis Erlebnispädagogik und Outdoor-Training siehe Heckmair und Michl 2002.
[5] Im deutschen Sprachraum wurde dieser Ansatz Anfang der neunziger Jahre zum ersten Mal rezipiert, siehe Schad 1993. Das Original wurde erst 1998 von Schödlbauer übersetzt und erschien unter dem Titel »Die Macht der Metaphern«, Alling 1998.
[6] Die ausführlichste Darstellung der verschiedenen metaphorischen Ansätze findet sich bei Schödlbauer 2000.

Erlebnis hat sich den Teilnehmern des Trainings hautnah eingeprägt, dass sie als Team in schwierigen Situationen besser »überleben« als jeder Einzelne mit seiner individuellen Lösung. Und es ist davon auszugehen, dass sich diese Erkenntnis in das Handeln des Teams im betrieblichen Alltag überträgt.

Outdoor-Trainer, die nach diesem Wirkungsmodell arbeiten, haben also vorwiegend dafür zu sorgen, die Trainingsgruppen in möglichst hautnahen Kontakt mit der »Lehrmeisterin Natur« zu bringen und dann auf die Wirkung derselben zu vertrauen. Spezielle Interventionen sind nicht erforderlich – es sei denn organisatorischer oder sicherheitstechnischer Natur. Dieser ursprüngliche Ansatz stieß jedoch über kurz oder lang an Grenzen und wurde von Kunden und den Trainern selber unter folgenden Aspekten kritisiert: Erstens wurde in Frage gestellt, ob die Übertragung auf den betrieblichen Alltag ohne einen speziellen »Transferschritt« tatsächlich automatisch immer stattfinden würde oder ob solch ein Transfer nicht sehr zufällig und in das Belieben der Teilnehmer gelegt sei. Zweitens sei dieses Transfermodell sehr allgemein angelegt. Spezifische Bildungsanforderungen, wie sie sich aus der betrieblichen Praxis ergeben würden, könnten so nicht aufgegriffen werden. Selbst wenn man dem Modell »Lehrmeisterin Natur« beipflichte, sei deren Lehrprogramm ein Breitbandangebot, bei dem man alles oder nichts lernen könne. Dies sei abhängig von eigenen Dispositionen oder Zufällen: Ein Gewitter zu pädagogisch rechter Zeit ist nicht buchbar. Der Faktor Zeit spielt dabei eine wichtige Rolle: Die Wahrscheinlichkeit, dass irgendwann das natürliche Ambiente die Auseinandersetzung mit speziell den Themen, die auf der Agenda der betrieblichen Bildungsziele stehen, erfordert, ist natürlich bei einem langen Training relativ hoch. Bis es so weit ist, passiert sicher auch eine Menge an Lehrreichem, aber nicht unbedingt das, wofür das Training gebucht wurde. Daher kam verständlicherweise die Forderung auf, zielgerichteter und direkter die unternehmensspezifischen Ziele in die Trainings einfließen zu lassen, um gegebenenfalls die Trainings auch verkürzen zu können. Aus diesen Kritikpunkten und Forderungen ergab sich ein neuer Ansatz im Outdoor-Training.

7.3 Lernen durch Reflexion

Setzt das oben geschilderte Modell auf eine naturwüchsige Übertragung der Erfahrungen im Outdoor auf die betriebliche Situation, wurde im »Reflexionsmodell« ein wichtiger Zwischenschritt eingezogen: das Auswertungsgespräch oder die Reflexion. Das neue Paradigma war nicht mehr »Natur als Lehrmeisterin«, sondern »Aus Erlebnissen soll bewusste Erfahrung werden«. Dahinter steckte die Annahme, dass nur dann über die aktuelle Situation hinaus wirklich gelernt wird, wenn die Aktivitäten im Outdoor-Training in der Reflexion

Outdoor-Training – Regenwürmer oder Spanferkel?

bewusst verarbeitet und auf ihren Transfer hin ausgewertet werden. Mit der Verbreitung dieses Arbeitsansatzes schienen zunächst zwei Kritikpunkte an der vorher gängigen Trainingspraxis entkräftet zu sein: Einerseits war auch für einen kritischen Außenstehenden die Brücke zwischen dem Handeln im Outdoor und dem betrieblichen Alltag sichtbar hergestellt. Transfer wurde nicht einfach nur behauptet, sondern an ihm wurde für alle nachvollziehbar richtig »gearbeitet«. Mit der Einführung differenzierter Auswertungsmethoden wurde auch die »kulturelle Lücke« zu klassischen betrieblichen Bildungsangeboten kleiner – das Flipchart ergänzte das Bergseil –, was für Teilnehmer wie Entscheider die Fremdartigkeit der Methode reduzierte und die Akzeptanz erhöhte. Im Ringen um diese »Kundenakzeptanz« wurde, überspitzt gesagt, der zeitliche Anteil der Reflexion sogar zum entscheidenden Qualitätskriterium der Trainings hochstilisiert. Ich erinnere mich noch an Aussagen, wonach in einem hochwertigen Training mindestens die Hälfte der Zeit aus Auswertung zu bestehen habe, was sich, wenn wirklich für bare Münze genommen, bisweilen als hohe Hypothek für die ausführenden Akteure erwies. Ein weiterer Vorteil der Betonung von Reflexionen im Outdoor-Training lag in folgender Tatsache: Wenn bisher kritisiert worden war, dass zu wenig auf spezifische Belange und Bildungsinhalte eingegangen würde, so bot das Instrument jetzt die Möglichkeit, zielgerichteter vorzugehen: Durch gezieltes Steuern der Auswertungsrunden konnten aus dem Breitbandangebot »Outdoor« die Themen herausgegriffen und in das Bewusstsein der Beteiligten geholt werden, die vorher mit den Kunden abgesprochen waren. Das maßgeschneiderte Outdoor-Training mittels Reflexion war nun das neue »Qualitätsprodukt« der Branche. In dieser Phase fokussierte sich der Entwicklungsaufwand der Akteure vor allem auf die Entwicklung von effektiven Methoden der Reflexion: Die sprachlichen Auswertungsmethoden wurden durch ein breites Instrumentarium von gestalterischen Medien wie z.B. Skulpturarbeit, Theaterarbeit oder malerische Darstellungen erweitert. Auch dieser Ansatz kam irgendwann an seine Grenzen. Diese bestanden darin, dass in ihm zwar eine hohe Variabilität der Auswertungsthemen mit Hilfe der Reflexionen erreichbar war, aber die Veranstalter ihre jeweiligen Programme relativ unverändert beibehielten. Welche Aktivitäten aus der breiten Palette möglicher Outdooraktivitäten ausgewählt wurden, erschien zunächst relativ beliebig. Widerstand der Teilnehmer gegenüber ausufernden Reflexionsrunden und die Trainererfahrung, dass die Trainierten in den Übungen bisweilen völlig andere Erfahrungen machten, als in den offiziellen Trainingszielen festgelegt worden war, führte dazu, dass nun wieder die Outdooraktion selber im Gegensatz zur »Indoorauswertung danach« in den Fokus der Betrachtung rückte.

7.4 Lernen durch Metaphern – das Modell des metaphorischen Lernens

Der Grundansatz dieses Modells lautet wie folgt: Jede Outdooraktivität stellt eine Metapher für eine Lebens- oder Arbeitssituation der Trainingsteilnehmer dar. Metapher meint in diesem Fall, dass eine strukturelle Ähnlichkeit (Isomorphie) zwischen Alltag und Outdoorübung vorliegt. Wenn die Teilnehmer nun mit den für sie meist völlig neuen Aufgabenstellungen im Training konfrontiert werden, findet ein erster Transfer statt: Sie übertragen die Handlungsstrategien, die sie aus dem Alltag gewohnt sind, auf die Outdoorsituation. Wie im Alltag sind diese Strategien oft nicht funktionell und nicht geeignet, das jeweilige Problem zu lösen. Im Gegensatz zu vielen Alltagssituationen ist diese Tatsache hautnah und unmittelbar erfahrbar, wie das schon zitierte Gewitterbeispiel illustrieren mag. Die Situation selber erfordert ein anderes Handeln, und dieses andere Handeln ermöglicht im Outdoor direkte und emotional wirksame Erfolgserlebnisse. Die Erfahrung »Wir können auch anders« würde neue Verhaltensoptionen erschließen, die auch in den Situationen, für die die Outdoorsituation die Metapher darstellt, zum Tragen kommen würden. Dieser Prozess verlaufe – so die Theoretiker dieses Ansatzes – nicht unbedingt bewusst, sondern kann unbewusst erfolgen, Reflexion sei danach nicht zwingend erforderlich. Sie hätte allerdings zusätzlich eine wichtige unterstützende Wirkung. Für die Planung und Durchführung von Outdoor-Training ergaben sich daraus folgende Aufgabenstellungen: Es käme zunächst darauf an, auf der Basis von möglichst umfassenden Informationen über die teilnehmenden Personen oder Organisationseinheiten die kritischen Bereiche, in denen Verhaltensänderungen »gelernt« werden sollen, zu identifizieren. Dann gälte es, diejenigen Outdooraktivitäten, die punktgenaue Metaphern für diese Bereiche beinhalten, auszusuchen. Entscheidendes Kriterium sei dabei die Überlegung, dass Erfolg nur dann möglich ist, wenn anders als im Alltag gehandelt wird. Oder zu einem kurzen Motto zusammengefasst: »The same story, but another end!« Dazu zwei Beispiele:

- Ein Arbeitsteam befindet sich im Klettergarten. Dem Trainer ist vorher durch die zuständige Personalabteilung mitgeteilt worden, dass eines der Probleme des Teamleiters darin bestehe, dass er kein Vertrauen in seine Mitarbeiter entwickeln könne und daher alle wichtigen Projekte prinzipiell selber übernehme – was bei ihm zu Überlastung und bei den Mitarbeitern zu Frustration führe. Der Trainer hat aufgrund dieser Umstände Klettern in das Programm aufgenommen. Alle Teilnehmer sind gründlich in die Sicherungstechnik eingeführt worden. Rein technisch sind alle Voraussetzungen erfüllt, dass jeder ohne Sorgen um Leib und Leben seine Routen klettern kann. Als einer der Ersten geht der Teamleiter an die Kletterwand, klettert recht zügig bis zum Endpunkt der Route – es scheint für ihn eine recht unproblematische Übung zu sein. Er muss sich eigentlich nur noch in den Klettergurt setzen und seinem Mitarbeiter das Signal geben, ihn mit dem Seil abzulassen. Er zögert, fängt dann an abzuklettern – was wesentlich schwerer als der Aufstieg ist. Was er zunehmend auch merkt, er wird zittrig, klettert einige Passagen wieder hoch, kommt ins Schwitzen, nach langem Hin und Her entschließt er sich endlich, setzt sich ganz vorsichtig ins Seil und wird zum Boden abgelassen. Völlig erleichtert kommt er dort an – und ist sichtlich erschüttert. Auf Fragen hin meint er, dass er vorher nicht geahnt hätte, wie schwer es ihm fallen würde, sich auf die Seilsicherung seiner Mitarbeiter zu verlassen. Das gebe ihm schwer zu denken. Und er sei auch froh, dass er jetzt die Erfahrung gemacht habe, dass es möglich sei. Das sei für ihn ein wichtiger Impuls!

Hier sind also die wichtigen Voraussetzungen für metaphorisches Lernen erfüllt: Eine Aktivität, die für den Teamleiter die treffende Metapher darstellte: »Sich von den Mitarbeitern eine Wand abseilen zu lassen« entsprach dem Alltagsverhalten: »Wichtige Projekte an Mitarbeiter delegieren«. Und die Schwierigkeit der Route machte es für ihn unmöglich, aus eigener Kraft abzuklettern, den Abstieg musste er zwingend »delegieren«. »Another end for the same story« war also gefordert und eröffnete in diesem Falle Optionen, auch im Alltag neue Lösungen im Sinne von Delegation an die Mitarbeiter zu finden. Aber nicht nur individuelle psychische Dispositionen, sondern auch komplexere Organisationsstrukturen können metaphorisch dargestellt werden, wie das folgende Beispiel zeigt:

- Vor Jahren führte ich mit einer Kollegin ein Training für die Deutsche Bahn AG durch. Aus den Vorgesprächen hatten wir erfahren, dass ein brennendes Problem im Bereichsdenken der einzelnen Aktiengesellschaften liege. Übergreifende Aufgaben würden nicht gesehen, jeder Bereich verfolge nur seine eigenen Interessen. Aufgrund dieser Informationen führten wir den Seilgarten wie folgt durch: Die Teilnehmer wurden in zwei Gruppen eingeteilt, Personenverkehr und Güterverkehr, und an jeweils verschiedenen Enden des Seilgartens platziert. Dort erhielten sie ihre Aufgabe: Die einen mussten Personen (symbolisiert durch Tennisbälle, Tischtennisbälle ...) und die anderen Güter (Lkw-Reifen, diverses Outdoormaterial, ein gefüllter Wassereimer ...) an das andere Ende transportieren. Beide fingen spontan an, jeweils für sich loszulegen: Es wurden Aufgaben verteilt, die ersten stiegen schon in den Seilgarten auf ... bis plötzlich klar wurde, dass es so nicht funktionieren würde. Spätestens wenn die Protagonisten sich oben auf dem Seilgarten begegneten, würde es Probleme geben. Erst zu diesem Zeitpunkt wurde Kontakt zwischen den beiden Gruppen aufgenommen, und es wurden Verabredungen über ein gemeinsames Sicherungssystem und über die jeweiligen Stellen, wo Passieren möglich war, getroffen. Oder – wie es einer der Teilnehmer danach formulierte: »Wir haben zwar prinzipiell erkannt, dass neben unseren definierten Zielen als Geschäftsbereich übergreifende Aufgaben anstehen, neigen aber dazu, diese immer wieder spontan in der Hitze des Gefechts aus den Augen zu verlieren. Künftig müssen wir früher darauf achten!«

Mit der Verbreitung des metaphorischen Ansatzes machte sich Aufbruchstimmung unter den Outdoor-Trainern breit. Es schien nun zum ersten Mal möglich, punktgenau maßgeschneiderte und wissenschaftlich begründete Seminardesigns für alle möglichen Bildungsanforderungen der jeweiligen Unternehmen zu erstellen. Damit schien zum einen eine klarere Orientierung für das eigene Handeln im Training gegeben zu sein. Außerdem ließ sich dieses Modell auch hervorragend als Verkaufsargument einsetzen. Man konnte den Unternehmen anbieten, die Trainings genau auf die Entwicklungsbedürfnisse oder Bildungsanforderungen ihrer Mitarbeiter zuzuschneiden. Soweit ich das heute abschätzen kann, scheint mir diese Euphorie ein wenig verflogen zu sein. Eine gewisse Ernüchterung macht sich breit hinsichtlich der Möglichkeiten, die sich durch den metaphorischen Ansatz ergeben. Zwar wird nach wie vor davon ausgegangen, dass das Modell Lernen und Transfer im Outdoor-Training erklären kann. Skeptischer werden jedoch die Steuerungsmöglichkeiten gesehen, die sich hierdurch ergeben. Denn diese werden durch zwei zum Teil zusammenhängende Faktoren begrenzt.

Wenn ich ein Seminardesign durchgehend nach dem metaphorischen Ansatz strukturieren will, brauche ich eine Unmenge an Vorinformationen über das Unternehmen, über das Alltagsverhalten der Zielgruppe und über individuelle Dispositionen der teilnehmenden Personen, um exakt jene Übungen auswählen zu können, die Metaphern zu den jeweiligen problematischen Alltagssituationen darstellen. Natürlich sollte diese Datensammlung vor jedem Training stattfinden und ist kein Spezifikum von Outdoor-Training. Aber natürlich gilt dort auch, dass diese Erhebung zeitaufwändig und damit kostspielig ist und in der Regel mit den vorhandenen Budgets kaum abgedeckt werden kann. In der Praxis läuft es darauf hinaus, dass lediglich ein oder zwei Vorgespräche mit den jeweiligen Entscheidern stattfinden und auf deren Basis dann Hypothesen und Kursdesign erstellt werden müssen. Das kann, muss aber nicht funktionieren, oft stellen sich im Seminar ganz andere Schwerpunkte heraus, als aufgrund vorheriger Annahmen geplant wurden. Es kann aber auch sein, dass aus Sicht der Trainer die Grundhypothesen der Entscheider ein zutreffendes Bild der Gruppe vermitteln – trotzdem reagieren die Teilnehmer auf die Aktivitäten anders als angenommen und greifen die darin angebotenen Metaphern nicht auf oder ziehen für sich andere Metaphern als geplant heraus. Dies hängt mit einem anderen Problem zusammen!

Ob eine Aktivität im Outdoor-Training als Metapher für eine Alltagssituation wirkt, ist keine Eigenschaft der Aktivität als solcher, sondern ein aktiver Prozess der Metaphernbildung in den Köpfen der Teilnehmer. Als erfahrener Trainer weiß ich, welche Metaphern durch welche Aktivitäten bei Menschen in unserem Kulturkreis mit hoher Wahrscheinlichkeit angeregt werden können –

mehr aber auch nicht. Oft kann es ganz anders laufen – die Aktivitäten stehen dann für ganz andere Inhalte und Themen, als von Trainerseite her erwartet. Denn prinzipiell sind meist verschiedene Metaphern bei jeder Aktion möglich, welche erlebt werden, hängt vom einzelnen Teilnehmer und dessen persönlichen Metaphern oder von der Teilnehmergruppe und deren kollektiver Metaphernbildung ab. Weder kann ich das als Trainer vorher exakt wissen (sonst müsste ich z. B. jeden Einzelnen vor dem Training befragen), noch kann ich dies innerhalb des Trainings wirksam und direkt steuern.

Aufgrund dieser Erfahrungen wurde der zeitweise sehr hoch gesteckte Anspruch, mit Hilfe metaphorischer Herangehensweise an die Erstellung von Trainingsdesigns diese exakt in ihrer Wirkung durchplanen zu können, zumindest teilweise wieder relativiert. Man wurde umso bescheidener, je mehr die Vieldeutigkeit der verschiedenen Aktionen im Outdoor-Training ins Bewusstsein rückte. Die Aussage war nicht mehr: »Klettern ist eine Metapher für...«, sondern man sagte eher – auch im Kontakt mit dem Kunden: »Ich biete Klettern an, weil erfahrungsgemäß dadurch bei den Teilnehmern die Beschäftigung mit folgenden Themen angeregt wird...«. Dies geschieht im Bewusstsein, dass es sich nur um Wahrscheinlichkeitswerte handelt, und in der Haltung, dass durchaus auch ganz andere metaphorische Lernerfahrungen für den einzelnen Teilnehmer aus derselben Übung resultieren können. Metaphern entstehen erst im Prozess eines Trainings und im Dialog mit den Trainierten, damit bekommt die Reflexion als Medium der Metaphernbildung noch einmal eine stärkere Bedeutung. Mit diesem Übergang zu einer »weicheren Handhabung« des metaphorischen Ansatzes nicht mehr als stringente Kursprogrammierung, sondern als Deutungsangebot für die Teilnehmer, liegt die Entwicklung von Theorie und Praxis des Outdoor-Trainings im Mainstream der allgemeinen Bildungsdiskussion mit ihrer Orientierung weg von instruktionistischen hin zu konstruktivistischen Lernmodellen.

Die drei zentralen Lern- und Wirkungsmodelle im Outdoor-Training sind in Abgrenzung voneinander dargestellt und beschrieben worden als eine Evolution innerhalb der Theorie- und Praxisentwicklung der Disziplin. Fragt man nach dem heutigen Stand bezogen auf die Orientierung hinsichtlich dieser drei Modelle, so herrscht überwiegend die Meinung vor, dass diese Modelle eigentlich nur verschiedene Sichtweisen auf denselben Prozess darstellen und dass faktisch die meisten Trainer situativ zwischen der Orientierung an dem einen oder anderen Modell pendeln. Heute stellt eine Mischung zwischen »Berge sprechen für sich selbst« (was ja nichts anderes bedeutet als Erfahrungsräume bereitzustellen, innerhalb derer die Teilnehmer ihre eigenen Metaphern schaffen und erleben können) und einigen gezielt eingesetzten metaphorisch konstruierten Aktivitäten, die aufgrund vorheriger diagnostischer Informationen erstellt wurden, unterstützt durch ausführliche Reflexionen, den »state of the art« dar.

7.5 Outdoor als Trainingsmedium: Spiegel und Übungsfeld

Ich habe im vorangegangenen Kapitel Outdoor-Training und dessen Wirkung aus der Perspektive der eigenen Theorieentwicklung dargestellt. Abschließend möchte ich nun noch einen Versuch der Einordnung in die Trainingsmethodenlandschaft insgesamt vornehmen. Dabei schaue ich zunächst darauf, was die Methode mit anderen Trainingsformen gemeinsam hat, um später noch einmal auf die Besonderheiten zurückzukommen.

Ich möchte dabei von der Ausgangssituation eines Trainings ausgehen. Wenn ich ein Seminar veranstalte, begebe ich mich in eine paradoxe Situation: Ich will ein Verhalten in einer bestimmten Alltagssituation verändern. Aus Gründen, die hier nicht weiter diskutiert werden sollen, bin ich der Meinung, dass im Alltag vor Ort dieses Verhalten nicht oder nicht effektiv genug verändert werden kann – sonst hätte ich mich für ein Training »on the job« entschieden. Indem ich nun ein Seminar veranstalte, verlasse ich gemeinsam mit den Teilnehmern das Anwendungsfeld des zu Lernenden und begebe mich in einen davon zeitlich und räumlich getrennten Bereich. Dies wäre zunächst eigentlich kein Problem. Schließlich gibt es Sprache, es gibt Lernziele, und nichts spräche dagegen, den Teilnehmern auf rein kognitive Art und Weise die gewünschten Lernziele zu präsentieren, also im Stile schulischen Lernens mit Titeln wie: »Arbeiten im Team« oder »Der ideale Führungsstil«. Tatsächlich hat es solche Seminare gegeben und es gibt sie auch noch. Und anschließend könnten die Seminarteilnehmer das Gehörte mit ihrer eigenen Praxis vergleichen, sich überlegen, wie sie ihre neuen Erkenntnisse im Alltag umsetzen können, und dies auch tun. Nur – effektiv ist diese Form des Seminars nicht. Reine Wissensvermittlung verändert wenig bis kein Verhalten. Erwachsene Menschen werden sich vernünftigerweise nur dann ändern, wenn sie selber die Erfahrung machen, dass ihr bisheriges Handeln nicht mehr funktional ist – und wenn sie sehen bzw. erfahren, dass ihnen bessere Alternativen zur Verfügung stehen. Solche Erfahrungen könnten im betrieblichen Kontext zum Beispiel der Verlust von Kunden, das Scheitern von Projekten oder letztlich die Kündigung durch den genervten Vorgesetzten sein. Diese Art von Erfahrungslernen ist aber für alle Beteiligten auf Dauer zu teuer und aufwendig – also schickt man die Betroffenen lieber vorher in ein Training, wo sie diese Erfahrungen auf neutralem, oder besser gesagt kostengünstigem Gelände machen sollen – mit genau diesem Schönheitsfehler, dass sie sich hierbei außerhalb des Terrains befinden, innerhalb dessen sich das zu ändernde Verhalten abspielt. Damit fehlt die Möglichkeit, dass Teilnehmer wie Trainer sich den kritischen Verhaltensbereich gemeinsam anschauen, ihn bewerten und über mögliche Alternativen nachdenken können. Hier nur auf Berichte der Teilnehmer zurückzugreifen, scheint keine Lösung zu bieten: Denn diese sind oft durch genau die blinden Flecken geprägt, wegen derer sie ein Training besuchen. Um dieses Problem zu lösen, wird im Training auf Medien zurückgegriffen, die in der Regel zwei Funktionen haben: Erstens kann mit ihrer Hilfe der Alltag und das Verhalten der Trainingsteilnehmer simuliert und damit der Diagnose durch Trainierte und Trainer zugänglich gemacht werden. Zweitens können alternative Verhaltensweisen erprobt und geübt werden, die aus der Diagnose des vorhandenen Verhaltens gewonnen wurden. Solche in der Trainingsarbeit verwendeten Medien sind z. B.

- Rollenspiele/Theaterarbeit
- Skulpturarbeit und Aufstellungen
- Musisch-kreatives Gestalten
- Planspiele/Unternehmenssimulationen.

All diesen Medien ist gemeinsam, dass sie als Spiegel oder Projektionsfläche dienen und dass sie mit zwei Elementen spielen: Ähnlichkeit bei gleichzeitiger Differenz zur Alltagssituation.

Und als solche Medien lassen sich die verschiedenen Aktivitäten des Outdoor-Trainings ebenfalls begreifen: Der Gesamtrahmen »Natur« oder die einzelnen Übungen sind Projektionsflächen, auf denen Alltagsstrukturen simuliert und damit abgebildet werden, die dann von den am Seminar beteiligten Personen betrachtet und analysiert werden können. Und es sind auch Experimentier- oder Übungsräume, innerhalb derer Zukunft in Form neuer Verhaltensweisen erprobt und geübt werden kann.

Diese Funktion ist es, die das Medium »Outdoorübung« mit anderen bewährten Trainingsmedien, die im Seminarraum verwendet werden, gemeinsam hat. So exotisch es auch erscheinen mag, in dieser grundsätzlichen Vorgehensweise unterscheidet es sich nicht von den genannten »Indoorverfahren«. Ich halte diesen Aspekt für wichtig: Erstens relativieren sich damit Legitimationsprobleme, warum überhaupt Outdoor-Trainings als Methode beruflicher Bildungsarbeit eingesetzt werden. Zweitens könnte diese Sichtweise auch helfen, eine gemeinsame Sprache zwischen Outdoor- und Indoortrainern zu finden und die Ansätze beider Bereiche zu einem einheitlichen Trainings- oder Bildungskonzept zu integrieren.

7.6 Unterschied zwischen Outdoor-Training und anderen Trainingsmedien?

Wenn es auch, wie oben ausgeführt, in dieser prinzipiellen Herangehensweise keine Unterschiede zwischen der Methode »Outdoor-Training« und anderen Trainingsmethoden gibt, ist es trotzdem nützlich, jetzt noch einmal auf ihre Besonderheit einzugehen und sie mit den anderen zu vergleichen. Prinzipiell sind dabei verschiedene Vergleichsdimensionen möglich. Ich will hier drei Aspekte herausgreifen, die eine Einordnung von Outdoor-Training innerhalb des gängigen Methodenspektrums ermöglichen und außerdem relevante Anhaltspunkte für Stärken und Schwächen der Methode liefern.

Als Erstes lässt sich Outdoor-Training unter dem Aspekt Nähe/Ferne oder auch Ähnlichkeit/Differenz zum betrieblichen Alltag diskutieren. Ohne Zweifel ist es ein Medium, das nicht nur räumlich weit von unmittelbaren betrieblichen Problemen wegführt. Da liegt z. B. ein Unternehmensplanspiel zweifelsohne wesentlich näher am betrieblichen Alltag. Auch beim Einsatz gestalterischer Medien – nehmen wir etwa die Arbeit mit psychodramatischen Methoden – bleibe ich zunächst näher am unmittelbaren Unternehmensthema. Wenn ich im Rollenspiel ein Team einen typischen Arbeitstag »spielen« lasse, ist zwar das Medium Theater verfremdend, aber trotzdem ist der Bezug zum Alltag leicht sichtbar. Wenn ich mit demselben Team aber eine Bergtour unternehme, wird zwar dasselbe Stück aufgeführt, trotzdem ist durch das Setting »Berg« das eigentliche Thema »Unsere Zusammenarbeit im Betrieb« zunächst stark verfremdet. Diese Differenz zwischen Betrieb und der Aufgabe im Training will überbrückt werden. Sie erklärt den breiten Stellenwert, den die Transferdiskussion in Bezug auf Outdoor-Training wie auch innerhalb der Trainings selber einnimmt. Das wird oft als Schwäche der Methode kritisiert. Warum, so mag man fragen, entscheidet man sich für ein Verfahren, das so viel Aufwand im Hinblick auf den Transfer erfordert? Ein Argument besteht darin, dass gerade diese Andersartigkeit oder Verfremdung der Situation im Outdoor-Training Chancen bietet: Sie kann das Lösen von eingeschliffenen Verhaltens- und Rollenmustern ermöglichen; die Ferne vom betrieblichen Alltag eröffnet neue Perspektiven. Nicht zufällig gibt es in der deutschen Sprache das Wort »Betriebsblindheit«, daher kann eine räumliche und inhaltliche Distanz wieder Augen öffnen. Was im Unternehmensalltag »business as usual« ist und oft höchstens noch Außenstehenden oder neuen Mitarbeitern auffällt, wirkt dann fernab von der täglichen Umgebung nur noch wie ein absurdes Ritual – und es fällt hier allen Beteiligten auf! Ich erinnere mich an einen Teilnehmer, der mir sagte, er erlebe das Agieren seines Teams während des Trainings wie eine Karikatur. Die aufklärerische Wirkung von Karikaturen besteht bekanntlich in der Übertreibung, mit ihr werden typische Strukturen besonders prägnant herausgearbeitet.

Eine zweite wichtige Dimension, anhand derer ich Trainingsmethoden unterscheiden kann, ist das Maß der Struktur, das jeweils durch die Arbeit mit dem Medium vorgegeben wird. Um zu erklären, worum es hier geht, möchte ich noch einmal auf den Begriff der Projektionsfläche zurückkommen, von der ich im letzten Kapitel unter dem Aspekt der Trainingsmedien gesprochen habe. Projektionsfläche suggeriert ja zunächst eine völlig weiße Fläche, auf der dann die Trainingsthemen, um die es in diesem Kontext geht, abgebildet und anschließend betrachtet werden können. Im Idealfall ist überhaupt keine Struktur vorgegeben, Annäherungen bringt die freie Assoziation in der Psychoanalyse oder das klassische gruppendynamische Setting der T-Gruppenarbeit.

Outdoor-Training – Regenwürmer oder Spanferkel?

Solche Annäherung an eine reine Projektionsfläche ist bei den meisten mir bekannten Verfahren innerhalb der beruflichen Bildung eher selten, die dort verwendeten Medien haben vielmehr einen Doppelcharakter: Einerseits sind sie Projektionsfläche, aber gleichzeitig auch vorstrukturiertes Übungsfeld. Vorstrukturiert sind sie in dem Sinne, dass mehr oder weniger durch die Auswahl des Settings die Projektion bestimmter Aspekte des Alltags begünstigt wird, aber auch in dem Sinne, dass die Aufgabenstruktur oft auch bestimmte Handlungsweisen sanft erzwingt, wenn die Teilnehmer im Sinne der Aufgaben erfolgreich agieren wollen. Dazu zwei Beispiele:

- Ich kann im Rahmen eines Teamtrainings die Teilnehmer bitten, zu einem frei gewählten Thema spontan eine Theaterimprovisation aufzuführen. Wenn sie sich darauf einlassen, werden alle Beteiligten danach viel Material in der Hand haben, anhand dessen sich Beziehungs- und Arbeitsstrukturen dieses Teams weiter betrachten und diskutieren lassen. Solch ein Vorgehen kommt also weitgehend ohne vorgegebene Strukturen, die in irgendeiner Weise den Prozess beeinflussen, aus, die Projektionsfläche ist so gut wie leer und wird ohne »verfälschende« Vorstrukturierung von der Trainerseite ausschließlich durch die Teilnehmer gefüllt. Es gibt auch keine konkrete Aufgabe zu lösen, jede Lösung ist prinzipiell möglich – ob Tragödie oder Komödie, es liegt in der Hand der Akteure. Wenn überhaupt etwas zählt, ist es höchstens die künstlerische Qualität – und die ist bekanntlich nicht definierbar.

- Das zweite Beispiel stellt ein Kontrastprogramm dar: Ich benutze als Medium, um Teamstrukturen sichtbar zu machen, ein Unternehmensplanspiel, wie es in vielerlei Versionen auf dem Markt erhältlich ist. Auch hier kann sich das Team mit seinen Strukturen einbringen und in gewohnter Art und Weise an die Aufgabe herangehen. Trotzdem besteht ein Unterschied: Die Situation ist bereits vorstrukturiert, es sind klare Regeln vorhanden, die Erfolgskriterien sind definiert. Wenn also das Team innerhalb des gesteckten Rahmens erfolgreich sein will, muss es ein bestimmtes Maß an Effektivität mitbringen – es werden also bestimmte Verhaltensweisen gefordert, welche und in welchem Maß ist abhängig von dem jeweils verwendeten Szenario. Damit kommt zu der vorhandenen Funktion des Mediums als Projektionsfläche eine weitere hinzu: Über die vorhandene Vorstrukturierung der Situation werden zunächst in der Trainingssituation bestimmte Verhaltensweisen zumindest gefördert. Damit wird das Medium zusätzlich zum Übungsfeld, im Idealfall werden exakt diejenigen Handlungen unterstützt, die den jeweiligen Trainingszielen entsprechen.

Wenn ich nun das Maß der Vorstrukturierung als Kriterium nehme – wo ist dann die Methode »Outdoor-Training« einzuordnen? Wenn es auch je nach Trainingstyp graduelle Unterschiede geben wird, so lässt sich feststellen, dass wir es hier mit hochgradig vorstrukturierten Trainingsmedien zu tun haben. Natur ist schon immer ein weites Projektionsfeld menschlicher Phantasien und

Wünsche gewesen. Daran ändert sich im Outdoor-Training zunächst auch nichts. Andererseits kommt so, wie mit ihr innerhalb des Trainingsbetriebes gearbeitet wird, viel gedanken- und handlungsbeeinflussende Struktur hinein. Auf der einen Seite werden nur bestimmte Teilaspekte aus der Natur ausgewählt, ein Stück Fels, ein Fluss oder ein Waldstück, das den Hintergrund für eine Reihe von Übungen bildet. Andererseits werden dazu noch von Trainerseite aus Aufgaben gestellt: den Fels zu erklettern, einen Fluss abzufahren oder ein Spinnennetz zu passieren. Hinzu kommt noch eine Anzahl von Verhaltensanforderungen, die durch das vorhandene Material, durch Sicherheitsanforderungen oder andere Faktoren determiniert sind. So liegt beim Outdoor-Training ein hohes Maß an Vorstrukturierung der Situation vor, was auf der einen Seite in den Köpfen der Teilnehmer die Beschäftigung mit bestimmten Themen fördert und auf der anderen Seite bereits bestimmte konkrete Verhaltensweisen im Sinne der Trainingsziele befördert. Wenn ich also Outdoor-Training unter dem Aspekt der Vorstrukturierung der Situation betrachte, so ist es – so fremd das klingen mag – von der Arbeitsweise her eher in der Nähe der oben angesprochenen Unternehmensplanspiele anzusiedeln als bei einem relativ offen angelegten gestalterisch-projektiven Verfahren wie dem zitierten Rollenspiel. Hinzuweisen wäre an dieser Stelle noch auf die Tatsache, dass diese Betrachtung des Outdoor-Trainings unter dem Strukturaspekt sich mit dem oben geschilderten metaphorischen Ansatz trifft: Schaffung von Strukturen gleich Einsatz metaphorischer Aktivitäten, die einerseits die Beschäftigung mit den Entwicklungsthemen fördern, andererseits neue und bessere Lösungen als bisher begünstigen.

Die letzte Dimension, auf der ich Outdoor-Training mit anderen Verfahren vergleichen möchte, ist die der physischen Handlungskomponente. Es liegt auf der Hand, dass es – verglichen mit den beiden zum Vergleich herangezogenen Verfahren – einen besonders hohen Anteil physischer Erfahrungs- und Handlungskomponenten hat. Nicht nur, dass zur Bewältigung der gestellten Aufgaben körperliches Handeln notwendig ist, auch die Rückmeldung über die Aktionen ist stark über physische Reize vermittelt: Wärme, Kälte, Wind, das Vertrauen zum sichernden Kollegen über den beruhigenden Zug des Seils, der Erfolg bei der Herausforderung »Klettern in Form des rettenden Ausstiegsgriffes« oder das wohlige Gefühl, nach einer anstrengenden Bergtour mit dem Team mit müden Beinen in einer warmen Hütte zu sitzen. Da unterscheidet sich Outdoor-Training vom Medium Theater und Rollenspiel, bei diesen ist der Bewegungsanteil zwar auch vorhanden, aber deutlich geringer ausgeprägt, und noch mehr von Unternehmensplanspielen, bei denen höchstens Stifte, Tastaturen und Papier bewegt werden. Aus diesem Unterschied speist sich ein wesentliches Argument, das für die Trainingsform spricht: Lernen, das auf solchen körperlichen Erfahrungen beruht, ist intensiver, prägt sich stärker ein als über Hören oder Sehen vermittelte Eindrücke, und es werden in kurzer Zeit tiefere Schichten der Persönlichkeit berührt. Kurt Hahn, einer der Väter der Non-Profit-Variante des Outdoor-Trainings, der Erlebnispädagogik, sprach in diesem Zusammenhang vom »Lernen mit Kopf, Herz und Hand«. Vielleicht ist das neben allen elaborierten Wirkungs- und Transferüberlegungen noch immer die eigentliche Trumpfkarte dieser Trainingsform.

8. Einige Thesen zum Schluss

Beenden möchte ich diesen Überblick mit einigen abschließenden Thesen: Outdoor-Training ist ein sehr wirksames Trainingsverfahren. Es ist aber kein Allheilmittel. Oft wird über seinen Einsatz nachgedacht, wenn andere Methoden nichts bewirkt haben. Nach dem Motto: »Wir haben mit diesem Team schon alles Erdenkliche versucht und haben nichts erreicht. Jetzt versuchen wir es mal Outdoors«. Solche überzogenen Erwartungen sind unrealistisch! Wunder können auch da nicht erwartet werden, und wenn Menschen oder Organisationen sich aus welchen Gründen auch immer nicht verändern wollen, so werden sie das auch im Outdoor-Training nicht tun!

Weil man im Outdoor-Training oft sehr schnell auf die zentralen Themen der Teilnehmer kommt, weil das Lernen dort so »begreifbar« ist, und nicht zuletzt, weil es auch mit viel Spaß und Freude verbunden ist, löst es bei den Teilnehmenden viel Euphorie aus. Das ist auf der einen Seite schmeichelhaft für die Trainer, ich sehe aber auch zwei Gefahren darin: Diese Euphorie kann darüber hinwegtäuschen, wie schwer es ist, das scheinbar so mühelos im Training Gelernte im grauen Betriebsalltag umzusetzen. Und sie kann dazu führen, dass plötzlich Outdoor-Training für die allein selig machende Trainingsform gehalten wird – solch unrealistische Erwartungen müssen zwangsläufig enttäuscht werden.

Outdoor-Training kann kein Ersatz für eine fehlende Personal- und Organisationsentwicklung sein. Als isolierte Maßnahme wird es, wie jedes andere Training auch, relativ folgenlos verpuffen. Seine Wirkung kann es dann am besten entfalten, wenn es in ein Gesamtkonzept innerbetrieblicher Maßnahmen eingebettet ist. Günstig ist daher, wenn im Vorfeld schon eine Sensibilisierung für die Trainingsthemen stattgefunden hat und wenn vor allem danach durch geeignete Maßnahmen die teilnehmenden Personen ermutigt und bestärkt werden, das Gelernte im betrieblichen Alltag auch umzusetzen.

Outdoor-Training in allen seinen Formaten steht an der Schwelle zur Normalität. Vor Jahren war es noch etwas ganz Exotisches und Exklusives, daran teilzunehmen. Das machte die Arbeit für die Trainer relativ einfach: Die, die kamen, waren schnell zu begeistern, und die anderen kamen erst gar nicht. Das ändert sich. Immer mehr Menschen finden sich in den Trainings, die bereits Erfahrung mit der Methode haben, die Vergleiche anstellen und die nicht mit den Aktionen allein zufrieden zu stellen sind. Das heißt, dass zwar auf der einen Seite Outdoor-Training ein immer mehr anerkanntes Verfahren wird, aber es dadurch genau wie andere Methoden einem zunehmenden Qualitätsdruck ausgesetzt ist. Diesem Druck müssen sich die Trainingsunternehmen stellen, wenn sie als einzelne Unternehmen oder als Branche insgesamt überleben wollen. Outdoor-Training wird sich noch mehr professionalisieren. Professionalisierung hat hier mehrere Aspekte: Einerseits bedeutet es, dass die Qualität der einzelnen Angebote steigen wird. Das geht von der Programmplanung über die Durchführung bis in die Nachbereitung. Durchsetzen werden sich auf dem Markt nur die Trainingsunternehmen, die hier überzeugende und qualitativ hochwertige Angebote vorlegen können. Schöne Bilder von Seilgärten und spektakulären Naturlandschaften reichen nicht, die Kunden fragen gezielt nach, was an Trainingskompetenz dahinter steckt und was die Angebote an Mehrwert für das Unternehmen bringen. Professionalisierung heißt aber auch, dass Instrumente der Qualitätssicherung aus anderen Bereichen der Bildung importiert werden: die präzise Beschreibung der Angebote, die Festlegung von Qualitätskriterien für den Sicherheitsbereich wie auch für den Bereich der weichen Aktivitäten und deren Controlling. Das sind Herausforderungen, denen sich die Trainingsanbieter in der nächsten Zeit werden stellen müssen. Und sie müssen dies leisten, ohne dass die Lebendigkeit der Trainingsform in einem Wust von Verfahren und Vorschriften erstickt wird. Zu dieser Professionalisierung gehört auch, dass Begabung und die Begeisterung für die Methode allein nicht mehr ausreichen, um das Beste für die jeweiligen Kunden zu liefern. Outdoor-Training ist ein Verfahren, das wie andere Methoden gelernt werden muss und gelernt werden kann. Daher wird die Frage der qualifizierten Ausbildung von Outdoor-Trainern zunehmend Bedeutung gewinnen. Erste Angebote dazu gibt es auf dem Markt oder sie sind am Entstehen.

Outdoor-Training wird sich noch weiter spezialisieren und differenzieren. Wie gezeigt, gibt es heute schon eine breite Palette von Trainingsformen und Programmtypen. Es ist damit zu rechnen, dass diese Vielfalt eher noch zunimmt, so dass die Kunden spezifische Angebote für ihre jeweiligen Bildungsbedürfnisse erwarten können. Dabei bietet die Branche den Kunden noch wenig Hilfen, wann welches Format das geeignetste ist. Gerade kleine Anbieter neigen dazu, ihr jeweiliges Produkt als Universalmittel zu verkaufen. Hier sollten die Anbieter dem Kunden mehr Kriterien in die Hand geben, was wann wo sinnvoll eingesetzt werden kann.

Differenzierung bezieht sich nicht nur oder in erster Linie auf eine Ausweitung outdoorspezifischer Aktivitäten. Das wird irgendwann ausgereizt sein – vor allem inhaltlich, das Nachhetzen hinter jeder neuen Trendsportart wird bei den Teilnehmern nicht unbedingt zu neuen oder anderen Erkenntnissen im Vergleich zu den bewährten Aktivitäten führen. Potenziale sehe ich vor allem in der Kombination mit anderen Trainingsmedien und Methoden sowie in der stärkeren Integration in die vorhandenen Bildungs- und Personalentwicklungsprogramme der Unternehmen. Damit werden die Übergänge zwischen Outdoor-Training und anderen Tools vermutlich noch fließender, das Spezifikum des Outdoors wird möglicherweise noch mehr in den Hintergrund treten.

Vielleicht wird sogar der Begriff Outdoor-Training eines Tages verschwinden und man wird nur von Trainings reden, wobei die Frage der verwendeten Medien, – ob klassische Methoden oder Aktivitäten aus dem Outdoor-Training – da zweitrangig, in der Trainingsüberschrift gar nicht erst auftaucht.

Heute sind wir erst einmal so weit, dass die Disziplin die Kinderschuhe ausgezogen hat und zu einem etablierten Teil der betrieblichen Bildung und Personalentwicklung geworden ist. Das ist schon ein ganze Menge. Wir können gespannt sein, wie die weitere Entwicklung verläuft.

Literatur

Bacon, S.: Die Macht der Metaphern, Alling 1998 (Verlag Dr. Sandmann)
Gilsdorf, R./Kistner, G.: Kooperative Abenteuerspiele I, Seelze-Velber 1995 (Kallmeyersche Verlagsbuchhandlung GmbH).
Gilsdorf, R./Kistner, G.: Kooperative Abenteuerspiele II, Seelze-Velber 2001 (Kallmeyersche Verlagsbuchhandlung GmbH).
Heckmair, B.: Konstruktiv Lernen – Projekte und Szenarien für erlebnisintensive Seminare und Workshops, Weinheim/Basel 2000 (Beltz Verlag).
Heckmair, B./Michl, W.: Erleben und Lernen, Einstieg in die Erlebnispädagogik, Neuwied, Kriftel 2002 (4. Auflage) (Luchterhand Verlag).
Kölsch, H./Wagner, F.-J.: Erlebnispädagogik in Aktion – Lernen im Handlungsfeld Natur, Neuwied, Kriftel 1998 (Luchterhand Verlag).
Schad, N.: Erleben und miteinander reden – Reflexionsmodelle in der Erlebnispädagogik. In e&l. erleben und lernen, 2–3/1993, S. 49–53.
Schödlbauer, C.: Metaphorisches Lernen in erlebnispädagogischen Szenarien, Hamburg 2000 (Verlag Dr. Kovac).

Matthias Goettenauer
Outdoor-Training im Kontext der Entwicklungen in der betrieblichen Weiterbildung

Der Vertriebsleiter quält sich schwitzend und deutlich zitternd einen Baumstamm hinauf und stürzt sich nach kurzem Zögern in die von seinen Kollegen gehaltenen Sicherungsseile. Zehn gestandene Projektleiter diskutieren lebhaft mitten im Wald, um sich nach 20 Minuten die Augen zu verbinden und im Dickicht nach einem Rucksack zu suchen. Die gesamte Führungsmannschaft eines mittelständischen Unternehmens stoppt ihre verstaubten Geländewagen irgendwo im Nichts der Nordsahara, um die Erreichung einer willkürlich festgelegten GPS-Position zu feiern. Zwei Szenen moderner Personalentwicklung geben sowohl in Magazinen einschlägiger Privatsender als auch in psychologischen Fachpublikationen Anlass zu der berechtigten Frage: »Was soll das?«.

Setzt man jedoch voraus, dass die Entscheider über betriebliche Weiterbildungsmaßnahmen durchaus fähig sind, den Erfolg verschiedener Trainingsangebote kritisch zu hinterfragen, dann drängt sich der Schluss auf, dass das Gros der Outdoor-Trainings doch nicht ganz so unsinnig und fern der Unternehmenswirklichkeit sein kann, wie es auf den ersten Blick scheint. Besonders in den letzten Jahren hat sich diese erlebnisorientierte Methode in verschiedenen Spielarten fest in den Personalentwicklungs(PE)-Programmen etabliert und ist aus der modernen PE nicht wegzudenken.

Ich möchte die Zusammenhänge zwischen den Anforderungen an moderne Personalentwicklung und den Chancen, die die verschiedenen Ansätze der Methode »Outdoor-Training« bieten, transparent machen. Dazu wähle ich einen möglichst gradlinigen und pragmatischen Ansatz nach dem Motto »Was funktioniert, ist gut«, um die Irrungen und Reibungsverluste der verschiedenen sozial- sowie wirtschaftsphilosophischen Ansätze zu vermeiden.

1. Qualitätsmaßstab für Maßnahmen in der betrieblichen Weiterbildung

Um beurteilen zu können, wie sinnvoll der Einsatz einer Methode in der Weiterbildung ist und von welcher Qualität deren Ergebnisse für den Arbeitsalltag sind, muss zunächst die Aufgabe des betrieblichen Bildungswesens geklärt werden. Ein Unternehmen investiert in sein Bildungswesen, um durch Qualifikation und Entwicklung seiner Mitarbeiter die Unternehmensziele effizienter zu erreichen. Dies wird über verschiedene Unterziele bei den meisten Unternehmen der wirtschaftliche Erfolg sein. Als Qualitätsmaßstab für Maßnahmen der betrieblichen Weiterbildung kann also nicht, wie bei anderen Bildungsanbietern, die Fähigkeit zu Selbststeuerung der Teilnehmer, erhöhter Wissensstand oder gar die Verbesserung des Menschen und seiner Lebensbedingungen, sondern allein der Nutzen für die Erreichung der Unternehmensziele dienen. Hier kann für den Großteil der Unternehmen das Erzielen eines möglichst großen Gewinns angenommen werden. Letztlich geht es bei betrieblicher Bildung darum, unmittel- oder mittelbar etwas mehr Ertrag zu erzielen, als in die jeweilige Maßnahme investiert wurde. Jegliche Argumentation mit humanistischen und anderen Bildungsidealen ist in der betrieblichen Weiterbildung zunächst, wenn nicht ein Deckmäntelchen, so doch zumindest ein weit abgeschlagenes Sekundärziel oder auch pädagogischer Zuckerguss! Die Inhalte in der betrieblichen Weiterbildung sind also nie Selbstzweck, egal, ob es um die Verbesserung der Teamfähigkeit, das Erlernen neuer Kaltklebetechniken oder die Visionsarbeit für die Firmenzukunft geht. So gesehen ist Personalentwicklung wirklich Potenzialentwicklung. Die eingesetzten Techniken und Methoden werden sich wiederum daran messen lassen müssen, inwieweit es ihnen gelingt, die jeweiligen Bildungsziele effizient zu erreichen und für den Arbeitsalltag wirksam werden zu lassen.

1.1 Systemkompetenzentwicklung als Anforderung an die betriebliche Weiterbildung

Mit der Verlagerung von der Produktions- zur Dienstleistungs- und Informationsgesellschaft verschieben sich auch die Anforderungen an die betriebliche Weiterbildung. Immerhin arbeiten in den westlichen Industrieländern schon jetzt ca. 70 % aller Beschäftigten in Dienstleistungs- oder Informationsberufen und dies mit steigender Tendenz. In der Produktionsgesellschaft war der Auf- oder Ausbau der fachlichen Mitarbeiterqualifikation für eine Optimierung der Leistung in einem festgelegten Arbeitsumfeld die wesentliche Weiterbildungsaufgabe. Die Mitarbeiter wurden so weit qualifiziert, bis sie eine relativ statische Funktion im Produktionsablauf möglichst schnell und reibungslos erfüllen konnten. Die Entwicklung zur Dienstleistungs- und Informationsgesellschaft stellt vollkommen anders gelagerte Herausforderungen an Organisationen und ihre Mitglieder. Statt der Durchführung festgelegter Arbeitsabläufe wird plötzlich von einem immer größer werdenden Anteil der Belegschaften gefordert, situativ und verantwortlich das jeweils »Beste« sowohl im Spagat zwischen den verschiedenen Interessen der Beteiligten als auch der gegebenen Möglichkeiten im Sinne des eigenen Unternehmens zu tun. Dies bedeutet, dass es für den einzelnen Mitarbeiter nun Entscheidungs- und Handlungsrahmen gibt, die weit über die Gestaltungsmöglichkeiten im produzierenden Bereich hinausgehen. Die Mitarbeiter auf die verantwortliche und im Unternehmenssinn erfolgreiche Gestaltung ihres Entscheidungs- und Handlungsrahmens vorzubereiten, ist die neue An- und Herausforderung der betrieblichen Weiterbildung.

Da diese Entscheidungen der jeweiligen Mitarbeiter nicht nur Auswirkungen auf das eigene Fachgebiet haben, sondern auch andere Bereiche des jeweiligen Systems betreffen werden, muss der Mitarbeiter befähigt werden, über den »Tellerrand des Fachidioten« hinaus zielorientiert zu handeln. Die hierzu notwendige Abstimmung mit anderen an dieser Sache Beteiligten oder von den Folgen Betroffenen setzt die Fähigkeit zur Vernetzung mit diesen voraus. Die Förderung und Entwicklung von Kernkompetenzen zur Gestaltung dieser Teilhabe am System und die Notwendigkeit zur Vernetzung im Firmeninteresse hat sich als Orientierungsmaßstab in der modernen betrieblichen Weiterbildung entwickelt. Um dieses System erfolgreich gestalten zu können, verschiebt sich der Schwerpunkt weg von den »harten« Fachkompetenzen auf so genannte »weiche« – da in ihrer Wirksamkeit nicht unmittelbar quantifizierbare – Kompetenzen. Die Arbeit an den Fähigkeiten zu Kommunikation, Arbeit im Team, Kooperation, Koordination, Menschenführung, interdisziplinärer Projektarbeit sowie verantwortlicher Selbststeuerung wird zur zentralen Anforderung an betriebliche Weiterbildung.

1.2 Herausforderungen der betrieblichen Weiterbildung oder: Erwachsene lernen anders

Betriebliche Weiterbildung ist kein pädagogisches Arbeitsfeld und dies stellt sicherlich die größte Herausforderung dar. Anders als in den klassischen pädagogischen Arbeitsfeldern geht es hier gerade nicht um Erziehung, sondern um Androgogik, also Erwachsenenbildung. Selbst wenn man nicht kleinkariert am engen Wortsinn kleben möchte, lohnt die Beschäftigung mit den grundlegend anderen Herangehensweisen, die diese Modelle implizieren. Für einen Erwachsenen ist die Notwendigkeit der Entwicklung seiner Möglichkeiten durch fortwährendes Dazulernen im Gegensatz zu Kindern keine Alltagserfahrung. Erwachsene haben für sich Strategien und Muster entwickelt, mit denen es ihnen meist gelingt, den Alltag nicht nur zu meistern, sondern oft auch nach eigener Beurteilung erfolgreich zu gestalten. Erwachsene sind fertig und benötigen, um weiterhin zu lernen, eindeutige und oft massive Rückmeldung ihrer Umwelt. Lernen ist in diesem Umfeld also nicht unbedingt ein evolutionärer Prozess im Sinne des Dazulernens, sondern beinhaltet revolutionäre Elemente im Sinne des Ver- oder Umlernens. Die hiermit eventuell verbundene Notwendigkeit zur Veränderung ist zumindest nicht in jedem Fall ein Motivationssteigerer.

Die zweite Herausforderung schließt direkt hieran an. Mit der Verschiebung des Schwerpunktes weg von fachlicher Weiterbildung mit direkt sicht- und argumentierbarem Nutzen ist die Vermittlung der Sinnhaftigkeit einer Weiterentwicklung von »weichen« Kernkompetenzen mit schwierig quantifizierbarem Nutzen ungleich schwieriger, zumal die Entwicklung dieser Kompetenzen eng mit der Entwicklung der individuellen Persönlichkeit verknüpft ist und somit der »betriebliche« Anspruch einer Weiterbildung auf diesem Gebiet einer Infragestellung der eigenen Person gleichkommt. Diese wahrgenommene Verbindung von Person und Verhalten führt oft zu einer Abwehrhaltung, schließlich nehmen wir alle für uns in Anspruch, teamfähig, kommunikativ oder auch gute Führungskräfte zu sein.

Was sollte jedoch den einzelnen Mitarbeiter motivieren, an Bildungsveranstaltungen teilzunehmen, sich mit den Inhalten und Angeboten auseinander zu setzen oder sich diese sogar anzueignen? Welchen Nutzen hätte der einzelne Mitarbeiter davon? Dass Unternehmens- und Mitarbeiterziele nicht unbedingt deckungsgleich sind, kann vorausgesetzt werden.

Ein Arbeitsverhältnis ist zunächst einmal eine Partnerschaft, die beide Parteien aus teilweise recht unterschiedlichen Motiven eingehen und in der die Motivation bestimmte Dinge zu tun (oder zu lassen) recht unterschiedlich sein kann. Der Personalentwicklung fällt also, sollen die betrieblichen Bildungsangebote Früchte tragen, die Rolle des Vermittlers zwischen Unternehmens- und Mitarbeiterzielen zu. Ihre Aufgabe hierbei ist es, größtmögliche Transparenz über gemeinsame Ziele von Unternehmen und Mitarbeiter herzustellen und ein gemeinsames Grundverständnis als Basis für die Zusammenarbeit zu schaffen. Erst wenn betriebliche Interessen nicht nur von Unternehmensseite getragen werden, sondern die Verbindung mit den individuellen Interessen des Arbeitnehmers transparent gemacht wird, kann ein Akzeptanzrahmen für betriebliche Maßnahmen geschaffen werden, die auch in die individuelleren, weichen Kompetenzen eingreifen. Aus dem Arbeitnehmer, der durch Weiterbildungsmaßnahmen zur effizienteren Abwicklung seines Arbeitspaketes geschult wird, wird der Mitarbeiter mit der Motivation, die Fähigkeit zur Erreichung der gemeinsamen Ziele zu erweitern. Für die betriebliche Weiterbildung als wichtigstes Werkzeug der Personalentwicklung bedeutet dies, dass die grundlegende Anforderung an jede Fortbildungsmaßnahme ist, dass ihr Nutzen nicht nur für das Unternehmen feststeht. Ebenso muss ihre Sinnhaftigkeit auch für jeden Teilnehmer erkennbar sein. Erst so entsteht die nötige Motivation, sich die Trainingsinhalte auch wirklich anzueignen und umzusetzen. Die betriebliche Weiterentwicklung muss also, gerade um die von der Unternehmensseite gesteckten Ziele zu erreichen, den Mitarbeiter als selbständig handelndes und entscheidendes Wesen akzeptieren. Somit rückt der Mitarbeiter in den Mittelpunkt auch der betrieblichen Weiterbildung. Das oben angeführte einzige Kriterium »der Nutzen für die Erreichung der Unternehmensziele« wird nur über die Berücksichtigung der Motive und Ziele der Mitarbeiter zu erreichen sein. Es ist das Angebot eines Partners, das es dem anderen Partner ermöglichen soll, sich erfolgreicher an der Erreichung gemeinsamer Ziele zu beteiligen. Die eingesetzten Strategien und Methoden werden sich wiederum daran messen lassen müssen, inwieweit es gelingt, nicht nur Weiterbildungsinhalte, sondern vor allem deren Nutzen zu transportieren.

1.3 Strategien und Methoden der betrieblichen Weiterbildung

Systemkompetenz zu fördern und zu entwickeln ist die Aufgabe moderner betrieblicher Weiterbildung. Um die Ansätze für Strategien und die Anforderungen an die verschiedenen Methoden auf dem Weg zu besserer »Systemkompetenz« auf eine gemeinsame Basis zu stellen, führe ich als Denkmodell ein Schaubild zu Systemkompetenz ein.

Schaubild 1

Fachkompetenz z. B.: – handwerkliches Können, – Wissen über innerbetriebliche Abläufe, – EDV Kenntnisse, – Ausbildungen und Studiengänge.		Methodenkompetenz z. B.: – Projektmanagement, – Problemlösung, – Management, – Präsentation, – Konfliktbearbeitung.
	Systemkompetenz entsteht aus dem situativ zur Zielerreichung erforderlichen Mix aus allen vier Kompetenzbereichen.	
Sozialkompetenz z. B.: – Kommunikation, – Einfühlungsvermögen, – Konfliktverhalten, – Führungsverhalten, – Kritikfähigkeit.		Selbstkompetenz z. B.: – Selbstreflexivität, – Frustrationstoleranz, – Fähigkeit zur Selbststeuerung, – Motivationsfähigkeit.

In der klassischen Weiterbildung werden vor allem die Fachkompetenzen und – falls erforderlich – einige der Methodenkompetenzen gefördert. Auf dem Weg zu mehr »System«-Kompetenz fällt der Fähigkeit zur Gestaltung der eigenen Arbeitsabläufe und der Vernetzung mit den anderen daran Beteiligten besondere Bedeutung zu. Da unter den Modebegriff »Sozialkompetenz« vieles fällt, was benötigt wird, um die verschiedenen Kompetenzen in der Praxis zielorientiert zu bündeln, möchte ich diesen jedoch klärend einschränken. Wird »Sozialkompetenz« gebraucht, so scheint allzu oft das »Soziale« darin an sich einen eigenen Wert zu verkörpern, der aber im unternehmerischen Sinn nicht existiert. Sozialkompetenz dient im betrieblichen Umfeld letztlich immer nur als Vehikel zur effektiven Vernetzung der verschiedenen Personen. Es ist zudem ein Irrtum zu glauben, sozialkompetent zu sein bedeute, besonders einfühlsam, konfliktfähig, fürsorglich und so weiter zu sein. So, wie Fachkompetenz bedeutet, sich in einem Fachumfeld souverän zu bewegen, bedeutet sozialkompetent sein, zwischenmenschliche Beziehungen zielorientiert gestalten zu können, um Kompetenzen zielorientiert zu verknüpfen. Da die Träger dieser verschiedenen Kompetenzen jedoch meist Individuen oder Gruppen sind, ist die Förderung von »Sozialkompetenz« eine zentrale Notwendigkeit auf dem Weg zu mehr Systemkompetenz.

Glücklicher-, aber auch dummerweise ist jeder Mensch irgendwie systemkompetent. Er bringt im betrieblichen Umfeld nicht nur einige der benötigten Fach- und Methodenkompetenzen, sondern auch Sozial- und Selbstkompetenz mit. Im Gegensatz jedoch zu den »harten« Kompetenzen, die durch Ausbildungen, Studiengänge, Fortbildungen etc. gezielt und meist bewusst erlernt wurden, haben sich die »weichen« Kompetenzen wie Sozial- und Systemkompetenz meist unbewusst in der individuellen Biografie entwickelt. Sie sind die Produkte einer »best practise« im individuellen System. Individuelle best practise hat zumindest zwei Haken. So ist der Gradmesser, wie gut »best« ist, hierbei immer eine Frage der ganz persönlichen Einschätzung, wobei eine kritische Auseinandersetzung mit dem tatsächlichen Erfolg dieser Kompetenzen meist auch eng mit dem eigenen Persönlichkeitsbild verknüpft ist. Überkritische Auseinandersetzung mit diesem »bewährten Handeln« kann also zumindest nicht vorausgesetzt werden. Außerdem ist eine »best practise« des Individuums nicht automatisch eine »best possible practise« im Unternehmenssinne für das Individuum in der Rolle des Mitarbeiters.

Um ihre Kernaufgabe, die Verbesserung des unternehmerischen Erfolges, zu erfüllen, muss betriebliche Weiterbildung diese »individuelle« Systemkompetenz in bewusste »betriebliche« Systemkompetenz überführen. Hierzu sind zwei Schritte notwendig: die Bewusstmachung und Reflexion der vorhandenen Kompetenzen sowie deren Einsatz. Da sich individuelle Systemkompetenz meist unbewusst entwickelt und der Einsatz der »weichen« Kompetenzen intuitiv erfolgt, werden Maßnahmen der betrieblichen Weiterbildung einen Rahmen bieten müssen, der den zielorientierten Einsatz dieser Kompetenzen schult. Es muss hierbei möglich sein, einzelne Kompetenzen, aber auch Kompetenzbündel in unterschiedlichen Szenarien zu erproben. Es muss den Teilnehmern der Maßnahme ermöglicht werden, eine Rückmeldung aus möglichst verschiedenen Blickwinkeln zu geben. Nur so kann geklärt werden, ob der jeweilige Kompetenzeinsatz auch die erwünschte Wirkung erzielt hat. Um den Umgang mit den eigenen Kompetenzen zu schulen, ist dies ein unverzichtbares Werkzeug, da eine Rückmeldung über den Einsatz besonders (aber nicht nur) der weichen Kompetenzen im Alltag nur in ausgesprochenen Ausnahmesituationen (und dann auch nicht unbedingt konstruktiv) geschieht. Ist jedoch der bewusste Kompetenzeinsatz das Ziel einer Maßnahme, dann ermöglichen Reflexionsphasen den Teilnehmern eine Wahrnehmung der Wirkung ihres Verhaltens und Handelns. Sie bieten Orientierung für künftige Anforderungen. Individuelle Kompetenzen sollen erweitert werden, um den Teilnehmern bewusste Verhaltensalternativen zu ermöglichen. Hierbei muss das Kennenlernen anderer Verhaltensstrategien möglich werden und deren Nutzen für eine erfolgreichere Zielerreichung erfahrbar sein. Nur wenn verändertes Verhalten auch für den jeweiligen Teilnehmer nachvollziehbare Vorteile bringt, entsteht die Motivation, dieses ins eigene Repertoire zu übertragen und gewohnte Verhaltensweisen zu verändern.

1.4 Zwischenfazit

Mit dem Ziel, Abläufe zu beschleunigen und die Produktqualität zu erhöhen, soll den Teilnehmern in Maßnahmen beruflicher Weiterbildung die selbstgesteuerte, eigenverantwortliche Gestaltung ihrer Arbeitsfelder und die Vernetzung mit anderen Beteiligten ermöglicht werden. Hierbei verschiebt sich der Schwerpunkt weg von rein fachlicher Weiterbildung hin zur Entwicklung der »weichen« Kompetenzen zur Förderung von Kommunikation, Kooperation und Koordination. Es soll den Teilnehmern ermöglicht werden, aus einem Kompetenzpool den jeweils situativ angemessenen Kompetenzmix in Form von »Systemkompetenz« zielführend einzusetzen. Da es sich bei betrieblicher Weiterbildung um Erwachsenenbildung handelt und die Teilnehmer einen Teil dieser Kompetenzen schon unbewusst in ihrem Alltag nutzen, muss betriebliche Weiterbildung einen bewussten Zugang zu diesen Kompetenzen ermöglichen und den Teilnehmern die Möglichkeit zur Entwicklung sowohl aus unternehmerischer wie individueller Sicht sinnvoller Verhaltensalternativen bieten.

2. Outdoor-Training als Werkzeug der betrieblichen Weiterbildung

Auf diesem Hintergrund stellt sich die Frage, was der besondere Nutzen von Outdoor-Training im Allgemeinen wie auch spezieller Trainingsarten innerhalb der betrieblichen Weiterbildung sein kann. Hierbei greife ich zunächst auf das Komfortzonenmodell als gedankliche Grundlage zum Einsatz pädagogischer Methoden in der Erwachsenenbildung zurück.

Schaubild 2

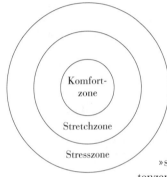

Das Komfortzonenmodell ist ein beliebtes Modell, um didaktische Schritte bei der Entwicklung von Systemkompetenz nachvollziehbar zu machen. Es bildet in dieser oder leicht abgewandelter Form den gedanklichen Hintergrund für alle mir bekannten Outdoor-Trainings-Konzepte.

- Die Komfortzone: Jeder Mensch, vor allem jeder Erwachsene ist in irgendeiner Weise »systemkompetent«. Wir nutzen unsere Kompetenzen, um uns möglichst souverän in bestimmten Systemen bewegen zu können. Am liebsten bewegen wir uns in Umgebungen und Situationen, in denen wir »alles im Griff« haben, unserer »Komfortzone«. Innerhalb unserer Komfortzonen bewegen wir uns in für dieses System bewährten Mustern. Durch Situationsauswahl und Interpretation gelingt es uns oft, diese Muster zu bestätigen und somit lange in der Komfortzone auszuharren.
- Die Stretchzone: Immer wieder, besonders im Arbeitsumfeld, gelingt es jedoch nicht, in der Komfortzone zu verharren. Neue Anforderungen oder Störungen des Gewohnten erfordern die Entwicklung veränderter Verhaltensstrategien. Manipulation und Interpretation stoßen hier an ihre Grenzen – um diese Situationen erfolgreich gestalten zu können, muss das eigene Verhalten reflektiert und durch zielführende Handlungsalternativen oder Varianten erweitert werden. Hierbei greifen wir auf vorhandene Kompetenzen zurück und kombinieren neu, um uns mit der veränderten Situation auseinander zu setzen. Die Stretchzone fordert die jeweilige Systemkompetenz. Es gibt für uns keine 100% Gewissheit, dass wir das Richtige tun. In der Stretchzone sind wir gezwungen die Basis unserer bewährten Muster zu verlassen und unsere Kompetenzen neu zu bündeln.
- Die Stresszone: Hierdurch werden Situationen beschrieben, die uns in unserer Fähigkeit, Kompetenzen zielorientiert zu kombinieren, schlicht überfor-

dern. Dies kann sowohl aus Mangel an Kompetenz wie aus Mangel an der Fähigkeit, diese zu kombinieren, der Fall sein. Es steht uns somit keinerlei Handhabe zur Verfügung, diese Situation zu gestalten. Als Reaktion fallen wir, meist unbewusst, in bewährte Muster oder Automatismen zurück – ohne dass ein nachvollziehbarer Zusammenhang zwischen Situation und Handlung bestehen muss.

Das Komfortzonenmodell wird sowohl auf einzelne Personen wie auf Gruppen und Organisationen angewendet. Was bedeutet dies für den Einsatz von Outdoor-Trainings in der betrieblichen Weiterbildung? In der klassischen betrieblichen Weiterbildung wurde die »Komfortzone« der Mitarbeiter durch fachliche Qualifikation erweitert und den Anforderungen des Arbeitsplatzes angepasst. Da die Anforderungen an den einzelnen Mitarbeiter in der Informations- und Dienstleistungsgesellschaft über das Fachliche hinausgehen und dazu noch stark veränderlichen Einflussfaktoren unterworfen sind, müssen die Weiterbildungswerkzeuge einerseits die »Komfortzone« der Mitarbeiter durch die Steigerung von Systemkompetenz erweitern und andererseits auf zielorientiertes Handeln in der Stretchzone vorbereiten. Beim Einsatz von Outdoor-Trainings, so die These, gelingt es, die »eingefahrenen« Muster in Frage zu stellen, also künstliche »Stretchzonen« oder auch »Stresszonen« zu schaffen, die die bewusste Auseinandersetzung mit eigenen Kompetenzen fördern. Hierbei sollen sowohl Potenziale als auch Defizite deutlich werden. Ein Outdoor-Training stellt somit das Experimentierfeld für den Umgang mit fordernden Situationen und den Einsatz der eigenen Systemkompetenz dar. Dies ist ein sehr wichtiger, aber nur der erste, vorbereitende Schritt. Im Rahmen dieser Laborsituationen wird aber nicht nur bisheriges Verhalten deutlich, es werden auch Möglichkeiten geschaffen, verändertes Verhalten auszuprobieren und einzuüben. Erst dieser Schritt eröffnet den Teilnehmern die Möglichkeit, ihre Kompetenzen in einem geschützten Rahmen für den Einsatz im Arbeitsalltag zu erweitern. Da die Methode Outdoor-Training hierbei affektives wie kognitives Lernen vereint – weshalb sie irritierenderweise oft als ganzheitlich bezeichnet wird –, unterstützt sie die rationale Einsicht, dass z. B. veränderte Verhaltensweisen durch die emotionale Wertigkeit des tatsächlichen Erlebens zielführender sein könnten.

2.1 Wirkzusammenhänge der Natur

Es geht also bei Outdoor-Trainings tatsächlich nicht darum, perfekt mit dem Kompass umzugehen, eine Übung fehlerfrei zu absolvieren oder möglichst wagemutig abzuseilen. Wie bei jeder anderen Methode geht es nicht um das, »was« getan wird, sondern einzig und allein darum, »wie« es getan wird, welche Strukturen dem eigentlichen Handeln zugrunde liegen. Outdoor-Training darf besonders beim Einsatz im betrieblichen Umfeld kein Selbstzweck sein. Es zählt allein, welche Situationen geschaffen werden können, die das beschleunigte Bearbeiten bestimmter Kompetenzen und deren Einsatz für den Arbeitsalltag fördern. Der große Vorteil des Outdoor-Trainings gegenüber vielen anderen Methoden liegt in den Wirkzusammenhängen der Natur, die die Trainer von weiteren Eingriffen in die Gestaltungsmöglichkeiten der Teilnehmer befreit und diese zwingt, eigenständig ein System konstruktiv zu gestalten. Sind die im Seminarraum installierbaren Übungen und Planspiele meist rein theoretisch und fordern vor allem die kognitiven Kompetenzen, werden die Teilnehmer im Lernraum »draußen« mit echten Herausforderungen konfrontiert, die sie zusätzlich zum Planen auch zum Handeln bringen. Durch Outdoor-Training werden theoretische Begriffe wie Verantwortung, Mitbestimmung oder Teamgeist für die Teilnehmer nicht nur erlebbar, sondern auch in ihrer Bedeutung begreif- und gestaltbar gemacht. Sie bieten somit in der direkten Auseinandersetzung mit den Ergebnissen des eigenen Handelns die Chance, bewusste, zielgerichtete Verhaltenssteuerung für den Arbeitsalltag einzuüben. Wird zum Beispiel eine scheinbar unlösbare Aufgabe durch das Einhalten von gegenseitigen Absprachen und dem Bündeln aller verfügbaren Fähigkeiten in der Planungsphase erfolgreich bewältigt, so hat dies sicherlich eine weit höhere Wirksamkeit als nur das Wissen, dass eine gute Planungsphase die Basis für den Erfolg sei. Um dies zu erreichen, brauchen die Teilnehmer auch Raum, um das System Outdoor und die ihnen darin gestellten Aufgaben selbständig zu gestalten. Die Übungen in einem guten Outdoor-Training setzen den Teilnehmern einen Rahmen, der es ihnen erlaubt, die für sie bestmögliche Strategie zur Lösungsfindung auszuwählen. Schließlich wird das Seminar nicht durchgeführt, um etwas über das Ökosystem oder Knotentechnik zu lernen, sondern um die Teilnehmer für die verantwortungsvolle und erfolgreiche Beteiligung an den Aufgaben und Herausforderungen ihres Arbeitsalltages fit zu machen. Ob also die konstruierte Seilbrücke den Wildbach überspannt, den Regeln der deutschen Architekteninnung oder den Standards des Alpenvereins standhält, ist vollkommen nebensächlich. Wie aber haben die Teilnehmer den gegebenen Rahmen genutzt? Glaubt das Team, dass es die beste Lösung gefunden hat? Welche Möglichkeiten hätte es gegeben, die Kommunikation effektiver zu gestalten? Dies werden die wirklich interessanten Fragen im Anschluss an eine Übungseinheit sein. Leider liegen hier oft die Schwächen vieler Outdoor-Trainings-Konzepte – die Methode nimmt sich zu ernst!

In Outdoor-Trainings kann es keinen vom Trainer vorgegebenen »richtigen« Lösungsweg für die gestellten Übungen geben. Die Gestaltung eines Rahmens, der es den Teilnehmern ermöglicht, selbständig und mit einem Minimum an organisatorischen oder pseudopädagogischen Eingriffen zu arbeiten, gehört zu den wesentlichen Herausforderungen für die Trainer und Planer dieser Trainings. Das große Potenzial dieser Methode liegt in den Übungssituationen, die in der Komplexität ihrer Anforderungen sowohl dem Einzelnen als auch der Gruppe die Möglichkeit bieten, sich als wesentlicher, gestaltender Teil des

Ganzen zu erleben. Die mit den Übungen verbundenen Reflexionsphasen verschaffen den Teilnehmern die Möglichkeit, sich über die Bedeutung des Erlebten auszutauschen, und unterstützen die bewusste Auseinandersetzung mit den eigenen Verhaltensmustern und Problemlösungsstrategien. Die Trainer haben in diesen Phasen die Rolle des beschleunigenden Katalysators. Sie tragen zudem die Verantwortung für die Steuerung des Entwicklungsprozesses und unterstützen diesen durch kritisches Beobachten und Hinterfragen sowie durch die Auswahl weiterer geeigneter Übungsszenarien als Spielfelder zur Kompetenzentwicklung. Leider zählt in zu vielen Outdoor-Trainings immer noch die fachlich korrekte Bewältigung der gestellten Herausforderung. Oft gibt es nur einen »richtigen« Lösungsweg, und die Gestaltungsmöglichkeiten der Teilnehmer werden durch organisatorische oder pseudopädagogische Eingriffe der Trainer unnötig beschnitten. Es wird versucht, durch nur eindeutig zu lösende Übungen und daraus resultierende stereotype Beobachtungen Erkenntnisse herauszureflektieren, die einzig die Botschaft des Trainers (nach dem Motto »Wer nicht hören will...«) unterstützen sollen, die aber mit den Kompetenzen der Teilnehmer reichlich wenig zu tun haben. Besonders im Bereich der Systemkompetenzentwicklung wird sich der Trainer, anders als bei der reinen Erweiterung der Fachkompetenz, durch seine Hybris der Allwissenheit überfordern. Er verlässt die Rolle des beobachtenden Katalysators und versucht, seine – in völlig anderen Systemen generierte Systemkompetenz – zum Maßstab seiner Teilnehmer zu machen.

2.2 Zwischenfazit

Outdoor-Training ist eine konstruktive Methode die das kontrollierte Verlassen der Komfortzone erlaubt und den Einsatz vorhandener Kompetenzen und die Entwicklung neuer Kompetenzen in einem geschützten Umfeld fordert und fördert. Das »echte« Lernumfeld bietet einen idealen Rahmen, um als eigenständiges System die Arbeit an Systemkompetenzen und ihrer Vernetzung zu ermöglichen. Das Lernumfeld bereitet die Teilnehmer auf den Umgang mit neuen und herausfordernden Situationen sowohl durch kognitive Auseinandersetzung als auch affektives Erleben in den Übungen vor. Outdoortechniken und Übungen sind nie Selbstzweck – der Fokus liegt immer auf dem »wie wurde gehandelt«.

3. Chancen und Schwierigkeiten von vier gängigen Formen von »Outdoor-Training« für die betriebliche Weiterbildung

3.1 Seilgärten

Kurzbeschreibung: Seilgärten bestehen aus mehreren, meist aus Seilen konstruierten Übungselementen. Diese Übungselemente sind in Bodenhöhe (Low Rope) oder mehrere Meter über dem Boden installiert (High Rope). Typische Übungen sind das Besteigen eines mit Haltegriffen versehenen Baumstammes sowie der Sprung von der an der Spitze des Stammes installierten Plattform in die von anderen Teilnehmern gehaltenen Sicherungsseile. Während einer anderen Übung müssen zwei sich gegenseitig stützende Teilnehmer auf zwei »v«-förmig gespannten Seilen entlangbalancieren. Besonders High-Ropes Courses haben in den letzten Jahren durch ihre spektakulären Übungen viel Aufmerksamkeit erzielt und gelten bei »Laien« als Synonym für »Outdoor-Training« schlechthin. Chancen: Jede der Übungen in einem Seilgarten bedeutet für die Teilnehmer die Notwendigkeit, ihre Komfortzone zu verlassen. Die an sie gestellten Aufgaben lassen sich meist nicht durch Strategien aus dem Alltag bewältigen. Ein wesentliches Element ist der Umgang mit der eigenen Unsicherheit in großer Höhe. Die Übungen eignen sich hervorragend zur Reflexion des individuellen Umgangs mit Angst (Befürchtungen), Gruppendruck und Unsicherheit. Da sie oft in der Nähe von Tagungshotels aufgebaut sind, lassen sie sich ohne großen logistischen oder finanziellen Aufwand in ein Indoor-Training einbauen. Seilgärten bieten große emotionale Erlebnisse und werden oft zur Verankerung von anderen Trainingsinhalten eingesetzt. Schwierigkeiten: Die Übungen sind meist recht statisch. Es gibt ein klar vorgegebenes Ziel und klar vorgegebene Rollenverteilungen. Der Gestaltungsspielraum der Teilnehmer erschöpft sich in der Entscheidung, eine Übung abzubrechen oder durchzuführen. Die Übungen fokussieren auf eine oder zwei Personen und bieten für ernst zu nehmende Teamentwicklungs- oder Managementtrainings wenig. Weder wird die Teilhabe an der sozialen Interaktion noch die zielorientierte Situationsgestaltung gefördert, die Teilnehmer lernen, sich in ein vorgegebenes System einzugliedern und dessen starres Regelwerk zu akzeptieren. Zweifellos wird beinahe jeder Teilnehmer eines Trainings im Seilgarten gezwungen, seine eigene Komfortzone zu verlassen. Dass aber die Überwindung der eigenen (Höhen-)Angst und die »erfolgreiche« Bewältigung der Mutproben in mehreren Metern Höhe einen weiterführenden Zugang zur Verbesserung der Teamfähigkeit oder des Führungsverhaltens erlauben, kann in den meisten Fällen zu Recht bezweifelt werden! Die einfache und preisgünstige Verfügbarkeit der Anlagen verführt jedoch trotz ihrer in diesen Bereichen fragwürdigen Wirksamkeit auch zum Einsatz für ungeeignete Trainingsschwerpunkte. Werden diese Themen dennoch durch ein Training im Seilgarten bearbeitet, dann werden die starken emotionalen Erlebnisse zur Verstärkung der Trainer-Botschaften häufig instrumentalisiert. Hochseilgärten bergen trotz hochentwickelter Sicherheitsstandards trotzdem ein nicht zu unterschätzendes Verletzungsrisiko.

3.2 Einzelne Outdoorelemente

Kurzbeschreibung: Im Rahmen des Trainings werden den Teilnehmern einzelne Übungen in Form von Problemlösungsaufgaben gestellt. Hierfür beschreiben die Trainer eine Ausgangssituation und eine Zielvorgabe. Wie der vorgegebene Handlungsrahmen zur Erreichung des Zieles genutzt und welche Strategien gewählt werden, bleibt den Teilnehmern überlassen und ist im Anschluss an die jeweilige Übung Gegenstand der Reflexion der Übung. Der Bau einer Seilbrücke oder das gegenseitige Lotsen zweier Gruppen mit Funkgeräten und vertauschter Karten sind typische Übungen. Ebenso kommen auch Problemlösungsübungen zum Einsatz, die nicht unbedingt draußen durchgeführt werden müssten, jedoch im attraktiven Umfeld in der Natur zusätzlichen Reiz gewinnen. Chancen: Dies ist sicherlich nicht zu Unrecht eine der am weitesten verbreiteten Formen von Outdoor-Training. Einzelne Übungen werden gezielt in das jeweilige Trainingsdesign eingebaut, um die Trainingsinhalte beschleunigt zu transportieren. Diese meist konstruktiven Übungen eröffnen Teilnehmern und Trainern ein anspruchsvolles Arbeitsfeld für die jeweiligen Trainingsinhalte. Die Übungen sind unkompliziert und fast kostenneutral in den jeweiligen Trainingsverlauf einzubinden und schulen gezielt einzelne Kompetenzen der Teilnehmer. Die objektive Gefährdung der Teilnehmer geht gegen null. Sie nutzen den von den meisten Teilnehmern als attraktiv empfundenen Rahmen in der Natur als unterstützenden Faktor, können aber bei schlechter Witterung problemlos auch indoor durchgeführt werden. Schwierigkeiten: Ein großes Repertoire an Übungen hat schon manchen Trainer von seinem Trainingsziel abgelenkt. Die Attraktivität der einzelnen Übungen kann dazu verführen, zu viele Übungen in ein Training einzubauen, wodurch die Zeit zur gezielten Aufarbeitung der Ergebnisse knapp werden kann. Durch den relativ willkürlich und künstlich gesetzten Rahmen der Übungen werden diese von einigen Teilnehmern als Spielchen empfunden, wodurch eine ernsthafte Auseinandersetzung mit der Anforderung im künstlichen Übungsszenario erschwert wird. Die Beobachtungen aus den einzelnen Übungen dürfen nicht überinterpretiert werden, da es sich um recht kurze Einheiten handelt. Sie sind höchstens Aufhänger und Hinweise für mögliche Verhaltensmuster.

3.3 Der »Outdoortag«

Kurzbeschreibung: Während eines »Outdoortages« können verschiedene Übungen aus den beiden vorigen Konzepten zu einer Einheit verknüpft werden. Eine übergreifende Aufgabenstellung (z. B. eine bestimmte Strecke zurücklegen) bildet den Rahmen und die Orientierung für den gesamten Tag. Während des Outdoortages werden verschiedene Stationen erreicht, und die einzelnen Übungen stehen in sinnvollem Zusammenhang zur Aufgabenstellung. Anspruchsvolle Outdoortage werden als komplexe Projekte mit Ressourcen, Budgets und Zeitvorgaben konzipiert. Chancen: Das erste Outdoor-Trainings-Konzept in dieser Reihung, das »die Natur« als eigenständiges System wirklich nutzen kann. Besonders wenn mehrere Kompetenzen, z. B. Projektmanagement, Teamfähigkeit und Kommunikationsverhalten, vernetzt entwickelt werden sollen, bietet ein in sich geschlossener Outdoortag viele Möglichkeiten. Durch die im Vergleich zu den einzelnen Outdoorübungen gesteigerte Komplexität und die längere Aktionszeit bietet er den Teilnehmern die Chance, ein eigenes kleines System eigenständig zu gestalten. Hier können die verschiedenen Einflussfaktoren und ihre Konsequenzen erlebt und bewusst im Verlauf des Tages gesteuert werden. Das abgebildete Anforderungsprofil kommt dem von modernen Projektteams sehr nahe. Ein Outdoortag verknüpft sinnvoll einzelne Übungen in einem Gesamtrahmen und erlaubt so das intensive Arbeiten auf verschiedenen Werteebenen. Schwierigkeiten: Ein guter, d. h. zielführender Outdoortag benötigt gründliche Planung und Vorbereitung. Diese ist oft umfangreicher als die Vorbereitung für das restliche Training. Das Gelände muss besichtigt, oftmals Genehmigungen eingeholt, Transporte organisiert und Stationen aufgebaut werden. Dies ist nicht nur zeit-, sondern auch kosten- und materialintensiv. Ein Outdoortag erfordert auch logistisch erfahrene Trainer, um ihn für die Teilnehmer zum Trainingserfolg werden zu lassen. Schlechtes Wetter kann die Entwicklung von Kompetenzen schnell zur Nebensächlichkeit werden lassen.

3.4 Das Wildnistraining

Kurzbeschreibung: Wildnistrainings sind mehrtägige, oft im Rahmen eines Projektes oder einer Expedition angelegte Veranstaltungen. Sie sind meist eingebettet in eine intensive Vor- und Nachbereitungsphase. Da sich diese Trainings über mehrere Tage erstrecken, werden die Teilnehmer und ihre Kompetenzen umfassender gefordert, da die erlebten Herausforderungen eine sehr hohe Authentizität vermitteln. Typische Wildnistrainings sind z. B. die Planung und Durchführung einer Bergbesteigung, einer Wüstendurchquerung oder der Befahrung eines Flusses mit selbst gebauten Flößen. Wildnistrainings nutzen die vielfältigen Herausforderungen und Facetten, die der Seminarraum »Natur« als

Lernsystem bietet, am intensivsten und konfrontieren die Teilnehmer direkt mit den Konsequenzen des eigenen Entscheidens und Handelns. Chancen: Die erste Wahl, wenn Systemkompetenzentwicklung wirklich als Vernetzung der einzelnen Kompetenzen gefördert werden soll. Über mehrere Tage erarbeiten sich die Teilnehmer in einem herausfordernden Wildnisprojekt eine zielführende Herangehensweise an Herausforderungen. Ebenso sind diese komplexen und herausfordernden Trainings ein wertvolles Instrument für Führungskräfte- und Teambildungstrainings. Durch ihre hohe Komplexität fördern diese Trainings die intensive Auseinandersetzung mit den Trainingsinhalten. Das »echte« Lernumfeld erlaubt keine halbherzige Auseinandersetzung mit den sich stellenden Herausforderungen. Wildnistrainings bieten den Teilnehmern starke Bilder, die zu Symbolen für erfolgreiches Handeln in schwierigen Situationen im Arbeitsalltag genutzt werden können. Sie fördern intensives Kennenlernen und die bewusste Gestaltung von Netzwerken. Schwierigkeiten: Um das außergewöhnliche Potenzial ausschöpfen zu können, sind Wildnistrainings aufwendig und sehr zeitintensiv. Der gesetzte Rahmen sollte diesem Aufwand Rechnung tragen, damit ein Wildnistraining nicht zum Survivaltrip oder zur Incentivereise verkommt. Durch den sehr weit gesteckten, realistischen Rahmen ergeben sich auch objektive Gefahren, die schon bei der Planung berücksichtigt werden müssen. Diese Trainings sollten nur von sowohl im Outdoor- wie im Trainingsbereich sehr erfahrenen, souveränen Trainern durchgeführt werden, da auch für sie wenig Rückzugs- und Neuorientierungsmöglichkeit bestehen.

3.5 Zusammenfassung

Outdoor-Trainings sind ein wertvolles Instrument zur Entwicklung von einzelnen Kompetenzen sowie Kompetenzbündeln. Unter dem Begriff Outdoor-Training werden jedoch sehr verschiedene Spielarten zusammengefasst. Um die für den jeweiligen Trainingsrahmen gesteckten Ziele auch zu erreichen, ist es erforderlich, sich mit den Möglichkeiten der verschiedenen Spielarten auseinander zu setzen. Bei einem Indoor-Training ist es selbstverständlich, dass nach Inhalten und Methoden für das jeweilige Training gefragt wird, genauso entscheidet bei einem Outdoor-Training meist nicht der Ort (draußen in der Natur), sondern allein, wie dieser Rahmen genutzt und mit welchen Inhalten er gefüllt wird, über den Erfolg oder das Scheitern einer Maßnahme.

Literatur

Atkinson, R./Court, R. H.: The New Economy Index. Washington D. C. 1999.
Then, W.: Die Evolution der Arbeitswelt. Bonn, Fribourg 1994.

Siegfried Molan-Grinner
Natur und Outdoor-Training – Wie viel Natur ist im Training?

Outdoor-Training erzeugt bei Personalentwicklern, Trainern, Beratern und Teilnehmern das Bild einer Entwicklungsmaßnahme, welche erstens draußen stattfindet und zweitens mit dem Medium »Natur« arbeitet. Faktisch aber finden viele Trainings, die unter dem Titel »Outdoor-Training« verkauft werden, zum großen Teil drinnen im Seminarraum statt, und sie benutzen in keiner Weise systematisch die Natur als Lernfeld, sondern lediglich als Kulisse im Hintergrund.

Wenn man sich den Markt für Outdoor-Trainings ansieht, wird man feststellen, dass Outdoor-Trainings über weite Strecken *indoor* stattfinden. So genannte Outdooraktivitäten (z. B. Ropes-Courses) werden mittlerweile auch in großen Hallen aufgebaut und haben keinen direkten Naturbezug. Natur ist im Outdoor-Training kaum zu finden. Der Großteil der Seminarzeit wird im geschützten Bereich eines Hotels verbracht. Natur und ihre Wirkungsweisen spielen kaum eine Rolle! Ich habe oft beobachtet, wie eine Übung schnell auf dem satten, grünen Rasen im Vorgarten des schönen Seminarhotels durchgeführt wurde, um gleich danach im kuschelwarmen Seminarraum zu verschwinden. Dort wurden die Eindrücke und Erlebnisse ausführlich reflektiert. Natürlich ist der (sprachliche) Transfer einer der wichtigsten Bestandteile eines jeden Trainings (nicht nur eines Outdoor-Trainings). Die Wichtigkeit der sprachlichen Rückübersetzung von Trainingserlebnissen in die Alltagssituation der Teilnehmer – und deren Team und deren Organisation – ist unbestritten (vgl. dazu Molan-Grinner 2001). Aber zu oft werden solche Natur-Mogelpackungen als Outdoor-Training verkauft.

Ich werde auf den folgenden Seiten klären, welche Möglichkeiten für Entwicklungsmaßnahmen durch die bewusste und gezielte Verwendung von Natur in einem Outdoor-Training stecken. Daraus sollen Hilfestellungen für die Entscheidung gegeben werden, welches Outdoor-Training für welches Ziel sinnvoll ist. Von welchem Verständnis von Outdoor-Training ich hier ausgehe und welche Wechselwirkungen in einer solchen Trainingsmethode (vor allem unter besonderer Berücksichtigung der Dimension Natur) beobachtbar sind, soll jetzt geklärt werden.

Die Vierdimensionalität des Outdoor-Trainings

Outdoor-Training ist eine didaktische Maßnahme, ein Instrument, eine Methode (und keine fundamentalistische Philosophie und Ideologie), mit der rasch und nachhaltig Entwicklung und Veränderung bei Menschen, Teams und Organisationen erreicht werden kann. Es ist ein geplanter, zielorientierter Trainingsprozess (Training = gezieltes Üben), der gänzlich (oder zum Teil) in der Natur, draußen (outdoor), platziert ist. In diesem Trainingsprozess versucht ein Trainer (Coach), durch gezielte Beeinflussung des Trainingsprozesses mit Hilfe der vier Wirkungsdimensionen (Bewegung, Abenteuer, Natur und Sprache), bei den Teilnehmern die Entwicklung von neuen Denk- und Verhaltensmustern zu initiieren (Molan-Grinner 2001, 2002). Diese Trainingsmethode unterscheidet sich von anderen Interventionsmöglichkeiten (z. B. Moderation, Diskussion, Meta-Plan, Vortrag, ...) durch das systematische Zusammenwirken dieser vier Wirkungsdimensionen. Ich werde diese einzeln darstellen und danach vor allem die Dimension Natur genauer betrachten. In der Praxis fließen alle vier gleichzeitig ineinander.

Bewegung als erste Dimension bezeichnet die Maxime der Handlungsorientierung: Outdoor-Training ist eine handlungsorientierte Entwicklungsmethode. Menschen erkennen sich selbst und werden von anderen über ihre Handlungen eingeschätzt. Das, was zählt im wirtschaftlichen und privaten Leben, sind die Handlungen, durch die wir wahrgenommen werden. Diese Handlungen werden zwar durch Denkmuster wie Ziele und Motive beeinflusst, doch letztlich zählt nur die Handlung (Kern 2001). Deshalb liegen die Vorteile von Bildungs- oder Entwicklungsmaßnahmen, die konkrete Handlungen in das Zentrum ihrer Aufmerksamkeit stellen, auf der Hand: Die Teilnehmer erleben und beobachten einander in und durch konkrete Bewegungen in ihren jeweiligen individuellen Verhaltensweisen. Zusätzlich werden diese Bewegungserlebnisse kinästhetisch abgespeichert, das heißt, die konkreten Erfahrungen werden als körperlich-emotionale Impulse in unserem Nervensystem verankert. So bleibt ein Erlebnis aus einer Seekajaktour über das Meer stärker und nachhaltiger in Erinnerung als ein erzählter Vortrag darüber. Der Körper merkt sich die Erfahrung, und das Erlebnis bleibt in unserer Erinnerung stark präsent. Wenn ich nun gemeinsam mit einem Kollegen in einem Seekajak sitze und am eigenen Leib spüre, welche Vorteile es mit sich bringt, teamorientiert in einem Boot miteinander umzugehen, wird die Bereitschaft, dieses Verhalten auch im Alltag zu zeigen, deutlich höher sein, als wenn ich von ähnlichen Erfahrungen in einem Vortrag berichtet bekomme. Die Erkenntnis, die auf körperlicher Erfahrung beruht, ist tiefer als nur auf Hören oder Sehen beruhende Einsichten. Das körperliche Erleben verstärkt die gewonnene Erkenntnis.

Wenn ich nun handlungsorientierte Aufgaben in einem Outdoor-Training zusätzlich mit dem Moment des Abenteuers, die zweite Wirkungsdimension, verbinde, verstärken sich die Bewegungserlebnisse. Ein Abenteuer ist eine Situation, in der der Ausgang und die Konsequenz meines Verhaltens nicht endgültig bekannt sind. In abenteuerlichen Situationen finden sich Elemente des Neuen und Fremden, des Unbekannten und Ungewohnten. Diese Erlebnisse bauen auf dem Moment des Unvorhersehbaren auf, des Zufälligen und Unerwarteten. Und in Abenteuern ist das potenziell Gefährliche beinhaltet, das Ungewisse und Unsichere. Für einen Teilnehmer ist beispielsweise eine Seekajaktour über wilde Wellen eine neue Situation, die er zuvor noch nicht erlebt hat. Wer fährt schon freiwillig mit Menschen, die das möglicherweise ebenfalls noch nie gemacht haben, in einem Boot über offenes Meer? Und vor allem ist es ungewohnt, sich auf solche Aktivitäten zusammen mit Kollegen, Mitarbeitern oder Vorgesetzten einzulassen. Es könnte ja etwas schief gehen und man könnte sich vor der Gruppe bloßstellen. Abenteuerliche Situationen aber werden sehr subjektiv als solche bewertet. Das hängt von der Persönlichkeit und ihrer Erfahrung ab. Hier braucht es einen Trainer und Coach, der die Spannung des unsicheren Ausgangs so dosieren kann, dass produktive Entwicklungen möglich sind. Zu viel Gewissheit führt zu Langeweile und Unterforderung, zu große Ungewissheit zu Überforderung und Angstzuständen. Die Wagnisse oder Abenteuer des Lernens (Kreszmeier/Hufenus 2000) können sich bereits in einfachen Übungen finden – oft braucht es keine spektakulären Aktionen. Allein die Wahrnehmung und die Spiegelung von persönlichen Handlungen aus einer Fremdperspektive kann ein großes Wagnis und Abenteuer sein. Wie werde ich beispielsweise gesehen in meiner Bewegung in der Natur und in meinem Verhalten in der Gruppe? In solchen abenteuerlichen Trainingssituationen bewirkt die individuelle Unsicherheit eine erhöhte Aufmerksamkeit und Wachsamkeit. Nach Bandura (1976, 1979) sind dies die notwendigen Parameter für das Initiieren von Entwicklung. Diese Prozesse führen zu einer verstärkten Verankerung der neu gewonnenen Denk- und Verhaltensweisen in die Wirklichkeiten der Teilnehmer. Das Lernen in abenteuerlichen Situationen bleibt durch emotionale Dichtheit nachhaltiger und tiefer verankert.

Das kann durch Natur, die dritte Wirkungsdimension, zusätzlich verstärkt werden. Die Verstärkung des abenteuerlichen Erlebens geschieht durch die Wildheit der Natur und ihrer potenziellen Gefährlichkeit, die letztendlich nicht beherrschbar ist. Es kommt darauf an, sich der Natur anzupassen, die natürlichen Bedingungen anzuerkennen und sein Verhalten daran auszurichten. So müssen bei Fahrten mit dem Seekajak Wind, Wellen und Strömungen berücksichtigt werden, um die Maxime absoluter Sicherheit zu erfüllen, wie sie für ein professionelles Outdoor-Training gilt. Der Spielraum des »Kribbelns«, der Bereich für individuelle Entwicklung, findet sich in den subjektiven Einschätzungen der Teilnehmer von abenteuerlichen Naturerfahrungen. Und diese Einschätzungen sind sehr unterschiedlich. Natur hat neben diesem Verstärkermoment noch viele andere Vorteile gegenüber klassischen (indoor) Methoden. Zusätzlich enthält Natur eine Mächtigkeit zur Förderung von Entwicklung und Veränderung, die bisher spärlich bewusst erkannt und präzisiert wurde. Zuletzt noch kurz zur vierten Dimension, der Sprache, die im Trainingsprozess eines Outdoor-Trainings wirksam ist.

Sprache bezieht sich in diesem Zusammenhang auf die notwendige digitale Übersetzung von Outdoorerfahrungen. Sprache ist notwendig, um das emotional Erfahrene in unsere Wirklichkeit einzuordnen und zu verarbeiten. Mit ihr ist die kognitive Übersetzung von ganzheitlichen, abenteuerlichen Bewegungserfahrungen in der Natur in das Bewusstsein der Teilnehmer möglich. Deshalb ist es für ein Verstehen der Wirkungsweisen eines Outoor-based-Trainings bedeutsam, Sprache als eigene Dimension zu definieren (Molan-Grinner 2001).

Welchen methodischen Schwerpunkt ein Trainingsanbieter innerhalb dieser vier Dimensionen setzt, hängt primär vom Ziel des Trainings ab. Zuerst muss geklärt werden, ob ein Outdoor-Training überhaupt die geeignete Maßnahme ist. Wenn diese Frage positiv beantwortet wurde, muss ermittelt werden, welcher outdoorspezifische Schwerpunkt gesetzt werden soll. Soll der Fokus auf die abenteuerliche Dimension gerichtet sein, um beispielsweise am Thema »Herausforderungen annehmen« zu arbeiten? Oder verlangt vielleicht ein Entwicklungsziel, dass sich das Trainingssetting stärker auf das Handlungsmoment konzentriert, um beispielsweise Teilnehmern das Erlernen von handlungsspezifischen Teamregeln zu ermöglichen? Oder aber liegt der Fokus auf der sprachlichen Dimension, wenn beispielsweise das Erarbeiten von teaminterner Kommunikation das Ziel der Intervention sein soll? Das konkrete methodische Vorgehen sollte differenziert überlegt werden, um den bestmöglichen Nutzen aus einem Outdoor-Training zu ziehen.

Die vier Dimensionen Bewegung, Abenteuer, Natur und Sprache im Blick zu haben und sie bewusst und ganzheitlich in einem Outdoor-Training einzusetzen, unterscheidet ein Outdoor-Training von Trainings, die gelegentlich und eher zufällig einzelne Übungen in der Natur beinhalten. Das bedingt nicht, dass ein »echtes« Outdoor-Training zu 100 % unter freiem Himmel stattfinden muss. Aber die vier Dimensionen müssen authentisch zusammenwirken und vor allem muss eine Wechselwirkung mit der Natur möglich sein.

Vom Training im Freien – im Wechselspiel mit der Natur

In der Literatur zur »Outdoorszene« finden sich kaum fundierte Aufarbeitungen über die Wirksamkeit der Dimension Natur. Die meisten Trainer gehen offenbar davon aus, dass Natur von sich aus Wirkungen zeige. Dieser Meinung bin ich auch, denke aber, dass sich schon differenziertere Begründungen für deren Wirkung finden lassen. Eine davon – die Verstärkung von abenteuerlichen Bewegungserfahrungen – habe ich im letzten Abschnitt dargestellt. Einem weiteren Vorteil, der für eine Verwertung von Naturerfahrungen in der Personal- und Organisationsentwicklung spricht, möchte ich im Folgenden genauer nachgehen.

Die Natur gibt Feedback mit einer Direktheit, die sonst kaum zu finden ist. Jeder weiß: Wenn ich mit dem Boot kentere, werde ich nass. Der Kraft dieser Rückmeldung kann man sich schwer entziehen. Ein Training in der Natur ist zwar durch die konstruierten Übungen, welche die Denk- und Handlungsmuster der Teilnehmer anschaulich machen sollen, ein Lernarrangement, doch das Handeln der Teilnehmer selbst ist dann keine Fiktion mehr, sondern ein konkret beobachtbares Verhalten. Es ist ein Tun mit realen Handlungskonsequenzen. Dazu folgendes Beispiel:

- Bei einer Orientierungsaufgabe, die mit einem Projektteam eines Unternehmens der Kommunikationsbranche durchgeführt wurde, das im Bereich Forschung und Entwicklung tätig ist (Entwicklung neuer Verfahrenswege in der Produktentwicklung), verstrickte sich das Team in Diskussionen über seine Entscheidungsfindung. Die internen Diskussionen nahmen so viel Zeit in Anspruch, dass es erstens immer dunkler wurde (das konnten wir mit künstlichen Lichtquellen ausgleichen), doch auch das drohende Gewitter holte uns ein und gab uns direktes Feedback: »Jungs, das nächste Mal ein bisschen schneller!«

Durch dieses Ereignis wurde ein wesentliches Teammuster sichtbar: Durch langwierige Entscheidungsfindung und Vermischung von Sach- und Beziehungsebene geht wertvolle Zeit verloren. Aber auch die Motivation, an diesem Muster konstruktiv zu arbeiten und die Effektivität zu erhöhen, war nun vorhanden. Die Nässe des Gewitters motivierte das Team, zu schnellen Entscheidungen zu kommen, um endlich wieder trocken zu werden.

Natur ist nicht wirklich berechenbar. Sie ändert wie das Wetter ständig ihre Dynamik und ist somit eine »gute Schule«, mit ständiger Veränderung umgehen zu lernen. In der aktuellen Diskussion der Personal- und Organisationsentwicklung finden sich zum Thema Veränderung interessanterweise oft Naturbilder, wie zum Beispiel »Leben und Lernen im permanenten Wildwasser« (Vaill 1998 und 1989). Permanentes Wildwasser soll ein Bild sein für den immer schneller werdenden Wandel in allen Bereichen unseres Lebens, vor allem durch Informationstechnologien und deren Auswirkung auf Wirtschaft und Gesellschaft. Um mit permanentem Wildwasser umgehen zu können, um in diesem nicht unterzugehen, ist richtiges Schwimmen erforderlich oder, wie Vaill es bezeichnet, »Lernen als Lebensform« (1998).

Sieben Qualitäten sind es, die nach Vaill Lernen als Lebensform ausmachen und die interessanterweise auch beim Leben und Lernen in der Natur gefordert wie auch gefördert werden:

- Selbstgesteuertes Lernen: Lernende steuern selbst den Prozess (während einer Tour entscheiden die Teilnehmer über die Wegplanung, organisieren das Essen, die Übernachtung...).

- Kreatives Lernen: Kreativ sein ist gleichzusetzen mit forschen (mit wenigen Materialien konstruieren Teilnehmer ein Floß oder eine Brücke).
- Expressives Lernen: Lernen findet hauptsächlich im Verlauf einer Handlung statt (Lernen als aktiver Prozess; im Tun erfahre ich Rückmeldung über den Erfolg meiner Handlungen).
- Gefühlslernen: Lernen an Erfolgen und Misserfolgen, an Konflikten und Krisen löst tiefe Emotionen aus.
- Online-Lernen: Es wird dort gelernt, wo das Gelernte sofort gebraucht wird (sich sicher in der Natur bewegen; Klettern lernen kann nur beim Klettern erfolgen).
- Kontinuierliches Lernen: Der Prozess des Lernens hört nie auf (hinter dem nächsten Felsvorsprung wartet die nächste Herausforderung).
- Und schließlich reflexives Lernen: Lernen ist eine Lebensform des Nachdenkens über dieses Lernen selbst. Beim Lernen als Lebensform – als eine Seinsweise – handelt es sich um eine systemische Art zu denken und zu handeln (was haben wir heute gut gemacht, was nicht, was versuchen wir morgen besser zu organisieren).

Dazu ein Beispiel:

- Ein Team eines Industrieunternehmens (Autozulieferer), das für die Produktion von Prototypenteilen verantwortlich ist, wurde auf ein Outdoor-Training geschickt. Das Trainingsthema war: Unterwegs sein und auf ständige Herausforderungen proaktiv reagieren! Die Gruppe war in Sizilien unterwegs. Die Route führte von Palermo ausgehend der Küste entlang. Das Team hatte die Aufgabe, sich an die vorgegebene Route (die Gruppe hatte eine Wegbeschreibung und Kartenmaterial) zu halten und täglich einen schönen und sicheren Lagerplatz abseits vorhandener Infrastruktur zu finden und einzurichten. Auch die Logistik musste organisiert werden. Es gab die Vorgabe, keine feste Unterkunft zu verwenden. Der einzige Schutz waren Planen und als Reserve und für Notfälle die Kleinbusse. Neben den Phasen der Teamentwicklung und den Mechanismen der Gruppendynamik waren die ständig wechselnden Bedingungen die große Herausforderung für das Team. Kein Lagerplatz war gleich, mal ebener Boden zum Schlafen, mal grober Schotter, Regen, Sonne, …

Das Team konnte so Mechanismen und Vorgehensweisen lernen, gemeinsam mit solchen ungewohnten und wechselnden Situationen umzugehen. Die Natur bot dazu den geeigneten Lernraum. Natur ermöglicht auch, ständig persönliche Grenzen zu überschreiten, aus dem individuellen Schutzkreis der Gewohnheiten und der vertrauten Denk- und Handlungsmuster auszubrechen, Neues zu probieren, das Wagnis des Lernens und der persönlichen Entwicklung einzugehen. Und trotzdem bleibt im Outdoor-Training ein geschützter Rahmen bestehen: Die Teilnehmer befinden sich ja nicht im Unternehmen. Fehler mögen zwar Konsequenzen haben, zum Teil auch unangenehme wie

Natur und Outdoor-Training

Hunger, Durst oder Nässe. Diese haben aber keine Konsequenzen für ihre berufliche Zukunft oder für das Unternehmen. Dies ermöglicht es, unbelastet mit neuen Verhaltensweisen und Lösungsstrategien zu experimentieren.

Verwegene Übungen im Hochseilgarten, die in manchen Outdoor-Trainings alleiniges Mittel der Wahl sind, bieten da zu wenig. Dazu möchte ich hier ein Negativbeispiel vorstellen:

- Die gesamte Vertriebsabteilung eines führenden Unternehmens in der Telekommunikationsbranche in Österreich nimmt an einem »Aufbruchsworkshop« teil, um die Zusammenarbeit miteinander zu verbessern. Ziel des Trainings ist es, ein gemeinsames positives Erlebnis als Erinnerung und als positiven Anker für zukünftige Herausforderungen zu schaffen. Zu diesem Zweck werden die ca. 40 Teilnehmer über einen High-Ropes Course, also Seilübungen hoch über dem Boden, gejagt. Die Damen vom Backoffice hatten große Angst und wurden zum Teil durch den Gruppendruck der laut johlenden Menge dazu getrieben, sich bis zum Schweißausbruch zu überwinden. Zwei stark übergewichtige Personen konnten nicht in die notwendigen Sicherheitsgurte gezwängt werden und wurden deshalb kurzerhand als »Beobachter« eingeteilt. Sie konnten aber nicht aktiv an der »Spaßgesellschaft« teilnehmen. Die Trainer und die Sicherheitsmannschaft hatten auch ihre Freude an der Ungeschicklichkeit der Teilnehmer. Reflektiert wurde mit einer Gruppenarbeit, die darin bestand, das Erlebte mit einer kreativen Plakatwand darzustellen.

Ergebnis der finanziellen Investition: Polarisierung der gesamten Mannschaft, neben der Action für die jungen Mitarbeiter viel Frust für die ungeschickteren, Kopfschmerzen durch das abendliche Begießen des Wahnsinnsabenteuers, aber keine wirkliche Veränderung in der Zusammenarbeit. Alles beim Alten und eher mehr Konflikte als vorher.

Ein weiteres Beispiel soll deutlich machen, was unter dem Slogan »Das Wagnis, Neues einzugehen« in einem Outdoor-Training gemeint ist.

- In dem oben dargestellten Beispiel des Outdoor-Trainings in Sizilien gab es eine Situation, in der zwei Teamteilnehmer, nennen wir sie Christian und Hardy, nicht mehr mitgehen wollten. Sie hatten nach dem zweiten Tag und der zweiten Nacht im Freien einen großen Widerstand gegen das Trainingssetting entwickelt. Im Vorfeld des Outdoor-Trainings war zwar detailliert dargestellt worden, was auf die Teilnehmer zukommt, und jeder konnte sich ohne Konsequenzen dafür oder dagegen entscheiden. Alle Teammitglieder stimmten der Herausforderung zu. Die beiden Teilnehmer gaben konditionelle Schwächen an, obwohl der äußere Eindruck dem nicht entsprach. Es wirkte eher so, als stünden sie sich durch persönliche Unklarheiten selber im Wege. Die beiden ersten Tage unterwegs sein, die Konfrontation mit ständig neuen Situationen, die nicht immer einfach zu meistern waren, bewirkten letztendlich Unsicherheit. Christian und Hardy standen vor der Wahl, die

Herausforderungen anzunehmen und völlig neue Denk- und Verhaltensweisen zu entwickeln oder zurückzuschreiten in ihre sicheren Gewohnheiten. Nach vielen Gesprächen und unzähligen Argumenten von allen Seiten entschlossen sich die beiden, ihre Reise eineinhalb Tage zu unterbrechen, die Gruppe weiterziehen zu lassen und nach der Erholung in einer festen Unterkunft mit heißer Dusche wieder zur Gruppe zu stoßen. Da dieses Training wie alle seriösen Outdoor-Trainings auf dem Prinzip der Freiwilligkeit beruhte, war diese Lösung in Ordnung. Doch sie hatte »natürlich« Wirkung.

Ein Aspekt dieser Wirkung war die veränderte Wahrnehmung der beiden Teilnehmer durch die Gruppe. Es konnte eine hohe Aufmerksamkeit der Gruppenmitglieder gegenüber Christian und Hardy beobachtet werden und ein wertschätzendes Interesse an deren Motiven und Einstellungen. Damit verbunden waren intensive Bemühungen erkennbar, die beiden nach ihrer Rückkehr wieder in die Gruppe zu integrieren, und zwar auf einen Platz in diesem Team, der ihnen angemessen war und ihnen im natürlichen Umfeld zugemutet werden konnte. Durch diese offene Stimmung im Team und durch die konstruktive Haltung der einzelnen Teammitglieder entstand für Christian und Hardy ein Raum, in dem sich die beiden trauten, jene Denk- und Verhaltensweisen zu entwickeln, denen sie offenbar vor der Trennung noch großen Widerstand entgegenbrachten.

Dieses Beispiel zeigt zusätzlich, dass Outdoor-Training unter besonderer Berücksichtigung der Natur auch die Möglichkeit bietet, zu lernen, klare und eindeutige Entscheidungen zu treffen. Bei Aktivitäten in der Natur herrscht Klarheit. Deshalb ist der Abbruch von Aktionen, wie bei Christian und Hardy, bisweilen genauso wertvoll – und sogar in manchen Fällen erwünscht – wie die erfolgreiche Durchführung, weil es eben eine Entscheidung für eine klare Richtung ist. Entscheiden muss ich mich aber, das verlangt die Klarheit der Natur und das macht das Training im Freien auch so wirkungsvoll. Natur im Outdoor-Training kann ein Experimentierfeld sein, in dem Teilnehmer individuell agieren können; mit eindeutiger Klarheit in den Konsequenzen ihrer Entscheidungen und ihres Tuns. Outdoor-Training im hier verstandenen Sinn lädt ein, mit unterschiedlichen Handlungs- und Denkmustern zu experimentieren, ohne Konsequenzen für den beruflichen Alltag, aber mit Konsequenzen für die sich darauf einlassenden Personen.

Natur und ihre Klarheit zwingt denjenigen, der sich ihr ernsthaft aussetzt, eigene Begrenzungen im Denken und Handeln aufzugeben, sie zu erweitern und zu überwinden. Die beiden Teilnehmer in Sizilien sind an ihre persönliche Grenze gegangen, entschlossen sich aber aus persönlichen Gründen, sie nicht zu überschreiten. In einem Outdoor-Training müssen die Teilnehmer nicht über ihren Kreis der Gewohnheiten gehen. Das Moment der Freiwilligkeit ist selbstverständlich. Die Natur hat aber die Kraft, diese Lernmöglichkeiten so zu eröffnen, wie es sonst mit anderen Methoden der Personalentwicklung kaum möglich ist. Wenn ich meine Grenze überschreite, indem ich Denk- und Verhaltensweisen ausprobiere, die neu und ungewohnt für mich sind, eröffnen sich im Lernraum Natur neue Möglichkeiten. Diese stehen mir danach in meinem Verhaltensrepertoire nachhaltiger zur Verfügung, weil sie emotional, körperlich und kognitiv intensiv verankert bzw. abgespeichert sind. Es lohnt sich, im Zusammenhang von Training und Naturerfahrung noch einen Schritt weiter zu gehen und neue Verwertungsmöglichkeiten von Natur im Training zu suchen.

Individuelle Natur im Lernraum Natur

Natur wird oft aus rein ökologischer Perspektive betrachtet. Auch ist der Naturbegriff in der Literatur idealisiert, oftmals auch ideologisch besetzt. Und doch gibt es einen Sinnzusammenhang zwischen Mensch und Naturerfahrung, der weiter reicht als aktuelles ökologisches Denken, fernab jedes Überlebenstrainings, fernab jedes Naturschutzgedankens und fernab von Mystik und Esoterik.

Outdoor-Training basiert auf Kommunikation. Kommunikation ist der Austausch von Informationen und umfasst alles Verhalten in einer zwischenmenschlichen Situation: Sprache, Körpersprache, Gefühle, Vorurteile, Eindrücke... Für das Verständnis von Kommunikation helfen fünf Axiome, die für jede zwischenmenschliche Aktion gelten (Watzlawick u. a. 1990). Wenn man diese aufgreift und sie auf den Beziehungsbegriff Natur–Mensch überträgt (Schörghuber 1996), ergeben sich erstaunliche Erkenntnisse im Hinblick auf die Naturverwertung in einem Outdoor-Training. Vor allem das erste Axiom »Man kann nicht nicht kommunizieren« (Watzlawick u. a. 1990, S. 53) und das vierte »Menschliche Kommunikation bedient sich digitaler und analoger Modalitäten« (ebd., S. 68) sind für ein Verstehen von Natur im Trainingsprozess sehr interessant. Ich kann demnach nicht nicht mit der Natur kommunizieren. Wenn ich draußen bin, findet ein Austausch mit der Natur statt, vor allem unbewusst, so wie es Gregory Bateson (1993) mit seiner systemischen Aufarbeitung von Natur bereits erforscht hat. Unbewusst heißt gleichzeitig: auf einer analogen Ebene. Analoge Kommunikation bezeichnet den Austausch von Informationen auf der Beziehungsebene, wie Gefühle und Emotionen zu mir selbst und zu anderen Menschen: Wut, Trauer, Freude, Glücksempfinden oder Mitgefühl. Es sind Verhaltensbeschreibungen, die bei positiver Beeinflussung eines Menschen als »Emotionale Intelligenz« bezeichnet werden (Goleman 1996). Natur könnte demnach primär im Sinne Watzlawicks u. a. ein analoger Lern- und Entwicklungsraum sein, Natur als analoges Lernfeld zu erkennen bedeutet, dass es eine Bearbeitung des wichtigsten Feldes der Menschen überhaupt ermöglicht: das Gebiet der Beziehung zwischen Individuen. Der Großteil der Schwierigkeiten und Defizite, die man in Teams, Abteilungen und Organisationen feststellen kann, und welche Auslöser für die Nachfrage nach

Trainings, Workshops und Coaching sind, können eindeutig in den Bereich der Beziehungen eingeordnet werden. Und dieses Gebiet der Beziehungen bedient sich fast ausschließlich der analogen Kommunikationsformen (Watzlawick u. a. 1990, S. 63). Was liegt näher, als sich diesem analogen Thema Beziehungen mit einem Medium zu nähern, das »die gleiche Sprache spricht«, nämlich die der Natur? Dazu ist es notwendig, Natur als Beziehungsbegriff zu verstehen.[1]

Das Sein in der Natur und die Beziehung zur Natur als ein Beziehungsfeld zu erkennen, in dem individuelle persönliche und zwischenmenschliche Beziehungen sichtbar und entwickelt werden, eröffnet klare Vorteile gegenüber klassischen Indoor-Trainings. Die Natur bildet einen Spiegel aller individuellen und sozialen Themen. Alle positiven und negativen Denk- und Verhaltensmuster eines Individuums, seines Teams und deren Organisation können über den Raum Natur sichtbar gemacht werden. Dieser Ansatz legt eine völlig neue didaktische Herangehensweise für Outdoor-Training nahe: Der Trainer platziert den Trainingsprozess in der Natur, bietet gezielt Naturräume an, in denen der Teilnehmer sich mit seinen Denk- und Verhaltensmustern auseinander setzt. Viele dieser Muster sind dem einzelnen Teilnehmer und der Gruppe nicht bewusst. Das Unbewusste wird neben dem (sichtbaren) Bewussten im Naturfeld erkennbar (gemacht), es wird transparent. Nicht die Übung steht im Vordergrund, sondern die einzelne Persönlichkeit im Zusammenwirken mit ihrer Natur. Im Raum »Natur« geschieht eine Öffnung für die Bearbeitung von wichtigen Themen für den einzelnen Teilnehmer, die ohne Natur nicht in dieser Art mit dieser Geschwindigkeit zu erreichen ist. Aber wie kann ich diese Mächtigkeit für den beruflichen Alltag verwerten?

Sich dem Wagnis Natur stellen

Eine Erkenntnis, die ich aus meinen Untersuchungen und Beobachtungen im Zusammenhang von Outdoor-Training und Naturerfahrung gewonnen habe, ist die Korrelation von nachhaltigen Veränderungen bei Teilnehmern (und deren Teams und deren Organisation) mit der Zeitspanne, die in der Natur verbracht wurde. Je mehr Zeit sie sich nahmen, wirklich draußen zu einem The-

---

[1] Nicht das Wissen über die Natur soll das Ziel sein, sondern das Wissen über die individuelle und gemeinschaftliche Naturbeziehung, das Leben in und mit der Natur und das Erleben dieses Verhältnisses. Für das Verstehen dieses Ansatzes, ist eine systemische Sichtweise notwendig, die Natur als Beziehungsbegriff definiert (Capra 1991). Die Basis für diesen Beziehungsbegriff legte Bateson in »Geist und Natur« (1993). Natur als Beziehungsbegriff zu erkennen bedeutet, dass Natur kein Objekt, sondern das Produkt von Beziehungen ist. Die Beziehung existiert durch die Anwesenheit des Menschen, der in diesem Beziehungsgefüge handelt und so mit der Natur zusammenhängt. Natur sollte als selbst organisierendes System begriffen werden, in das der Mensch eingebettet ist.

ma zu arbeiten, desto fundierter waren die Ergebnisse. Das setzt voraus, dass das Training von kompetenten Trainern geleitet wird, die über ein entsprechendes modernes didaktisches Konzept verfügen, das auf aktuellen Erkenntnissen der Trainingspraxis und der wissenschaftlichen Forschung beruht (vgl. Molan-Grinner 2001, 2002).

- Der amerikanische Mutterkonzern eines deutschen Softwareunternehmens schrieb eine neue Organisationsform vor, die nötig wurde, weil sich das gesamte Produktportfolio, das unverändert von Amerika übernommen wurde, deutlich veränderte. Die Folge war der Widerspruch von bisher gelebten Unternehmenswerten mit der neuen Organisationsform. Der Wunsch nach einem Kulturprojekt wurde an einen externen Berater- und Trainerstab getragen. Die Maßnahme wurde zu einem über ein Jahr dauernden Veränderungsprojekt, in dem primär an den Einstellungen und Werten der Mitarbeiter gearbeitet wurde. Es musste eine neue Kultur gefunden werden, die diese neue Organisationsform zum Leben bringen sollte. Als Methode wurden auch Outdoor-Trainings eingesetzt, da es hauptsächlich um die Entwicklung von Einstellungen und Haltungen ging. Auch wenn in einzelnen Workshops nur mit einigen Übungen draußen gearbeitet wurde und der Rest im Seminarraum stattfand, wurde als eine Maxime dieses Projektes die gezielte Nutzung von Naturerfahrungen definiert. Die individuelle Wahl der Aktivitäten war unterschiedlich, vom Klettern über Wandern, vom Floßbau bis zu Teamaufgaben (Aktivitäten im niederen Seilgarten), bis hin zur kreativen Auseinandersetzung mit Materialien aus der Natur (um beispielsweise ein Symbol der Veränderung zu gestalten). Je nach Situation der Teams und der individuellen Menschen, die mit ihren unterschiedlichsten geschichtlichen Hintergründen im jeweiligen Training waren, wurde das Trainingssetting prozessorientiert angepasst.

Der Zusammenhang von »je mehr draußen, desto mehr Entwicklung« konnte im Vergleich zu ähnlichen Projekten eindeutig beobachtet werden (mit gleicher professioneller Herangehensweise und ähnlichen Rahmenbedingungen). Das erfahrene Trainerteam berührte die Teilnehmer und öffnete sie für die Auseinandersetzung mit eigenen Denk- und Handlungsmustern in Bezug auf die notwendig gewordene neue Unternehmenskultur. Es motivierte sie auch, an den dazu ergänzenden Kompetenzen aktiv zu arbeiten.
Dazu wieder ein Gegenbeispiel:

- In einem großen europäischen Entwicklungsprojekt eines Automobilherstellers wurden großteils klassische Outdooraktivitäten eingesetzt (Vertrauensfall, Teamlauf, Klettern). Bei den meisten Trainings (Eintagesveranstaltungen) dieses Projektes wurde allerdings im Vergleich zum obigen Beispiel auf simulierte Natur ohne viel Frischluft gesetzt, denn diese Phase des Projektes wurde in riesigen Zirkuszelten veranstaltet, in denen über 100 Personen Platz fanden. Das hatte sehr große organisatorische Vorteile, wie zum Beispiel Unabhängigkeit vom Wetter. Wobei auch diese Zelte sich den Wirkungen der Natur nicht ganz entziehen konnten. So gab es eine definierte Windstärke, bei der das Zelt geräumt werden musste. Und auch während eines Gewitters mit möglichem Blitzschlag musste das Zelt verlassen werden, da dieses auf einem Stahlgerüst aufgebaut war und sich zusätzlich in der Mitte des Zeltes eine Stahlrohrkonstruktion befand, auf der Holzplatten mit Klettergriffen aufgeschraubt waren. Doch spielte in diesem Projekt aus didaktischer Sicht Natur eigentlich keine Rolle.

Hätte dieses Veränderungsprojekt noch mehr Erfolg gehabt (als es ohnehin hatte), wenn es Natur intensiver einbezogen hätte? Ich behaupte: ja! Es wären die Vorteile zum Tragen gekommen, wie ich sie in dem vorherigen Beispiel des Softwareunternehmens dargestellt habe: Verstärkung des abenteuerlichen und herausfordernden Charakters eines Trainings durch Natur, direktes Feedback, Herausforderungen durch Unberechenbarkeit (ohne Risiko für Menschen), unzählige Möglichkeiten, sichere und bekannte Gewohnheiten in einem letztendlich doch sicheren Umfeld (weil nicht im Job, im Unternehmen) in Frage zu stellen, um so neue Denk- und Verhaltensweisen zu erfahren und zu lernen. Zusätzlich hätte es den Teilnehmern die Möglichkeit eröffnet, mit ihrer Natur zu kommunizieren, bewusst und unbewusst mit ihr in einen Dialog zu treten, um neue Möglichkeiten für persönliches Handeln im Unternehmen zu generieren.

Nehmen wir noch als letztes Beispiel die klassische Übung Vertrauensfall, bei der sich die einzelnen Teilnehmer rücklings von einer Erhöhung in die Arme und Hände der anderen Teilnehmer fallen lassen. Ziel dieser Übung ist es, Vertrauen zu erleben, Vertrauen als Basiskonstante jedes zwischenmenschlichen Zusammenlebens und -arbeitens zu erfahren. Was ist der Unterschied zwischen einer Vertrauensfallübung in der Natur und der Durchführung dieser Übung in einem Seminarraum (oder in einem riesigen Zirkuszelt)? Was bewirkt es? Im grundsätzlichen Übungsaufbau wird es wohl keinen Unterschied geben, aber bei dem methodischen Vorgehen und dem damit verbundenen möglichen Verwertungszusammenhang allemal. Den Unterschied bewirken zum einen die Trainer mit ihrem didaktischen und prozessorientierten Vorgehen, insbesondere mit ihrer Erfahrung in Bezug auf die Wirkungen der Naturerfahrung. Sie ermöglichen den Teilnehmern eine individuelle Kommunikation mit ihrer Natur und führen diese Erfahrungen in einem systematischen Trainingsprozess zusammen. Den anderen Unterschied macht aber die Natur selbst, die als Spiegel jedem Teilnehmer seine individuellen Denk- und Verhaltensmuster sichtbar und somit bearbeitbar machen kann.

Konsequenzen für Outdoor-Trainings mit Natur

Das Thema Outdoor-Training verkauft sich seit ein paar Jahren in der Weiterbildungsbranche gut, also setzen viele Trainer und Berater auf dieses Pferd, ohne ausreichend über die Chancen und Risiken vor allem in Bezug auf die Dimension Natur Bescheid zu wissen. Der Markt boomt immer noch, und das zieht zusätzlich neue »Experten« an. Auch rein fachsportliche Experten, vom Bergführer bis zum Raftguide, entdecken die Möglichkeit, ebenfalls so hohe Tagessätze verrechnen zu können, wie es professionelle Berater und Trainer tun. Dass auch Trainingseinkäufer aus Unternehmen immer wieder ausschließlich auf nur fachsportlich ausgebildete Trainer setzen, erklärt sich oftmals aus dem doch geringeren Tagessatz oder dem fehlenden Wissen, auf welche Qualitätskriterien geachtet werden soll. Um ein nachhaltig erfolgreiches Training durchzuführen, braucht es aber mehr, als Seile richtig einhängen zu können. Fundierte pädagogische, therapeutische Ausbildung, Beratungskompetenz und Fachkompetenz in dem jeweiligen Trainingsbereich (Vertrieb, Management...) ist notwendig, um Entwicklung zu initiieren. Ich selbst bin geprüfter Raftguide und habe mir in meiner Studienzeit Geld mit dem Führen von Schlauchbooten durch wildes Wasser verdient. Doch erst durch meine Ausbildungen und beruflichen Erfahrungen erarbeitete ich mir jene Kompetenz, die notwendig ist, um Entwicklung im Lernraum Natur beim Individuum, in Teams und in Organisationen verantwortungsvoll und professionell zu initiieren. Notwendig ist zuallererst das Verstehen von Naturerfahrungen im Zusammenhang von individueller und Teamentwicklung. Und das kann ich nur, wenn ich diesen Prozess am eigenen Körper intensiv erlebt und positiv verarbeitet habe.

Sich auf die Wirkungen der Natur im Outdoor-Training einzulassen, bedarf Ernsthaftigkeit und Konzentration. Nur wenn der Veranstalter, der Auftraggeber und die Teilnehmer bereit sind, sich auf die Entwicklung einzulassen, beginnt die Natur mit all ihren Ressourcen uns bei unserer Entwicklung zu unterstützen. Wenn wir in Zukunft über Outdoor-Trainings diskutieren, sollten wir überprüfen, welche Anteile die vier Dimensionen einnehmen, vor allem, welche Rolle Natur spielen soll. Der Anbieter soll darlegen, wie Planung, Durchführung und Verwertung (für Mitarbeiter, deren Teams und der Organisation) seines Outdoor-Trainings auf die Ziele des Auftraggebers zugeschnitten sind. Es fehlt noch an Wissen und Erfahrungswerten über die Wirkungsweisen des Lernraumes Natur. Argumente für eine Naturerfahrung im Outdoor-Training sind deshalb nicht einfach, weil sich dieses Lernfeld als komplexes und mehrdeutiges Medium zeigt. Die Reduktion komplexer Zusammenhänge auf eine einfache Ursache-Wirkungs-Relation des Lernens, wie sie oft von Unternehmen gefordert wird, kann aber für ein Verständnis einer Naturerfahrung in Trainingsmaßnahmen nicht vorgenommen werden. Aber genau in dieser Komplexität liegt die Chance für einen Einsatz von Natur als Medium in Entwicklungsprojekten – wenn sie ihrerseits als Lernfeld begriffen wird.

Die Antwort auf die Frage, ob Outdoor-Training mit hohen Naturanteilen eine sinnvolle Maßnahme für Personal- und Organisationsentwicklung ist, möchte ich abschließend so formulieren: Wenn Sie Bedarf und hohes Interesse haben, sich ernsthaft mit der Entwicklung von neuen Denk- und Handlungsmustern auseinander zu setzen – vor allem im Hinblick auf Persönlichkeitsentwicklung –, suchen Sie sich einen professionellen Anbieter und gehen Sie hinaus in die Natur! Profitieren Sie von der Mächtigkeit des Lernraumes Natur und lassen Sie sich dabei von Profis leiten, die ihnen in der Natur Lernräume bereitstellen: Lernräume für Individuen, für Teams und für Organisationen.

Literatur

Bandura, A.: Lernen am Modell: Ansätze zu einer sozial-kognitiven Lerntheorie. Stuttgart 1976
Bandura, A.: Sozial-kognitive Lerntheorie. Stuttgart 1979
Bateson, G.: Geist und Natur. Frankfurt a. M. 1993[3]
Capra, F.: Wendezeit. München 1991
Durnwalder, K. (Hrsg.): Assessmentcenter. Handbuch für Personalentwickler. Wien 2001
Goleman, D.: Emotionale Intelligenz. München, Wien 1996
Kern, N.: Eigenschaftsdiagnostik und Handlungsdiagnostik am Assessmentcenter. In: Durnwalder, K.: Assessmentcenter. Handbuch für Personalentwickler. Wien 2001
Kreszmeier, A. H./Hufenus, H.-P.: Wagnisse des Lernens. Bern, Stuttgart, Wien 2000
Molan-Grinner, S.: Bewegung, Abenteuer, Natur, Sprache. Pädagogische Entwicklung durch Outdoor-based-Training. Universität Salzburg 2001 (Diss.)
Molan-Grinner, S.: Von brüllenden Bächen und einer Reise nach Epidauros. Neue Perspektiven im Outdoor-Training. Augsburg 2002
Schörghuber, K.: Zur (sport)pädagogischen und psychologischen Grundlegung der Naturerfahrung. Ein mehrperspektivischer Ansatz. Universität Wien 1996 (Diss.)
Vaill, P.: Managing as a Performing Art: New Ideas for a World of Chaotic Change. San Francisco 1989
Vaill, P.: Lernen als Lebensform. Stuttgart 1998
Watzlawick, P./Beavin, J. H./Jackson, D. D.: Menschliche Kommunikation. Formen, Störungen, Paradoxien. Bern, Stuttgart, Toronto 1990[8]

Doro Lehmann
Qualitätskriterien von Outdoor-Trainings unter die Lupe genommen

Kürzlich stand ich im Supermarkt vor einem riesigen Regal mit Weinen aller Art mit dem Auftrag, einen erlesenen Tropfen für ein Festessen zu besorgen. Beherzt machte ich mich an die Aufgabe, Etiketten, Preise und verschiedene Flaschendesigns zu studieren. Schon nach kürzester Zeit wurde mir die Hoffnungslosigkeit meiner Situation klar. Alle Flaschen sehen ungefähr gleich aus – mal abgesehen von der Unterscheidung rot, weiß und rosé und den ganz günstigen Exemplaren mit Schraubverschluss. Für welchen Wein soll ich mich also jetzt entscheiden? Woran kann ich erkennen, dass ich einen guten Wein erwische? Kann ich mich auf die Faustformel verlassen: je teurer, desto besser? Was macht einen guten Wein überhaupt aus? Was ist, wenn der gewählte teure Wein gar nicht zu meinem speziellen Festmenü passt? Fragen über Fragen: Was dem Weinkenner gelingt, lässt den Laien vor dem Weinregal im Supermarkt früher oder später verzweifeln.

Zugegeben, es gibt ein paar kleine Unterschiede zwischen Wein und Outdoor-Trainings. Diese Szene fiel mir aber kurioserweise bei der Frage nach Auswahl und Qualitätskriterien von Outdoor-Trainings wieder ein. Vielleicht geht es manchem Verantwortlichen in der Personalabteilung bei der Suche nach dem passenden Outdooranbieter so wie mir bei der Weinauswahl im Supermarkt. Eine richtige Entscheidung zu treffen, ist schon angesichts der Fülle der Anbieter recht schwierig. Outdoor-Trainings haben sich gemausert – vom exotisch-abstrusen Abenteuertrip in der Sahara für Manager zum angesehenen Instrumentarium in der Personal- und Organisationsentwicklung von Unternehmen. Vor 15 Jahren war es noch ein großer Schritt für Unternehmen, Teams in die Natur zu schicken, um Zusammenarbeit und Kommunikation effektiver zu gestalten. Heute findet in vielen Unternehmen Personal- und Organisationsentwicklung auch mit Hilfe von Outdoor-Trainings statt. Natürlich wächst auch die Zahl der Trainingsanbieter und damit auch die Qual der Wahl für den Kunden. Gab es vor zehn Jahren nur eine Handvoll ernst zu nehmender Anbieter, kann, darf oder muss man sich als Kunde jetzt zwischen gut 100 Anbietern entscheiden. Die Trainingsunternehmen selbst präsentieren sich heute überwiegend im Internet. Unter dem Stichwort »Outdoor« spucken die Suchmaschinen über 600 Ergebnisse aus.

Zusätzlich wird die Auswahl dadurch erschwert, dass sich die Anbieter in ihrer »Verpackung« erstaunlich ähneln. Analog zu den Flaschen im Regal präsentieren sich die Trainingsanbieter in trauter Ähnlichkeit. Schlagworte wie Aktion und Reflexion, Prozessorientierung, individuelles Kursdesign, Ergebnissicherung durch Zielvereinbarung oder das Zauberwort »follow-up« wird man fast überall finden. Viel versprechende Bilder und begeisterte Teilnehmerzitate versuchen in verwirrender Einheitlichkeit das Besondere des jeweiligen Unternehmens zu unterstreichen. Der Verantwortliche in der Abteilung für Fort- und Weiterbildung muss sich also fragen: Welcher Trainingsanbieter ist der richtige. Wenn die Verpackung mehr oder weniger gleich ist – woran kann ich dann Qualität erkennen? Und er muss eine Entscheidung treffen, bei der es um mehr geht als um die perfekte Abrundung eines Abendessens mit dem richtigen edlen Tropfen. Jedes Outdoor-Training hat seinen Preis – schlecht, wenn viel Geld für eine mittelmäßige Schnitzeljagd ausgegeben wird, statt wie geplant für eine wirkungsvolle Trainingsmaßnahme. Ganz abgesehen davon, dass jede missglückte Veranstaltung die Motivation von Mitarbeitern zur Fort- und Weiterbildung schwächt.

Was also sind verlässliche Auswahl- und Qualitätskriterien von Outdoor-Trainings?

Zunächst ist es notwendig zu wissen, was überhaupt anerkannte Qualitätsmerkmale des jeweiligen Produkts sind. Das gilt für die Auswahl des passenden Weines zunächst mal genauso wie für die Wahl des Trainingsunternehmens. Staatliche Qualitätsprüfungen und einheitliche objektive Bewertungskriterien, wie es sie zum Beispiel bei Lebensmitteln gibt, existieren allerdings bei der Ware »Outdoor-Training« bisher nicht. Aber es haben sich inzwischen aus der Praxis heraus Qualitätsmerkmale entwickelt, die als solide Entscheidungsgrundlage dienen können. Das heißt, ich kann mich als Kunde inzwischen entsprechend informieren und zum mündigen »Verbraucher« machen. Auf Fachmessen können sich Personalverantwortliche und Trainer über Outdoorfirmen informieren. Fernsehen, Fachzeitschriften und Tagespresse berichten regelmäßig über Spielarten der Methode »Outdoor« im Seminarbetrieb. Und Bücher gibt es ja, wie man sieht, inzwischen auch. Die Frage lautet aber nicht nur, woran ich Qualität erkennen und »schwarze Schafe« aussortieren kann, sondern auch, wie ich die Qualität des Trainings als Kunde selbst positiv beeinflussen kann. Die Erfahrung zeigt, dass die Qualität eines Trainings gerade vom ausgewogenen Wechselspiel zwischen Kunde und Trainingsunternehmen, zwischen Teilnehmern und Trainer lebt. Es reicht nicht aus, nur zu fragen: Was kann ich heutzutage von einem Outdoor-Training erwarten? Welche Qualitätsstandards müssen geboten sein? Es sollten auch solche Fragen berücksichtigt werden wie: Was kann ich als Kunde tun, um dem Training mit zum Erfolg zu verhelfen? Welche Fragen müssen gestellt werden? Welche eigenen Erwartungen müssen hinterfragt werden?

Qualitätsmerkmale unter die Lupe genommen

Im Folgenden werden die gängigen Qualitätsmerkmale von Outdoor-Trainings unter die Lupe genommen. Es sind solche Merkmale, die von fast allen Outdoor-Trainings-Unternehmen immer wieder genannt werden und/oder die ich aus eigener langjähriger praktischer Erfahrung als Outdoor-Trainerin und Gesellschafterin eines Trainingsunternehmens für wesentlich halte:

- Vorgespräch, Bedarfsanalyse und individuelle Beratung
- das individuelle Kursdesign
- Teilnehmerinformationen und Kundenbetreuung
- Prozessorientierung
- Sicherheit
- Auswertung, Transfer und Ergebnissicherung

Die Auswahl ist natürlich trotzdem subjektiv und sicher nicht vollständig.

Die Darstellung soll auch weniger eine Checkliste sein, als zu einer differenzierten Auseinandersetzung mit Qualitätskriterien einladen. Im besten Falle helfen die folgenden Seiten Kunden und Anbietern, die Zusammenarbeit zu optimieren und einen Trainingserfolg wahrscheinlicher zu machen. Es werden die Einflussmöglichkeiten der Auftraggeber und Teilnehmer genauso beschrieben wie die Anforderungen an die Trainingsanbieter. Des Weiteren ist wichtig zu erwähnen, dass einige Qualitätsmerkmale sicher nicht nur für Outdoor-Trainings Gültigkeit haben, sondern auch für andere Seminare im Rahmen von Personal- und Organisationsentwicklung relevant sind. Das Thema »Qualitätskriterien von Outdoor-Trainings« legt es zunächst nahe, sich auch mit Qualitätsmanagement-Systemen und Zertifizierungen nach der DIN EN ISO 9000 ff. zu beschäftigen. In den letzten Jahren hat die Zertifizierung von Qualitätsmanagement-Systemen auch bei Weiterbildungseinrichtungen eine große Resonanz gefunden. Institute, die als Weiterbildungsabteilung größerer Unternehmen quasi »mitzertifiziert« wurden, haben den Anfang gemacht und viele andere Weiterbildungsanbieter sind gefolgt. In der Sparte der Outdoor-Trainings-Anbieter allerdings sind zertifizierte Anbieter bisher kaum zu finden. Vor allem im Hinblick auf das Qualitätsmerkmal Sicherheit wird das System DIN EN ISO 9000 ff. in Fachkreisen zwar bereits diskutiert und geprüft, aber in der Praxis hat es bisher noch einen geringen Stellenwert. Es ist daher müßig für den Interessenten von Outdoor-Trainings, eine Zertifizierung des Outdoor-Training-Anbieters zum Entscheidungskriterium zu machen. Zum Trost sei gesagt, dass ein Zertifikat nach DIN EN ISO 9000 ff. ja kein Gütesiegel für die

Qualität des gebuchten Trainings ist, sondern zunächst »nur« Aufschluss über die Qualität der internen Organisation gibt.

Das Vorgespräch

Vorgespräch, Bedarfsanalyse und individuelle Beratung – das sind die Schlagworte auf den wehenden Fahnen, mit denen wir Outdoor-Trainer die Türen der Personalabteilungen einrennen. Man findet sie bei fast jedem Outdoorunternehmen in Prospekt und Selbstdarstellung. Sie bringen deutlich zum Ausdruck, dass die Qualität eines Trainings lange vor der Durchführung beginnt. Was für jeden Beratungskontext gilt, gilt also auch für das Training draußen vor der Tür: Das Outdoor-Training nimmt seinen Anfang mit der genauen Ermittlung des Trainingsbedarfs und einer gründlichen Auftragsklärung. Qualitätskriterien von Outdoor-Trainings umfassen also deutlich mehr als die richtige Nutzung von Material oder die Auswahl des kompetentesten Trainers mit der größten Wildniserfahrung. Das Gespräch vor dem Training ist einer der wichtigsten Schlüssel zum Trainingserfolg, denn es werden hier die Voraussetzungen für das Training geschaffen, und die können gut oder auch schlecht sein. Auch weil die Verpackung so einheitlich daherkommt, ist eine kleine »Weinprobe« in Form eines persönlichen Gesprächs unerlässlich. Ich möchte an dieser Stelle nicht auf die bekannte Notwendigkeit und die »hohe Kunst« der Auftragsklärung allgemein eingehen.

Stattdessen wenden wir uns den Tretminen zu, die speziell im Feld »Outdoor-Training« liegen. Viele kleine oder größere Tretminen verstecken sich zum Beispiel in den Wünschen, Bildern und Erwartungen, die bei der Entscheidung für ein Outdoor-Training entstehen. Auch die Motivation der Kunden, sich für die Methode »outdoor« zu entscheiden, birgt so manchen Stolperstein. So werden wir als Outdoor-Trainings-Anbieter immer wieder mit Vorstellungen konfrontiert, die auf falschen Vorannahmen beruhen. Ein »Klassiker« ist der stille Wunsch, per Outdoor-Training Probleme zwischen Menschen zu lösen, ohne dass man miteinander sprechen muss. Wenn das Team erst mal gemeinsam den wilden Fluss bezwungen hat und am Lagerfeuer sitzt, ist der erhoffte Teamspirit einfach plötzlich da. In vielen Unternehmen ist das Eingeständnis von Problemen immer noch auch ein Eingeständnis von Schwäche. Da wäre es natürlich wunderschön, wenn sich Probleme durch gemeinsame Erlebnisse wegzaubern ließen. Und es ist auch für den Anbieter verlockend, den Eindruck zu erwecken, man könne Wunder vollbringen. Auf dem Markt unrealistischer Vorstellungen gedeiht auch prächtig der »Outdoor-Quickie« – eine Folge der Vorstellung, man könnte es eben doch schaffen, ganz viel in möglichst kurzer Zeit zu bekommen. In der viel beschworenen Hektik des ständigen Wandels gedeiht er prächtig – der »Quickie«. Ständig tauchen neue Probleme auf, die möglichst schnell bearbeitet werden müssen – da bietet sich das Halbtags-Outdoorevent für die acht drängendsten Unternehmensthemen doch wirklich an. Manchmal soll Mitarbeitern ein kleiner Dämpfer verpasst werden. Die sollen mal merken, wie das ist, wenn sie kein Oberwasser haben. Die sollen ruhig mal schwitzen oder ordentlich nass werden.

Was man als Kunde im Gespräch erwarten kann

Es gehört zu den Aufgaben des professionellen Trainingsanbieters, im Gespräch unrealistische Erwartungen zu erkennen und ins rechte Licht zu rücken. Teams, bei denen es im Gebälk knirscht, werden auch durch eine Floßfahrt nicht plötzlich zum Topteam. Gespräche und Auseinandersetzung gehören zu einem erfolgreichen Training nun mal dazu. Bestimmte Themen brauchen Zeit – Vertrauen lässt sich nicht durch zwei schnelle Outdoorübungen im Hotelpark herstellen. Motivation für die Umstrukturierungsmaßnahmen im Betrieb lässt sich nicht mal eben beim Gang auf dem Drahtseil abholen. Kurze Outdoorevents brauchen realistische Zielsetzungen und eine sehr intensive Vorbereitung, damit sie eine Wirkung zeigen. Als Kunde kann man also erwarten, gut beraten zu werden. Das bedeutet nicht nur, die verschiedenen Trainingsmöglichkeiten anschaulich darzustellen, sondern es sollten unbedingt auch die Möglichkeiten und Grenzen, die Vor- und Nachteile deutlich werden. Outdoor-Training hat viele Gesichter. Als Kunde sollte man deutliche Hilfestellung bei der Entscheidung bekommen, welche Art von Outdoor-Training geeignet ist und was eben nicht. Besonders wichtig ist es, die beliebten Kombipackungen (ein bisschen Training, ein bisschen Incentive) in ihre Bestandteile zu zerlegen und Klarheit über die Prioritäten des Auftrags zu bekommen. Outdoor-Trainings sind keine Allzweckwaffen. Sie eignen sich nicht für jedes Thema gleich gut. Auch sind nicht immer ideale Startbedingungen gegeben, um ein Outdoor-Training erfolgreich nutzen zu können. Manchmal müssen zunächst bestehende Konflikte im Team geklärt werden, bevor der Boden bereitet ist für ein fruchtbares Teamtraining. Oder ein Projektteam muss zuerst klären, welche Prioritäten und Ziele gesetzt werden sollen. Es ist in dem Zusammenhang immer ein gutes Zeichen, wenn ein Anbieter einen Auftrag auch unter bestimmten Bedingungen ablehnt und einen anderen Anbieter empfiehlt. Auch das Eingrenzen von Themen und Zielen in den Bereich des Machbaren und Möglichen gehört zu den Aufgaben eines qualitativen Anbieters. Ein allzeit bereites »Natürlich, das können wir leisten« sollte skeptisch machen. Der Wunsch, etwas zu verkaufen, ist wichtiger als der Wunsch des Kunden nach einer geeigneten Maßnahme für sein Anliegen.

Was kann der Kunde tun, um die Chancen des Gesprächs bestmöglich zu nutzen?

Will ich eine Outdoor-Trainings-Maßnahme im Unternehmen durchführen, ist es eine gute Vorbereitung, sich einige Fragen zu stellen und ehrlich zu beantworten. Im professionellen Vorgespräch werden sie so oder in ähnlicher Form sicher gestellt werden.

- Warum will ich gerade Outdoor-Training? Was verspreche ich mir von dieser Methode?
- Was ist das Anliegen des Trainings? Welche Ziele sollen genau erreicht werden?
- Was soll sich konkret verändern? Was soll so bleiben, wie es ist?
- Woran kann ich merken, dass das Training erfolgreich war?
- Was könnte den Erfolg des Trainings behindern? Welche Befürchtungen habe ich in Bezug auf das Training?
- Was ist der eigene Anteil, der eigene Beitrag zum Gelingen?
- Welche Erwartungen habe ich an die Trainer?
- Welche Phantasien haben die Teilnehmer wohl beim Stichwort »Outdoor-Training«?
- Sind die Ziele und Erwartungen realistisch?

Im Gespräch sollten diese Fragen unbedingt geklärt werden. Offenheit von beiden Seiten ist dabei eine grundlegende Voraussetzung, damit man bei Auftragsklärung nicht im Trüben fischen muss. Weiterhin ist es nützlich, dem Anbieter alle wichtigen Informationen zum Unternehmen an die Hand zu geben. Je anschaulicher und realistischer sich der Trainingsanbieter ein Bild machen kann, desto leichter wird es gelingen, im Training Bezüge zum beruflichen Alltag herzustellen. Ein Gang durch die Büroräume, ein Blick in die Werkshalle geben unmittelbare Einblicke in die Arbeitswelt der Seminarteilnehmer. So ist es möglich, Übungen so zu modifizieren, dass sie als Analogie zum Unternehmensalltag und zum Trainingsauftrag passen. Nach einem Vorgespräch mit einer ausführlichen Bedarfsanalyse und einer kompetenten und ehrlichen Beratung sollten beide Seiten wissen, ob die Zusammenarbeit zustande kommt. Der Kunde sollte jetzt wissen, ob er seine Trainingsanliegen in guten Händen sieht, und der Anbieter sollte wissen, ob er den Auftrag annehmen will und leisten kann.

Der »Maßanzug«

Aus den Gesprächsinformationen wird nun das Programm entwickelt. Ein maßgeschneidertes Programm zu bekommen, ist natürlich ein attraktives Angebot. Wer will schon Massenware von der Stange, wenn der Maßanzug zu haben ist. Aber was bedeutet das eigentlich? Maßgeschneidert bedeutet zunächst, dass der Kunde nicht aus drei standardisierten Trainingstypen auswählt, sondern ein Programm angeboten bekommt, das für ihn zusammengestellt wird. Dabei wird in der Regel das Rad nicht jedes Mal komplett neu erfunden. Der Anbieter wählt aus der Reihe bewährter Möglichkeiten die aus, die zu den Anliegen und Zielen passen. Mögliche Variablen beim Outdoor-Training sind vor allem die verschiedenen Outdooraktivitäten und -übungen, aber auch Zeit, Rahmen, Ort, Art der Unterkunft und Verpflegung. Je größer die Auswahl, desto individueller kann natürlich ein Programm zusammengestellt werden. Der Vorteil liegt auf der Hand: Werden die Rahmenbedingungen optimal an die Teilnehmergruppe angepasst, dann werden die Teilnehmer nicht durch Nörgeleien über zu einfache Unterkünfte oder überkandidelte Luxushotels abgelenkt. Ausgewählte Übungen, die auf die Themen und Ziele der Zielgruppe zugeschnitten werden, versprechen, dass dort gelernt wird, wo Lernen wirksam ist. Vorschläge und Wünsche von Kundenseite zur Programmgestaltung sind willkommen als Anregung, aber es ist wichtig, dass die letzte Entscheidung der Trainingsanbieter trifft. Die Zusammenstellung der Aktivitäten und Übungen sollte sich am Thema, der Zielsetzung und dem Teilnehmerkreis orientieren und nicht nach den Outdoorvorlieben des Teamchefs, der schon immer mal mit seiner Mannschaft raften wollte. Hier verläuft eine klare Trennung zwischen Incentive und Training: Beim Incentive steht die Outdooraktion im Mittelpunkt, beim Training ist sie Mittel zum Zweck und sollte nicht von den Seminarteilnehmern im Vorfeld ausgesucht werden. Wirbt ein Anbieter mit individuellem Kursdesign, lohnt sich die Frage, ob der Outdooranbieter diesem Anspruch überhaupt gerecht werden kann. Hat er nur wenige Outdooraktvitäten im Repertoire und ist auf einen Ort festgelegt, besteht natürlich die Gefahr, dass getreu dem Motto gearbeitet wird: Wer nur einen Hammer im Werkzeugkasten hat, muss eben alles zu Nägeln machen. Natürlich ist auch jede Aktivität für sich genommen wieder modifizierbar. Im Seilgarten zum Beispiel kann man verschiedene Übungen unterschiedlich anleiten und kombinieren. Dennoch sind die Möglichkeiten begrenzt, und es lassen sich eben nur bestimmte Themen, z. B. Selbstvertrauen, Risikoverhalten oder Verantwortungsbewusstsein, im Seilgarten besonders gut bearbeiten. Eine große Auswahl an Outdooraktivitäten ist natürlich kein Garant für Qualität: Bedient man sich aus dem Pool der Möglichkeiten in Wühltischmanier, so hat das wenig mit »Maßanfertigung« zu tun. Aber eine große Anzahl von Möglichkeiten garantiert optimale Bedingungen, tatsächlich maßgeschneiderte Programme zu bieten. Wichtig ist auch, zwischen Programmentwurf und Programmdurchführung zu unterscheiden. Der Entwurf entsteht in der Regel aufgrund der Informationen weniger Personen (Führungskraft, Personalabteilung, einzelne Teammitglieder). Passen soll der Maßanzug aber allen, vor allem den Seminarteilnehmern. Maßgenommen wird im Vorfeld, maßgeschneidert wird während des Lernprozesses, orientiert an den jeweiligen Teilnehmerbedürfnissen. Nur eine prozessorientierte und erfahrene Trainingsleitung garantiert letztendlich den Maßanzug für Teilnehmer und Unternehmen.

Teilnehmerinformationen

Erwartung und Motivation der Seminarteilnehmer sind ein wesentlicher Einflussfaktor für den Verlauf des Trainings. Im schlechtesten Falle haben die Teilnehmer keine oder falsche Informationen. Die Vorabsprachen sind oft nur mit der Personalabteilung und/oder mit der Führungskraft gelaufen. Werden die Seminarteilnehmer über die Inhalte, Ziele und Bedingungen des Trainings nicht informiert, machen sie sich eigene Vorstellungen. In der Kantine beim Mittagstisch oder in der Zigarettenpause auf dem Gang wird das vorhandene Wissen über Outdoor-Trainings zusammengetragen, mit Phantasien und Wünschen gewürzt und zu einem eigenen Bild zusammengesetzt. Die Wahrscheinlichkeit ist groß, dass die Vorstellung der anreisenden Teilnehmer wenig mit den Planungen der Trainer gemein hat. Hat sich bei der freien Kantinenvorbereitung zum Beispiel die Überzeugung entwickelt, dass drei Tage Spannung und Abenteuer auf das Team warten und der berufliche Alltag mal ausgeblendet wird, werden die Trainer wohl ihre liebe Not haben, für Auswertungsrunden und Transfergespräche zu begeistern. Meist stehen maximal nur wenige Trainingstage zur Verfügung. Da ist es fatal, wenn viel kostbare Zeit dafür benötigt wird, Trainingsauftrag und Teilnehmererwartungen auf einen Nenner zu bringen. Gut ist es, wenn das Trainingsunternehmen hilft, die Seminarteilnehmer vorzubereiten. Aber es liegt auch in der Verantwortung des Auftraggebers, das Training optimal auf den Weg zu bringen. Teilnehmerinformationen in Form eines Teilnehmerbriefes, der die Methode »Outdoor-Training« kurz erklärt, eine Ausrüstungsliste sowie alle Informationen bezüglich Ort und Anfahrt darf man als Mindestleistung des Anbieters betrachten. Im Vorgespräch sollte die Art der Vorinformation für die Teilnehmer mit dem Auftraggeber thematisiert werden. Ist ein Outdoor-Training für das Unternehmen und die Teilnehmer zum Beispiel absolutes Neuland, das mit recht gemischten Gefühlen betrachtet wird, kann es sinnvoll sein, ein Treffen vorab mit den Teilnehmern zu vereinbaren. In dieser Veranstaltung ist Raum für Informationen und Fragen. Befürchtungen können geklärt und Anliegen der Teilnehmer formuliert werden. Auch ein kleiner praktischer Einblick in die Methode kann das Eis brechen und Neugier für das Neue wecken.

In der Regel hat die Haltung der Führungskraft zum Training einen großen

Einfluss auf die Teilnehmererwartungen. Inhalt, Sinn und Zweck der Trainingsmaßnahme sollten deshalb von der Führungskraft im Team oder bei den Mitarbeitern thematisiert werden. Es passiert z. B. immer wieder, dass Teamleiter das Outdoor-Training ihrem Team als Spaßveranstaltung verkaufen, damit alle entsprechend motiviert mitgehen. Durch das Hintertürchen sollen die Trainer die Probleme ans Licht bringen. Outdoor ist für dieses Versteckspiel sehr geeignet. Verständlicherweise orientiert sich das Team zunächst an der »Funhaltung« des Vorgesetzen. Leider geht im Training wertvolle Zeit verloren, bis die Bereitschaft erreicht ist, sich an die anstrengenden Themen zu wagen, und manchmal reicht die Zeit auch nicht, um das Team aus dem Incentive-Versteck wieder herauszuführen. Erfahrene Anbieter beraten die Führungskraft, dass es unbedingt notwendig ist, frühzeitig über Trainingsinhalte und Ziele zu informieren.

Prozessorientierung

Outdoor-Trainings laufen oft anders als zuvor geplant. Die praktischen Übungen und Aufgaben mit ihrer gruppendynamischen Wirkung sorgen für die vielen »Überraschungen« von Outdoor-Trainings. Jeder Trainer kennt die Situation: Man hat eine ausgeklügelte Übungsreihe speziell für diese eine Gruppe konzipiert und im Gelände entsprechend aufgebaut. Und dann kommt alles anders: Schon während der ersten Übung gerät das Team in eine hitzige Diskussion. Die Auswertung der Übung braucht deutlich länger als geplant, um die wichtigen Themen für das Team zu besprechen und festzuhalten. Die Zeit reicht nicht mehr aus für die nächste Übung, die mindestens 60 Minuten dauert. Was tun? Der erfahrene und prozessorientierte Trainer wird diese Situation so handhaben, dass die Teilnehmer unter Umständen gar nicht merken, dass der Tagesablauf sich verändert hat. Oder er wird mit den Teilnehmern gemeinsam die weitere Programmgestaltung besprechen. Er kann auf einen großen Fundus von Übungen und viel praktische Erfahrung zurückgreifen, die ein schnelles »Umdesignen« ermöglicht. Was für die Teilnehmer ein runder Tag war, war für die Trainer das mehrmalige Umwerfen und Neukonzipieren von Trainingsbausteinen. Das Ausrichten des Programms an den Teilnehmerbedürfnissen und den aktuellen Prozessen in der Gruppe sowie die Berücksichtigung der momentanen Rahmenbedingungen stellt hohe Anforderungen an die Trainerkompetenz. Allein die Wetterbedingungen können ein geplantes Outdoor-Programm ja ganz ordentlich durcheinander bringen. Aber auch ein ernsthaftes Ausrichten an den mitgebrachten Anliegen und Themen der Teilnehmer und die Prozessdynamik lassen ursprüngliche Konzepte immer wieder wackeln. Was also müssen Outdoor-Trainer/innen tun und können, um dieser Anforderung gerecht zu werden?

Prozesse moderieren

Zunächst mal ist die innere Haltung des Trainers eine wesentliche Voraussetzung für prozessorientiertes Arbeiten. Wer die Anliegen und Ressourcen der Teilnehmer in den Mittelpunkt stellt, wird Themen, Tempo und Methoden an der Gruppe ausrichten. Wer Teilnehmer in ihrer Selbstwirksamkeit und Autonomie stärken will, wird der Gruppe auch entsprechende Freiräume zur Selbststeuerung bieten wollen. Minutiös vorgeplante Trainingsdesigns sind mit entsprechender Vorsicht zu betrachten. Was zunächst sehr professionell daherkommt, kann sich schnell zum Gefängnis für lebendiges und selbstbestimmtes Lernen entwickeln. Eine ausführliche Klärung der Erwartungen und Anliegen zu Beginn eines Trainings ist genauso Indiz für eine prozessorientierte Haltung wie eine regelmäßige Plattform für Anregungen und Kritik zum Trainingsverlauf (z. B. Tagesauswertungen, Zwischenbilanzen, Erwartungsklärungen ...).
Ein zweites wichtiges Standbein ist sicherlich die nötige praktische Erfahrung. Nicht nur für Outdoor-Trainer, sondern für alle Trainer gilt, dass mit der Erfahrung auch die Gelassenheit zunimmt, Prozesse entstehen zu lassen. Im Bereich Outdoor kommt speziell hinzu, dass mit der Erfahrung auch das Methodenrepertoire an praktischen Übungen und deren Variationsmöglichkeiten wächst. Damit stehen dem Trainer eine Vielzahl von Reaktions- und Interventionsmöglichkeiten zur Verfügung, um auf Prozesse adäquat reagieren und den Lernprozess tatsächlich an der Gruppe ausrichten zu können. Diese Kompetenzen sind natürlich ganz besonders wichtig in Trainings, die keinem festen »Lehrplan« folgen. Teamentwicklungsseminare und Persönlichkeitstrainings sind ja eng an den Themen und Entwicklungsschritten der Teilnehmer ausgerichtet.
Um prozessorientiert leiten zu können, muss der Trainer natürlich in der Lage sein, die jeweiligen Prozesse auf der Teilnehmerseite wahrzunehmen. Das verlangt zum einen ein geschultes Trainerauge für emotionale und gruppendynamische Prozesse. Aber was nutzt das beste Trainerauge, wenn der Trainer keine Zeit hat hinzuschauen, weil die nächste Übungsstation aufgebaut werden muss? Outdoor-Trainings sind oft logistisch aufwendig und brauchen Vorbereitungszeit vor Ort. Floßbaumaterial muss zum Fluss transportiert werden. Ein überdimensionales Spinnennetz aufzubauen braucht seine Zeit. Erfahrene Anbieter kennen diese Problematik und lösen sie mit entsprechendem Trainerschlüssel. Dabei müssen die logistischen Aufgaben nicht von einem Trainer gemacht werden, sondern spezielle Logistiker oder Sicherheitstrainer übernehmen die Verantwortung für Aufbau von Seilgeländern oder den Transport von Material. Die Trainer können so ihre ganze Aufmerksamkeit auf die Prozessbegleitung der Teilnehmer richten. Natürlich sind der Prozessorientierung auch Grenzen gesetzt. Das gilt zunächst mal immer, wenn die Sicherheit gefährdet ist. Auch wenn sich ein Team auf einer Orientierungstour in anspruchsvollem Gelände aufgrund unklarer Absprachen und schlechter Aufgabenteilung hoff-

nungslos verläuft, muss der Trainer dafür sorgen, dass alle vor Einbruch der Dunkelheit wieder im Haus sind. Auch für die Aufarbeitung der Teamprozesse soll noch Zeit und Energie bleiben. Das muss der Trainer natürlich im Auge haben und entsprechend intervenieren und steuern. Auch bei Tagesevents mit großen Gruppen gehört es zu den Aufgaben des professionellen Trainers, dynamischen Prozessen einen klar definierten »Spielraum« zu geben und den reibungslosen Gesamtablauf einer Großveranstaltung zu gewährleisten.

Outdoor-Trainings sollen Menschen in Bewegung bringen – praktisch und emotional. Ein großer Reiz der Methode »Outdoor« liegt in der Lebendigkeit und Authentizität der Lernerfahrungen. Das stellt an die Trainer besonders hohe Ansprüche hinsichtlich Flexibilität und Prozessorientierung. Viel praktische Erfahrung und ein großes Methodenrepertoire sind wichtige Trainerkompetenzen, um dem Anspruch gerecht zu werden. Andererseits gilt es immer, den Trainingsauftrag, die Rahmenbedingungen und die Sicherheit der Teilnehmer im Auge zu behalten, damit der Trainer nicht zum Spielball der Prozesse wird.

Sicherheit

Physische und psychische Sicherheit ist ein absolutes Muss. Sicherheit ist die Voraussetzung, dass überhaupt in der Natur trainiert werden kann. Als Kunde muss ich mich darauf verlassen können, dass der Anbieter auf höchstem Sicherheitsniveau arbeitet. Es ist aber schwierig, das als Laie beurteilen oder gar beeinflussen zu können. Sicherheit ist so gesehen auch eine Vertrauensfrage. An dieser Stelle in eine vertiefende Sicherheitsdiskussion einzusteigen, würde den Rahmen sprengen. Was man als Kunde aber erwarten und entsprechend abfragen sollte:

- Transparenz über die Anforderungen, eventuelle Restrisiken und Ausstiegsmöglichkeiten bei Outdooraktivitäten. Nur so ist das Prinzip der Freiwilligkeit glaubwürdig!
- Gesundheitschecks der Teilnehmer anhand von Fragebögen und Attesten.
- Anerkannte Outdoorqualifikationen der Trainer (Deutscher Alpenverein, Verband deutscher Kanuschulen etc.) und Erfahrung in der jeweiligen Outdooraktivität.
- Bei Übungen mit Ernstcharakter wird das Redundanzprinzip (doppelte Sicherung) gewährleistet und mit mindestens zwei Trainern gearbeitet, die sich nach dem Vier-Augen-Prinzip gegenseitig kontrollieren.
- Regelmäßige interne Fortbildungen zu sicherheitsrelevanten Themen der Trainer.
- Die Sicherheitsstandards werden regelmäßig überprüft und den neusten Untersuchungen relevanter Institutionen angepasst (aktive Teilnahme an Sicherheitskreisen).

- Das verwendete Material genügt den geforderten UIAA/CE-Normen und wird regelmäßig gewartet und erneuert.
- Haftpflichtversicherung über die Outdooraktivitäten.

Das Thema Sicherheit hat einen entscheidenden Einfluss auf die weitere Etablierung von Outdoor-Trainings. Sicherheit ist das Fundament, auf dem alles andere aufbaut. Gerät Outdoor-Training durch Unfälle in den Verruf, ist das der Hebel, der diese Methode am schnellsten aus der Bildungslandschaft katapultieren würde.

Auswertung, Transfer und Ergebnissicherung

Neben der Auftragsklärung nehmen die Schlagworte »Auswertung und Transfer« den höchsten Platz in der Rangreihe der meistgenannten Qualitätskriterien ein. Wollen Outdoor-Trainings ernst genommen werden, müssen sie sich den Fragen nach »Transfer und Ergebnissicherung« stellen. Was kann man also von einem guten Outdoor-Training hinsichtlich Auswertung, Transfer und Ergebnissicherung erwarten? Die Voraussetzungen für qualitative Auswertungen und Transferleistungen werden vom Trainingsanbieter und dem Unternehmen lange vor dem Training geschaffen, nämlich im Rahmen der Vorgespräche, Analysen und Informationssammlung. Der Trainer verfügt neben dem »Outdoor-Handwerk« über Gesprächs- und Moderationsfertigkeiten, um die Übungen und Aufgaben kompetent auszuwerten. Dazu gehört auch, den Transferprozess mit Fragen anzuregen und Zeit für Auswertungsprozesse einzuplanen. Auch das entsprechende Fachwissen zu den Trainingsinhalten (Teamprozesse, Kommunikation, Konflikte, Führung...) ist notwendig.

Outdoor-Training als erlebnisorientierte Lernmethode bringt Menschen und Gruppen auch emotional in Bewegung. Die dynamischen Prozesse, die entstehen, müssen vom Trainer erkannt und bearbeitet werden können. Dazu gehört es auch, starke Gefühle professionell begleiten zu können. Fundierte pädagogisch-psychologische Ausbildungen sind ein gutes Fundament, um diesen Anforderungen gerecht zu werden. Entscheidend für den Transfer ist die Programmkompetenz der Trainer. Das heißt zum einen, Übungen und Aktivitäten so zu gestalten, dass sie die Teilnehmer emotional berühren. Bewegende gemeinsame Erlebnisse schaffen die Voraussetzungen, vertraute Positionen zu verlassen und sich an Veränderungen heranzuwagen. Zum anderen sollten die Trainer die Programmkompetenz besitzen, Übungen strukturähnlich zum Arbeitsalltag gestalten zu können. Die Anforderungen in den Outdoorübungen (z. B. eigenständige Entscheidungen treffen oder Verantwortung übernehmen...) sollen auch im beruflichen Alltag relevant sein für die Teilnehmer. Das Transferinteresse der Teilnehmer hängt stark von der Relevanz der Themen ab.

Qualitätskriterien von Outdoor-Trainings

Eine hohe Strukturähnlichkeit der Outdooraufgabe zur Arbeitsrealität unterstützt einen unangestrengten Transfer. Die Auswahl einer metaphorischen Aktivität bedarf einer guten Vorbereitung. Auch hier gilt wieder: Je mehr Informationen die Trainer über den Unternehmensalltag und die Teilnehmer haben, desto eher lassen sich metaphorische Übungsdesigns entwickeln.

Zielvereinbarungen und Handlungspläne

Ein weiterer Brückenschlag zu Unternehmen sind Zielvereinbarungen und Handlungspläne. Die Moderation von oft schwierigen Entscheidungsprozessen – wer, wann, was, wie macht – gehört mit zu den Transferaufgaben des Trainingsunternehmens. Aber wichtig ist auch, auf die Grenzen der Messbarkeit hinzuweisen. Gerade zwischenmenschliche Prozesse und weiche Themen sind oft nicht in überprüfbare Verhaltenssequenzen zerlegbar. Zu guter Letzt ist der Trainer natürlich als Berater und Begleiter für den weiteren Prozess im Unternehmen gefragt. Ein breites Kompetenzprofil des Outdooranbieters ist in diesem Zusammenhang natürlich besonders sinnvoll. Kann der Anbieter nur »outdoor« agieren, muss er vor den Unternehmenstoren stehen bleiben. Das ist schade, denn der Trainer ist in die Themen eingearbeitet, hat ein Vertrauensverhältnis zu den Teilnehmern aufgebaut. Die Ressourcen können genutzt werden, wenn das Trainingsunternehmen auch Kompetenzen in der Beratung und Begleitung von Prozessen in Unternehmen mitbringt.

Den wichtigsten Beitrag zum Transfer müssen allerdings Teilnehmer und Unternehmen leisten. So gesehen kann kein Trainingsunternehmen den Transfer im Sinne praktischer Umsetzung garantieren. Es ist sinnvoll, bereits zu Beginn des Trainings mit den Teilnehmern die Anteile am Trainingsverlauf und Erfolg zu klären. Auch Personalentwicklern und Führungskräften kommt im Transferprozess eine große Verantwortung zu. Es spricht für die Professionalität und Qualität des Outdoorunternehmens, bereits im Vorfeld des Trainings über die Verankerung der Trainingsergebnisse im Unternehmen zu sprechen, womit sich der Kreis schließt und Anfang und Ende sich berühren.

Qualitätsvisionen

Outdoor-Training ist zwar den Kinderschuhen entwachsen, aber als eines der jüngsten Gewächse in der Bildungslandschaft noch lange nicht ausgereift. In der weiteren Entwicklung stecken viele Chancen für die Qualität von Outdoor-Trainings. Ich möchte darum mit einigen Qualitätsvisionen schließen. Der sprunghaft gewachsene Anbietermarkt schafft eine Konkurrenzsituation, die für die Outdoorbranche in Deutschland neu ist. Die Outdoorunternehmen sind also gezwungen, ihr Angebot und ihr Profil genauer zu definieren, um unterscheidbar von anderen zu sein. Das ist eine Chance, die mittelfristig zu klareren Produktbeschreibungen und -abgrenzungen führen kann. Die Entscheidung für den passenden Anbieter wird leichter werden. Zusätzlich wächst das Wissen und die Erfahrung von Unternehmen mit der Methode »Outdoor« ständig. Damit steigt auch die Häufigkeit, mit der Outdoor-Trainings sinnvoll und kompetent in Unternehmen eingesetzt und begleitet werden. Die »Anfängerfehler« mit der Methode werden weniger! Schwarze Schafe unter den Veranstaltern werden vom erfahrenen Kunden erkannt und gemieden werden. Nur jene Anbieter, die konzeptionell ausgereift und personell qualifiziert arbeiten, werden sich am Markt behaupten können.

Im Rahmen der Spezialisierung und Differenzierung wird ein Teil der Branche den endgültigen Abschied von »Bergler« und »Raftguide« vorantreiben und ihr Kompetenzprofil hinsichtlich Beratung und Begleitung von Menschen und Unternehmen erweitern. »Outdoor« wird nicht mehr als die Kernkompetenz gelten, sondern ein Baustein neben Coaching, Teamsupervision, Moderation, Personal- und Organisationsberatung etc. sein. Nicht mehr die Methode wird im Vordergrund stehen, sondern die Inhalte und Entwicklungsthemen. »Indoor« und »Outdoor« befruchten sich gegenseitig und sind schon jetzt eher Verbündete als Kontrahenten. Gerade in den Bereichen Auftragsklärung, Auswertung und Transfer profitiert die Outdoorbranche von den Erfahrungen aus dem klassischen Seminarbereich. Andererseits weht in klassischen Indoorseminaren immer häufiger ein frischer lebendiger Wind. Beide Seiten profitieren und lernen voneinander. Das wird der Qualität von Trainingsmaßnahmen ganz allgemein sicher gut tun.

Lothar Sippl/Matthias Mokros
Design und Dramaturgie von Outdoor-Trainings

Das Design eines Outdoor-Trainings stellt den inhaltlichen Kontrakt zwischen Kunde und Trainingsanbieter dar. Dieser Kontrakt fasst das Ergebnis der konzeptionellen Vorbereitungen und die Übersetzung des daraus formulierten Auftrages in die zielgerichtet methodisch-didaktische Planung des Trainings zusammen. Auf dieser Grundlage wird das Training durchgeführt und evaluiert. Der Erfolg eines Trainings wird erst dann evaluierbar, wenn bereits im Design Methoden und Ziele klar definiert, aber auch Leitplanken im Sinne von prozessorientierten Abweichungen vom eigentlichen Design festgelegt sind.

Bedingende Faktoren

Die Festlegung von Leitplanken ist wichtig, da bei der Entwicklung eines Trainingsdesigns verschiedene Faktoren einfließen, die dem Trainingsanbieter zum Zeitpunkt der Planung nur als Variable zur Verfügung stehen bzw. nicht bekannt sind. Dazu gehören z. B. Erwartungen oder Motivation der Teilnehmer oder auch deren aktuelle körperliche Verfassung. Auch wenn der Trainingsanbieter versuchen wird, diese Informationen, soweit möglich, von seinen Gesprächspartnern in der Vorbereitungsphase abzurufen, besteht immer noch die Möglichkeit, dass deren subjektive Wahrnehmung der oben erwähnten Parameter sich von der tatsächlichen Situation der Teilnehmer unterscheidet. Außerdem können Wettereinflüsse oder kurzfristig veränderte Bedingungen am Veranstaltungsort (Hochwasser oder abgelassene Stauseen am Floßbauort, Treibjagden im Gebiet der geplanten Orientierungstour, Pfadfinderzeltlager auf der Wiese hinter dem Seminarhotel, auf der Problemlösearbeiten stattfinden sollten etc.) dem Trainer die Haare zu Berge stehen lassen, hatte er sich doch kurz zuvor von der hervorragenden Eignung des Geländes überzeugt.

Darüber hinaus besteht häufig eine Inkongruenz der Ansichten, Ziele und Erwartungen der beteiligten Personengruppen (Personalentwickler, Abteilungsleiter, Entscheider, Trainer und schließlich die Teilnehmenden selbst), die von dem Training betroffen sind. Auch sollte das Unternehmen des Kunden, bzw. die Organisation mit ihren Strukturen, ihrer Geschichte und Einstellungen in die Gestaltung des Trainings mit einbezogen werden. Selbst bei ganz ähnlichen Zielvorgaben und Kundenwünschen zu einem geplanten Teamtraining würde das Design für ein junges Unternehmen aus der Software-Branche sich wohl deutlich von dem Design für ein Unternehmen aus der traditionellen Stahlverarbeitung unterscheiden. Beispielsweise entfuhr dem Entscheider eines Versicherungsunternehmens beim Anblick des Hohen Seilgartens anlässlich des Vorbereitungstreffens nur ein entschiedenes »No, no! No way!«. Die Vorstellung, dass seine zweite Führungsebene mehrere Meter über dem sicheren Erdboden steht, passt offensichtlich nicht zur vorherrschenden Firmenkultur und sollte also kundenorientiert durch eine »bodenständigere« Aktivität ersetzt werden.

Nahtlos schließt sich an diese Befürchtung das über allem stehende Thema Sicherheit an. Keine Aktion darf die psychische oder physische Sicherheit der Teilnehmer gefährden. Das bedeutet aber auch, dass z. B. bei sichtbarer Ermüdung der Teilnehmer und damit nachlassender Konzentration sicherheitsrelevante Tätigkeiten gestoppt werden müssen und damit vielleicht die gesamte Aktivität eine völlig neue Dynamik und Thematik erhält, die so bei der Designgestaltung nicht vorgesehen war. Und schließlich brauchen die bzw. der durchführende Trainer neben fachlicher und sicherheitstechnischer Qualifikation auch Erfahrung mit den geplanten Trainingselementen und Themen. Der Trainer sollte die jeweilige Zielgruppe kennen, am besten auch das Unternehmen und mit dessen Produkten, Arbeitsweisen und Kultur vertraut sein. Je besser sich der Trainer mit seinen Werten, Einstellungen und Arbeitsweisen dem jeweiligen Kunden anpassen kann, desto Erfolg versprechender wird er das Trainingsdesign umsetzen können.

Trotz all dieser Faktoren muss ein Trainingsdesign nachvollziehbar und logisch auf einem stabilen (lern)theoretischen Hintergrund aufgebaut sein. Es muss den spezifischen Bedarf des Kunden treffen, seine Ideen und Vorlieben mit einbeziehen, die eigene Professionalität und Kreativität unter Beweis stellen und nebenbei noch über weitere Aspekte wie Trainingsdauer und -ort, Trainer-Teilnehmerverhältnis, Aktivitäten, Alternativen, Reflexionsanteile, Transfersicherstellung etc. ausreichend informieren.

Ermittlung des Bedarfs

Grundsätzlich gilt: Je klarer und detaillierter der Bedarf und die Trainingsziele aller Beteiligten ermittelt werden, desto mehr Chancen hat das entwickelte Trainingsdesign, den ersten Abend unverändert zu überstehen. Dabei gilt es, zuerst einmal die relevanten Anspruchsgruppen zu definieren. Bei einem Training in einem größeren Unternehmen könnten dies beispielsweise der Verantwortliche in der Personalentwicklung, ein Mitarbeiter des Personalrats, der Linienvorgesetzte, der Teamleiter sowie weitere teilnehmende Teammitglieder sein. Jeder Trainingsteilnehmer hat unterschiedliche Erwartungen an ein Training und verknüpft damit ganz eigene Ziele. Dies gilt noch viel mehr für die anderen o. g. Gruppen bzw. Personen. Wenn der systemische Blick die Blende noch etwas weiter öffnet, kommen auch noch die Familien der TeilnehmerInnen ins Bild. Welcher Trainer kennt nicht die – für alle Beteiligten leidige – Frage zu Beginn eines Seminars, ob nicht das Ende des Seminars 1,5 Stunden früher sein könnte um den Abend noch mit der Familie nutzen zu können – wenn die Fortbildung schon am Wochenende stattfindet!

Allein diese Auflistung zeigt überdeutlich, dass eine wirklich umfassende Ermittlung des Bedarfs nicht realisierbar ist. Die abfragbaren Perspektiven beschränken sich im Normalfall auf wenige Schlüsselpersonen. Typischerweise wären dies im obigen Beispiel der Personalentwickler, der Teamleiter und evtl. ausgesuchte Teammitglieder.

Aufgabe des Trainingsanbieters ist es nun, aus dem formulierten Bedarf operationalisierbare Trainingsziele zu entwickeln. Dies geschieht am besten in unmittelbarer Kooperation mit den Beteiligten. Sind, was recht häufig der Fall ist, bereits beim ersten Gespräch die (zumindest vordergründigen) Ziele bereits definiert, wird der Trainingsanbieter gut daran tun, die dahinter stehenden Motive abzufragen, um die Ausgangssituation für das Training besser zu verstehen. Gerade um isomorphe Strukturen im Training herstellen zu können, sollten wichtige Prozesse, z. B. typische Friktionen oder langfristige Konfliktstrukturen bekannt sein. Diese können sowohl zwischen Personen wie auch Organisationseinheiten bestehen. Wichtig für die Entwicklung des Designs ist nun die Überprüfung der geschilderten Situation anhand der Informationen verschiedener Beteiligter. Ungemein hilfreich bei der Informationsgewinnung sind die unterschiedlichen Antworten verschiedener Personen(gruppen) auf die Frage nach der »Entstehungsgeschichte« des Trainings.

Neben den Zielen der beteiligten Personen sollte der Trainingsanbieter auch einen Einblick in die Organisation selbst gewinnen, der tiefer geht als der Blick auf die Außendarstellung des Unternehmens auf der eigenen Homepage. Um Stimmungen in einer Organisation wahrzunehmen, sollte um eine Führung durch relevante Bereiche und Arbeitsplätze des Unternehmens gebeten werden. Der Besuch von Kantinen oder Ähnlichem mit gespitzten Ohren ist ebenfalls sehr empfehlenswert, um ein Gefühl für die Themen innerhalb der Organisation zu bekommen. Anlässlich dieser Vor-Ort-Recherche erhält der Trainingsanbieter auch einigen Einblick in die Art und Weise des Umgangs und damit das Klima im Unternehmen (ist die Atmosphäre fröhlich, ruhig, konzentriert oder eher friedhöflich, spannungsgeladen oder aufgekratzt?).

Entscheidungsfindungsprozesse sind ein anderer wichtiger Fokus. Sind im Arbeitsalltag einmal getroffene Entscheidungen schwerwiegend und folgenreich, werden Mitarbeiter entsprechend der Firmenkultur dahin tendieren, diese im Vorfeld lange und aus vielen verschiedenen Perspektiven zu analysieren und Risikoabschätzungen vorzunehmen. Ist die Entscheidung einmal getroffen, wird vermutlich alles darangesetzt werden, sie umzusetzen und hartnäckig zu verfolgen. Ist das Tagesgeschäft dagegen schnelllebig und erfordert flexible Entscheidungsstrukturen, ist dies häufig verbunden mit der Akzeptanz, getroffene Vereinbarungen und Entwicklungen schnell zu revidieren oder erst gar nicht wirklich zu fixieren. Interessant ist auch, wer in der Hierarchie Entscheidungen trifft. Wird Entscheidungsverantwortung delegiert oder weiter oben in der Linie gehalten?

Aus diesen Beobachtungen lassen sich Vermutungen ableiten, die den Nebel der vielen offenen Fragen bei der Designentwicklung etwas lichten können. Wie wird in Aktivitäten mit der Planungsphase, der Implementierung und ggf. der flexiblen Adaption an neue oder nicht vorhergesehene Situationen umgegangen? Wie viel Zeit wird die Gruppe für Planung brauchen? Wie wird mit verschiedenen Arten der Aufgabenstellung (schriftlich-mündlich, detailliert-offen) umgegangen? Welche Aktivitäten und Abläufe sind fordernd für das Team (Grad der persönlichen Herausforderung; Anteil der körperlichen Anstrengung; eher planungs- oder durchführungsfokussierte Übungen; konstante Steigerung der Komplexität oder eine sehr schwere Aufgabe zum Einstieg usw.)? Welche Übungen spiegeln Prozesse der Arbeitsrealität wider und unterstützen so den Lerntransfer?

Aktuelle Themen und Aktivitäten in Outdoor-Trainings

Entsprechend der Zunahme von Zielgruppen fächern sich auch die Themen für den Einsatz von Outdoor-Trainings in Unternehmen immer mehr auf. Am häufigsten entscheiden sich Personalverantwortliche für Outdoor-Trainings zur Bearbeitung folgender Themen:

Team-Entwicklungsmaßnahmen; Förderung von Führungskräften; Unterstützung von Organisationsentwicklungs-Prozessen, Begleitung von Fusionen und Mergers, Kommunikationstrainings; Konfliktinterventionen; Interkulturelle Trainings; Kick-off-Veranstaltungen für Projekte.

Um den stark differierenden Anforderungen dieser Themen gerecht werden zu können, hat der »Werkzeugkasten« der Trainingsanbieter in den letzten Jahren immer mehr gefüllte Fächer dazubekommen. Dazu zählt auch die Ausbildung und damit das Arbeitsverständnis der Trainer. Von »NLP-Outdoor-Trainern« über Outdoor-Trainer mit einem gestalttherapeutischen Hintergrund bis hin zu überzeugten »Systemikern« reicht die Palette. Da der tatsächliche Outdoor-Anteil bei aktuellen Outdoor-Trainings nur noch bei etwa 60 Prozent liegt, muss ein Trainingsdesign auch klare Aussagen zu den eingesetzten Methoden und Hintergründen bei der Indoor-Arbeit bieten.

Zunehmend wichtiger wird auch die detaillierte Beschreibung der eingesetzten Aktivitäten, da die Kreativität der Anbieter von Outdoor-Trainings dazu geführt hat, dass selbst unter Outdoor-Trainern Sinn, Ziele und Variationen von einzelnen Aktivitäten nur im Kontext des Trainingsdesigns sichtbar und nachvollziehbar werden. Diese Beschreibung muss nicht im Design ausgeführt werden, sollte aber dem Kunden im Gespräch plausibel dargelegt werden können. Einzelne Aktivitäten können aufgrund ihres Aufbaus oder der Struktur für bestimmte Themenstellungen bzw. Einsatzzwecke geeigneter sein als andere. Für die erfolgreiche Durchführung eines Outdoor-Trainings entscheidender ist aber die optimale Anpassung der Aktivitäten an den Kontext. Je nach Einführung, Variation, Zeitpunkt, Fokus und Zielsetzung können mit nahezu identischen Übungen oder Aufgaben völlig unterschiedliche Themen und Lernziele bearbeitet werden. Die folgenden, kurz charakterisierten Aktivitäten werden heute bei Outdoor-Trainings im deutschsprachigen Raum vorwiegend eingesetzt:

- *Initiativübungen, kleinere Problemlösungsaufgaben und Lernprojekte (inkl. Low-Ropes-Course-Elemente):* Kurze, impulshafte Übungen, die vorwiegend zur Hinführung eines Teams oder von Einzelnen auf eine (neue) Thematik dienen (z. B.: Spinnennetz, Mowhawk-Walk; Low electric Fence; Fold the Tarp). Diese Übungen sind als handlungsorientierte Übungen zu beschreiben, da sie zumeist sowohl drinnen als auch draußen durchgeführt werden können.
- *Komplexe Problemlösungsaufgaben und Lernprojekte*, z. B. Floßbauaktionen, Schluchtüberquerungen, Brückenbauaufgaben, Orientierungstouren oder Konstruktionsaufgaben. Die Dauer der Projektdurchführung liegt bei etwa einem halben bis einem kompletten Trainingstag, die erfolgreiche Projektdurchführung fordert von den Teilnehmern konzentrierte Vorbereitung und Durchführung auf unterschiedlichen Ebenen. Die Komplexität der Lernprojekte bedingt, dass die vorhandenen Ressourcen (Know-how, Material, Zeit, Benefits) effizient genutzt werden müssen, um zu einem Erfolg zu kommen. Diese Projekte bieten sich aufgrund ihrer Komplexität und Länge an, um isomorphe Situationen zum betrieblichen Alltag der Teilnehmer nachzubilden. Gelingt dies – auch aus Teilnehmersicht – so erleichtert diese Herangehensweise deutlich den Transfer von Lernerfahrungen zurück in den betrieblichen Kontext.
- *Einsatz von Natursportarten:* Die in Outdoor-Trainings hauptsächlich eingesetzten Natursportarten sind Klettern und Abseilen, Bergwandern, Rafting und Segeln. Seltener auch Bergsteigen, Canyoning, Klettersteig-Begehungen, Skibergsteigen, Schneeschuh-Wanderungen, Kajak- und Canadierfahren. Obwohl der Spaß- und Abenteueraspekt gerne mitgenommen wird, haben sportliche Aktivitäten im Rahmen von Outdoor-Trainings immer bestimmten Themen zu dienen. Die Einweisung in Material und Sicherheit sowie die Vermittlung von grundlegenden (Sicherheits-)Kompetenzen brau-

chen Zeit. Diese Tatsache führt dazu, dass Natursportarten heute eher weniger, und wenn, dann nur sequenzenhaft, in Outdoor-Trainings für Unternehmen eingesetzt werden.

- *High-Ropes-Course-Elemente:* »Ein Seilgarten ist nichts anderes als ein billig nachgebauter Berg« – so das Zitat eines Outdoor-Trainers und Bergführers. Tatsächlich werden bei Aktivitäten im Seilgarten ähnliche Themen bearbeitet wie beim Klettern oder auf Touren bzw. Expeditionen (Vertrauen, Übernahme von Verantwortung, Verbindlichkeit, Unterstützung aus dem Team, Umgang mit Risiko und Angst, persönliche Ziele und Grenzen). Der Vorteil des Seilgartens ist die gute und für den Trainingsanbieter sichere Planbarkeit bei der Konstruktion von Lernsituationen. Im Vergleich zu »echten« Natursportarten bieten Elemente des Hochseilgartens eine günstigere Relation von (zeitlichem) Aufwand und Lernoptionen für Teilnehmer.
- *Expeditionen* (Touren): Der etwas antiquierte Begriff von Kurt Hahn, dem »Urvater« der Erlebnispädagogik, bezeichnet mehrtägige bis mehrwöchige Unternehmungen mit Segelschiffen, Jeeps, auf Bergtouren oder Wanderungen durch den Wald. Dabei plant und führt die Gruppe die Expedition komplett selbst. Die Trainer unterstützen den Prozess, führen die Gruppe zur Reflexion auf die Metaebene und sind Garant für die Sicherheit. Und natürlich beobachten sie Abläufe und Prozesse in der Gruppe, um die Auswertungen zu leiten. Heute werden ein- oder zweitägige Touren gerne als komplexe Problemlösungsaufgabe eingesetzt. Daneben fokussieren häufig auch Reisen, z. B. mit Offroad-Fahrzeugen, den Expeditionscharakter im wörtlichen Sinne. Solche Veranstaltungen betonen oft stärker den Incentive- vor dem Trainingsanteil.
- *Planspiele und Multi-Tasking-Exercises:* Die Methode des klassischen Planspieles wird mit Elementen von Outdoor-Übungen zu einem komplexen Szenario verbunden, welches oft über mehrere Tage abläuft. Diese Szenarios können die Realität und Komplexität betrieblicher Abläufe hervorragend abbilden, bringen aber den Nachteil mit sich, dass bestimmte Themen oft im Gesamtablauf nicht mehr beobachtet bzw. fokussiert werden können und damit – auch hier in Parallelität mit dem betrieblichen Alltag – verloren gehen.
- *Vertrauensübungen:* Vom »blinden Spaziergang« zu zweit bis hin zum »Vertrauensfall«, bei dem die Gruppe einzelne Teilnehmer wortwörtlich auffängt, reicht die Palette der Vertrauensübungen. Diese sollen das Vertrauen einzelner Mitglieder zueinander, vor allem aber in das Team stärken. Die Übungen setzen einen starken Kontrapunkt zu den im Businessalltag üblichen Verhalten und werden deshalb häufig als wichtige (persönliche) Lernerfahrungen von Teilnehmern rückgemeldet.

Leitfragen zur Entwicklung eines Designs

Zusammen mit dem Kunden wurde der Bedarf geklärt, Ziele wurden formuliert und operationalisiert. Der Spielraum für die Auswahl von Übungen und Aktivitäten wurde vom Kunden abgesteckt bzw. auch durch den Veranstaltungsort vorgegeben. Nun besteht die Aufgabe für den Trainingsanbieter darin, ähnlich einem Drehbuchautor, einen möglichst stringenten Ablauf zu entwickeln, der alle bereits bekannten Aspekte mit einbezieht und vor allem die vielen noch mit einem Fragezeichen versehenen Variablen mit einzuarbeiten und Alternativpläne zu entwickeln. Folgende Leitfragen haben sich bei der Entwicklung bzw. kritischen Überprüfung von Trainingsdesigns bewährt:

- Wie lautet das wichtigste zu erreichende Trainingsziel, wie sind die untergeordneten Ziele zu gewichten?
- Welche Aktivitäten unterstützen die Trainingsziele und wie sollten diese variiert werden?
- Welche Informationen fehlen noch für das Training, wo bestehen Unklarheiten oder Widersprüche, die in der Einstiegsphase des Trainings geklärt werden müssen?
- Wie ist der Aufbau für die Teilnehmer zu gestalten (fordernd, einfühlsam, provozierend, spannend) bzw. welche Aktivitäten erzeugen einen Spannungsbogen?
- Welche Lernmodelle sollen vorwiegend zur Anwendung kommen und mit welcher Begründung?
- Sichert das Design die Prinzipien »Freiwilligkeit« und »Sicherheit« ab?
- Wie werden Reflexionseinheiten gestaltet, um den Transfer sicherzustellen?
- Sind die gewählten Aktivitäten für alle Teilnehmer möglich und welche Alternativen gäbe es?
- Wie viele Trainer werden benötigt und welche speziellen (Sicherheits-)Qualifikationen, Fähigkeiten und Erfahrungen brauchen diese?
- Welche Aktivitäten lässt der Veranstaltungsort zu? Wie gut ist der Veranstaltungsort logistisch erschlossen, was muss noch vorbereitet werden? Welche Alternativen sind möglich, welche Materialien und Vorbereitungen werden dafür benötigt?
- Wie hoch soll der Anteil der Übungen in der gesamten Gruppe sein, wie viel soll in Teilgruppen stattfinden?
- Wie viel Zeit muss für Rahmenbedingungen einkalkuliert werden (Essenszeiten, Wege von und zu den Aktivitätsplätzen, Pausen, einführende Worte vom kurzfristig angereisten Vorstand...) und welche Zeitpuffer bleiben im Programm?
- Nicht zu vergessen: Welches Material wird wann benötigt und wie kommt es dorthin?

Hinweise zur Dramaturgie

»›Dramaturgie‹ – die Wissenschaft von den dichterischen Gesetzen des Dramas und seiner Bühnenwirksamkeit.« Übersetzt in die Welt der Fort- und Weiterbildung geht es um die effektive Inszenierung von Lernarrangements, denn Trainingsteilnehmer wollen in der Regel schnell und effizient lernen. Mit einer gelungenen Trainingsdramaturgie schafft der Trainer dafür die richtigen Rahmenbedingungen, indem er grundlegende lernpsychologische Aspekte berücksichtigt. »Positives Lernklima«, »Fördern durch Fordern«, »Methodischer Mix«, »Spannungsbogen« sowie »Einatmen und Ausatmen« sind die wohl wichtigsten Überschriften.

Ein angstfreies und damit lernförderliches Klima wird vor allem durch Transparenz von Methodik und Inhalten gleich zu Beginn des Trainings erzeugt. Werden Teilnehmerbefürchtungen in dieser Phase übergangen, ist mit Widerständen im weiteren Training zu rechnen. Dies gilt auch, wenn im Training nicht immer wieder ein Forum für Teilnehmer geschaffen wird, in dem diese neue oder veränderte Erwartungen artikulieren können. Dies hört sich wie eine Binsenweisheit an, aber auch erfahrenen Trainern passiert es immer wieder einmal, dass sie diese Foren aufgrund von (selbstkonstruierter) Zeitnot aus dem Design streichen. Das Ergebnis sind Veränderungswünsche von Teilnehmern, die während des Trainings unterdrückt wurden und daher in der Abschlussrunde umso vehementer (und viel zu spät) formuliert werden.

Nichts verhindert Lernen konsequenter als dröge Wiederholungen und Langeweile. Bei der Auswahl von Übungen und Aktivitäten sollte also Abwechslung geboten werden. Dies gilt auch und besonders für Reflexionen, die ansonsten recht schnell einen spürbaren Abnutzungseffekt erleiden. Wichtig zur Unterstützung der Teilnehmermotivation ist die Gestaltung eines durchgehenden Spannungsbogens innerhalb des Trainings. Die schwierige Aufgabe für den »Dramaturgen« liegt darin, Inhalte in zunehmend herausfordernde Aktivitäten zu verpacken, die sich auch noch deutlich von den vorangegangenen unterscheiden. Gerade die letzte große Übung, beispielsweise eines Teamtrainings, sollte dem entwickelten oder »neu gebildeten« Team die Chance geben, Performance nach innen und außen zu zeigen. Bewährte Abschlussübungen für diesen Zweck sind z. B. »Find the tree« oder auch die Überquerung von anspruchsvollen Schluchten. Als Ergänzung sei noch ein kurzes Zitat zu diesem Thema von einer amerikanischen Trainerkollegin angefügt: »Keep them on their toes«.

Neben geeignetem Lernklima und Methodenmix fördern Ruhephasen im Training die bessere Verankerung des neu Gelernten. Gerade nach längeren theorielastigen Einheiten, aber auch nach intensiven persönlichen Erlebnissen (z. B. persönliches Feedback oder die Überwindung persönlicher Grenzen) sollte für die Teilnehmer Zeit zum Nachdenken und zur Erholung eingeplant werden. Um beim Kunden nun keinen Unmut wegen der vielen oder zu langen

Pausen aufkommen zu lassen, bieten sich verschiedene »aktive Pausen« an. Beispielsweise »Minisolos«, bei denen die Teilnehmer für eine bestimmte Zeit alleine sein können, um ihren Gedanken nachzugehen oder Spaziergänge zu zweit zu machen. Auch methodisch eingeführte Zweiergespräche geben dem Teilnehmer eine kurze Rückzugsmöglichkeit aus der Gruppe. Angeleitete Meditations- oder Entspannungsübungen bringen für die Teilnehmer darüber hinaus noch den Vorteil, dass diese Übungen im beruflichen und privaten Alltag genutzt werden können.

Beispiel für ein 1,5-tägiges Trainingsdesign von OUTWARD BOUND®

Die »Beispiel GMBH« plant für drei, seit sieben Wochen neu zusammengestellten Teams aus dem Bereich »Zentrales Controlling« ein Outdoor-Training durchzuführen. Ziel des Seminars ist die Förderung des persönlichen Kennenlernens der Teilnehmer in einem entspannten und gleichzeitig anregenden Umfeld. Die Teams sollen mittels verschiedener Aktivitäten die Qualität der Zusammenarbeit in ihrem Team, aber auch an den Schnittstellen zu den anderen Teams, konstruktiv reflektieren und Klärungsprozesse einleiten. Da die Teilnehmer berufsbedingt stark strukturiertes Arbeiten gewohnt sind, verbindet das Trainingsdesign bewusst offen angelegte Lernprojekte mit klassischer Indoor-Moderation, in der die Teilnehmer in einem gewohnten Rahmen und in Ruhe Lernerfahrungen verarbeiten und umsetzen können. Das Training ist als Anstoß für Prozesse gedacht, acht Wochen später werden in einem weiteren Training die Ergebnisse und Entwicklungen weiterbearbeitet.

	Baustein	Charakteristik	Themen
1. Tag			
bis 16.00 Uhr	Anreise, Begrüßung, Material, Organisatorisches		
17.00 Uhr	Trainingseinstieg; Programm- bzw. Erwartungsklärung; Initiativübungen.	Klassische Moderation am Flipchart gemixt mit kleinen bewegungsorientierten Einheiten.	Kennenlernen der Trainingsmethode und der Trainer; Information zu Aktivitäten und Sicherheitskonzept.
18.00 Uhr	Gemeinsames Abendessen		
19.00 Uhr	Lernprojekte in den Kleinteams »Fold the tarp« »Build a web«	Bei scheinbar leichten Aufgaben werden Körper und Geist gleichermaßen gefordert.	Kommunikation und Kooperationsverhalten im Team; erste Rollenklärungen

20.30 Uhr	Auswertung und Transfer	Selbsteinschätzung und kritische Reflexion der Zusammenarbeit; Überprüfung des Selbstbildes durch Zusammentragen von »Erfolgsfaktoren in Teams«; Erste Selbsteinschätzung zu einzelnen Teamrollen.	
21.00 Uhr	Trainingsausklang, Raum und Zeit für informelle Gespräche		

2. Tag			
8.45 Uhr	Morgendliche Runde als Teilnehmerforum		
9.00 Uhr	Komplexe Lernprojekte in Kleinteams »System Square«	Die Schwierigkeit und Komplexität des Projektes erfordert strategisches Denken und kommunikatives Handeln.	Klarheit der Kommunikation; Kreatives Entwickeln von Problemlösungsstrategien; Teamprozesse erfahrbar machen,
11.00 Uhr	Auswertung und Transfermoderation	Kleingruppenarbeit mit Ergebnispräsentation im Plenum der Großgruppe; Vergleich der Ergebnisse.	Die typischen und erstaunlichen Prozesse und Ergebnisse der Projekte werden analysiert und mit der aktuellen Arbeitssituation der Teilnehmer verglichen.
12.00 Uhr	Mittagessen		
13.30 Uhr	Lernprojekt für die Großgruppe »Brückenbau«	Ein Areal im Wald wird im Rahmen einer Projektaufgabe mit klaren Spezifikationen und unter strengen Qualitätskriterien von den Kleinteams mit Brücken- und Seilbahnenkonstruktionen versehen. Die Kommunikation unter den Teams ist nur über Emissäre möglich. Der Test der Brückenkonstruktionen wird von den jeweils anderen Kleingruppen vorgenommen.	Umsetzung der Ergebnisse des Vormittages; effizientes Arbeiten nach dem Motto: »Lokal denken, vernetzt Handeln«; Überprüfung der Arbeit an den Schnittstellen der Teams; Vertrauen in die Arbeit der anderen, Verantwortung.
16.00 Uhr	Auswertung und Teamcommitment	In einem Wechsel aus Kleingruppen und Plenumsarbeit werden Ressourcen und Veränderungswünsche definiert und gewichtet. Leitplanken für die Art und Weise der Zusammenarbeit können hier formuliert werden. Alle offenen Punkte werden für eine weitere Bearbeitung im Rahmen des nächsten geplanten Trainings gesammelt.	
17.30 Uhr	Seminarauswertung, danach Seminarende		

Zusammenfassung

Die Entwicklung eines Designs für ein Outdoor-Training ist vergleichbar mit den Vorbereitungen eines großen Segelschiffs bis es »Outward Bound« – klar zum Ablegen ist. Der Zielhafen mag schnell gefunden sein, was nun beginnt, ist die Sammlung von Informationen und Rahmenbedingungen. Welche Ladung soll in welchen Gefäßen transportiert werden, ohne das Schiff zu überladen? Wird die Mannschaft der gewählten Route folgen können und wollen? Fühlt sich der Kapitän der Herausforderung gewachsen, die Sicherheit zu gewährleisten, und was passiert, wenn unterwegs widrige Bedingungen auftreten?

Ähnlich wie zwischen den beteiligten Personen auf dem Schiff wird zwischen Kunde und Traininganbieter in einem Wechselprozess aus einem groben Entwurf schließlich ein klarer Plan, der Bedarf, Einflußfaktoren, Methoden und Rahmenbedingungen für das Training detailliert zusammenführt.

Das aus diesem Prozess entstandene Design fußt stark auf den Erfahrungen des Traininganbieters mit den einzelnen Aktivitäten, deren Zeitbedarf, vor allem aber deren Effekten und Wirkungen bei verschiedenen Zielgruppen. Wie beim Würzen einer delikaten Suppe liegt auch das Geheimnis eines erfolgreich umgesetzten Trainingsdesigns im Detail, in den Kleinigkeiten. Nicht die Aktivitäten an sich, sondern deren feine und logische, passende Abfolge bindet die volle Aufmerksamkeit der Teilnehmer und fördert so den Lernprozess.

Dabei ist ein Design nur so gut wie die Offenheit, die es trotz aller Detailplanung für eine prozessgerechte Anpassung während des Trainings bietet. Gerade die Flexibilität und Fähigkeit zur flexiblen Umgestaltung von Programmelementen innerhalb der im Vorfeld festgelegten Leitplanken zeichnet einen souveränen Trainer aus. Nur der ständige Vergleich zwischen der im Design formulierten Zielsetzung und der aktuellen Prozessentwicklung im Training stellt sicher, dass der gewünschte Output erreicht wird.

Die größte Herausforderung bei der Gestaltung eines Designs für ein Outdoor-Training bleibt es, Teilnehmer zielgerichtet und ressourcenorientiert zu fordern, um ihnen so das Lernen mit »Kopf, Herz und Hand« zu ermöglichen.

Michael Wagner
Transfer 1:
Wer hat den Affen auf der Schulter sitzen? – Die Verantwortung für den Transfer

Die Wichtigkeit eines soliden Transfers ist für seriöse Anbieter von Outdoor-Trainings selbstverständlich geworden. Es gibt kaum einen Anbieter, der dem Kunden nicht in der einen oder anderen Formulierung Transfersicherung verspricht. Dieses Versprechen, den Transfer zu sichern, möchte ich in diesem Artikel hinterfragen, denn wer sichert, übernimmt Verantwortung, nicht nur beim Klettern. Aus meiner eigenen Erfahrung kenne ich das belastende Gefühl, die Verantwortung zu tragen, dass die Teilnehmer ihre neuen Erkenntnisse anwenden werden. Ziel dieses Artikels ist es, zu erarbeiten, welche Verantwortungen stimmig und sinnvoll von Outdoor-Trainern übernommen werden sollten und welche Verantwortungen die anderen Beteiligten, Teilnehmer und Auftraggeber, haben.

1. Was heißt Transfer?

Für individuelle Qualifizierungsmaßnahmen wird der Transfer in der Literatur folgendermaßen definiert: Den Transfer machen das während des Trainings erworbene Wissen, die Fähigkeiten, Einstellungen und Verhaltensweisen aus, die vom Teilnehmer nach dem Training angewendet werden (Wagner und Roland 1995, S. 201). Für Teamentwicklungsmaßnahmen, bei denen es um die Weiterentwicklung einer gesamten Organisationseinheit geht, reicht diese Sichtweise nicht aus, da der Anteil der Weiterentwicklung des gesamten Systems fehlt. Allgemeiner kann man sagen, der Transfer hat stattgefunden, wenn Entwicklung erkennbar ist. Diese Interpretation von Transfer beschreibt sowohl individuelle Weiterentwicklung als auch die gesamter Organisationseinheiten. Entwicklung ist das Ziel des Auftraggebers: z. B. Persönlichkeitsentwicklung, Entwicklung von Führungskompetenz, Teamentwicklung, Organisationsentwicklung etc. Ich begreife in diesem Artikel Transfer als erfolgte Entwicklung und gehe der Frage nach, wer für die vom Auftraggeber erwartete Entwicklung verantwortlich ist.

2. Das Vertragsdreieck

Um die Frage zu beantworten, wer für die vom Auftraggeber erwartete Entwicklung verantwortlich ist, müssen alle drei involvierten Parteien berücksichtigt werden: der Auftraggeber, oft die Personalabteilung oder auch der Vorgesetzte eines Teams, die beim Outdoor-Training anwesenden Teilnehmer und der Trainer. Der Auftraggeber kann in der Rolle des Vorgesetzten oft auch gleichzeitig Teilnehmer sein.

Abb. 1 Das Vertragsdreieck

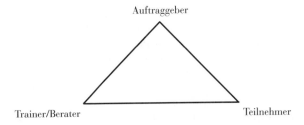

Sowohl zwischen Auftraggeber und Trainer als auch zwischen Auftraggeber und Teilnehmer gibt es im Normalfall mehr oder weniger ausführliche und explizite Vereinbarungen bzw. Kontrakte bezüglich der Trainingsmaßnahme (English 1985, S. 1–2). So kann z. B. die Personalabteilung als Auftraggeber detaillierte Ziele mit den Mitgliedern eines Teams (Teilnehmer) im Vorfeld einer Maßnahme erarbeiten. Basierend auf diesen Zielen wird die Personalabteilung dann eine Vereinbarung mit dem Trainer über die Entwicklungsziele treffen. Basierend auf diesen beiden im Vorfeld getroffenen Vereinbarungen muss dann zu Beginn des Workshops ein gemeinsames Verständnis zwischen Trainer und Teilnehmer über Sinn, Ziele und Vorgehensweise für die folgenden Tage entstehen, das zu keiner der beiden anderen Vereinbarungen im Widerspruch steht. Dies wird problematisch, wenn die Vereinbarung zwischen Auftraggeber und Team nicht mit dem Auftraggeber-Trainer-Kontrakt zusammenpasst. So kann z. B. ein Vorgesetzter (Auftraggeber) seine Abteilung auf ein Outdoor-Training schicken und dies als Spaß und Incentive-Maßnahme begründen. Im Kontrakt mit dem Trainer definiert er dann Entwicklungsziele für seine Abteilung. An diesem Beispiel lässt sich unschwer erkennen, dass bei einer solchen Ausgangslage ein gemeinsames Verständnis zwischen Trainer und Teilnehmern bezüglich der Ziele der Maßnahme problematisch wird. Zur Durchführung einer zielgerichteten Entwicklungsmaßnahme ist es essenziell, dass alle drei Kontrakte im Vertragsdreieck zueinander stimmig sind. Innerhalb dieses Vertragsdreiecks gilt es nun, die Verantwortungen bezüglich des Transfers zuzuordnen.

3. Verantwortungszuordnung

Verantwortlich ist die Person, die auf Fragen bezüglich eines Verantwortungsbereichs am sinnvollsten antwortet (Schmid 1997, S. 3). Wer muss nun bezüglich Fragen der erfolgten Entwicklung antworten? Hierzu möchte ich einige typische Fragen stellen.

- Warum findet die Maßnahme statt? Diese Frage muss von der Person beantwortet werden, die ursprünglich eine Weiterentwicklung eingefordert hat, z. B. der Vorgesetzte, der in seiner Abteilung Defizite in der Effektivität der Zusammenarbeit feststellt. Der Auftraggeber ist für das Warum einer Maßnahme verantwortlich, d. h. er muss im Vorfeld sicherstellen, dass das Thema relevant für die Zielgruppe ist. Schickt z. B. ein Personalreferat ein Team auf eine Teamentwicklung, ohne dass den Teilnehmern der Bedarf für eine Weiterentwicklung des Teams klar wird, ist die Wahrscheinlichkeit einer Entwicklung, sprich des Transfers, gering.
- Wie ist der Prozess gestaltet, um Entwicklung zu fördern? Hier wird der Trainer wegen des Entwicklungsprozesses gefragt, dessen Begleitung sein Auftrag ist. Antworten zum Workshopdesign, zu den methodischen Schritten, wie die Teilnehmer Lösungen erarbeiten, mit Konflikten umgehen, neue Alternativen finden etc., werden vom Trainer erwartet und liegen in seiner Kompetenz. Der Trainer ist dafür verantwortlich, den Prozess derart zu gestalten, dass Entwicklung möglich ist.
- Was ändert sich aufgrund der Maßnahme? Die Beantwortung dieser Frage hängt von unserem Menschen- bzw. Organisationsbild ab. Sieht man das Teilnehmersystem als Maschine, so kann der Trainer als Mechaniker genau vorhersagen, welche Veränderung das »Anziehen einer Schraube« bewirkt – er ist also verantwortlich für die Entwicklung der Maschine. Dieser Ansatz beruht auf der Annahme, dass jede Intervention eine genau vorhersagbare Wirkung hat. In sozialen Systemen ist dies jedoch nicht möglich. Der Mensch als eigenständiges Wesen entscheidet letztendlich immer selbst, welche Bedeutung er einer Intervention gibt, sprich, welche Konsequenzen er aus einem Training zieht. Watzlawick (2000, S. 30) beschreibt dies treffend mit der Analogie, einen Stein oder einen Hund mit dem Fuß zu treten. Beim Stein kann man theoretisch genau vorhersagen, wohin er rollen wird. Der Hund jedoch hat die eigene Wahlmöglichkeit, wegzulaufen, zu beißen, zu bellen. Die Entscheidung, was er mit dem Fußtritt macht, liegt beim Hund als Lebewesen. Dies heißt konkret: Als Prozessverantwortlicher kann der Trainer Entwicklungsprozesse anstoßen, das Ergebnis aber nicht vorhersagen. Er kann Entwicklung oder Lernen ermöglichen, dies aber nicht durchführen. Auf die Frage, was sich aufgrund der Maßnahme ändert, kann der Trainer daher nicht antworten. Nur die Teilnehmer können kompetente Auskunft darüber erteilen, welche Veränderungen sie aufgrund des Trainings

vornehmen werden. Die eigentliche Transferverantwortung liegt in den Händen der Teilnehmer selbst.

Zusammengefasst heißt das:

Tab. 1 Zuordnung der Verantwortungen

	Wer muss antworten?	Ist verantwortlich für:
Warum findet die Maßnahme statt?	Auftraggeber	Anlass
Wie ist der Prozess gestaltet, um Entwicklung zu fördern?	Trainer	Prozess
Was ändert sich aufgrund der Maßnahme?	Teilnehmer	Transfer

4. Was passiert, wenn der Trainer die Transferverantwortung empfindet?

Blanchard (1990) vergleicht Verantwortung mit einem Affen, der sich von einer Person zur nächsten hangelt. Die Affenmetapher soll zeigen, dass der Prozess des Abschiebens, nicht Annehmens oder Ansichnehmens von Verantwortung sehr schnell und implizit ablaufen kann. So kann es innerhalb des Vertragsdreiecks zu Verschiebungen der oben beschriebenen Verantwortungen kommen. Eine besonders typische Situation ist die, dass Auftraggeber und Teilnehmer die Transferverantwortung an den Trainer abgeben bzw. dieser sie annimmt. So kann z. B. ein Auftraggeber den Trainer fragen: »Wie stellen Sie denn sicher, dass die Erkenntnisse des Teamtrainings auch umgesetzt werden?« Sobald der Trainer versucht, auf diese Frage zu antworten, übernimmt er die Transferverantwortung; der Affe sitzt auf seiner Schulter. Auch ohne die Einladung des Auftraggebers nehmen sich Trainer den Affen selbständig auf ihre Schulter, indem sie anpreisen: »Wir sichern den Transfer«. Die Frage ist, ob dies an sich ein Problem darstellt, abgesehen von der Tatsache, dass diese Situation einen erheblichen Leistungsdruck erzeugt. Von Trainern wird dies oftmals positiv gesehen – man will ja schließlich etwas verändern. Was passiert, wenn der Trainer sich für den Transfer verantwortlich fühlt, also sich dafür verantwortlich fühlt, dass eine echte Entwicklung beim Teilnehmer bzw. beim Team stattfindet? Ich möchte an folgendem Beispiel zeigen, wie der Trainer durch die Entscheidung, diese Verantwortung übernehmen zu müssen, an innerer und äußerer Handlungsfreiheit verliert und damit seine Handlungsfähigkeit reduziert.

Im Rahmen einer Teamentwicklung ist das vom Abteilungsleiter (Auftraggeber) vorgegebene Ziel die Verbesserung der Schnittstellen zwischen drei Arbeitsgruppen. Während einer mit mehreren Schnittstellen versehenen Outdoor-Übung meistern die Teilnehmer diese sehr effektiv. Nach der Auswertung der Outdoor-Übung fragt der Trainer nun, wie man, basierend auf der positiven Erfahrung der Übung, die Schnittstellen in der Arbeit konkret optimieren könne. Die Teilnehmer schauen ihn unsicher an und haben nur schwammige ausweichende Vorschläge. Der Trainer macht nun selbst Vorschläge. Werden diese Vorschläge aus der inneren Haltung gemacht, »ich muss eine gute Lösung finden«, dann entlässt der Trainer die Teilnehmer aus der Verpflichtung zu antworten und gibt die Antworten selbst. Er wird dazu tendieren, weitere Vorschläge zu machen, wenn die Gruppe auf den ersten Vorschlag nicht einsteigt. Je mehr Lösungsansätze er liefert, umso bequemer lehnen sich die Teilnehmer zurück, denn nun arbeitet der Trainer, die Teilnehmer werden passiv. Für das so erarbeitete Ergebnis werden sich die Teilnehmer jedoch nicht verantwortlich fühlen, d. h. die Wahrscheinlichkeit effektiver Veränderung am Arbeitsplatz ist sehr gering.

Welche Handlungsmöglichkeit hat nun der Trainer, der sich nicht für den Transfer verantwortlich fühlt? Aus der inneren Haltung, »ich mache Vorschläge, um einen Suchprozess bei den Teilnehmern auszulösen«, macht der Trainer einen Lösungsvorschlag und beobachtet, ob dieser Vorschlag die Teilnehmer anregt, diesen zu prüfen und gegebenenfalls eigene bessere Vorschläge zu suchen. Bleibt die Gruppe jedoch passiv, kann der Trainer zurücktreten (er ist seiner Verantwortung ja bereits gerecht geworden) und fragen: »Sie scheinen hier keine konkreten Lösungsansätze zu sehen, warum?« Nun könnten die Teilnehmer erklären, dass sie der Meinung sind, dass ihre Schnittstellen eigentlich recht gut funktionieren. Das Problem ihrer Zusammenarbeit liege ganz woanders. Jetzt übernehmen die Teilnehmer die Verantwortung für ihre Entwicklungsthemen. Hilft der Trainer der Gruppe, die jetzt eingebrachten Themen zu bearbeiten, dann ist aufgrund der geweckten Eigenmotivation der Teilnehmer die Wahrscheinlichkeit der Umsetzung wesentlich höher. Je mehr der Trainer die Verantwortung für ein gutes Ergebnis empfindet, umso weniger Entwicklung findet statt, oder positiv formuliert, je weniger Transferverantwortung er übernimmt, umso größer kann die Selbstverantwortung der Teilnehmer für ihre Entwicklung sein. Reinhard Sprenger schreibt hierzu: »Der Mensch verändert sich nur, wenn er selbst es will. ... es muss ein eigener Weg sein, nicht ein fremdbestimmter... Wenn sie alle Antworten geben, bevor überhaupt gefragt wurde, aktiviert der Mitarbeiter niemals seine eigenen Ressourcen. Er tötet die Selbstverantwortung, weil er die Wahlmöglichkeit verstopft und damit auch keine Verantwortung für das Ergebnis zuweist.« (Sprenger 2001, S. 9) Die Übernahme von Transferverantwortung ist also keine wünschenswerte Dienstleistung, sondern hat kontraproduktive Folgen.

5. Die Konsequenzen im Vertragsdreieck

In Kapitel 3 wurden die grundsätzlichen Verantwortungen definiert: Der Auftraggeber ist für die Kontakte zu Trainer und Teilnehmern verantwortlich, der Trainer für die Prozessgestaltung des Trainings und die Teilnehmer für den Transfer. Des Weiteren wurde in Kapitel 4 gezeigt, wie wichtig es ist, dass die Teilnehmer selbst in der Transferverantwortung stehen. Was sind nun die konkreten Konsequenzen für Auftraggeber, Trainer und Teilnehmer, um zu gewährleisten, dass Outdoor-Trainings ihre gewünschte Wirkung auch erzielen, sprich: Entwicklung stattfindet?

5.1 Ein Beispiel

Vor einiger Zeit bekam ich die Anfrage aus der Personalabteilung eines Geschäftsbereichs eines Großkonzerns, eine Teamentwicklung durch Outdoor-Training für einen Geschäftszweig durchzuführen. Bei einem gemeinsamen Vorgespräch mit der Personalabteilung und zwei Abteilungsleitern wurde mir eine ganze Reihe von Zielen für die Maßnahme vorgestellt. Jeder der Beteiligten schien eine etwas andere Sichtweise der Ziele zu haben. Sie waren sich einig, dass es um die Verbesserung der Zusammenarbeit geht. Welche Themen hierzu jedoch konkret angegangen werden sollten, darüber waren sie unterschiedlicher Meinung. Mein Vorschlag war nun, einen Diagnosetag an den Anfang des Trainings zu setzen, um konkrete Entwicklungsthemen gemeinsam mit allen Beteiligten zu identifizieren.

Nach dem ersten Trainingstag hatten meine Kollegin und ich mit Hilfe einer komplexen Outdoor-Übung und einer moderierten Diagnosephase zwar viel Material gesammelt, wir hatten jedoch immer noch das Gefühl, nicht das richtige, echte Thema der Gruppe gefunden zu haben. Nach dem Abendessen führten wir daher eine Nachtorientierung durch. Die Gruppe erwählte einen Kartenleser, der sie selbstbewusst in den dunklen Wald führte. Bereits nach kurzer Zeit verlief sich dieser, alle liefen hinterher und nach zweistündiger Zick-Zack- und Kreiswanderung unterbrachen wir die Übung und führten die Gruppe zum Ziel. Bei der Auswertung am nächsten Morgen kam heraus, dass der Kartenleser wusste, dass er auf dem falschen Weg war, dieses jedoch nicht zugeben konnte. Andere Gruppenmitglieder waren sich auch einig, dass sie sich irrten, sagten jedoch auch nichts, da sie sich nicht 100% sicher waren. So irrte die Gruppe zwei Stunden gemeinsam durch den Wald, ohne die Tatsache anzusprechen, dass sie sich verlaufen hatte. Wir äußerten dann die Hypothese: »Kann es sein, dass man hier keine Fehler machen darf?« Nach heftiger Diskussion zwischen den drei anwesenden Hierarchie-Ebenen wurde klar, dass dies ein brennendes Problem war. Die Gruppe entschied sich dann, dieses Thema zu bearbeiten, da sie glaubte, dadurch eine nachhaltige Verbesserung der Zusammenarbeit zu erreichen. Am Ende des Trainings waren klare Handlungsvereinbarungen ausgearbeitet, die von der anwesenden obersten Führungskraft abgesegnet waren und deren Umsetzung diese explizit einforderte.

Dieses Beispiel aus der Praxis zeigt Teilnehmer, die die Verantwortung für ihre Entwicklung übernommen haben; der Affe sitzt auf ihrer Schulter. Das Bewusstwerden ihrer Fehler stellt bereits den ersten Entwicklungsschritt dar. Der Weg für weitere Entwicklungsschritte nach dem Training ist geebnet. Im Folgenden zeige ich die meiner Meinung nach wichtigsten Aufgaben und Maßnahmen auf, um im Zusammenspiel zwischen Auftraggeber, Trainer und Teilnehmer die Transfermöglichkeiten zu optimieren.

5.2 Konsequenzen für das Auftraggeber-Unternehmen

- Ist das Thema relevant? Die Mitglieder eines Teams sind Experten ihres Systems und können am besten definieren, welche Themen angepackt werden müssen, um z. B. die Zusammenarbeit zu verbessern. Diese Definition der Ziele sollte daher im Vorfeld in enger Abstimmung zwischen Auftraggeber und Teilnehmern passieren, oder, wie hier gezeigt, im ersten Teil des Trainings. Wichtig ist, dass die Teilnehmer aktiv daran beteiligt sind. Unser Beispiel zeigt, dass es oft sinnvoller ist, nur das übergeordnete Entwicklungsziel zu vereinbaren, z. B. Verbesserung der Zusammenarbeit, da bei einem zu eng vorgefassten Thema die Gefahr besteht, dass es für die Teilnehmer nicht relevant ist.

- Ist der Grund der Maßnahme klar? Hier müssen Personalabteilung und Führungskraft Farbe bekennen und die Gründe für ein Outdoor-Training offen legen. Diese Methode lädt zu getarnten, als Incentive verpackten Entwicklungsmaßnahmen ein. Wie in Kapitel 2 gezeigt wurde, führt dies zu keiner zielführenden Arbeitsbasis zwischen Trainer und Teilnehmern. Oft ist dieser erste Schritt der Führungskraft, dem Team die wahrgenommenen Defizite klar zu kommunizieren, der wichtigste Entwicklungsschritt. Nur wenn dem Team klar ist, was der Sinn und Zweck der Maßnahme ist, kann es auch Verantwortung für das Ergebnis übernehmen. Nur so kann Transfer stattfinden.

- Ist das Training in übergeordnete Entwicklungskonzepte des Unternehmens eingebunden? Sieht z. B. eine Führungskraft, die auf ein Outdoor-Training zum Thema Führungsverhalten geschickt wird, einen Grund für die Weiterentwicklung des eigenen Führungsverhaltens? Um dies zu unterstützen, sollten solche individuellen Qualifizierungsmaßnahmen in ein übergeordnetes

Personalentwicklungskonzept eingebunden sein. So kann z. B. in einem Mitarbeitergespräch zwischen Führungskraft und Mitarbeiter der Entwicklungsbedarf gemeinsam festgelegt werden. Eine solche Zielvereinbarung stärkt die Eigenverantwortung des Teilnehmers für seine Entwicklung.

- Darf ein Team die auf einem Training erarbeiteten Maßnahmen umsetzen, sprich, darf ein Transfer stattfinden? Bei Teamentwicklungsmaßnahmen wie in unserem Beispiel gehen die Veränderungsvorhaben meist über persönliche Verhaltensänderungen hinaus. Die Entwicklung einer Fehlerkultur, die Einführung eines neuen Informationssystems, die Umgestaltung eines Arbeitsprozesses, die Klärung und Definition von Verantwortungsbereichen etc. sind Beispiele typischer Themen. Bei solchen Themen ist es wichtig, bereits im Vorfeld zu klären, dass wichtige Entscheider für entsprechende Themen am Training teilnehmen oder zumindest an einem Tag anwesend sind. So können die Veränderungsthemen gemeinsam mit den Vorgesetzten diskutiert werden und diese können das Team gegebenenfalls autorisieren, die Themen anzupacken.
- Wer fordert den Transfer ein? Bei Teamentwicklungsmaßnahmen ist es eine wichtige Aufgabe der Führung, die Umsetzung der formulierten Ziele bzw. der Handlungsvereinbarungen einzufordern. So bleibt die Entwicklung des Teams Teil der Führungsverantwortung des Vorgesetzten und wird nicht zur Verantwortung des Trainers. Gerade bei Follow-up-Veranstaltungen ist es wichtig, sich darüber im Klaren zu sein, dass es nicht die Aufgabe des Trainers sein kann, im Sinne eines Controllings Entwicklungsschritte von den Teilnehmern einzufordern. Dies ist Führungsverantwortung; der Trainer hilft im Follow-up Entwicklungsblockaden zu identifizieren, um dadurch weitere Entwicklung zu ermöglichen.

5.3 Konsequenzen für den Trainer

- Ist das Thema relevant? Ist der Grund der Maßnahme klar? Bei der Definition der Ziele und dem Transparentmachen der Gründe eines Outdoor-Trainings hat der Trainer eine beratende Rolle für den Auftraggeber. Merkt er, dass Teile dieses Klärungsprozesses im Vertragsdreieck nicht optimal laufen, sollte er beratend und aufklärend intervenieren und falls notwendig, auch eigene Bedingungen an den Auftraggeber stellen. Droht z. B. die Gefahr, dass das Training als Incentive getarnt werden soll, ist es sinnvoll, den Auftrag nur dann anzunehmen, wenn der Vorgesetzte die Gründe der Maßnahme klar seinem Team darlegt.
- Wollen die Teilnehmer an den Themen arbeiten? In obigem Beispiel hatten meine Kollegin und ich das Gefühl, den eigentlichen Zweck noch nicht zu kennen, weil bei keinem der am ersten Tag diagnostizierten Themen das Ge-

fühl entstand, »jawohl, dieses Thema bringt uns weiter«. Erst nach der Orientierungswanderung war dieser Punkt erreicht – jetzt wollten alle das gleiche Problem bearbeiten. Wichtig ist hier, dass die Trainer das Thema nicht vorgeben. Nach der Orientierungswanderung hätten wir sagen können: »Heute arbeiten wir am Thema Fehlerkultur, hierzu schauen wir uns erst mal an, was gestern Nacht passiert ist!« Durch solches Verhalten übernehmen die Trainer die Verantwortung und entmündigen so die Teilnehmer. In unserem Beispiel haben wir eine Hypothese geäußert, die es den Teilnehmern überlässt, sich für oder gegen dieses Thema zu entscheiden.

- Identifizieren sich die Teilnehmer mit dem Programm? Bei einem vorgefertigten Standardprogramm (z. B. »Erfolgreich Führen in drei Tagen«), bei dem alle Programmpunkte vor Trainingsbeginn bereits fixiert sind, geben die Veranstalter die Antwort darauf, was für die Teilnehmer wichtig ist, und nehmen so den Teilnehmern die individuelle Entwicklungsverantwortung ab. Durch die Abfrage konkreter persönlicher Fragestellungen und Anliegen zu Beginn des Trainings kann das Programm innerhalb des vom Auftraggeber vorgegebenen Rahmens flexibel auf die individuellen Themen der Teilnehmer abgestimmt werden. Die Teilnehmer nehmen ihre persönlichen Anliegen selbst in die Hand!
- Können Erkenntnisse umgesetzt werden, oder ist der Transferschritt zu groß? Diese Frage betrifft die Prozessgestaltungs- bzw. Methodenkompetenz des Trainers. Die Wahl und Gestaltung relevanter Outdoor-Übungen, die Moderation von Reflexionsphasen, Theorie-Inputs, individuelle Fallbearbeitung, Hypothesen zur Verfügung stellen, Erarbeiten von Handlungsplänen etc. sind Interventionsbeispiele, die einen Prozess gestalten, der Entwicklung unterstützt und fördert. Hier ist es wichtig, den Prozess nicht vorzugeben, sondern im Kontakt mit den Teilnehmern zu entwickeln. Die Teilnehmer müssen wissen, ob das Thema weit genug bearbeitet ist, oder ob sie noch einen weiteren Schritt benötigen, bevor die Umsetzung klappen kann. Bei einem solchen prozessorientierten Trainingsansatz ist hohe Kompetenz und Erfahrung vom Trainer gefordert. Es gibt keine dem Trainer Sicherheit gebenden Standardabläufe. Jede Intervention wird im Prozessfluss im ständigen Kontakt mit der Gruppe individuell entworfen.

6. Die Essenz

Nicht die Trainer, sondern die Teilnehmer selbst sind für den Transfer verantwortlich. Diese werden die Transferverantwortung nur übernehmen, wenn sie bezüglich Fragen ihrer Weiterentwicklung antworten können, wollen, dürfen und müssen (Schmid 1997, S. 3). Die Teilnehmer können antworten, wenn...

- die Gründe für das Training klar sind,
- das Thema relevant ist und
- der Trainer prozessorientiert arbeitet.

Die Teilnehmer wollen antworten, wenn...

- die Inhalte auf ihre konkreten Themen und Anliegen abgestimmt sind,
- sie das Gefühl haben, dass das hier bearbeitete Thema sie wirklich weiterbringt.

Die Teilnehmer dürfen antworten, wenn sie von ihren Vorgesetzten für Entwicklungsmaßnahmen autorisiert sind. Die Teilnehmer müssen antworten, wenn...

- die Maßnahme in ein übergeordnetes Personal- bzw. Organisationsentwicklungskonzept eingebunden ist,
- eine Entwicklung von ihren Vorgesetzten eingefordert wird.

Sind all diese Bedingungen erfüllt, dann werden die Teilnehmer eines Outdoor-Trainings auf Fragen bezüglich ihrer Entwicklung antworten, sie tragen die Verantwortung für den Transfer, Entwicklung kann stattfinden.

Literatur

Blanchard, K./Oncken, W./Burrow, H.: Der Minutenmanager und der Klammer-Affe. Hamburg 1990.
English, F.: Der Dreiecksvertrag. In: Zeitschrift für Transaktionsanalyse 2/1985.
Gass, M.: Transfer of Learning in Adventure Education. In: Miles, J./Priest, S.: Adventure Education. PA, USA 1990.
Kolb, D./Sulivan, M.: Turning Experience into Learning. In: Roland, C./Wagner, R./Weigand, R. (Hrsg.): Do it and Understand! The Bottom Line on Corporate Experiential Learning. Iowa, USA 1995.
Schmid, B.: Wege zu einer Verantwortungskultur. Studienschrift. Wiesloch 1997.
Sprenger, R.: Störfall Persönlichkeit: Vor jedem Sein ein Maß. In: Hernsteiner-Fachzeitschrift für Managemententwicklung 1/2001, S. 9–10.
Wagner, R./Roland, C.: Transfer Issues and Concerns. In: Roland, C./Wagner, R./Weigand, R. (Hrsg.): Do it and Understand! The Bottom Line on Corporate Experiential Learning. Iowa, USA 1995.
Watzlawik, P./Beavin, J./Jackson, D.: Menschliche Kommunikation. Bern 2000[10].

Niko Schad

Transfer 2: Was kann und was muss im Training für den Transfer erfolgen?

Michael Wagner hat sich in seinem Beitrag zu der Frage geäußert, wer letztlich für den Transfer des im Outdoor-Training Gelernten in den Alltag der Teilnehmer verantwortlich ist. Und er hat hier die Verantwortung dafür abgelehnt und sie an die Kunden rück delegiert. Prinzipiell teile ich diese Position. Das ist aber nur eine Seite der Medaille. Die Frage, die mir immer wieder bei Erstgesprächen mit Kunden gestellt wird, ist: »Können Sie denn einen Transfer garantieren und was tun Sie dafür?« Ehrlicherweise muss ich den ersten Teil der Frage verneinen. Ich kann aber den zweiten Teil der Frage beantworten: dem Kunden darstellen, was ich unternehme, damit ein Transfer mit hoher Wahrscheinlichkeit stattfindet. Das ist der Teil, für den – um bei der von Wagner gestellten Frage nach der Verantwortung zu bleiben – ich als Trainer die Verantwortung übernehmen kann. Von diesen Methoden, Transfer zu unterstützen, handelt der folgende Beitrag.

Was wird überhaupt »transferiert«?

Zunächst stellt sich die Frage, um was es sich handelt, was da aus dem Seminar in den Alltag der Teilnehmer »transferiert« werden soll. In einem Computerkurs ist die Sache ja noch recht einfach zu beschreiben: Es gibt ein bestimmtes, definierbares Wissen, und Transfer hat dann stattgefunden, wenn die Teilnehmer dieses in ihrem beruflichen Alltag erfolgreich anwenden. Diese Art von Transfer ist auch leicht zu überprüfen.

Bei einem Outdoor-Training ist die Sache schon wesentlich komplexer. Nicht nur, dass sich bereits die offiziellen Themen der Trainings unterscheiden – siehe meinen Beitrag in diesem Buch. Zudem sind die Wirkungen von Outdoor-Trainings so vielschichtig, dass es wenig Sinn macht, pauschal von »dem« Transfer zu reden. Daher möchte ich zunächst eine Differenzierung auf der Ebene der Transferinhalte vornehmen. Dazu einige Beispiele:

- In einem frei ausgeschriebenen Training zum Thema »Führung« übernimmt spontan und sehr bestimmend ein Teilnehmer die Aufgabe, die Gruppe mit

Training für den Transfer

Hilfe von Karte und Kompass auf eine Hütte, in der übernachtet werden sollte, zu führen. Im Verlauf der Tour wird deutlich, dass der Kollege mit dieser Aufgabe völlig überfordert ist. Immer hektischer versucht er, den richtigen Weg zu finden. Die Zeit verstreicht. Derweilen steht die Gruppe frierend im Gelände herum und schließlich – es fängt zu schneien an und es wird dunkel – entscheide ich als verantwortlicher Trainer, die Tour abzubrechen und ins Tal zurückzugehen. In der anschließenden Auswertung stellt sich heraus, dass andere aus der Gruppe wesentlich mehr Erfahrung im Umgang mit Karte und Kompass und alpine Vorerfahrung mitbringen, durch das schnelle Vorpreschen des Teilnehmers aber nicht zum Zuge gekommen sind. Er berichtet, dass er sich nach anfänglicher Euphorie in seiner Rolle als »Führungsverantwortlicher« extrem unwohl und gestresst gefühlt habe. Er habe sehr bald gemerkt, dass er der Aufgabe nicht gewachsen war und sei immer mehr in Hektik und Aktionismus geraten. Er sei aber nicht in der Lage gewesen, das vor der Gruppe zuzugeben und sich helfen zu lassen, denn dann hätte er sich als Versager gefühlt. So habe er diesen »Horrortrip«, wie er es formulierte, bis zu Ende durchgezogen. Mein Abbruch der Tour sei dann für ihn die reine Erlösung gewesen. In der weiteren Auswertung und einem längeren Einzelgespräch, das ich mit ihm führte, stellte sich heraus, dass dieses Verhalten – die zwanghafte Übernahme überfordernder Aufgaben – ein Leitmotiv seiner persönlichen Lebensgeschichte war. Sein Leben war ein Versuch, diese Überforderung durch unzählige Überstunden im Büro und zu Hause zu kaschieren. Er litt seiner Ansicht nach an stressbedingten Gesundheitsbeschwerden. Probleme in seiner Ehe führte er ebenfalls auf berufliche Überforderung zurück. Sein Scheitern als »Führungsverantwortlicher« in dieser Trainingssequenz erlebte er in doppelter Hinsicht als Einbruch: Erstens habe er sich unter anderem für das Training gemeldet, um mal für einige Tage diesen Alltagsproblemen zu entgehen – er habe es sich nicht träumen lassen, dass sie ihn ausgerechnet hier in den Bergen einholen könnten. Er habe aber auch noch nie so drastisch vorgeführt bekommen, wie absurd und für ihn kontraproduktiv dieses Verhalten letztlich sei. Einige Tage später meldet er sich noch einmal. Nach einem Gespräch mit seinem Vorgesetzten habe er seinen Aufgabenbereich in einigen Punkten reduzieren können. Auch leiste er sich jetzt ein persönliches Coaching, um langfristig realistischer seine persönliche Arbeits- und Lebensplanung betreiben zu können. Mehr höre ich dann nicht mehr...

- Ein Team aus der IT-Branche kommt zu einem Training. Vorwiegend wird mit kleinen Aktivitäten wie z. B. dem Spinnennetz gearbeitet. Die Stimmung ist ausgezeichnet, alle kommen miteinander aus. Man mag sich offensichtlich, es wird viel gescherzt – nur der Erfolg bei den Übungen ist höflich ausgedrückt als mäßig zu bezeichnen. Ein strukturiertes Vorgehen ist schwer erkennbar, nach Aufgabenstellung legen einige entschlossene Teilnehmer einfach mal los, andere diskutieren in einigem Abstand angeregt über mögliche Lösungsoptionen und ein weiteres Teammitglied scheint mehr mit der Landschaft als dem aktuellen Geschehen beschäftigt zu sein. Auffällig ist auch, wie viele Potenziale verpuffen: Ideen gehen verloren, weil gerade keiner zuhört, oder sinnvolle Absprachen werden nicht eingehalten, da sie nur von Teilgruppen getroffen und nicht an die anderen Teammitglieder weitergegeben werden. Nachdem einige Übungen in den Sand gesetzt wurden, wird die Stimmung etwas gedämpfter. Ich werde gefragt, wie ich ihre bisherige Performance erlebe, ich solle doch mal ein ehrliches Feedback geben. Dieses löst, da tatsächlich ehrlich, Betroffenheit aus. Schnell werden Parallelen zu ihren Meetings im Job gezogen. Dort gehe es ähnlich zu, an die daraus resultierenden Reibungsverluste hätten sie sich schon gewöhnt. Sie seien aber dankbar, wenn sie in diesem Bereich etwas aus dem Training mitnehmen könnten. An den nächsten zwei Tagen wird viel zum Thema »Strukturiertes Planen und Arbeiten« ausprobiert. Am letzten Tag bewältigen die Teilnehmer eine hoch komplexe Übung, dabei sind Planungs- und Durchführungsphase schulmäßig durchstrukturiert. Ein Beobachter würde den chaotischen Haufen vom ersten Tag schwer wiedererkennen. Den letzten halben Tag beschäftigt sich das Team mit der Frage, wie diese Fortschritte in die Sitzungskultur des Teams übertragen werden können. Detaillierte Abmachungen werden getroffen: Die Moderation der Sitzungen soll jeweils rotierend von einem Teammitglied übernommen werden, Tagesordnungspunkte sollen vorher kommuniziert werden, klare Anfangs- und Endpunkte der Sitzungen sollen künftig festgelegt werden. Diese Abmachungen werden auf Flipcharts schriftlich festgehalten und als künftige verbindliche »Geschäftsordnung« des Teams im Gepäck mitgenommen.

- Die Mitarbeiter der Controllingabteilung eines IT Hardware Großhändlers entschließen sich zu einem Outdoor-Training, um eine Verbesserung ihres Teamklimas zu erreichen. Alle leiden unter einem sehr frostigen, unpersönlichen Umgang, als typisch wird im Vorgespräch geschildert, dass Kommunikation bevorzugt per E-Mail ablaufe, selbst wenn die betroffenen Personen im selben Büro säßen. Im Training bestätigt sich diese Schilderung: tatsächlich ist viel Distanz spürbar. Bei den Übungen tun sie sich dort am schwersten, wo es darum geht, sich gegenseitig auf engstem Raum körperlich zu unterstützen. Das Programm der folgenden Tage enthält viele solcher Aktivitäten. Der Höhepunkt in dieser Hinsicht ist die Übernachtung in einer kleinen Selbstversorgerhütte, bei der im wahrsten Sinne des Wortes zusammengerückt werden muss. Nach anfänglich spürbarer Irritation, die allerdings nicht artikuliert wird, beginnt das Klima sich zu verändern. Es wird lauter, es wird herzlicher, Gefühle werden geäußert. Ich habe den Eindruck, dass die Einzelnen peu à peu aus ihren Schneckenhäusern herauskriechen. Neben dieser klimatischen Veränderung beobachte ich viele intensive Gespräche in Paaren oder Kleingruppen, die sich in den Zeiten außerhalb des offiziellen Trainingsgeschehens bilden. Am ersten Abend war mir aufgefallen, dass nach offiziellem Programmende und einem schnellen Pflichtbier

Training für den Transfer

fast alle in ihren Zimmern verschwunden waren – der letzte Abend auf der Hütte stellt dazu ein deutliches Kontrastprogramm dar. Trotz einem anstrengenden Tagesprogramm sitzt das Team bis in die Morgenstunden am Küchentisch zusammen. Es hat sich mir in diesem Training nicht ganz erschlossen, was die Ursache für den vorherigen Zustand gewesen war, vieles muss an der Person und dem Führungsstil des ehemaligen Teamleiters gelegen haben. Der neue Teamleiter fand die Situation wie beschrieben vor; es war dann auch seine Initiative, über ein Outdoor-Training etwas zur Klimaveränderung zu unternehmen. In der Abschlussauswertung wird von den Teilnehmern bestätigt, dass für sie das entscheidende Resultat die von ihnen sehr intensiv wahrgenommene Veränderung im Umgang miteinander sei. Ein Telefonat mit dem Teamleiter ein halbes Jahr später ergibt, dass sich, abgesehen von kleineren Rückfällen, seit dem Training das Klima im Team signifikant verändert habe. Es sei viel herzlicher und direkter geworden, er habe den Eindruck, dass sich Mitarbeiter und auch er seitdem viel wohler fühlen und gerne zusammenarbeiten. Dadurch sei auch die Effektivität als Team deutlich gestiegen, der schnelle Informationsfluss untereinander funktioniere sehr viel reibungsloser.

- Ein letztes Beispiel: Ein Team bucht ein Outdoor-Training mit dem Ziel, die Zusammenarbeit, die nach ihrer Aussage schon recht gut funktioniere, weiter zu verbessern. Während des Trainings sind die Teilnehmer mit viel Begeisterung bei den einzelnen Outdoorübungen dabei. Weder ihnen noch mir als Trainer fallen gravierende Schwächen bei der Durchführung auf, es besteht auch kein Anlass, über willkürliche Verschärfung der jeweiligen Aufgaben Krisen über Misserfolge zu provozieren. Die Auswertungen befassen sich mit kleineren Optimierungsmöglichkeiten in der Zusammenarbeit und mit ihrem persönlichen Erleben der einzelnen Übungen. Die Atmosphäre ist während des ganzen Trainings sehr entspannt, wenn man davon absieht, dass alle schon mit recht großem Herzklopfen dem abschließenden Programmteil, einigen Elementen des hohen Seilgartens, entgegensehen. Nachdem auch dieser für alle erfolgreich absolviert ist, sitzen wir in der Abschlussreflexion zusammen. Da ja scheinbar nichts Gravierendes »passiert ist«, bin ich vermutlich die nervöseste Person im Raum, als ich die Frage stelle, was die Teilnehmer so aus dem Training mit nach Hause nehmen würden. Ihre Antwort lautet zusammengefasst folgendermaßen: »Das Training hat uns bestätigt, was wir bereits wussten: dass wir uns gegenseitig sehr schätzen und dass wir als Team mit der bisherigen Form der Zusammenarbeit auf dem richtigen Weg sind. Dafür sind wir sehr dankbar!« Circa ein Jahr später treffe ich zufällig Mitglieder dieses Teams. Sie berichten mir, dass sie nach diesem Training eine sehr schwierige Zeit aufgrund von dramatischen Umfeldverschlechterungen durchlitten haben. Sie hätten inzwischen diese Probleme erfolgreich im Team bewältigen können – dafür sei das Outdoor-Training eine ganz wichtige Hilfe gewesen.

Man sieht an diesen Beispielen, dass es ganz verschiedene Transferbereiche gibt. Mal geht es um das, was einzelne Personen an Entwicklungsimpulsen aus dem Seminar mitnehmen. Mal geht es um klimatische Veränderungen, mal um die Verbesserung ganz konkreter organisatorischer Abläufe. Und, wie das letzte Beispiel zeigt, auch um das Thema der Nichtveränderung – wenn das Training die Effizienz des Bisherigen überzeugend bestätigt. Daher lassen sich auch nur wenige allgemeine Aussagen über das treffen, was von Trainerseite für die Unterstützung des Transfers getan werden muss. Diese grundsätzlichen Voraussetzungen möchte ich zunächst festhalten, bevor im zweiten Schritt einige Maßnahmen geschildert werden, jeweils spezifische Transferprozesse zu unterstützen.

Allgemeine Transferbedingungen

Voraussetzung für einen geglückten Transfer von Seminarerfahrungen in den Arbeitsalltag ist – so banal das klingen mag – zunächst ein qualitativ hochwertiges Training. Was darunter zu verstehen ist, hat Doro Lehmann in ihrem Beitrag geschildert. Der erste Beitrag, den Trainer oder Trainingsunternehmen leisten können, besteht darin, gemeinsam mit dem Unternehmen schon im Vorfeld des Trainings zu klären, welche realistischen Transfermöglichkeiten für mögliche Lernerfahrungen tatsächlich im Unternehmen bestehen. Es nutzt wenig, wenn Seminarteilnehmer ihre frisch erworbenen Lernerfahrungen im Unternehmen nicht zumindest mittelfristig anwenden können. Noch fataler sieht es aus, wenn das gelernte Verhalten sogar ausdrücklich unerwünscht ist, weil es nicht zur Unternehmenskultur oder Organisationsstruktur passt. Dazu ein Beispiel: Vor einigen Jahren führten wir für ein Unternehmen ein Training für Nachwuchsführungskräfte durch – als solche wurden sie uns zumindest vorgestellt. Wir entwarfen ein anspruchsvolles Design, das verschiedene Führungs- und Managementthemen beinhaltete. Das Training verlief oberflächlich erfolgreich, die Teilnehmer waren mit freundlichem Interesse dabei, nur merkten wir irgendwann, dass diese Themen mit ihrem Arbeitsalltag herzlich wenig zu tun hatten. Auf Nachfragen stellte sich dann heraus, dass sie faktisch im Unternehmen dermaßen geringe Kompetenzspielräume hatten, dass unser Programm für sie bestenfalls ein Sandkastenspiel war: Ihnen war bewusst, dass sie die neuen Erkenntnisse erst in einigen Jahren würden anwenden können. Ich bezweifle, ob dann noch etwas aus dem Training haften wird.

Weiterhin ist unter dem Transferaspekt wichtig, dass das Seminardesign mit seinen Aktivitäten auf Teilnehmer und gewünschte Lernziele – sprich Transferinhalte – abgestimmt ist. Dazu wird an anderer Stelle mehr von Lothar Sippl und Matthias Mokros gesagt. Es geht darum, dass die Teilnehmer sich und ihren Alltag in den Aktivitäten wiedererkennen, das Spiegelbild als das eigene identifizieren. Wenn im Training spontane Äußerungen fallen wie »... das war ja eben wie auf unseren Montagsmeetings...«, so ist das für alle Beteiligten ein Hinweis darauf, dass sie in dieser Beziehung auf dem richtigen Wege sind. Wenn es dann noch gelingt, bereits während des Trainings Alternativen zu den vorhandenen Verhaltensweisen zu entwickeln und sogar noch während des Seminars praktisch auszuprobieren, so sind damit eigentlich die zentralen Voraussetzungen für einen Transfer in den Arbeitsalltag erfüllt. Ich würde auch noch einen Schritt weitergehen und behaupten, dass ein Transfer unter solch optimalen Voraussetzungen automatisch stattfinden kann und wird – ohne dass es besonderer Sorge des Trainers dafür bedarf. Es fragt sich nur, ob das Anlass sein kann, sich damit zufrieden zu geben oder es sich nicht lohnt, darüber nachzudenken, was von Seiten des Trainingsveranstalters noch getan werden kann, diesen Transferprozess zusätzlich zu unterstützen.

Denn erstens sind die Bedingungen nicht immer so optimal – sei es, was die unmittelbaren Umsetzungsmöglichkeiten im Unternehmen betrifft, sei es, dass manche Outdoorübungen nur Teilaspekte der jeweiligen Problemzonen abbilden können und somit genauer gefiltert werden muss, wo Entsprechungen und Transfermöglichkeiten liegen. Zweitens gibt es auch Probleme, die in den Köpfen der Teilnehmer liegen und die bisweilen eine aktive und explizite Auseinandersetzung mit Transferthemen im Seminar erfordern. Dazu zählen Bedenken oder Widerstände der Teilnehmer gegenüber konkreten Veränderungen, dazu zählt die Gefahr, in der Seminareuphorie Veränderungsprojekte nicht konkret zu definieren und damit realisier- und überprüfbar zu machen. Dazu zählt die Unterschätzung innerer und äußerer Hindernisse bei der Umsetzung, und letztlich zählt dazu die »Vergesslichkeit« der Menschen. Welche Chancen haben schließlich Erkenntnisse aus wenigen Seminartagen gegenüber langjährig praktizierten Mustern, vor allem dann, wenn nach dem Training die Alltagshektik über die Seminarteilnehmer hereinbricht – da greift man doch schnell auf bewährte Muster zurück. Rückfallprophylaxe sei hier das Stichwort. Daher sei hier die Frage gestellt, was Sie – angenommen, Sie sind Kunde – vom Trainer hinsichtlich der Unterstützung des Transferprozesses erwarten können.

Was kann der Kunde vom Trainer erwarten?

Zunächst die Haltung, wie sie Michael Wagner beschrieben hat: Die Verantwortung für den Transfer des Gelernten in den Unternehmensalltag liegt bei denen, von denen Transfer erwartet wird! Ein Trainer, der wohlmeinend stellvertretend für die Seminarteilnehmer Transferprojekte formuliert, handelt trotz bester Absichten kontraproduktiv.

Dazu gehört auch eine Haltung gegenüber den Transferinhalten, die ich als

»Transferoffenheit« bezeichnen möchte. Ich kann mich sehr gut an Situationen erinnern, bei denen ich fiebernd in den Abschlussauswertungen meiner Seminare saß in der Hoffnung, dass möglichst viele und möglichst auch die von Kundenseite gewünschten Transferprojekte am letzten Tag beweiskräftig auf einem Flipchart stehen würden. Heute sehe ich, dass der Transfer wirklich von den Teilnehmern geleistet werden muss. Das schließt ein, dass sie selber am besten wissen, ob wirklicher Veränderungsbedarf existiert und wenn ja, welche Richtung dieser einschlagen soll. Auch nichts zu verändern kann eine Antwort auf die Transferfrage sein, wie im letzten der eingangs erwähnten Beispiele geschildert wurde.

Was ich aber als Trainer aktiv für den Transferprozess leisten kann ist, zunächst dafür zu sorgen, dass Zeit und Raum für die Auseinandersetzung mit Transfermöglichkeiten im Training vorhanden sind. Das heißt, dass Zeit für diese Themen vorhanden sein muss. Dies gilt sowohl für die Zeit im Training wie auch in besonderer Form für die Abschlussphase des Seminars. Dies verbietet es, Programme mit Aktionen so voll zu planen, dass keine Zeit mehr ist, sich über diese Themen zu verständigen. Vor allem sollte auch vermieden werden, speziell in der letzten Seminarphase, noch aufwendige Aktionen einzubauen. Oder umgekehrt: Zeiten für die Transferdiskussion müssen bewusst eingeplant werden. Um eine Faustregel zu nennen: Innerhalb eines zweieinhalbtägigen Trainings empfiehlt es sich, unabhängig von den Reflexionen während des laufenden Seminars, den letzten halben Tag ausschließlich für Transferfragen einzuplanen. Diese Zeit gilt es sowohl im Vorgespräch gegenüber Kunden, die aus mangelnder Erfahrung gerne das Programm »wirklich voll« haben wollen, wie gegenüber Teilnehmern, die der Faszination des »Tuns« erliegen, auch durchzusetzen – in deren eigenem Transferinteresse.

Der nächste Beitrag, den die Trainer zur Unterstützung des Transfers leisten können, sind ihre Moderationsfragen in den Reflexionen. Wenn nicht ohnehin seitens der Teilnehmer Bezüge zum Unternehmensalltag hergestellt werden, kann es manchmal sehr förderlich sein, durch eine passende Frage die Gedanken in diese Richtung zu lenken. So kann nach einem Tag im Klettergarten, während alle noch unter dem Eindruck stehen, was möglich ist, wenn man sich auf seine Sicherungspartner voll verlassen kann, folgende Frage »Transferschleusen« öffnen: »Wenn Sie das nun vergleichen – können Sie sich im täglichen Arbeitsleben genauso aufeinander verlassen?« Solch eine Frage kann mit »Ja« beantwortet werden, kann aber auch zu einer sehr emotionalen Diskussion führen wegen des Mangels an verlässlichen »Sicherungspartnern« im jeweiligen Arbeitsumfeld. Wichtig ist aber bei diesen Trainerfragen das Maß. Es sind dezente Fragen an der richtigen Stelle, ein Trainer, der stereotyp nach jeder Aktion eine entsprechende Frage stellt, tut nicht unbedingt mehr Wirkungsvolles für den Transferprozess als jemand, der sich auf ein oder zwei solch Interventionen beschränkt.

Einen weiteren wichtigen Beitrag, den die Trainer für den Transferprozess leisten können, ist die Förderung von Konkretisierungen. Unter dem Eindruck der intensiven Erlebnisse und Lernerfahrungen neigen die Teilnehmer dazu, zunächst Transfer als einen verschwommenen Wunsch zu formulieren, es möge am Montag im Büro doch auch so sein wie auf der erfolgreich gemeisterten Bergtour. An dieser Stelle besteht der Beitrag des Trainers darin, durch entsprechende Fragen anzuregen, globale Ziele in praktische Schritte umzusetzen. Stellvertretend sei hier eine Frage genannt, die in diese Richtung lenkt: »Wenn es Ihnen gelingen würde, nächste Woche alle Ihre bisher gemachten Lernerfahrungen im Büro umzusetzen – was machen Sie dann anders? Woran würden Außenstehende merken, dass Sie hier auf dem Training waren?«

Günstig für den Transfer ist es auch, die persönliche Verantwortung zu fördern. Häufig erlebe ich es, dass Veränderungsabsichten, die in Trainings geäußert werden, einen merkwürdig unpersönlichen Charakter haben. »Wir sollten uns besser zuhören« – »Nächstens sollten wir vorher besser planen« sind solche an die Allgemeinheit gerichteten Absichtserklärungen, die bisweilen schon während des Trainings in Vergessenheit geraten und spätestens in der Hektik der nächsten Übung vergessen werden. Nur wenn sich jeder oder zumindest Einzelne für die Umsetzung der guten Vorsätze verantwortlich fühlen und entsprechend handeln, wird Veränderung stattfinden. Daher sind Trainerfragen: »Wer übernimmt die Verantwortung für ...?« oder: »Wie und womit wollen Sie ganz persönlich ab Montag für die Verbesserung Ihrer Zusammenarbeit sorgen?« wichtige Beiträge, um die Transferbrücke zum Alltag zu schlagen.

Gerade ein erfolgreiches Outdoor-Training erzeugt am Ende so etwas wie eine euphorische Grundstimmung. Innere wie äußere Hindernisse, die sich der Übertragung von Erlerntem entgegenstellen, werden unterschätzt. »Es wäre doch gelacht, nachdem wir hier alles gemeistert haben, sollte die Übertragung ins Business doch wirklich kein Problem sein.« Hier besteht die Traineraufgabe oft darin, gegenüber dieser Haltung Realismus einzufordern. Andernfalls besteht die Gefahr, dass die Teilnehmer nach einigen Wochen feststellen, dass sie nichts umgesetzt haben – weil sie die Schwierigkeiten unterschätzten. Daher kann es sinnvoll sein, die Seminarteilnehmer aktiv einzuladen, sich mit zu erwartenden Schwierigkeiten vorsorglich auseinander zu setzen: »Wenn Sie in drei Wochen feststellen, dass Sie nichts von Ihren guten Vorsätzen realisiert haben – woran könnte das gelegen haben?«, oder auch: »Welches sind die Hauptschwierigkeiten, die Sie bei der Umsetzung zu erwarten haben – und was können Sie unternehmen, um diese zu meistern?«

Ein weiterer Fokus der Transferunterstützung von Trainerseite aus ist die Förderung der Dokumentation der Seminarergebnisse. Dies zum einen, um dem Vergessen vorzubeugen, zum anderen zwingt oft der Vorgang des schriftlichen Festhaltens zu Präzisierungen des Gesagten. Oft stellt sich durch gemeinsames Formulieren heraus, dass der eine oder andere Punkt nicht klar oder sogar noch kontrovers ist. Die Dokumentation ist dann ein wichtiger Hebel, zu Veränderungsvorhaben zu kommen, die von allen verstanden und getragen werden können. Aber hier sei vor Schematismus gewarnt. Ich kann mich noch an eine Phase erinnern, während der in Trainerkreisen die Erstellung von schriftlichen Zielvereinbarungen als Ultima Ratio der Transferförderung propagiert wurde. Dies führte bisweilen dazu, dass unabhängig vom jeweiligen Seminarverlauf die Teilnehmer zur Erstellung derselben verdonnert wurden – mangels konkreter Umsetzungsvorhaben standen dann oft nur Plattitüden auf den Flipchartbögen. Dokumentation sollte breiter gefasst werden und über Worte und Papier hinausgehen. Für manche Trainings, wenn z. B. noch keine konkreten Vereinbarungen möglich sind oder wenn die Wirkungen hier im Atmosphärischen liegen, kann der »Spirit« eines Trainings adäquater über eine Fotodokumentation oder eine künstlerische Verarbeitung konserviert und ins Büro mitgenommen werden. Dazu später noch ein paar Beispiele.

Damit sind die wesentlichen Punkte genannt, wie Outdoor-Trainer während eines Trainings den Transfer fördern können. Ich habe eingangs schon erwähnt, dass dafür Zeit erforderlich ist, die eingeplant werden muss. Dies gilt, wie bereits erwähnt, in besonderer Weise für den Abschlussteil des Seminars. Thema ist der Transfer aber während des gesamten Seminars mehr oder weniger explizit. Hier sei noch einmal auf eine Möglichkeit hingewiesen, schon zu Seminarbeginn für Transferfragen zu sensibilisieren. Bereits zu Seminarbeginn kann man sinngemäß folgende Frage stellen: »Wenn dieses Training Erfolg hat, was ist dann nächste Woche bei Ihnen in der Abteilung anders?« Transfer und Transfergedanke ist so gesehen etwas, was während des gesamten Seminars als »Hintergrundprogramm« in den Köpfen mitläuft und wirkt, auch wenn es nicht immer auf dem »Bildschirm« erscheint. Transferprozesse können also auch sehr unauffällig passieren, ganz ohne Trainerintervention oder öffentliche Verhandlung.

Ein letzter Punkt zur Transferförderung ist das, was nach dem Seminar noch von Trainerseite aus passieren kann. Viele Trainingsveranstalter bieten Follow-up-Veranstaltungen an, auf denen die Umsetzung überprüft werden kann, möglicherweise die eine oder andere Vereinbarung noch einmal modifiziert wird und weitere Schritte erarbeitet werden können. Ich wundere mich allerdings, wie selten diese Möglichkeit in Anspruch genommen wird, hier sind die Unternehmen bisweilen übersparsam, seltsamerweise wird auf die Kosten gelegentlich mehr geschaut als auf die Höhe der Sätze für die jeweiligen Seminarhotels, obwohl gerade die Investition in transfersichernde Maßnahmen mit relativ geringen Kosten viel bewirkt – wenn man schon Geld für ein Training ausgibt.

Wenn allerdings kein Follow-up seitens des Outdoor-Trainers stattfinden kann, empfehle ich trotzdem dem Unternehmen, selbständig ein Nachtreffen durchzuführen. Dies kann entweder vollständig selbstorganisiert sein oder auch durch einen Mitarbeiter der unternehmensinternen Personalentwicklung moderiert werden. Welche Möglichkeiten hier in Frage kommen, sollte im Vorfeld abgeklärt werden. In jedem Falle rege ich an, die Weichen für ein Nachtreffen bereits im Training zu stellen – möglichst mit Termin und festgelegter Verantwortlichkeit, damit dieser Termin nicht den gleichen Mechanismen zum Opfer fällt, denen er schließlich gegensteuern soll.

Nachdem ich bis hierher einige allgemeine »Guidelines« der Transferförderung dargestellt habe, werde ich nun noch einmal den Gedanken aufgreifen, dass Transfer immer spezifisch ist, folglich die Methoden, die ich dort als Trainer vorschlage, auf die jeweiligen Transferinhalte zugeschnitten sein müssen. Dazu komme ich noch einmal auf die eingangs geschilderten Beispiele zurück und schildere exemplarisch einige Möglichkeiten der Transferförderung im Training.

Transferhilfen

Im ersten Beispiel ging es um ein sehr persönliches Thema: wie jemand sein Leben gestaltet, wie hoch er seine Ziele steckt und wie er diese in Übereinstimmung zu seinen Fähigkeiten bringt. Auf die hierbei aufgeworfenen Fragen gibt es keine allgemeinverbindlichen Antworten, hier muss sich jeder Teilnehmer seine eigenen Antworten erarbeiten. Außerdem werden Bereiche tangiert, die eher »privaten« Charakter haben und die folglich nicht unbedingt Gegenstand der öffentlichen Auseinandersetzung innerhalb des Seminars sein sollten. Wenn also jetzt die Frage zu beantworten ist, was für solche Transferthemen die geeignete Unterstützungsmaßnahme im Seminar sein könne, würde ich vorschlagen: Ein Solo, d. h. eine Auszeit innerhalb des Seminars, in der die Teilnehmer jeweils für sich an einem ruhigen Ort darüber reflektieren, welche Konsequenzen das im Seminar Erlebte für ihre persönliche Lebens- und Arbeitsgestaltung haben wird – dies verbunden mit dem Vorschlag, die Ergebnisse und auch die dazu führenden Gedankenschritte zu dokumentieren – entweder in einem Seminartagebuch oder als »Brief an sich selbst«.

Wenn auch der »Transferfokus« bei thematischen Seminaren wie dem geschilderten in individuellen Veränderungsprojekten liegt, kann die Nutzung von Coachingpotenzialen und kollegialer Beratung innerhalb der Seminargruppe eine wichtige Hilfe sein. Das kann durch die Auswahl eines persönlichen »Umsetzungspatens« geschehen, der entweder nur während des Seminars oder auch danach den Transferprozess als Mahner oder Ratgeber begleitet. Oder es werden während des Seminars Lerngruppen gebildet, die sich mit den Umsetzungsmöglichkeiten des Gelernten auseinander setzen. Eine weitere Möglichkeit könnte die Wahl eines »Transferbegleiters« außerhalb des Seminars sein – ein Kollege, ein Vorgesetzter oder eine Person aus der betrieblichen Personalentwicklung.

Kommen wir zum nächsten Beispiel: Das geschilderte »chaotische« Team. Hier geht es um konkrete Veränderungen im Verfahren der Zusammenarbeit. Umsetzung kann nur ganz konkret sein und sie funktioniert nur dann, wenn künftig alle nach gleichen Verfahrensregeln arbeiten. Hier pflege ich die Erarbeitung von ganz konkreten Zielvereinbarungen vorzuschlagen, in denen sehr detailliert geregelt ist, wie methodisch künftig vorzugehen ist, wer für was verantwortlich ist und nach welcher »Geschäftsordnung« künftig gearbeitet wird. Dazu gehört ein Termin, bei dem alle diese »Regeln« noch einmal detailliert überprüft und gegebenenfalls überarbeitet werden. Diese Vereinbarungen werden als Maßnahmenplan schriftlich dokumentiert und als konkretes Trainingsprodukt mitgenommen.

Im nächsten Fall ging es um atmosphärische Veränderungen in einer Abteilung. Hier ist es schwieriger, die Trainingsresultate wie im letzten Beispiel vertragsmäßig zu fixieren. »Zielvereinbarungen« mit Sätzen wie »Künftig werden wir herzlicher und offener miteinander umgehen« habe ich zwar schon oft gesehen. Ich habe aber meine Zweifel, ob solche Dokumente das ausdrücken können, worum es eigentlich gegangen ist. In solchen Fällen wie dem geschilderten gehe ich zunächst davon aus, dass das Geschehene – ob mit oder ohne besondere schriftliche Formulierung – nicht rückgängig zu machen ist: Das veränderte, schärfere und intimere Bild, das ich von meinen Kollegen im Training gewonnen habe, ist nicht einfach wieder zu löschen, und es bildet die Hintergrundfolie für einen veränderten Umgang auch im Alltag. Darüber hinaus schlage ich auch hier eine Dokumentation vor – aber in anderer Form und eher mit dem Ziel, emotionale Anker zu setzen. Das kann eine ausführliche Fotodokumentation sein, das kann eine künstlerische Verarbeitung des Seminargeschehens sein. Was da angemessen ist, hängt von der jeweiligen Teamkultur und dem Trainingsverlauf ab.

Passend für eine Trainingssituation wie die geschilderte haben sich auch Übungen zur Klärung der aktuellen Beziehungssituation erwiesen: Jedes Teammitglied setzt sich jeweils für wenige Minuten mit einem anderen unter folgender Fragestellung zusammen: Was ist der aktuelle Stand unserer Beziehung? Wie hat sich diese entwickelt? Gibt es noch etwas zu klären? Und was nehmen wir uns nach dem Training konkret vor, um diese für beide Seiten noch befriedigender zu gestalten?« Danach wird gewechselt, am Ende haben alle mit allen solch einen kurzen »Beziehungscheck« durchgeführt und paarweise Verabredungen über die Gestaltung der künftigen Zusammenarbeit getroffen. Schließlich besteht die Möglichkeit, Verabredungen unter der Fragestellung »Was können wir unternehmen, um künftig unseren Umgang miteinander weiter zu verbessern?« zu fördern.

Kommen wir zum letzten Beispiel. Wie beschrieben, ging es in diesem Training weniger um Veränderung als um Festigung der schon vorhandenen Stärken des Teams. Prinzipiell sind hier ähnliche Verfahren möglich wie im letzten Beispiel. Generell wird aber die Transferdiskussion hier kurz ausfallen und der Trainer sollte eher versuchen, die vorhandenen Stärken solch eines Teams noch einmal auf den Punkt zu bringen. Dies scheint mir bei geschildertem Trainingsverlauf sinnvoller zu sein als aus schlechtem »Trainergewissen« heraus zwanghaft Veränderungsvorhaben oder »Zielvereinbarungen« anstoßen zu wollen.

Zum guten Schluss

Abschließend möchte ich noch einmal auf die eingangs zitierte Frage nach der »Transfergarantie« zurückkommen. Bei meiner bisherigen Argumentation in diesem Beitrag ist das Outdoor-Training als eine einmalige, inhaltlich, zeitlich und organisatorisch von sonstigen Maßnahmen der unternehmensinternen Personal- und Organisationsentwicklung getrennte Veranstaltung behandelt worden. Da sind naturgemäß die Transferaufgaben am größten. Das ist aber der ungünstigste aller Fälle! Daher möchte ich an dieser Stelle noch eine weitere Teilantwort auf diese Frage geben: Ihr volles Potenzial entfalten Outdoor-Trainings dann, wenn sie integriert sind in das unternehmensinterne Entwicklungskonzept. Damit stellt sich die Transferfrage noch einmal anders: Transfer und die Verantwortung dafür können weder an die Trainer noch an die Trainingsteilnehmer allein delegiert werden. Die Verantwortung liegt zu einem guten Teil bei den Unternehmen. Das beinhaltet zunächst die Schaffung von Möglichkeiten, das Gelernte umzusetzen, das beinhaltet aber auch konkrete Transferunterstützung durch Coaching, komplementäre Bildungsprogramme oder andere geeignete Maßnahmen vor und nach dem Training. Das kann auch die konkrete Begleitung der Trainings durch unternehmensinterne Trainer oder Coaches sein. Qualifizierte Anbieter werden Sie beraten können, was im Einzelfall sinnvoll ist. Damit wird die Transferunterstützung zu einer gemeinsamen Aufgabe von Unternehmen und Outdoor-Trainern. So können die Trainingsteilnehmer optimal die erarbeiteten Transferschritte leisten. Diese allerdings müssen sie schon selber gehen, dies kann und will ihnen niemand abnehmen.

Jürgen Vieth
Schlüsselstellen – Schlüsselsituationen: Marksteine auf dem Weg zur Veränderung

In Zeiten des ständigen Wandels hängt die Leistungsfähigkeit eines Unternehmens von den fachlichen Qualifikationen der MitarbeiterInnen und gleichzeitig von deren Fähigkeit ab, diese Qualifikationen fach- und bereichsübergreifend für die Lösung komplexer unternehmerischer Aufgaben einzusetzen. Flexible und gut ausgebildete Mitarbeiter, die verantwortungsbewusst in autonomen Teams zusammenarbeiten, können den Weg freimachen für erforderliche Veränderungen und Entwicklungen von Qualitätsstandards. Was sich in Stellenausschreibungen unter der Formel »Sozialkompetenz« vage formuliert wiederfindet, lässt sich jedoch in der unternehmerischen Praxis nur schwer präzisieren: Während die »harten« fachlichen Faktoren noch relativ standardisiert abgeprüft werden können, sind Aspekte wie »Kooperationsbereitschaft«, »Kommunikationsfähigkeit«, »Verantwortungsbereitschaft«, »Kritikfähigkeit« etc. nur schwer zu identifizieren. Außerdem ergeben sich die Abstimmungsschwierigkeiten zwischen Individuen und Personengruppen oft erst aufgrund der spezifischen Konstellation von Persönlichkeiten. Sie entstehen im Prozess der Kooperation und führen zu Reibungsverlusten, die sich, wenn sie nicht rechtzeitig erkannt und behoben werden, zu manifesten Konflikten und Blockaden entwickeln können. Die persönlichkeitsabhängigen Faktoren gelingender Zusammenarbeit werden zwar überall eingefordert, deren Entwicklung und Förderung ist jedoch weder in schulischen und ausbildungsbezogenen, noch in universitären Kontexten curricular etabliert. Gleichzeitig werden Teams in Zeiten von sich rasant verändernden Marktbedingungen ständig mit Verunsicherung erzeugenden Herausforderungen konfrontiert. In eher auf Bewahrung des Status quo ausgerichteten Kulturkreisen gehört jedoch der kompetente, flexible Umgang mit wechselnden Anforderungen nicht unbedingt zur allgemeinen Persönlichkeitsausstattung von Mitarbeiterinnen und Mitarbeitern. Die aus den wechselnden Anforderungen des Marktes entstehende Verunsicherung erzeugt Stress und damit Bedingungen, die die oben erwähnten Abstimmungsschwierigkeiten weiter begünstigen. Es ist daher notwendig, Teamentwicklungsmaßnahmen als der fachlichen Fortbildung gleichzusetzende Qualitätssicherungsmaßnahmen im Bereich der beruflichen Weiterbildung zu etablieren. Dabei gilt es, auf Methoden und Konzepte zurückzugreifen, die emotional so packend sind, dass die im Alltag gelebten Kommunikations- und

Kooperationsmuster reproduziert und damit transparent werden. Und die geeignet sind, Verunsicherung als eine notwendige Bedingung von Entwicklung erfahrbar zu machen. Erst dann können sie reflexiv verarbeitet und anschließend optimiert werden und erst dann können auch Herausforderungen als Chancen und nicht als ständige Bedrohung akzeptiert werden.

Aktivitäten draußen – Arbeitsalltag drinnen

Anders als rein kognitiv ausgerichtete Seminarkonzepte erfüllen Trainings- und Beratungsprozesse mit integrierten Outdooraktivitäten diese Anforderungen: Die Aktivitäten können dem Arbeitsalltag strukturell vergleichbare Bedingungen und damit auch alltagstypische Kommunikationen erzeugen. Schon die Begegnung in der ungewöhnlichen Umgebung wirkt verunsichernd. Bei der Bewältigung der Aufgaben kann nicht auf routinierte Erfahrungen zurückgegriffen werden. Durch die emotionale Beteiligung wird verhindert, dass sich einzelne Teammitglieder hinter abwehrenden Sachdiskussionen verstecken oder mit dem Hinweis darauf, dass doch eigentlich alles gut läuft, sich einer kritischen Hinterfragung und damit auch der Chance auf Entwicklung entziehen. Gleichzeitig können in diesen Aktivitäten Handlungsalternativen und optimierte Kommunikations- und Kooperationsformen erprobt werden.

Im Folgenden soll in Kürze ein Ablaufszenario vorgestellt werden, das den Transfer von Erkenntnissen aus Teamentwicklungsprozessen in den Unternehmensalltag wahrscheinlicher macht. Anschließend wird anhand einiger Beispiele aus der Beratungs- und Trainingspraxis der ALEA GmbH aufgezeigt, wie durch Outdooraktivitäten Erfahrungen für die TeilnehmerInnen ermöglicht werden, die konkrete Veränderungen sowohl der team- bzw. abteilungsinternen Kommunikation als auch auf der strukturellen Ebene initiieren können.

Struktur eines Erfolg versprechenden Teamentwicklungsprozesses

- Auftragsklärung mit dem Auftraggeber: Es gilt die Bedingungen für die Teamentwicklung zu klären. So ist z. B. bei einem heißen Konflikt in der Abteilung Mediation oder Klärungshilfe angesagt, aber sicher kein Outdoor-Training. Demgegenüber kommt das diagnostische Potenzial von Outdooraktivitäten und die darin liegenden Chancen auf perspektivische Entwicklung bei eher unklaren, schwelenden Konflikten, bei Störungen und Entwicklungsblockaden oder auch in der Startphase von Projekten besonders zum Tragen. Die konkreten Ziele des Auftraggebers müssen deutlich formuliert sein, eventuelle verdeckte Aufträge müssen aufgespürt und ggf. thematisiert werden.

- Vorbereitungsseminar mit dem Team bzw. der Abteilung: Ziel der halbtägigen Veranstaltung ist es, möglichst von allen TeilnehmerInnen umfassende Informationen über ihre subjektive Sichtweise zum Ist-Zustand und über die zu erreichenden Ziele zu erhalten. Die Analyse sollte sowohl die strukturellen und aufgabenbezogenen Faktoren als auch die Beziehungsdynamik des Teams erfassen.
- Programmdesign: Die Ergebnisse des Gesprächs mit dem Auftraggeber und des Vorbereitungsseminars sind die Grundlage für die Gestaltung eines zielorientierten Trainingsprogramms.
- Zwei- bis dreitägiges Teamtraining: Im Verlauf des Trainings arbeitet das Team in sich abwechselnden Phasen von Aktivitäten, Reflexion und klassischer Seminararbeit an den formulierten Zielen und Entwicklungsnotwendigkeiten. Es ist die Aufgabe der Trainer und Berater, diesen Prozess kompetent zu moderieren. Ohne hier näher auf die notwendigen Trainerqualifikationen eingehen zu können wird deutlich, dass die effektive Steuerung eines Teamentwicklungsprozesses hohe Prozesskompetenz, fundiertes theoretisches Hintergrundwissen über das Funktionieren von Systemen und Organisationen sowie ein großes Maß an Transfersensibilität erforderlich macht. Am Ende des Teamtrainings werden Transfervereinbarungen getroffen, in denen die gewonnenen Erkenntnisse in konkrete Handlungsvereinbarungen umgesetzt werden.
- Follow-up: Das Follow-up wird frühestens acht Wochen nach dem Teamtraining durchgeführt. Es dient der Überprüfung der im Training getroffenen Transfervereinbarungen und gegebenenfalls der Planung weiterer Entwicklungsschritte.
- Prozessbegleitung: Teamentwicklung ist ein fortlaufender Prozess der Veränderung. Die weitere Begleitung eines kontinuierlichen Entwicklungsprozesses durch Moderation von Teamsitzungen, durch Supervision oder Coaching für das Gesamtteam oder die Führungskraft kann an vielen Stellen hilfreich sein.

Im Folgenden wird anhand einiger exemplarischer Situationen verdeutlicht, wie unter der Berücksichtigung der o. g. Kriterien aus den Erfahrungen der Outdoraktivitäten wichtige Entwicklungsimpulse für Teams oder Abteilungen entstehen können. Es werden an dieser Stelle nicht komplette Trainingsverläufe, sondern eher für den Teamentwicklungsprozess wichtige Schlüsselsituationen geschildert.

An Leitung leiden? –
Der Umgang mit einer neuen Führungskraft erfordert neue Kommunikationsformen

Die Ausgangslage: Eine Filiale einer Bank, in der die Leitungsposition durch das Ausscheiden des bisherigen Leiters nahezu ein ¾ Jahr vakant war, erhält eine neue Führungskraft. Der neue Leiter, der in der Vergangenheit eine größere Filiale ausgesprochen erfolgreich geleitet hat und bei den Kollegen sowohl fachlich akzeptiert als auch persönlich sehr geschätzt wurde, stößt in den ersten Wochen in dem neuen Team auf massive Ablehnung. In Absprache mit der Personalentwicklung wird ein Teamtraining initiiert. Im Vorbereitungsseminar wird u. a. deutlich, dass der neue Leiter als sehr unnahbar wahrgenommen wird. Viele erleben z. B. die Einladung zum Teamtraining als eine autoritäre Form der Dienstanweisung. Die 13 MitarbeiterInnen der Abteilung sind verunsichert, da ihnen nicht mehr klar ist, wie weit ihre eigenen Befugnisse gehen. Der Leiter selbst beschreibt, dass seine Anweisungen nicht wie gewünscht umgesetzt werden, er empfindet unausgesprochenen Widerstand.

Als Outdooraktivität wählen wir die Übung »Glastransport«. Im Training ist die Atmosphäre zunächst noch sehr angespannt, aber nach den ersten Einstiegsaktivitäten nimmt die Abwehrhaltung etwas ab. Am Nachmittag des ersten Tages, in dessen Verlauf die Reflexionen der Aufgaben noch sehr zurückhaltend waren, leitet der Trainer die Aktivität »Glastransport« an: Ein mit Wasser gefülltes Glas muss von einem Punkt zu einem anderen, etwa zehn Meter entfernten Platz transportiert werden. Das Team wird in zwei Hälften geteilt, die eine Hälfte befindet sich außer Sicht- und Hörweite von dem Arrangement. Die Personen aus dieser Gruppe verbinden sich mit einem Tuch die Augen. Die Aufgabenstellung wird nur der anderen Gruppe erklärt, in diesem Teil der Gruppe befindet sich auch die Leitung. Als Hilfsmittel steht dem Team ein Gummiring zur Verfügung, an dem sieben, ca. drei Meter lange dünne Seile befestigt sind; niemand darf näher als zwei Meter an das Glas herantreten. Jeder aus der »Sehenden«-Gruppe muss sich aus der anderen Gruppe einen Partner bzw. eine Partnerin suchen. Verbale Kommunikation darf nur zwischen den beiden Partnern stattfinden. Die Aufgabe ist von dem »blinden« Teil der Gruppe innerhalb von 25 Minuten zu lösen. Die Aufgabe spiegelt einige Merkmale der aktuellen Teamsituation wider. Eine eindeutige Gesamtleitung kann sich in dieser Aktivität kaum entwickeln, Kommunikation findet nur in kleinen Einheiten statt. Trotzdem ist zu einer erfolgreichen Lösung der Aufgabe auch die Verantwortungsübernahme über die Zweier-Konstellation hinaus an Schnittstellen notwendig. Im Verlauf der Aktion kommt es zu einer Schlüsselszene. Nach mehrmaligen Versuchen ist es der Gruppe der »Blinden« gelungen, den Gummiring um das Glas zu legen und es über dem Spot anzuheben. Danach passiert lange Zeit nichts, die einen halten die Enden der Seile in der

Hand, die jeweiligen Partner stehen daneben und sagen nichts. Es ist absolut ruhig, bis nach ca. zwei bis drei Minuten ein Teilnehmer ziemlich entnervt sagt: »Jetzt müsste mal jemand was sagen!« und dann etwas später: »zum Beispiel, dass wir uns jetzt in die Richtung begeben müssen«. Die Aussage setzt einen Impuls. Erst jetzt bewegt sich das Team langsam weiter. Es gelingt fast, die Aufgabe zu lösen, allerdings ist kurz vor der Beendigung die Zeit abgelaufen. In der Reflexion wird zunächst die Enttäuschung über den Misserfolg deutlich. Als der Trainer dann den Fokus auf die beschriebene Situation lenkt und den aktiv gewordenen Mitarbeiter direkt anspricht, stellt dieser sofort Parallelen zu seiner beruflichen Situation her. »Es ist genau wie in der Filiale, ich weiß überhaupt nicht mehr, was ich noch selbst entscheiden kann und was ich mir bestätigen lassen muss. Ich bin verunsichert, ich glaube, es geht anderen ähnlich. Zudem kann ich nicht einschätzen, was Sie, Herr X., von mir erwarten!« Der Mitarbeiter erhält Zustimmung von anderen Kollegen. Ohne dass die Leitung direkt angegriffen wird, wird deutlich, dass die Neuorientierung der Filiale große Verunsicherung verursacht und dass zurzeit einige Vorgänge, ähnlich wie die beschriebene Aktion, nicht effektiv behandelt werden. Der Leiter zeigt sich zunächst überrascht über die Rückmeldungen und benennt explizit seinen Wunsch nach Eigeninitiative. Aufgefordert, seine eigene Sichtweise von der Situation zu benennen, nutzt er die Gelegenheit und schildert ausführlich seine Wahrnehmung vom Abschied aus seiner ehemaligen Arbeitsstätte bis hin zu den Situationen, wo er sich aktiv von den Kommunikationen des neuen Teams ausgeschlossen gefühlt hat. Die Gefühlsäußerungen fallen ihm schwer, er benennt seine Verunsicherung und dass er sich dabei deutlich in seiner Stretchzone befindet. Nach dieser Situation wird eine atmosphärische Wandlung deutlich. Einige der MitarbeiterInnen sind jetzt bereit, ihr eigenes Verhalten als nicht besonders förderlich für den Einstieg des neuen Leiters zu reflektieren. Beide Seiten bewegen sich aufeinander zu. Im weiteren Verlauf des Trainings kann von beiden Seiten konstruktiv und akzeptierend an beiderseitigen Erwartungen und an den notwendigen strukturellen Veränderungen gearbeitet werden.

Fusionen erzeugen Reibungsverluste

Ausgangslage: Drei bislang autonom arbeitende Bezirksverbände eines bundesweit tätigen Dienstleistungsunternehmens werden zu einem Landesverband zusammengeschlossen. Da die drei Bereiche unterschiedliche Strukturen und auch unterschiedliche Ergebnisse erzielt haben, wird die Fusion von allen Beteiligten äußerst skeptisch gesehen. Die einen befürchten ein Untergehen der positiven Ergebnisse in der Gesamtabteilung, die anderen sehen die Gefahr der Vereinnahmung durch die anderen Abteilungen. Da aktuell hohe Herausforde-

Marksteine auf dem Weg zur Veränderung

rungen des Marktes auf das Unternehmen zukommen, beschließt der Leiter des Außendienstes, die AußendienstmitarbeiterInnen zu einem Teamtraining einzuladen. Das Ziel des 2½-tägigen Trainings ist es, über erfahrungsorientierte Aktivitäten mögliche Gewinne der Fusion aufzuzeigen und die Chancen von bereichsübergreifenden Kooperationen transparent zu machen.

Wir entscheiden uns für die Outdooraktivität »Powerspots«. Nach den einführenden Aktivitäten leiten die Trainer die Aktivität »Powerspots« an. Die gesamte Gruppe wird aufgeteilt in die Bereiche der ursprünglichen Bezirksdirektionen. Die einzelnen Abteilungen werden an unterschiedlichen Stellen eines großen Kreises von ca. 40 m Durchmesser aufgestellt. Ihre Aufgabe ist es, eine Insel in der Mitte des Kreises zu erreichen, ohne auf dem Weg dahin den Boden zu berühren. Einzige Hilfsmittel dabei sind eine der Anzahl der TeilnehmerInnen entsprechende Zahl kleiner Bretter, auf denen maximal zwei Füße Platz haben. Die Bretter stehen symbolisch für die Ressourcen, die jede/jeder in die zukünftige Zusammenarbeit mit einbringt. Die TeilnehmerInnen werden aufgefordert, eine als Stärke wahrgenommene persönliche Eigenschaft auf eines der Bretter zu schreiben. Es ist notwendig, während des gesamten Prozesses in irgendeiner Form Kontakt zu den Brettern (Ressourcen) zu halten. Geht der Kontakt auch nur kurzfristig verloren, wird das Brett vom Trainer entfernt und steht dem Team nicht mehr als Ressource zur Verfügung. Wird der Boden berührt, müssen alle aus dem (Klein-)Team wieder von vorne anfangen. Es wird ausdrücklich erklärt, dass die Aufgabe beendet ist, wenn alle die Insel erreicht haben. Die einzelnen Teams starten zur gleichen Zeit, sie haben insgesamt 45 Minuten Zeit, die Aufgabe zu lösen. Die Aufgabe weist erneut einige Strukturmerkmale der neuen Organisationsform nach der Fusion der Abteilungen auf. Es gibt nach wie vor eine regionale Trennung. Die Aufgaben in den Regionen sind ähnlich, die Ausgangsbedingungen (Mitarbeiterzahlen, Anzahl der Ressourcen, Wege etc.) sind unterschiedlich. Der Erfolg orientiert sich ausschließlich am Gesamtergebnis und, wie in der Realität, sind Kooperationsmöglichkeiten nicht vorgegeben und zunächst auch nicht erkennbar.

Schnell werden unterschiedliche Herangehensweisen an die Aufgabenstellung deutlich: Während die größte Abteilung mit zwölf MitarbeiterInnen ausführlich plant und außerhalb des »Sumpfes« verschiedene Lösungswege austestet, startet die kleinste Bezirksdirektion sofort und verliert schnell zwei ihrer Bretter. Als kurz darauf ein Teilnehmer aus der Gruppe den Boden berührt, müssen alle wieder an den Ausgangspunkt zurück. Sie erhalten nach Verhandlungen mit dem Trainer die Bretter zurück. Die Gruppe startet neu und die Zusammenarbeit läuft besser. Trotzdem verlieren sie etwa auf der Mitte des Weges erneut zwei Bretter. Einige Mitglieder der Gruppe wollen direkt frustriert aufgeben, da sie glauben, die Aufgabe ohne ihre »Ressourcen« nicht mehr bewältigen zu können. Hier kommt es wieder zu einer Schlüsselszene. Obwohl die Möglichkeit der Kooperation mit den anderen Abteilungen nicht explizit von den Trainern benannt worden war, wird sie jetzt von einer Teilnehmerin engagiert eingebracht. Zunächst hindert sie die anderen am unmittelbaren Verlassen der Bretter und bringt dann die Möglichkeit, die anderen Gruppen um Hilfe zu bitten, ins Spiel. Daraufhin nimmt sie Kontakt zu der zweitgrößten Gruppe auf, die inzwischen sehr konzentriert unterwegs und dem Ziel schon recht nahe gekommen ist. In der Kommunikation ergibt sich die Lösung, dass diese Gruppe zunächst komplett auf der Insel ankommen will und dann zwei Personen mit den frei gewordenen Brettchen (= Ressourcen) den anderen entgegenkommen werden. Die Lösung wird von allen Seiten akzeptiert und nahezu zeitgleich mit der größten Gruppe erreicht auch das kleinste Team kurz vor Ablauf der vereinbarten Zeit die Insel.

Diese Szene führt in der anschließenden Reflexion zum ersten gemeinsamen Austausch über mögliche zukünftige Kooperationsformen. Es entsteht ein Bewusstsein über die Notwendigkeit, früheres und noch vorhandenes Konkurrenzdenken, mit dem die Teams trotz der Vorgabe des Gesamtergebnisses auch in die Aufgabe gestartet waren, zu überwinden. In der Folge entwickelt sich eine Diskussion über realistische Unterstützungsmöglichkeiten zwischen den einzelnen Bezirksdirektionen. Es kommt zu konkreten Absprachen über ein schnelles Informationssystem zum Stand der aktuellen Aufgaben, zum Austausch über erfolgreiche Problemlösungen (»best practices«) und zu ersten Überlegungen für ein Rotationssystem von Mitarbeitern, das bei besonderen Belastungen eines Bereiches zu Ressourcenverschiebungen innerhalb des Landesverbandes führen soll.

Durch Fehlertoleranz zur Qualitätssteigerung

Ausgangslage: Ein Produktionsteam eines Unternehmens der Stahlindustrie kommt zu einem Teamtraining. Die im Vorfeld erhobenen und formulierten Ziele des Trainings sind: 1. Integration von drei neuen Mitarbeitern, 2. Reflexion der Leitungsrolle und 3. Bewusstmachung von möglichen Ursachen für zu hohen Produktionsausschuss.

Als Aktivität wählen wir das »Spinnennetz«. Im Verlauf des Trainings wird das Team mit der Bewältigung des »Netzes« konfrontiert: Zwischen zwei Bäumen ist ein ca. 2 x 4 m großes Netz mit unterschiedlich großen Löchern gespannt. Das Team hat die Aufgabe, durch das Netz von der einen Seite zur anderen zu gelangen, jedes Loch darf dabei nur einmal benutzt werden, jede Netzberührung führt dazu, dass alle wieder auf die ursprüngliche Seite zurück müssen. Der Trainer kündigt an, dass er nicht für die Einhaltung der Regeln zuständig ist. Das Netz ist so geknüpft, dass ein Erfolg ein extrem sorgfältiges Arbeiten voraussetzt. Der Zeitrahmen ist dagegen mit zwei Stunden nicht sehr eng gehalten. Die Strukturähnlichkeiten zum Produktionsalltag ergeben sich hier aus der Aufgabenstellung und aus dem angekündigten Rückzug des Trainers aus dem Controlling. Wie im Betrieb ist das Team für das eigene Produkt

verantwortlich, hohe Qualität kann nur bei klarer Rollenaufteilung, Reflexion und Ausschaltung von Fehlern und deren Ursachen sowie durch die Übernahme von Verantwortung für den Gesamtprozess erzielt werden.
In dem trügerischen Gefühl, ausreichend Zeit zur Verfügung zu haben, startet die Gruppe in einen Wechsel von chaotischen Planungsphasen und gescheiterten Versuchen. Mit der Zeit wird deutlich, dass die Aufgabe nur gelöst werden kann, wenn die Konzentration erhöht wird. Mit der Zunahme an Aufmerksamkeit steigt aber auch deutlich die emotionale Belastung der Teammitglieder. Trotzdem werden die Fehler offen kommuniziert. Alle gehen nach einer Netzberührung wieder geschlossen zum Ausgangspunkt zurück. Nach Ablauf von gut zwei Drittel der Zeit werden noch einmal alle Kräfte für einen weiteren Versuch gebündelt. Das Team arbeitet hoch konzentriert und engagiert an der Aufgabe, trotzdem kommt es im Verlauf zu einer leichten Berührung des Netzes, die aber nur von zwei Personen wahrgenommen wird. Diese suchen Blickkontakt zum Trainer, der jedoch nicht reagiert. Die Berührung wird von den beiden nicht thematisiert, so dass die Aufgabe zu Ende geführt wird. Der Erfolg wird lautstark bejubelt, nur die zwei o. g. Personen reagieren eher verhalten. Im Verlauf der Reflexion spricht der Trainer diese auf die Situation des Blickkontaktes an, ohne die Netzberührung zu erwähnen. Etwas verschämt und schuldbewusst erwähnen die beiden daraufhin, in der Situation eine leichte Netzberührung wahrgenommen zu haben. Die unterlassene Reaktion begründen sie mit der Angst davor, einen bis dahin erfolgreichen Prozess unterbrechen und damit eventuell auch zum Scheitern bringen zu müssen.
Die Reaktionen der anderen Teammitglieder sind vorwurfsvoll, zum Teil aber auch entsetzt, weil die Parallelen zum Alltag schnell gefunden sind. Dem Team wird schlagartig bewusst, dass es in der Vergangenheit eine Kultur ausgebildet hat, in der Fehler nicht ausreichend kommuniziert und reflektiert werden, und in der diejenigen, die auf Fehler aufmerksam machen, die Reaktionen der anderen fürchten müssen. Es wird offensichtlich, dass dieses Verhalten die Herstellung von fehlerhaften Produkten maßgeblich beeinflusst hat. In den weiteren Aktionen des Trainings konnte daraufhin an der Etablierung einer fehlerfreundlichen Kultur gearbeitet werden. Konkrete Schritte zur Umsetzung einer konstruktiven Kommunikation über Fehler, ihre Ursachen und notwendige Veränderungen wurden in die Transfervereinbarungen aufgenommen.

Fazit

In den hier aufgeführten »Schlüsselsituationen« entstand eine Problemaktualisierung durch eine Orientierung von »klassischen Outdooraktivitäten« an der Zielsetzung des jeweiligen Trainings. Alltagsrelevante Reaktionen und Emotionen werden im Bewusstsein der TeilnehmerInnen präsent, ein Ausweichen vor der Auseinandersetzung mit schwierigen Kommunikations- bzw. Kooperationsstrukturen wird erschwert. Die ganzheitliche Erfahrung aus der Aktivität hilft, die natürliche Abwehr zu überwinden und erleichtert so den Zugang zu den relevanten Themen des Teams und der Individuen. Gleichzeitig kann ein Team im weiteren Verlauf eines Trainings nahezu spielerisch alternative Verhaltensweisen ausprobieren und dabei scheinbar verloren gegangene Ressourcen neu entdecken.

Outdooraktivitäten haben so einerseits diagnostische Funktion und sind gleichzeitig Instrumente, mit denen Blockaden und Störungen aufgehoben werden können. Ihre Stärke liegt, ebenso wie bei komplexeren Exkursionen, nicht allein in den von den TeilnehmerInnen gewonnenen eindrucksvollen Erfahrungen. Es bedarf der Bereitschaft von Trainern und Beratern, sich mit den TeilnehmerInnen auf einen gemeinsamen Verstehensprozess einzulassen, sie mit dem zu konfrontieren, was sie sehen und Konflikten nicht aus dem Wege zu gehen. Dabei soll trotzdem die Verantwortung für tatsächliche Veränderungen auf der Seite der TeilnehmerInnen belassen werden. Die Chance auf nachhaltige Entwicklungsimpulse ist daher nicht abhängig von den sich ohnehin sehr stark ähnelnden Aufgabenstellungen. Sie wächst mit deren Orientierung an den Zielen des Teams und mit der kompetenten prozesshaften Begleitung des gesamten Teamentwicklungsprozesses.

Mayke Wagner
Outdoor Goes Intercultural – Möglichkeiten und Grenzen von Outdoor-Training im interkulturellen Kontext

Eine Szene aus einem interkulturellen Training, die sowohl die Begegnung unterschiedlicher Kulturen als auch eine sehr kulturspezifische Intervention des Trainers zeigt: Eine Gruppe junger Führungskräfte steht wild gestikulierend vorm »Spinnennetz« – eine bunte Mischung aus Frankreich, Portugal, Dänemark, Indien und Deutschland. Ihre gemeinsame Sprache ist Englisch. Vorschläge und Ideen werden hin und her geworfen und diskutiert. Die Beiträge des Inders übertönen die anderen: »No, no, no, no, no, no, no! I have a better idea...«, und zum wiederholten Mal: »No, no, no, no, no, no, no! Let's do it this way...«. Angesichts dieser manifesten Äußerungen ziehen sich einige der Teilnehmer zurück und behalten ihre Lösungsvorschläge für sich. Der Trainer greift ein und bittet jeden Teilnehmer, sich drei Steine zu suchen. Für jeden Diskussionsbeitrag wird ein Stein fallen gelassen. Die Steine des Inders sind in kürzester Zeit verbraucht.

In meinem Beitrag möchte ich die Möglichkeiten und Grenzen von Outdoor-Training in interkulturellen Trainingskontexten aufzeigen und anhand von Beispielen aus meiner eigenen Trainings- und Beratungspraxis Fragen in den Raum stellen, die es bei diesem spezifischen Einsatz von Outdoor-Training zu bedenken gilt.

Outdoor-Training in interkulturellen Kontexten

Angesichts globaler Märkte gewinnt interkulturelle Kompetenz als Schlüsselqualifikation mehr und mehr an Bedeutung für heutige Unternehmen. Interkulturelle Fortbildungsmaßnahmen sind fester Bestandteil der internen Personalentwicklungsangebote. Für Trainings- und Beratungsprozesse mit internationalem Fokus bietet Outdoor-Training großes Potenzial. Outdoor-Training steht dabei für eine prozessorientierte Begleitung von Entwicklung, die Interaktionsübungen, klassische Outdoorelemente (z. B. Klettern und Floßbauen) mit Theorieinputs, moderierten Diskussionen, Einzelarbeit etc. im Sinne einer ganzheitlichen, erfahrungsorientierten Vorgehensweise kombiniert.

Outdoor-Training ist jedoch nicht das Allheilmittel für jede interkulturelle Zielsetzung. Ich möchte unter dem Überbegriff interkulturelles Training zwischen Verhaltenstraining und »Haltungstraining« unterscheiden. Im Verhaltenstraining liegt der Schwerpunkt auf dem Erlernen und Üben länderspezifischer Verhaltensweisen. Als Vorbereitung für den Auslandseinsatz lernt der Teilnehmer chinesische Tischsitten, um in China Peinlichkeiten zu vermeiden und das Ausmaß des Kulturschocks zu verringern. Die Methode Outdoor-Training ist für solche Verhaltenstrainings nur wenig sinnvoll, da sie meist ohne die Beteiligung von Vertretern der Zielkultur stattfinden und damit eine erfahrungsorientierte Auseinandersetzung mit den Chinesen ausbleibt. Vielmehr geht es darum, konkrete Verhaltensweisen einzuüben und zu festigen. »Solche interaktionsbezogenen, spezifischen Kenntnisse können dem Manager jedoch nur dann etwas nützen, wenn sie auch auf der Gefühlsebene wirksam werden.« (Moosmüller 1996, S. 271). Das kulturspezifische Verhalten wird nur dann zur Anwendung kommen, wenn es durch innere Prozesse gedeckt ist, d. h. wenn es auf einer entsprechenden »Haltung« ruht. Sowohl in interkulturellen Haltungstrainings im Rahmen von Programmen zur Entwicklung von Persönlichkeit als auch in Teamentwicklungen für internationale Teams stehen die Entwicklung einer solchen »Haltung« im Mittelpunkt. Während die Teilnehmer des interkulturellen Trainings aus unterschiedlichen Bereichen bzw. Unternehmen kommen und nicht zusammenarbeiten, geht es bei der Teamentwicklung häufig um Konfliktbearbeitung innerhalb einer bestehenden multinationalen Organisationseinheit.

Ziele beider können offenes Zugehen auf andere Kulturen, eigene Muster und Haltungen erkennen, Verstehen eigener und fremder Werte, Ambiguitätstoleranz (Umgang mit Unterschieden und Unsicherheit), Empathie, Wahrnehmung des und Auseinandersetzung mit dem Fremden, Respekt und Verständnis für das Fremde sein. Für solche Veranstaltungen bietet sich diese Methode hervorragend an, da sie Erfahrung und Erkenntnis verknüpft und sowohl kognitive als auch affektive Trainingsziele verfolgt. Anhand einiger Beispiele aus der Praxis sollen nun im Folgenden die Beiträge von Outdoor-Training für interkulturelle Trainings- und Beratungssettings dargestellt werden.

Der Mehrwert von Outdoor-Training für interkulturelle Kontexte

Zurück zur Eingangsszene am Spinnennetz: Es wird wild diskutiert – die Nachwuchsführungskräfte stellen sich dieser Herausforderung mit hohem Engagement. Outdoorübungen schlagen die Teilnehmer durch Authentizität und einen hohen Aufforderungscharakter in ihren Bann. Selbst Teilnehmer, die in den üblichen Planspielen mühelos das erwartete Verhalten abspulen, sind mit so viel Begeisterung und Ernsthaftigkeit dabei, dass sie die »auswendig gelernten« Benimmregeln des interkulturellen Umgangs vergessen und ganz »natürlich« handeln. Die einzelnen Teilnehmer zeigen Handlungsmuster, die zumindest teilweise durch ihre kulturelle Herkunft geprägt sind. Es findet eine wirklich kulturübergreifende Begegnung statt – frei von verkopften Verrenkungen und antrainierten, künstlichen Verhaltensweisen. Missverständnisse, Unverständnis, Frustration, aber auch gemeinsame Lösungen und Erfolgserlebnisse sind durch Outdoor-Training erfahrbar und anhand der konkreten Situation durch Reflexion und Konzeptionalisierung (be)greifbar.

Im Unterschied zum interkulturellen Indoor-Training bieten Outdooraktivitäten, wie z. B. Klettern oder Abseilen, den Teilnehmern die Gelegenheit, kulturübergreifende, menschliche Phänomene wie Angst und deren Überwindung, Hilfsbereitschaft, Erfolg und Freude zu erfahren – grundlegende Erfahrungen, die der Schritt aus dem Komfortbereich heraus mit sich bringt. In dem Teamkollegen, der aufgrund seiner Herkunft oft fremd wirkt, sieht der Teilnehmer plötzlich vertraute Züge. Es entsteht eine Atmosphäre von emotionaler Verbundenheit, weil die Erfahrung gemeinsam durchlebt worden ist. Hinter allem, was befremdet, kommt der Mensch zum Vorschein. Die Führungskraft eines internationalen Teams fasst nach dem Abseilen diese Erfahrung so zusammen: »Suddenly I looked at what we have in common, and not only what separates us!« Dieser neue Blick auf die Begegnung ist der erste Schritt für die Entwicklung von gegenseitigem Verständnis und Empathie. Die anfängliche Scheu vor dem Anderen weicht einer offenen Neugier: Das Fundament für eine konstruktive Auseinandersetzung im Laufe der Teamentwicklung ist gelegt. Ein eindrückliches Beispiel dafür stammt von Simon Priest. In seiner Arbeit mit protestantischen und katholischen Jugendlichen in Nordirland führt er die Übung Flussüberquerung durch. Er inszeniert den Fluss als Lebensweg und bittet die Gruppen, unabhängig voneinander die Plattformen mit wichtigen Stationen auf ihrem Weg in eine glückliche Zukunft zu benennen. Durch das Design der Übungen gezwungen – die Abstände der Plattformen sind nur gemeinsam zu überwinden – arbeiten die Jugendlichen, wenn auch zähneknirschend, zusammen. Zum entscheidenden Aha-Erlebnis kommt es jedoch erst, als beide Gruppen ihre Lebenswege vergleichen: Geburt, Taufe, Kommunion bzw. Konfirmation, Schulabschluss, Ehe, Kinder. Die Erwartungen aller an ihre Zukunft decken sich mit wenigen Ausnahmen und das Staunen darüber ist die Basis für ein Zusammenrücken und eine erfolgreiche Konfliktbearbeitung im Verlauf des Trainings.

Ebenso wie die Bewältigung der Herausforderung den Blick für das Gemeinsame schärft, so treten auch die kulturellen Unterschiede durch Outdoorelemente deutlich zu Tage. Ein Übungsdesign, das diesen Erkenntnisprozess verstärkt, ist beispielsweise die parallele Durchführung zweier gleicher Übungen in kulturhomogenen Teams mit jeweils Beobachtern aus der anderen Kultur. Durch die Verwunderung und die Rückmeldung der kulturfremden Beobachter sowie durch den Vergleich der beiden Prozesse und Lösungen entsteht ein klares Bewusstsein für eigene kulturell geprägte Handlungsweisen, Werte und Normen, die – üblicherweise unbefragt und selbstverständlich – für Unverständnis und Befremdung sorgen können. Es fällt den Teilnehmern leicht, die kulturellen Unterschiede anhand der konkreten Übung auf den Punkt zu bringen und Verständnis für das Eigene und das Fremde zu entwickeln.

Eine weitere Stärke von Outdoor-Training im interkulturellen Kontext ist die hohe Erfahrungsdichte und -vielfalt der Übungen. Je höher der Interaktions- und Kommunikationsbedarf ist, umso mehr Chancen bieten sich für die intensive Auseinandersetzung zwischen einzelnen Teilnehmern unterschiedlicher Kulturen. Am Beispiel einiger Szenen aus einer Kletterübung mit verschiedenen interkulturellen Teams möchte ich eine kleine Auswahl der tatsächlichen Begegnungen zeigen, die ich beobachten konnte und die zum Ausgangspunkt für intensive Auseinandersetzungen mit interkulturellen Themen wurden.

Eine Gruppe von Entwicklungsingenieuren erarbeitet sich mit Hilfe schriftlicher Anleitungen das Know-how, um die Kletteraktion in Eigenregie durchführen zu können. Die Trainer sind lediglich als Sicherheitsbeauftragte bei dieser Übung dabei. Schon in der Vorbereitung sind kulturelle Eigenheiten offensichtlich. Während die englischen Teilnehmer sich einen groben Überblick verschaffen und dann zügig loslegen, tüfteln die deutschen Teilnehmer, bis sie jeden Satz der schriftlichen Anleitung verstanden haben. Es entstehen Spannungen. Aussagen wie »Let's get going – we will figure it out once we are at the rocksite!« und »Ihr könnt doch nicht mit diesem Halbwissen losziehen – das ist gefährlich!« stehen im Raum – ein Beispiel für die Auswirkung unterschiedlicher Ausprägungen von Hofstedes Dimension der Unsicherheitsvermeidung (Hofstede 1997, S. 154). Während die deutschen Teilnehmer durch die unbekannte Situation beunruhigt sind und daher bestrebt sind, sich möglichst viel Wissen anzueignen, um Sicherheit zu gewinnen, ist bei den englischen Teilnehmern die Unsicherheitsvermeidung gering ausgeprägt. Das heißt, sie fühlen sich durch die unbekannte Herausforderung nicht verunsichert und lassen sie auf sich zukommen. Im Verständigungsprozess zwischen Deutschen und Franzosen kommt es zu einer Verstimmung, da eine explizite deutsche Kommunikation, die kein Blatt vor den Mund nimmt, auf eine implizite, französische Art der Formulierung durch die Blume trifft. An konkreten Sätzen werden die Unterschiede im Gespräch erarbeitet, die Auswirkungen des eigenen Handelns erkannt und eine Strategie entwickelt, wie das Team in Zukunft trotz dieses unterschiedlichen Zugangs handlungsfähig wird. Der Umgang mit Gefühlen, Autorität, Geschlechterrollen, Sprache und (Hilfe)Leistung sind weitere Aspekte, die in einzelnen Situationen im Verlauf der Gesamtübung erlebt werden und – reflektiert und konzeptionalisiert – zu gegenseitigem Verständnis führen.

Einen wichtigen Beitrag kann Outdoor-Training leisten, wenn es darum geht, Theorien mit Leben zu füllen. Modelle wie Hofstedes (1997) oder Trompenaas' (1998) kulturelle Dimensionen lassen sich anhand von konkreten Beispielen erläutern und werden auf diese Weise sowohl kognitiv als auch affektiv verankert. Wiederum bieten sich komplexe Outdoorübungen für diesen Aspekt an, da sie anhand von einer Vielzahl konkreter Interaktionen die kulturellen Dimensionen widerspiegeln. So wurde mir Hofstedes Dimension der Machtdistanz deutlich bewusst, als ich als Outdoor-Trainerin mit Bankangestellten einer ostafrikanischen Bank in Kenia arbeitete. Auch wenn es sich bei den Teilnehmern um eine monokulturelle Gruppe handelte, so entstand in der Beziehung zu mir ein interkulturelles Spannungsfeld. Für mich sehr überraschend, sah ich mich mit der Erwartung der Teilnehmer konfrontiert, dass ich als Trainerin die richtige Antwort haben müsse. In der Autoritätsrolle hatte ich die Aufgabe, den Teilnehmern Fehler und Probleme vor Augen zu führen und den richtigen Weg zu deren Lösung vorzugeben. Das Trainer-Teilnehmer-Verhältnis war von einer hohen Machtdistanz geprägt – in krassem Gegensatz zu meinem eigenen Trainerbild und meinem Verständnis der Teilnehmer als Experten für ihre jeweiligen Probleme und Lösungen. Das Bewusstsein für die kulturellen Dimensionen von Hofstede erlaubte es mir damals, meine anfängliche Bewertung bzw. Abwertung des Fremden abzustreifen und trotz der ungewohnten Rolle das Training zur Zufriedenheit der Kunden durchzuführen.

Meine Darstellung der Stärken von Outdoor-Training im interkulturellen Training möchte ich mit dem Beitrag abschließen, den Outdoor zur Entwicklung von Ambiguitätstoleranz leisten kann. Als ein wichtiger Aspekt von interkultureller Kompetenz bezeichnet Ambiguitätstoleranz die Fähigkeit, mit unklaren Situationen umzugehen, Unterschiede als solche anzuerkennen und sich nicht durch diese bedroht zu fühlen. In der Auseinandersetzung mit einer fremden Kultur erlaubt ein hohes Maß an Ambiguitätstoleranz dem Teilnehmer ein offenes, neugieriges Zugehen auf die fremde Kultur, die Nutzung von Synergien und das Erkennen eigener Entwicklungspotenziale. Ein Teilnehmer mit niedriger Ambiguitätstoleranz fühlt sich durch die Konfrontation mit dem Fremden angegriffen, geht in die Defensive und wertet das Andere bzw. den Anderen ab. Durch die ungewohnten Herausforderungen des Outdoor-Trainings in interkulturellen Gruppen kann »die Erfahrung der Fremdheit in einem doppelten Sinne erlebt werden: durch die Fremdheit der TeilnehmerInnen untereinander und die Fremdheit der Situation. ... Verunsicherung kann am eigenen Leibe erfahren und ein Stück Ambiguitätstoleranz geübt werden« (Losche 1995, S. 93). Der eigene Umgang mit den Outdoorelementen kann als Parallelprozess für eigene Muster im Umgang mit fremden Kulturen verstanden werden. Das Sich-Einlassen auf die unbekannte Outdoorübung wird durch Erfolgserlebnisse bestärkt und macht Mut für die Begegnung mit der unbekannten Kultur.

Zusammenfassend betrachtet, sorgt Outdoor-Training im Vergleich zu reinen Indoor-Seminaren für einen deutlichen Mehrwert im interkulturellen Trainings- und Beratungsprozess. Nicht zuletzt sind die gewonnenen Erkenntnisse durch die Verknüpfung mit intensiv und lustvoll erlebten Momenten mehrdimensional verankert. Auf der Ebene der Haltung und nicht nur auf der Verhaltensebene werden Veränderungsprozesse angestoßen, die die Basis für ein bereicherndes Miteinander verschiedener Kulturen darstellen.

Denkanstöße und offene Fragen

Die Integration von Outdoor-Training im interkulturellen Training kann jedoch nicht bedenkenlos vollzogen werden. Daher möchte ich im Folgenden Fragen in den Raum stellen, die es bei diesem spezifischen Einsatz von Outdoor zu beachten gilt. Ich möchte damit sowohl zur Diskussion unter Trainern einladen als auch zur Reflexion der eigenen kulturellen Prägung. Und wie bei jeder anregenden Frage, geht es mir nicht darum, die richtige Antwort zu finden, sondern darum, zu sensibilisieren und Anstöße zum Nachdenken zu geben.

Welche kulturspezifischen Erwartungen an Training an sich bringen die Teilnehmer mit? Und eng damit verbunden: Welche kulturspezifischen Erwartungen an die Rolle des Outdoor-Trainers haben die Teilnehmer? Wie in meinem Beispiel aus Kenia deutlich wird, sind die Erwartungen der Teilnehmer an Inhalte, Methode und Trainerrolle geprägt durch das kulturspezifische Verhältnis zu Macht und Autorität. An einem Ende des Spektrums steht ein gleichberechtigtes Miteinander von Trainer und Teilnehmer. In dieser Beziehung ist der Teilnehmer Experte für die eigenen Fragestellungen, Probleme und Lösungen, während der Trainer Experte für die Steuerung des Veränderungsprozesses ist. Am anderen Ende ist die deutliche Erwartung spürbar nach der richtigen Antwort und der erfahrenen Autorität des Trainers, der »seinen« Schützlingen den richtigen Weg zeigt. Der selbständigen Erarbeitung der passenden Lösung steht das Vertrauen in die Lösung gegenüber, die sich – aus Sicht des Experten – schon oft bewährt hat. Die Entscheidung, ob ich als Trainer meine Methode und meine Interventionen den Erwartungen der Teilnehmer anpasse oder durch eine entgegengesetzte Haltung eine Metadiskussion provoziere, hängt von der Zielgruppe und vor allem von den Zielen des Workshops ab.

Welche kulturspezifischen Erwartungen bestehen zum Thema Outdoor? Die Erwartung bezüglich der Outdoorübungen wird wesentlich von dem Zugang der jeweiligen Kultur zu Natur und Natursportarten beeinflusst. Dabei schwanken die Äußerungen der Teilnehmer bezüglich der Outdoorelemente von »höchst motivierend« bis hin zu »einschüchternd«, »beängstigend« oder gar »abstoßend«. Während in der einen Kultur Zeit an der frischen Luft mit Faulenzen und Auftanken verbunden wird, erwartet eine andere Kultur harte Herausforderungen, die es zu bestehen gilt, und für wieder andere Kulturen wird Outdoor mit Schmutz und schweißtreibender Hitze assoziiert. Auch die kulturell geprägte Haltung gegenüber Sport, Bewegung und Körperlichkeit wird große Auswirkungen auf die Erwartungen hinsichtlich des Outdoor-Trainings haben. Meine Argumentation, dass der hohe Aufforderungscharakter eine der Stärken von Outdoor-Training ist, entpuppt sich damit als sehr kulturspezifisch und muss – je nach Zielgruppe – relativiert werden. Ein weiterer Aspekt, der üblicherweise als besonderer Beitrag von Outdoor-Training gehandelt wird, ist die nivellierende Wirkung der Outdoorübungen. Angesichts der Herausforderungen – so lautet die Argumentation – spielen Status und Position eine untergeordnete Rolle. Wenn wir jedoch davon ausgehen, dass je nach Kulturzugehörigkeit einige Teilnehmer viel Vorerfahrung mit Outdoor haben und sich draußen wohl fühlen, während andere eingeschüchtert und sogar abgestoßen sind, dann bewirken die Outdoorübungen genau das Gegenteil, nämlich Ausgrenzung und ungleiche Voraussetzungen.

Wie kulturspezifisch sind unsere Übungsdesigns? Die Reflexion der eigenen kulturellen Prägung ist für den interkulturellen Trainer unerlässlich. Bei kritischer Betrachtung der eigenen Übungsdesigns rücken selbstverständliche Standards wieder ins Bewusstsein: So können schriftliche Anleitungen klar, genau und ausdrücklich formuliert sein und lassen so wenig Raum für Interpretation. Im Gegensatz dazu kann die Aufgabenstellung sehr offen sein und erlaubt damit einen großen Gestaltungsspielraum und Vielfalt. Beiden Designs liegen prägende Haltungen zugrunde, die sich auf die Lösungen der gestellten Aufgabe auswirken und damit die Teilnehmer beeinflussen. Es ist daher lohnenswert, Übungsdesigns auf versteckte kulturspezifische Prägungen hin abzuklopfen und gegebenenfalls mit diesen zu experimentieren.

Ein wichtiges Thema für Trainer im Indoor- und Outdoorbereich ist die Frage nach der Offenheit im Gespräch. Inwieweit lassen sich Reflexionsgespräche und Feedback mit bestehenden kulturspezifischen Tabus vereinbaren? In welchem Maß und Rahmen werden Themen angesprochen? Während für Teilnehmer einer kollektivistischen Kultur »Konfrontation und offene Diskussion« (Hofstede 1997, S. 83) mit Disharmonie und Gesichtsverlust verbunden sind, so ist in individualistischen Kulturen das Gesichtsbewusstsein nur schwach ausgeprägt und ehrliche Direktheit ein großer Wert. Das Ansprechen und Zeigen von Gefühlen fällt unter Hofstedes Dimension Maskulinität – Femininität. Während es in femininen Gesellschaften, wie Schweden, zum guten Ton gehört, über Gefühle zu reden, ist dieses Thema in maskulinen Ländern, wie Japan, ein Tabu. Es ist Aufgabe des prozessbegleitenden Trainers, die Bedürfnisse der einzelnen Kulturen wahrzunehmen und – dort, wo es im Interesse des Gesamtprozesses ist – zu berücksichtigen. Methodische Varianten in Form von monokulturellen Kleingruppen, schriftlichen Auswertungen, Einzelarbeit, anonymen Beiträgen etc. erlauben es dem Trainer, Analyse und Konzeptionalisierung zu initiieren, ohne die Bedürfnisse Einzelner zu missachten. Und vielleicht ist angesichts bestimmter kultureller Konstellationen und bestimmter Outdoorübungen auch mal eine Einheit nach dem Modell »The Mountains speak for themselves« (Handeln ohne Reflexion) am angebrachtesten.

Auch die Frage: Wie kulturspezifisch sind meine Trainerinterventionen? bedarf erheblicher Beachtung. Die Eingangsszene dieses Artikels zeigt eine sehr kulturspezifische Intervention des Trainers, indem er die drei Steine als Variante des »Talking Sticks« einführt. Er bremst damit die überschwängliche Art des Inders ein, verhilft den Ruhigeren zu Redezeit, zwingt zur prägnanten Formulierung der eigenen Idee, sorgt für Ordnung – er setzt die aus der eigenen Kultur geprägte Norm, wie in dieser Gruppe diskutiert wird. Im Sinne einer Sensibilisierung für kulturelle Unterschiede wäre sicherlich ein Verzicht auf diese Intervention und ein anschließendes Reflexionsgespräch erkenntnisreicher gewesen. Es ist jedoch auch denkbar, dass der Trainer im Sinne seines Auftraggebers handelt, indem er diese Diskussionsnormen vorgibt – und damit sind wir bei meiner nächsten Frage.

Welche Kultur herrscht in dem Unternehmen bzw. welche Kultur erwartet der Auftraggeber? Selbst in global vertretenen Unternehmen lässt sich häufig eine verbindliche Kultur feststellen, die zu großen Teilen der Kultur des Mutterlandes des Unternehmens entspricht. Auch wenn die Vertreter des Mutterlandes in der Minderheit sind, wird – oft stillschweigend, selten ausdrücklich – erwartet, dass die Mitarbeiter anderer kultureller Herkunft sich dieser Norm anpassen. Oft haben Auftraggeber von Teamentwicklungen unterschwellig die Erwartung, dass das Team »endlich mal eine ordentliche Diskussionskultur entwickelt« oder dass Einzelne lernen, »sich zu exponieren und ihre Meinung zu vertreten«. Im Kontraktgespräch mit dem Auftraggeber müssen solche Erwartungen offen gelegt und diskutiert werden, damit der Trainer nicht zum Hüter der heimlichen kulturellen Norm wird.

Abschließend möchte ich noch auf die kulturelle Dimension innerhalb von Unternehmen oder Organisationseinheiten hinweisen. Nicht nur für den interkulturellen Trainer, sondern letztendlich für jeden Berater stellt sich die Frage: Durch welche Aspekte ist die Kultur meines Kunden charakterisiert und wie wirken sich diese Aspekte auf meine Beratung aus? Unabhängig von unterschiedlichen Nationalitäten wird Kultur in diesem Zusammenhang als »ein Orientierungssystem, das innerhalb der Gruppe eine reibungslose und effektive Interaktion, Kooperation und Kommunikation erlaubt« (Herbrand 2000, S. 19) verstanden. In Organisationen oder auch in kleineren Einheiten, wie Abteilungen oder Teams, lassen sich typische Handlungsweisen beobachten, die in anderen Organisationen möglicherweise nicht angemessen sind. Es entstehen unternehmenstypische Normen und Werte, die für die Mitarbeiter handlungsanleitend sind. Der Verstoß gegen diese Normen und Werte führt innerhalb des Systems zu Reibung und Verunsicherung. Im Unterschied zum Großkonzern ist beispielsweise die Arbeit im jungen Start-up-Unternehmen durch ein hohes Maß an Flexibilität, flache Hierarchie, kurze Wege und wenig festgeschriebene Prozessbeschreibungen charakterisiert. Ein kollegiales Verhältnis zwischen Chef und Mitarbeitern ist in einem solchen Start-up-Unternehmen kennzeichnend. Das gleiche lockere Verhalten gegenüber dem Chef würde in einem traditionellen Großunternehmen möglicherweise als unpassend empfunden werden. Als Berater und Trainer ist ein Bewusstsein für die

Kultur des Kunden unerlässlich, um eigene Interventionen entsprechend einsetzen zu können. Je nach Entwicklungsziel ist mal die Anpassung an die Kultur des Kunden erforderlich, mal das Infragestellen der kundenspezifischen Werte und Normen. Die Sensibilisierung der Teilnehmer für die eigene Fehlerkultur, Diskussionskultur, Konfliktkultur, Lernkultur etc. ist oft der entscheidende Hebel für die Weiterentwicklung der betroffenen Organisationseinheit. Erkennen beispielsweise die Mitglieder eines Start-up-Unternehmens, dass sie – um der Harmonie willen – keine Konflikte untereinander austragen und deshalb wertvolles Potenzial verlieren, so hat dieses Unternehmen die Möglichkeit, diese »Friedhöflichkeit« (Schulz von Thun 1993, S. 47) hinter sich zu lassen. Die Veränderung der Streitkultur ist angestoßen.

Fazit

In meinen Beispielen habe ich mich bemüht, das Spektrum kulturell geprägter Handlungen aufzuzeigen. Entscheidend für den interkulturellen Trainings- und Beratungsprozess ist, dass diese Gegenüberstellung kultureller Eigenheiten wertfrei ist. Diese Wertfreiheit lebt der interkulturelle Trainer vor; Selbsterkenntnis in Bezug auf eigene kulturelle Muster ist dafür die Voraussetzung. Angelika Glöckner (1999) spricht in einem anderen Zusammenhang von Gebundenheiten und Verbundenheiten – eine Idee, die sich gut auf das Verhältnis des Trainers zu seiner eigenen kulturellen Prägung übertragen lässt. Gebundenheit bezeichnet das Leben der eigenen kulturellen Normen und Werte, ohne sich dieser bewusst zu sein. Eine Person ist mit ihrer Kultur verbunden, wenn sie sich der eigenen Prägung bewusst ist, Handlungsmuster als ein kulturell beeinflusstes Phänomen erkennt und gegebenenfalls aus diesen Mustern aussteigen kann. Als Deutsche werde ich mich aller Voraussicht nach deutschen kulturellen Werten und Normen nahe fühlen. Als Trainerin jedoch muss ich in der Lage sein, diese Prägungen in Frage zu stellen, als eine Möglichkeit der »mentalen Software« (Hofstede 1997, S. 3) zu erkennen und die Handlungsmuster anderer Kulturen zu übernehmen, wenn es im Sinne des Trainingserfolges ist. Selbstreflexion und Relativierung der eigenen Werte erlauben es, die kulturelle Gebundenheit in eine kulturelle Verbundenheit zu wandeln – Letztere charakterisiert durch eine Vielzahl von Handlungsalternativen und durch die Freiheit, die angemessenste Haltung zu wählen.

Abschließend bleibt festzustellen, dass für den Einsatz von Outdoor-Training im interkulturellen Training eine differenzierte Abwägung von Zielgruppe und Zielsetzung unerlässlich ist. Das Bewusstsein für unterschiedliche kulturelle Dimensionen und deren Auswirkung auf die Erwartung der Teilnehmer spielt dabei eine entscheidende Rolle. An der richtigen Stelle und mit Sensibilität und Erfahrung eingesetzt, können Elemente des Outdoor-Trainings jedoch im Sinne ergebnisorientierter Prozessbegleitung einen erheblichen Mehrwert bringen und für eine positive Entwicklung im Miteinander der Kulturen sorgen.

Literatur

Glöckner, A.: Lieber Vater, liebe Mutter. ... Freiburg 1999.
Herbrand, F.: Interkulturelle Kompetenz. Wettbewerbsvorteil in einer globalisierenden Wirtschaft. Betriebswirtschaftliche Schriften Band 25. Bern 2000.
Hofstede, G.: Lokales Denken, globales Handeln. Kulturen, Zusammenarbeit und Management. München 1997.
Losche, H.: Interkulturelle Kommunikation. Sammlung praktischer Spiele und Übungen. Alling 1995.
Moosmüller, A.: Interkulturelle Kompetenz und interkulturelle Kenntnisse. Überlegungen zu Ziel und Inhalt im auslandsvorbereitenden Training. In: Roth, K. (Hrsg.): Mit der Differenz leben. München 1996, S. 271–290.
Rademacher, H.: Spielend interkulturell lernen? Wirkungsanalyse von Spielen zum interkulturellen Lernen in internationalen Jugendbegegnungen. Berlin 1991.
Schulz von Thun, F.: Miteinander reden 2. Hamburg 1993.
Trompenaas, A.: Riding the waves of culture: understanding diversity in global business. New York 1998.

Stefan Gatt
Sicherheit bei Seminaren mit erlebnisorientierten Lernmethoden

Sicherheit – Wie sicher sind Outdoor-Trainings wirklich?

Angenommen, Sie stehen als Kunde vor der Situation, ein Outdoor-Training zu buchen! Für die Entscheidung, welchen Anbieter Sie wählen, werden bei Ihnen vermutlich zwei Kriterien im Vordergrund stehen:
- erstens der unmittelbare Nutzen, den Sie sich von der Veranstaltung erhoffen. Es geht also um die Fähigkeit des Trainingsunternehmens, Lernprozesse bei Ihren Mitarbeitern zu initiieren und sie dabei zu unterstützen, Gelerntes in ihrem Arbeitsalltag umzusetzen;
- zweitens die Garantie, dass nach dem Training alle Ihre Mitarbeiter wieder heil und gesund nach Hause oder an ihren Arbeitsplatz zurückkehren.

Letzteres ist eigentlich eine Selbstverständlichkeit! Hier muss ich Sie aber gleich zu Beginn meines Artikels desillusionieren: Die Wahrscheinlichkeit, dass sich ein Mitarbeiter Ihres Teams während der Seminarzeit verletzt, liegt je nach Veranstalter zwischen 0.05 %[1] und 10 %! Diese Bandbreite ist sehr hoch, abhängig ist dies von dem Veranstalter bzw. der Art und Weise, wie dieser sein Sicherheitsmanagement betreibt.

Mein Ziel ist es, Sie in diesem Artikel für das Thema Sicherheit bei Outdoor-Trainings zu sensibilisieren, Sie über die unterschiedlichen Standards am Markt zu informieren und Ihnen abschließend eine ausführliche Checkliste in die Hand zu geben, anhand derer Sie Anbieter hinsichtlich der Sicherheit besser einschätzen können. Es liegt dann in Ihrer Entscheidung, auf wie viel Restrisiko Sie sich und Ihre Mitarbeiter einlassen wollen und können.

---

[1] Diese Zahlen sind eine Schätzung des Autors aufgrund vieler Gespräche mit Firmen, die Outdoor-Trainings anbieten. Eine Verletzung wird hier definiert als nachhaltige traumatische Einwirkung auf Psyche oder Physis, z. B.: Bänderzerrung, größere Schürfwunde oder eine nicht aufgearbeitete Erfahrung von Ausgrenzung durch die Gruppe.

Was ist Sicherheit?

Bevor wir in diesen Bereich einsteigen, stelle ich Ihnen einen der tragischsten Unfälle der letzten Jahre vor, der die Notwendigkeit einer intensiven Auseinandersetzung mit dem Thema Sicherheit verdeutlichen soll.

- Im Sommer 2000 wird bei einer Sportwoche von zwei Bergführern eine Schluchtüberquerung mittels Seilrutsche für die Schüler einer Schulklasse (11. Schulstufe) vorbereitet. Die beiden handeln gemäß ihrer Ausbildung vorschriftsmäßig[2] und verwenden ein 11mm Bergseil. Trotzdem kommt es bei einem Schüler zu einem verhängnisvollen Zwischenfall. Der Karabiner öffnet sich selbstständig und der Junge stürzt tödlich ab.

Auch bei einem Managementtraining wäre dieser Unfall möglich gewesen, da Seilrutschen auch dort häufig verwendet werden. Ihre Bitterkeit erhält diese Tragödie für mich vor allem durch das Wissen, dass dieser Unfall mit einem guten Sicherheitsmanagement mit Leichtigkeit vermeidbar gewesen wäre (siehe dazu »Redundante Systeme«).

Tödliche Unfälle passieren bei Outdoor-Seminaren glücklicherweise äußerst selten. Pro Jahr kann man diese bei Seminaren (nicht bei Outdoor-Sportarten) in der ganzen Welt an einer Hand abzählen. Leichte Verletzungen entstehen dafür häufiger. Aus meiner ganz persönlichen Sicht sollten Outdoor-Trainings mit dosiertem subjektiv erlebtem Risiko, aber mit möglichst hoher objektiver Sicherheit durchgeführt werden. Bei der Sicherheit von Outdoor-Trainings kann man zwei sehr unterschiedlich zu behandelnde Bereiche betrachten: die physische und die psychische Sicherheit. Der Bereich der physischen Sicherheit kann mit dem notwendigen Wissen und hoher Sorgfalt für den Kunden beinahe zu 100 % garantiert werden. In dem Bereich der psychischen Sicherheit muss man bestimmte Spielregeln beachten, um eine hohe Wahrscheinlichkeit für Sicherheit zu garantieren. Hundertprozentig ist dies aufgrund der Komplexität der menschlichen Psyche nicht möglich.[3] Lange Zeit wurde Sicherheit im Outdoor-Training auf die Gewährleistung physischer Sicherheit reduziert. Die Gefahr ungewollter und oft auch unentdeckter psychischer Verletzungen der Teilnehmer wurde sträflich vernachlässigt. In den letzten Jahren hat sich das Blatt aber gewendet. Es wurde viel geforscht und wichtige Erkenntnisse wurden gewonnen. Die TrainerInnen sind sich heute der Potenziale und Risiken dieser Methode viel bewusster, können die Übungen gezielter einsetzen und Wirkungen besser prognostizieren.

---

[2] In der Bergführerausbildung ist es nach wie vor state of the art, dass man mit einfachen Sicherheitssystemen arbeitet. Wenn dieses eine Sicherungssystem versagt, kommt es meist zu schwerwiegenden Unfällen.
[3] Vgl. auch B. Mayerhofer in »Zero Accident« (1998).

Psychische Sicherheit

Die starken Gefühle, die mit erlebnisorientierten Übungen ausgelöst werden, können in positive wie in negative Richtung gehen. Zum Beispiel kann eine Aktivität euphorische Hochgefühle auslösen, weil man eine Aufgabenstellung erfolgreich lösen konnte, obwohl der Erfolg zu Beginn für die Teilnehmer unvorstellbar war. Genauso können Menschen aber auch völlig am Boden zerstört sein, weil sie etwas nicht geschafft haben, was sie sich vorgenommen hatten und wo sie dies als tiefstes persönliches Versagen erleben. Es können sich auch Situationen ergeben, bei der Teilnehmer im Seminar tief betroffen über soziale Rückmeldungen sind, die sie implizit oder explizit aus den Reihen der anderen Seminarteilnehmer erhalten haben. Sei es, weil sie nicht die Rolle spielen dürfen, die sie im Training gerne hätten, oder sei es, weil sie ein Feedback erhalten, das ihrer Selbstwahrnehmung diametral widerspricht. Es geht nicht darum, negative oder unangenehme Gefühle im Training gänzlich zu vermeiden. Solche Frustrationen und kleine Krisen in mehr oder weniger heftiger Form gehören zum Seminaralltag. Da können auch mal Tränen dazugehören, auch die haben mit psychischer Verletzung zunächst noch wenig zu tun. Wenn man es als TrainerIn schafft, diese positiven wie auch negativen Emotionen bei den Teilnehmern für Lernerfahrungen zu nutzen, dann hat man gewonnen.

Anders ist es, wenn psychische Grenzen überschritten werden. Das passiert, wenn Teilnehmer aufgrund angenommenen oder vorhandenen Gruppendrucks durch Trainer oder Vorgesetzte bei hohen Elementen trotz Panik bis zum Ende durchhalten, weil sie Verlust von Ansehen und Status in der Gruppe befürchten, wenn vermeintlich harmlose Übungen deshalb grenzüberschreitend werden, weil traumatische Vorerfahrungen vorliegen und es keine »Ausstiegsmöglichkeit« gibt. Dazu ein Beispiel: Der beliebte Klassiker »Spinnennetz« kann für Frauen mit Gewalterfahrung aufgrund des starken Körperkontaktes zum Horrorszenario werden, wenn Gruppe und Trainern die Sensibilität fehlt, das »Nein« der möglicherweise schüchternen Frau, die ungern Spielverderberin sein will, richtig zu deuten. Prinzipiell sind solche Aktualisierungen vergangener Traumen und Verletzungen, da nicht vorhersehbar, nie auszuschließen.

Dadurch, dass psychische »Unfälle« meist im Verborgenen passieren und dort auslaboriert werden, sind sie nicht so leicht zu erkennen wie physische Unfälle. Von der Trainerseite braucht es besondere Sensibilität, diese zu vermeiden bzw. diese früh zu erkennen und bei adäquatem Umgang Spätfolgen zu verhindern. Hier nenne ich einige Vorraussetzungen, die, wenn sie gegeben sind, das Risiko psychischer Verletzungen reduzieren helfen.

Kompetenzen der TrainerInnen

Die pädagogisch-psychologische Ausbildung der TrainerInnen spielt eine große Rolle in der Prävention von psychischen Verletzungen. Diese setzt sich aus folgenden miteinander vernetzten Bereichen zusammen:

- Ausbildung: Je tiefer das Seminar geht, desto profunder muss die Ausbildung der TrainerInnen sein. Bei einem Selbsterfahrungsseminar sollte zumindest ein Trainer eine psychotherapeutische Ausbildung abgeschlossen haben. Beide sollten über Kriseninterventionen Bescheid wissen.
- Selbsterfahrung: Das Wissen über eigene Einstellungen, Überzeugungen, Werte, blinde Flecken und Muster ermöglicht der TrainerIn eine differenzierte Sichtweise und eine klare Trennung von eigenen/fremden Themen und Problemen. Der Trainer kann so den Teilnehmer verstärkt wahrnehmen, wie er wirklich ist. Die Wirkung von Projektionen wird schwächer. Die TrainerIn kann mit dem bewussten »Rucksack« all ihrer Werte, Einstellungen und Überzeugungen als Mensch für die TeilnehmerInnen da sein.
- Erfahrung als TrainerIn: Eine langjährige Erfahrung mit Seminaren und Teilnehmern hilft, die eigenen Muster als Trainer zu erkennen, so persönliche Fallen zu erkennen und damit Verstrickungen in die Dynamik von Gruppen und einzelnen Teilnehmern zu vermeiden. Ausbildungen mit Selbsterfahrungsanteilen und Supervision sind hierbei hilfreich.
- Die TrainerInnen müssen die Grenzen zwischen beruflicher Bildung und Psychotherapie kennen und abstecken können. In Seminaren mit family[4] oder cousin groups[5] sollte der Schwerpunkt auf der beruflichen Ebene bleiben. Die Grenzen sind hier fließend, die Kompetenz, sie zu erkennen und einzuhalten, umso notwendiger.
- Zwischenrunden, bei denen individuelle »Statusmeldungen« eingeholt werden, dienen dem erfahrenen Trainer nicht nur als Kompass für die Steuerung des Seminars, sondern geben wichtige Rückmeldungen, wo die einzelnen Teilnehmer hinsichtlich psychischer Sicherheit aktuell stehen.
- Vertrag: Am Beginn jedes Trainings soll ein Vertrag mit den TeilnehmerInnen über die Ziele und Inhalte des Trainings geschlossen werden. Selbsterfahrungsorientiertes oder gar therapeutisches Arbeiten bedarf einer eingehenden Information und entsprechender Vereinbarungen. Therapeutisches Arbeiten ist nicht Bestandteil des Outdoor-Trainings in der beruflichen Bildung. Selbsterfahrung ist in unterschiedlichen Intensitäten ein wichtiger Bestandteil des erlebnisorientierten Lernens!

---

[4] Von family groups spricht man, wenn die Gruppenteilnehmer außerhalb des Seminars in einem nahen Verhältnis stehen. Das kann ein Arbeitsverhältnis oder ein Familiensystem sein.

[5] Von cousin groups spricht man, wenn das oben genannte Verhältnis vorhanden ist, aber nur zeitweilig besteht, z. B. die Teilnehmer kommen aus der gleichen Firma, arbeiten aber nicht zusammen.

Sicherheit bei erlebnisorientierten Lernmethoden

Die Verantwortung für das Aufstellen und Einhalten[6] von klaren Regeln, die die psychische und physische Sicherheit fördern, liegt bei den Trainern. Hierzu gehören z. B.:

- Regel der Freiwilligkeit: Die aktive Teilnahme an allen Übungen ist freiwillig. Entsteht Gruppendruck, so hat der/die TrainerIn entsprechend zu intervenieren.
- STOP-Regel: Jede/r TeilnehmerIn und TrainerIn kann zu jedem Zeitpunkt »STOP« sagen, wenn irgendetwas im Hinblick auf Sicherheit und psychisches Wohlbefinden nicht mehr in »Ordnung« ist. Damit werden zunächst alle aktuell laufenden Aktivitäten gestoppt, bis die Ursache der »Störung« beseitigt worden ist.
- Regel der Vertraulichkeit: Persönliche Themen bleiben im Raum und werden nicht hinausgetragen.
- Zusätzliche Möglichkeit: das Schattenprinzip. Jeder Teilnehmer sucht sich einen anderen Teilnehmer, auf dessen Wohlergehen er über einen bestimmten Zeitraum achtet.

Wenn eine psychische Krise im Seminar nicht aufgefangen werden kann, müssen die Trainer in der Lage sein, bei der Suche nach geeigneten Nachbetreuungsangeboten behilflich zu sein.

Physische Sicherheit[7]

Wesentlich greifbarer als die psychische Sicherheit ist der Bereich der physischen Sicherheit. Vor allem bei Übungen, wo der Boden verlassen wird und in luftiger Höhe Aufgaben als Einzelperson oder als Gruppe bewältigt werden, ist die Gefahr des Absturzes offensichtlich und es ist naheliegend zu glauben, dass hier die höchsten Unfallrisiken liegen. Dem ist nicht so. Gerade diese Übungen, insbesondere wenn sie mit redundanten Sicherheitssystemen (siehe »das Prinzip der Redundanz«) abgesichert sind, zählen zu den Übungen, bei denen am wenigsten passiert. Die meisten Unfälle passieren bei Übungen am oder knapp über dem Boden, also vermeintlich harmlosen Tätigkeiten.

Trotzdem werde ich mich im Folgenden mit den Prinzipien beschäftigen, wie sie schwerpunktmäßig für hohe Elemente entwickelt wurden. Dies geschieht deshalb, weil, wenn Unfälle dort passieren, diese meist gleich verheerende Konsequenzen haben. Die Kernaussagen lassen sich aber auch auf niedrige Übungselemente oder andere Aktivitäten des Outdoor-Trainings übertragen.

---

[6] Unter Einhalten ist hier lediglich gemeint, dass die Trainer dafür verantwortlich sind, Abweichungen anzusprechen. Für die Umsetzung sind alle verantwortlich.
[7] Vgl. auch Siebert, W./Gatt, S.: Zero Accident. Alling 1998.

Das Prinzip der Redundanz

Der Begriff der Redundanz im technischen Bereich bezeichnet eine Mehrfachauslegung technischer Systeme, wodurch sich die Ausfallwahrscheinlichkeit reduziert. Das Prinzip wird heutzutage in fast allen Bereichen genutzt, wo der Ausfall eines Systems schwere bis katastrophale Folgen haben würde. Bei Kühlaggregaten wird ein zweiter Kreislauf genauso installiert, so wie in einem Flugzeug ein Copilot im Cockpit sitzt. Wenn ein System versagt, verhindert das zweite System die Folgen des Ausfalls des ersten Systems. Für Outdoor-Trainings bedeutet dies, dass die Sicherheitssysteme mindestens doppelt oder mehrfach geführt werden. Dies beginnt damit, dass immer zwei Trainer mit unterschiedlichen Verantwortlichkeiten, aber mit dem Wissen über die Fähigkeiten und den Bereich des anderen mit einer Gruppe arbeiten, immer zwei Personen ein Sicherungsseil bedienen oder am Baum zwei Stahlseile montiert sind. Die kletternde Person wird mit zwei Karabinern über zwei Sicherungsseile gesichert usw. Bei einer echten Redundanz sind alle Sicherungssysteme unabhängig voneinander doppelt geführt. Sicherlich garantiert ein solches System maximale Sicherheit. Der Nachteil von vollständig redundanten Systemen ist die teilweise umständliche Handhabung und die Kostenseite. Doppelte Sicherheit bedeutet nahezu doppelten Aufwand und dadurch auch doppelte Kosten. Häufig wird daher mit nur teilweise redundanten Systemen gearbeitet: Die Elemente, die sich in der Vergangenheit als neuralgisch erwiesen haben, werden doppelt ausgelegt, andere Teile der Sicherheitskette sind nur einfach vorhanden, hier vertraut man auf die Sicherheitsreserve des Materials (siehe unten). Zum Beispiel werden beim Klettern die Teilnehmer häufig mit zwei Karabinern angeseilt, um die Gefahr eines selbsttätigen Öffnens eines Karabiners zu limitieren, es wird aber nur ein Sicherungsseil verwendet, da man hier auf die Sicherheitsreserve des Seils von mindestens zwei Tonnen setzt. Festzuhalten ist: Das Prinzip der Redundanz[8] – mit den angesprochenen Einschränkungen – ermöglicht es, große Trainingsserien mit tausenden Teilnehmern sicher durchzuführen. Es sollte somit im Hinblick auf die physische Sicherheit der Teilnehmer ein erstrebenswertes Ziel[9] sein. Der kompetente Veranstalter oder Trainer kann in der konkreten Situation sicherlich am besten entscheiden, wo Redundanz notwendig ist oder wo sie aufgrund anderer Faktoren überflüssig werden könnte.

---

[8] Selbstverständlich spielen auch andere Faktoren eine wichtige Rolle für die sichere Durchführung.
[9] In Österreich gibt es seit Mitte des Jahres eine Empfehlung des Kuratoriums für alpine Sicherheit, bei bestimmten Übungselementen redundante Systeme zu verwenden. Dies bedeutet, dass bei einem ähnlichen Unfall wie am Kanzianiberg die Bergführer in Zukunft nicht mehr freigesprochen werden würden.

Das Prinzip der Sicherheitsreserve

Bei allen verwendeten Sicherungssystemen ist es sinnvoll, Sicherheitsreserven einzukalkulieren. Bei Seilsicherungen z. B. sollte die Belastung des Seils ¼ der maximal möglichen Belastung nie überschreiten. Je höher die Erfahrung und der Ausbildungsstand der TrainerInnen ist, desto besser können sie einschätzen, wie viel Sicherheitsreserve bei unterschiedlichen Übungen notwendig ist.

Prinzip des double-checks

Alle Tätigkeiten, die mit Sicherheit in Verbindung stehen, sind immer durch eine zweite Person zu kontrollieren, um Routinefehler zu vermeiden. Wenn z. B. ein Sicherungsseil mit einem Karabiner eingehängt wurde, wird die korrekte Montage durch den zweiten Trainer überprüft. Entsprechend geschulte Teilnehmer können diese Funktion auch übernehmen.

Prinzip der Aufklärung über Restrisiken und persönliche Verantwortung

Die Teilnehmer müssen zu Beginn des Seminars, und wenn notwendig auch zwischendurch, über mögliche Restrisiken, die nicht zu beseitigen sind, informiert werden. Zudem muss man ihnen klarmachen, dass sie, jeder für sich, die Verantwortung für diese Risiken übernehmen. Kein Trainer, kein Sicherheitsmanual kann den Teilnehmern alle Verantwortung für ihre Sicherheit abnehmen. Wenn sich jemand nicht in der Lage sieht, diese zu übernehmen, kann er nur passiv am Programm teilnehmen. Restrisiken bzw. Verantwortungen, die zu übernehmen sind, sind zum Beispiel: das Gehen im weglosen Gelände, Verantwortung für die Kollegen beim Sichern...

Prinzip der Freiwilligkeit

Bei der Analyse von Unfällen hat man festgestellt, dass Druck und Zwang zu den unfallfördernden Faktoren gehören. Aus diesem Grund ist es notwendig, dass der Trainer immer ein wachsames Auge auf entstehenden Gruppendruck oder persönliche Zwänge bei TeilnehmerInnen entwickelt und diese gegebenenfalls thematisiert. Ziel ist es, dass im Besonderen hohe Elemente als Lern- und Entwicklungsangebote begriffen werden, dass aber die Entscheidung, sie anzunehmen, wirklich von den Teilnehmern möglicht unbeeinflusst (soweit es das gibt) getroffen werden kann. Oft wird dieses Prinzip der Freiwilligkeit schon unterminiert, wenn zu viele Aktivitäten schon im Vorfeld vereinbart wurden und dann um jeden Preis durchgezogen werden müssen. Mit Aktionen vollgepackte Programme sind aber nicht nur pädagogisch fragwürdig, sondern stellen durch permanente Überforderung der Teilnehmer auch ein Sicherheitsrisiko dar. Schnell noch zwischen Kaffeepause und Abendbrot durch den Seilgarten – bei solcher Actionhopperei sind kritische Situationen vorprogrammiert. Ein »Weniger ist Mehr« wirkt sich also auch positiv auf die Sicherheit aus. Das ist bereits bei den ersten Absprachen mit den Kunden zu berücksichtigen. Schwierig wird es, wenn man als Trainer merkt, dass die eine oder andere Aktivität eigentlich für die konkrete Gruppe schon viel zu viel ist – dem Kunden aber vertraglich im Vorfeld zugesichert wurde. Da bedarf es vorsichtiger Vertragsgestaltung im Vorfeld und Standvermögen der Trainer, wenn es gilt, eine Aktivität aus Sicherheitsgründen zu streichen.

Prinzip der schriftlichen Dokumentation

Die kontinuierliche schriftliche Dokumentation ist eine Voraussetzung für eine intensive und systematische Auseinandersetzung mit dem Thema Sicherheit. Das Ziel dabei ist es, alle notwendigen Tätigkeiten, Informationen, Bedingungen, Kontraindikationen jeder einzelnen Übung zu beschreiben und aus der Summe dieser Dokumente ein Handbuch für die Trainer zu gestalten. Dieses Handbuch muss nun laufend verbessert und neuen Erkenntnissen angepasst werden, um immer auf dem letzten Stand zu sein. Das Wichtigste aber ist, dass sich die TrainerInnen an diese Dokumentationspflicht halten und konsequent nach dem Manual arbeiten. Ein anderer Aspekt ist die schriftliche Dokumentation von Zwischenfällen und Unfällen. Von einem Zwischenfall spricht man, wenn die standardisierten Abläufe nicht eingehalten werden, aber nichts passiert. Bei einem Unfall gibt es zwei Formen: mit und ohne Folgen. Zwischenfall: Ein Teilnehmer klettert ohne vorherige Checks auf die Leiter beim Trustfall und wieder herunter. Unfall ohne Folgen: Ein Teilnehmer fällt trotz

Sicherung auf den Boden, landet sehr weich und verletzt sich nicht. Unfall mit Folgen: Ein Teilnehmer rutscht von einem Brett und verstaucht sich den Knöchel. Hier müssten sich die TrainerInnen fragen, ob dieses Risiko angesprochen wurde oder in Zukunft durch eine raue Brettoberfläche ausgeschlossen wird. Durch die regelmäßige Sammlung dieser Zwischen- und Unfälle bei den einzelnen Anbietern und dem Erfahrungsaustausch zwischen ihnen ergibt sich mit der Zeit ein Bild, wo häufige Gefahrenquellen bei Aktivitäten liegen und wie man durch geeignete Maßnahmen die Sicherheit bei bestimmten Übungen verbessern kann.

Prinzip der Funktionsteilung und der Letztverantwortung

Die Funktionen und Verantwortungen müssen zwischen den TrainerInnen immer vor dem Training geklärt werden, da sonst Missverständnisse entstehen können. Im Laufe der Jahre hat sich eine Funktionsteilung zwischen Outdoor- (für die physische Sicherheit, Auf- und Abbau der Übungen und logistische Themen verantwortlich) und Prozesstrainer (verantwortlich für den Prozess, die psychische Sicherheit, die Reflexionen und den Transfer) bewährt. Je mehr die beiden Trainer auch Kenntnis über den Arbeitsbereich ihrer Partner haben, umso besser können sie sich gegenseitig im Training unterstützen. Wenn Entscheidungen gefällt werden müssen und keine Einigkeit zwischen den beiden erzielt werden kann, entscheidet der Bereichsverantwortliche. Wenn nun zusätzlich noch die Regel »höheres Sicherheitsbedürfnis gilt« eingeführt wird, wird die Entscheidung im Falle unklarer Situationen immer in Richtung höherer Sicherheit korrigiert. Dies beinhaltet allerdings meist Potenziale für Konflikte zwischen den beiden – das werden professionelle Trainer aber sicher aushalten können.

Sicherer Anbieter contra unsicherer Anbieter – viele Fragen und eine Checkliste

Die nachfolgend aufgelisteten Fragen sollen es Ihnen als Einkäufer ermöglichen, einen Anbieter hinsichtlich der Sicherheit besser abklopfen zu können. Das Maximum an Sicherheit, das ich Ihnen hier aus heutiger Sicht auch darstellen werde, ist nicht gleichbedeutend mit dem Maximum für Ihr Unternehmen. Denn wie ich bereits in der Einleitung angedeutet habe, ist der Sicherheitsaspekt nur ein Bereich der Qualität, die den Erfolg eines Outdoor-Trainings ausmacht. Aber es ist ein zentraler – deshalb dürfen Sie den Unternehmen, die Ihnen Trainings anbieten, legitimerweise folgende Fragen stellen: Seit wann existiert die Firma des Anbieters und über wie viel Erfahrung verfügen ihre TrainerInnen? Welche Ausbildung haben die TrainerInnen? Setzt der Anbieter einschlägig ausgebildetes Sicherheitspersonal ein? Haben die TrainerInnen Diplome als Bergführer[10], Kletterlehrwarte oder als Outdoor-Trainer? Bei Letzterem gilt es herauszufinden, wie lange die Ausbildung der TrainerInnen gedauert hat. Kurzausbildungen von wenigen Tagen haben wenig Wert. Diplomausbildungen von einem Jahr und mehr garantieren eher die Sicherheit Ihrer Mitarbeiter. Sind die TrainerInnen hinsichtlich psyschischer Sicherheit geschult? Bilden sich die TrainerInnen laufend fort? Routine ist eine der häufigsten Unfallursachen von professionellen Trainern. Eine laufende Fortbildung der TrainerInnen wirkt dem entgegen.

Welche Unfallhäufigkeit gibt es im Vergleich zu der Anzahl an Seminartagen? Fragen Sie nach, wie viele Unfälle sich bei den Seminaren des Anbieters bereits ereignet haben, warum diese geschehen sind und welche Folgen sie hatten. Jeder Seminaranbieter hatte bereits Unfälle, von denen die meisten glimpflich ausgegangen sind. Ausnahmen von dieser Regel gibt es nur bei Anbietern, die ganz neu am Markt sind. Wenn der Anbieter noch kaum Erfahrung hat, sollten Sie ein besonderes Augenmerk auf die Ausbildung der TrainerInnen legen. Wenn der Anbieter bereits mehrere Jahre am Markt ist und keine Unfälle oder Zwischenfälle dokumentiert hat, so sollten bei Ihnen die Alarmglocken läuten. Dann schweigt er Unfälle tot oder er hat sich mit dieser Thematik noch nicht auseinander gesetzt. Bei Unfallberichten von Anbietern können Sie sich ein Bild machen, wie intensiv sich der Anbieter diesem Thema gewidmet hat. Kennt er den Unterschied von Zwischenfall und Unfall mit oder ohne Folgen? Führen Zwischenfälle und Unfälle zu einer Veränderung der standardisierten Abläufe und Sicherheitsprozeduren? Werden unterschiedlichste Einflüsse für Unfälle in die Überlegungen mit einbezogen? Nach welchen Standards sind die High-elements gebaut, die Sie für Ihre Seminare nutzen? Wenn High-elements, also Übungen in luftiger Höhe mit Seilsicherung, im Seminar verwendet werden sollen, so gibt es für den Bau einen Standard aus den Vereinigten Staaten, der sich über Jahrzehnte bewährt hat. Die ACCT (Association for Challenge Course Technology) hat diese Standards Anfang der neunziger Jahre festgelegt. Der Haken daran: Es wurde ein Mindeststandard festgelegt und einige Normen sind speziell für die USA gültig. Die ACCT-Standards müssen also mit den EU-Richtlinien verquickt werden (höherer Standard zählt selbstverständlich).

Wird ein Accident-Incident-Report geführt? Werden die Seminare hinsichtlich Zwischenfällen und Unfällen evaluiert und schriftlich dokumentiert? Gibt es eine Einbindung in internationale Netzwerke? Durch den Kontakt mit an-

---

[10] In Österreich ist die Ausbildung zum Bergführer die einzig hieb- und stichfeste Legitimation, Personen mit Seilen in unterschiedlichem Gelände zu sichern.

Sicherheit bei erlebnisorientierten Lernmethoden

deren Firmen dieser Branche kann man sich über neue Entwicklungen und Standards informieren und ist somit ständig auf dem aktuellen Stand der Entwicklung. Meist gibt es in solchen Netzwerken auch die Möglichkeit, die neuesten Unfallberichte einzusehen und daraus Schlüsse für die eigenen Seminare zu ziehen. Die Internationalität ist in diesem Falle sehr wichtig, da z. B. die Anbieter in den Vereinigten Staaten über mehr Erfahrung in diesem Bereich verfügen. Gibt es ein Sicherheitshandbuch mit schriftlichen Aufzeichnungen der Sicherheitsprozeduren, Übungen und Checks? Die Summe dieser Aufzeichnungen sollte optimalerweise ein Sicherheitshandbuch ergeben, das von den TrainerInnen verwendet wird. Gibt es eine schriftliche Dokumentation über die Risiken einzelner Übungen und wie diesen mit standardisierten Abläufen begegnet werden kann? Kann man ein »Probetraining« (Schnupperseminar) besuchen? Schnupperseminare sind eine gute Möglichkeit, den Anbieter mit seinen Methoden, Besonderheiten und Möglichkeiten kennen zu lernen. Hier kann man auch gleich die Art und Weise, wie mit Sicherheit umgegangen wird, überprüfen und sich ein gutes Bild machen.

Zusammenfassung

Die Sicherheit für Ihre Mitarbeiter bei Outdoor-Trainings kann gewährleistet werden! Voraussetzung aber sind:

- ein erfahrener Anbieter mit erfahrenen, gut ausgebildeten TrainerInnen im pädagogischen, psychischen und fachsportlichen Bereich,
- redundante Sicherungsketten bei Übungen über dem Erdboden und Helmpflicht,
- Arbeit nach den Kriterien der Fachverbände, z. B., UiAA, DKV, Raftverband...,
- schriftlich dokumentierte Abläufe und Sicherheitschecks, die von den TrainerInnen eingehalten und regelmäßig evaluiert werden,
- eine regelmäßige Evaluation der Übungen und ein internationaler Austausch mit Mitbewerbern über das Thema Sicherheit.

Andrea Karl/Paul Maisberger

So präsentieren sich Anbieter von Outdoor-Trainings – eine Lesehilfe

Outdoor-Training – was ist das? So fragten sich noch vor fünf bis sieben Jahren die Verantwortlichen in den Unternehmen. Überlebenstraining oder eine andere Variante von Incentives? War diese andere Art des Trainings damals noch ganz am Rand des Weiterbildungsspektrums angesiedelt, so hat sich diese Disziplin nun an den Kern der Personalentwicklung vorgearbeitet. Nur mutige Firmen schickten früher ihre Mitarbeiter zu den Outdoor-Trainern, immer in der Hoffnung, dass »das schon gut gehen wird«. Mittlerweile haben viele Verantwortliche gemerkt, dass sich bei diesen Trainings wirklich etwas bewegt und dass es so gefährlich dann doch nicht ist. Aber von Anfang an hatten die Anbieter mit einem speziellen Image zu kämpfen: Gefahr, Angst, mangelnde Sicherheit und methodisch-didaktische Ausbildung der Trainer, Ungewissheit der Übertragung des Gelernten in die tägliche Praxis usw. Die großen Erfolge dieses besonderen Trainings trugen dazu bei, viele der Vorurteile abzubauen und Outdoor-Training als wichtiges Element der Personalentwicklung zu etablieren. Das Image des Pfadfinderlebens für Erwachsene konnte erfolgreich abgelegt werden.

Auch eigene Erfahrungen mit seriösen Anbietern haben gezeigt, dass sich Mitarbeiter auf recht unterschiedliche Herausforderungen einlassen, viel Gewinn aus den nach den Übungen stattfindenden Reflexionen ziehen und sehr wohl in der Lage sind, die gesammelten Erfahrungen in den Arbeitsalltag zu übertragen. Seit Jahren bieten wir unseren Mitarbeitern die Chance, eigene Erfahrungen mit den speziellen Übungen des Outdoor-Trainings zu sammeln. Und sie tun dies gerne.

Auf der Basis dieser Erfahrungen haben wir Broschüren und Info-Material von 16 Anbietern gesichtet und einer kritischen Bewertung unterzogen. Dabei verfolgen wir zwei Ziele: Wir wollen einerseits den Trainingsanbietern Hinweise geben, wie sie ihre Printmaterialien und Internetauftritte gestalten können. Andererseits wollen wir Ihnen, soweit Sie potenzieller Kunde dieser Anbieter sind, Lesehilfen geben. Sie erfahren, wo es wichtig ist, gezielt bei den Anbietern nachzufragen, weil bestimmte Fragen in der Regel in vorhandenen Materialien nicht beantwortet werden. Ohne der Auswertung im Detail vorgreifen zu wollen, halten wir folgende Punkte für wichtig:

Präsentation von Outdoor-Trainings

1. Geben die Anbieter an, wo und wie sie ihr Trainingsangebot in Veränderungsprozesse im Unternehmen eingliedern?
2. Wird auf die Phasen Vorbereitung (weit im Vorfeld des Trainings), Planung, Durchführung, Reflexion und Transfer in den Arbeitsalltag eingegangen?
3. Welches Menschenbild vertreten die Trainer?
4. Werden Erfahrungen mit bereits durchgeführten Trainings als Referenzen genutzt? (Kunden denken in Projekten, nicht in Angeboten.)
5. Wie ist die Unternehmenssituation? Welche Herausforderungen sollen im Training gelöst werden? Welche Trainingsformen eignen sich dazu?
6. Welchen Nutzen bringt das Training?
7. Gibt es ausformulierte Curricula?

Bei der Bewertung der einzelnen Anbieter wurden zum einen Broschüren und zum anderen die Internetauftritte berücksichtigt.

1. Broschüren

Wir haben Broschüren verschiedener Anbieter aus Sicht der Kunden/Entscheider betrachtet.

- Was könnte für einen Interessenten wichtig sein?
- Welche Informationen möchte er über das Unternehmen erhalten?
- Wie präsentiert sich ein Unternehmen, dem er seine MitarbeiterInnen anvertrauen soll?
- Gibt es bemerkenswerte Unterschiede zwischen den unterschiedlichen Anbietern?
- Welche Anforderungen könnte der Entscheider an das Unternehmen haben?
- Wie stellt er sich sein spezielles Outdoor-Training vor?
- Was will er mit dem Training für die tägliche Arbeit erreichen?

Zudem wurde eine Bewertung der Broschüren vorgenommen. Sie dient dem Leser eher als Überblick und zeigt auf, wo eventuell noch Verbesserungspotenzial steckt. Vor allem soll diese Bewertung aber verdeutlichen, dass ein persönliches Gespräch mit den Anbietern nicht durch Broschüren ersetzt werden kann. Die Materialien dienen dem Leser als Leitfaden zu der Frage, welche Bereiche besonders angesprochen werden müssen.

1.1 Gesamterscheinungsbild – erster Eindruck

Vom ersten Gesamteindruck her haben uns generell nur vier von 16 Anbietern überzeugt. Auffällig dabei ist, dass diese vier Anbieter völlig unterschiedliche Broschüren entwickelt haben. Während die einen sehr viel Wert auf Action und den Erlebnisanteil legen (Natursportler; ich beziehe mich im Folgenden auf die Anbietertypologie, wie sie im Übersichtsaufsatz von Schad in diesem Band entwickelt wird) und dies vor allem durch die Bild- und Farbwahl unterstreichen, steht bei anderen das persönliche Profil der Firmengründer – meist profilierte Extremsportler – im Vordergrund. Dabei wird versucht, Vertrauen in die Kompetenz der Veranstalter über deren Leistungen in ihrem sportlichen Bereich aufzubauen (Anbietertyp Charismatiker). Die dritte Art von Anbietern kommt eher aus dem Seminar- und Coaching-Bereich, d. h. diese haben viel Erfahrung im Umgang mit beruflicher Bildung. Ihr Fokus liegt deshalb auch eher im Bereich der Trainings für Fach- und Führungskräfte. Die Trainer kommen in den meisten Fällen selbst aus der Wirtschaft. Entsprechend umfangreich ist auch das Angebot in dieser Richtung (Seminaristen). Die vierte Gruppe hat sich von der »Erlebnispädagogik« hin zum Outdoor-Training entwickelt, d. h. die Trainer sind auf pädagogischer Ebene sehr qualifiziert. Im Bereich der unternehmerischen Aus- und Weiterbildung fehlt allerdings oft das spezifische Knowhow (die Klassiker). Generell kann aber kein Ranking erstellt werden. Welcher Ansatz der beste ist, entscheiden einzig und allein die spezifischen Anforderungen des suchenden Unternehmens.

Verwendete Materialien: Die meisten der untersuchten Broschüren überzeugten in diesem Bereich durch Solidität (Papierqualität, Robustheit, Ausgefallenheit), aber nicht durch große Kreativität und Qualität. Mit der Broschüre eines Outdoor-Trainers sollten dem Interessenten Sicherheit, Zuverlässigkeit, besonnene Vorgehensweise und Kompetenz sowie Hochwertigkeit der verwendeten Materialien und des Trainingsangebotes vermittelt werden. Schließlich verspricht sich der Interessent für sein Unternehmen einiges von dem Training und der Möglichkeit, das Gelernte in die unternehmerische Praxis umsetzen zu können. Lässt bereits das zugesandte Material eine halbherzige Ausführung und wenig repräsentative Elemente erkennen, kann der Interessent allzu leicht auf das Unternehmen selbst schließen. Der Entscheider muss sicher sein, das Richtige auszuwählen. Schließlich hat er gegenüber seinen Mitarbeitern eine große Verantwortung.

Umfang: Hier reichte das untersuchte Infomaterial von einem Flyer bis hin zu ca. 50–100-seitigen Broschüren. Es gibt jedoch keine allgemeinen Aussagen darüber, was dem Leser einen besseren Überblick bietet. Günstig wäre es, eine kurze und eine lange Version anzubieten, so dass der Leser selbst entscheiden kann. Viel ist nicht immer gleichbedeutend mit gut. Wenn die Inhalte stimmen

Präsentation von Outdoor-Trainings

und die für den Leser wichtigen Punkte herausgestellt werden, kann auch eine dünne Broschüre den Leser absolut überzeugen. Mehr noch: Es ist erwiesen, dass bei zu viel Text und zu langen Textabschnitten der Interessierte viel schneller aufgibt bzw. von der Masse des Textes so erschlagen wird, dass er gar nicht erst mit der Lektüre beginnt. Allerdings sollte der Leser auch umfangreiche Materialien auf ihren Gehalt hin prüfen. Lange Texte, die spannend, interessant und informativ geschrieben sind und zudem noch die Inhalte des Trainings gut vermitteln, können den Interessenten fesseln und ihm einen sehr guten Überblick verschaffen. Bei dicken Katalogen mit unterschiedlichen Trainingsangeboten sollte ein ausführliches und übersichtliches Inhaltsverzeichnis den Kunden zu den für ihn interessanten Seiten führen. So wird dem Leser die nervige und zeitraubende Suche erspart.

Farbwahl: Bei der Farbwahl ist kein bestimmtes Muster zu erkennen, nach dem die Auswahl erfolgte. Generell haben die meisten Anbieter aber doch Farben verwendet, die Aktivität und Natur ausdrücken. Sehr ansprechend und auch passend für einen Outdooranbieter ist die Wahl heller, freundlicher Farben wie sonnengelb (Farbwirkung: heiter, strahlend, anregend. Assoziation: Kommunikation, Sonne, Reife) und orange (Farbwirkung: stimulierend, warm, anregend. Assoziation: Freude, Geselligkeit) zusammen mit einem angenehmen, frischen Grünton (Farbwirkung: heiter, unbekümmert, Leben. Assoziation: Erneuerung, Wachstum).

Mit Farben kann man viel erreichen, allerdings muss bei der Farbwahl darauf geachtet werden, welche Wirkung bestimmte Farben haben und welche Zielgruppe mit welchen Farben angesprochen werden kann. Außerdem muss sie natürlich zum Anbieter und dem Angebot passen, d. h. die Farben müssen die Aussage des Unternehmens unterstützen. Übersicht über Farben und ihre Wirkung (nur beispielhaft angeführt):

- Dunkelblau – Farbwirkung: beruhigend, dämpfend, verhilft zur Konzentration; Assoziation: Seriosität, Tradition
- Rot – Farbwirkung: erregend, dynamisch, aktiv; Assoziation: Energie, Leben, Macht, Vitalität, Aktivität
- Weiß: Farbwirkung: Klarheit, Weite, Transparenz; Assoziation: Reinheit, Leere, Entschlossenheit.

1.2 Inhalte

Folgende Inhalte sollten von den Outdooranbietern generell berücksichtigt werden:

- Der potenzielle Nutzen für den Leser/das Unternehmen

- Das Unternehmen, dessen Trainingsmethoden und Mitarbeiter
- Trainingsinhalte
- Vorgehensweise beim Trainingsprozess
- Transfer der Inhalte in den Trainingsalltag
- Erfahrungen, dargestellt durch Referenzprojekte
- Curriculum (Ablauf eines typischen Trainingstages).

Der Nutzen für die Teilnehmer wird in den meisten Broschüren zu wenig beschrieben. Oft wird nur das Unternehmen selbst vorgestellt, nicht aber konkrete Beispiele, die die Arbeitsweise verdeutlichen. Entscheidend ist z. B., wie der Kunde das Gelernte in der Praxis umsetzen kann. Über die Trainingsinstitution, deren Mitarbeiter und die bevorzugten Trainingsmethoden schreiben alle Unternehmen sehr ausführlich und detailliert.

Die Vorgehensweise bzw. der Trainingsprozess wird nur bei den wenigsten Anbietern detailliert beschrieben. Gerade in diesem Bereich sollte aber, unserer Meinung nach, der Fokus liegen. Auch der Transfer der Inhalte in den Alltag kommt nicht deutlich genug heraus. Referenzen sind teilweise gar nicht vorhanden, meist nur als Auflistung der Namen. Referenzen und vor allem Aussagen von Kunden sind aber wichtig, um die Kompetenz des Unternehmens unter Beweis zu stellen. Wenn der Leser nicht nur sieht, dass bereits mehrere Unternehmen an einem solchen Training teilgenommen haben, sondern auch eine Bestätigung bekommt, dass diese begeistert waren, fällt die Entscheidung leichter. Referenzprojekte sollten in folgendem Umfang vorhanden sein:

- Auflistung der Kundennamen
- Aussagen der Kunden (spezifische Aussagen zu den Trainingsinhalten, dem Ablauf und dem Nutzen für die spätere Arbeit im Unternehmen, persönliche Erfahrungen und Erlebnisse)
- Beschreibung der jeweiligen Trainingsinhalte
- Optional: Anwenderbericht (ein Kunde schreibt eine kurze Abhandlung über ein Training).

Werden in den Broschüren keine Aussagen über Referenzprojekte gemacht, sollten diese unbedingt telefonisch nachgefragt und explizit angefordert werden. Auch ein Curriculum hilft dem Leser, sich einen Trainingstag vorzustellen. Falls es nicht vorhanden ist, sollten Sie es unbedingt anfordern.

1.3 Bilder – Aussagekraft

Die Bilder der einzelnen Anbieter sind generell austauschbar, d. h. sie erzählen keine für das Unternehmen typische Geschichte oder Situation. Bei der Auswahl der Bilder kommt es natürlich in erster Linie darauf an, wo das Unternehmen seine Schwerpunkte setzt. Geht es hauptsächlich darum, Action und Aktivitäten in den Vordergrund zu stellen, oder sind die Seminarinhalte wichtiger? Zudem sind viele Bilder, die Kletterpartien, Rafting-Touren oder auch Szenen im Hochseilgarten zeigen, oft martialisch und abschreckend. Hier sollte es möglich sein, emotionale und motivierende Szenen abzubilden, um den Großteil der Leute »ins Boot zu holen«. Die Kunden sollen Spaß daran haben, an einem Outdoor-Training teilzunehmen, und dieser Spaß sollte bereits auf den Bildern in den Broschüren vermittelt werden.

Bildmotiv: Zwei verschiedene Situationen stehen im Vordergrund: Action und Aktivität oder Gruppendynamik, wobei die erste Kategorie bei den meisten Anbietern einen weit höheren Stellenwert einnimmt. Natürlich ist es einfacher, auf Bildern physische Bewegung wie Rafting oder Freeclimbing darzustellen. Die »innere Bewegung«, um die es ja vorrangig gehen sollte – Dinge aus einer außergewöhnlichen Situation auf bewährte Alltagssituationen umsetzen –, lässt sich wesentlich schwerer in Bilder übersetzen. Hier sollte mit einer Verbindung von Bildmaterial und erklärenden Texten gearbeitet werden. Auch Grafiken und in Trainings erstellte Schaubilder können diese Seite des Trainings sehr gut darstellen. Auch hier gilt: unbedingt beim Anbieter anfragen, was bei diesem im Vordergrund steht, wie die Ziele des Trainings aussehen und wie diese (mit welchen Mitteln, durch welche Vorgehensweise) umgesetzt werden. Bei Bildern kann hauptsächlich auch durch bestimmte Farben eine gewisse Stimmung vermittelt werden (siehe auch Farbwahl).

Qualität: Viele Anbieter legen anscheinend keinen großen Wert auf die Qualität ihrer Bilder. Oft sind diese verschwommen, verpixelt, oder es handelt sich einfach um schlechte Aufnahmen. Bilder vermitteln immer den ersten Eindruck eines Unternehmens. Wenn diese schlechte Qualität aufweisen, schließt der Betrachter schnell auf das Unternehmen. Dies ist gerade bei einem Outdoor-Training besonders kritisch, denn hier bedeutet Qualität für uns Kunden auch Sicherheit, also die Frage, ob man wirklich gut aufgehoben ist und gut betreut wird.

Größe: Viele Anbieter haben hier einen schönen Mittelweg gefunden: kleine und große Bilder werden kombiniert und teilweise auch auf die Texte abgestimmt. Bilder sollten unserer Meinung nach immer im Verhältnis zum Text stehen, eher noch dominieren. Der Ausspruch »Ein Bild sagt mehr als tausend Worte« hat immer noch seine Gültigkeit. Eine Mischung aus kleinen Bildern unterstützt den Text ebenso wie ganzseitige Bilder, welche die emotionale Seite des Betrachters einbinden (ansprechende Farben und ansprechende Motive wie z. B. fröhliche Menschen, beruhigende Motive wie z. B. eine Sommerwiese oder ein tiefblauer Himmel etc.).

Ausrichtung des Unternehmens: Die Bilder zeigen nicht unbedingt das Profil und das Auftreten des Unternehmens. Man kann selbstverständlich sehen, ob ein Unternehmen eher auf Action und Abenteuer ausgelegt ist oder eher der Beratungsansatz im Vordergrund steht. Oft kommt es aber vor, dass die Bilder zwischen den unterschiedlichen Anbietern austauschbar sind, weil sie nichts über das spezifische Profil des jeweiligen Unternehmens aussagen. Für den Interessenten wäre es beispielsweise interessant zu erfahren, was gerade dieses Unternehmen einzigartig macht und was dieses Unternehmen abhebt von den anderen. Unverwechselbare Kriterien, in Bildern optimal in Szene gesetzt, sagen sehr viel über die Atmosphäre des Unternehmens und die Haltung und Art der Mitarbeiter aus. Um mehr über die Intention eines Outdooranbieters zu erfahren, bietet sich wieder der Griff zum Telefonhörer an. Am Telefon kann man die wichtigen Kriterien abfragen und sich sein individuelles Bild vom Unternehmen machen.

1.4 Einsatz von Grafiken

Grafiken und Zeichnungen wurden nur von zwei Anbietern eingesetzt, allerdings sagten diese wiederum wenig über das Unternehmen und die Vorgehensweise aus. Erläuternde Zeichnungen, Grafiken, Statistiken etc. machen es dem Leser leichter, die Zusammenhänge zu erfassen und die Umsetzung der Inhalte in den Trainingstagen zu begreifen. Grafiken zur Erläuterung der Vorgehensweise sollten allerdings immer in Verbindung mit erklärendem Text stehen. So lassen sich Inhalte für alle gleichermaßen einfach und unkompliziert verstehen, egal ob der Leser »Links- oder Rechtshirner« ist.

2. Internetauftritt

2.1 Gesamterscheinungsbild

Bei den meisten Anbietern ist kein Zusammenhang zwischen Broschüre und Internetauftritt erkennbar (kein Wiedererkennungswert). Sollte ein Interessent sich zunächst über das Internet informieren und darüber auch weiterführendes Infomaterial anfordern, wäre es von Vorteil, wenn die Broschüre und der Internetauftritt Gemeinsamkeiten aufweisen würden. Der Leser weiß dann sofort, wem er die entsprechende Broschüre zuordnen muss.

Fast alle Internetauftritte sind zu umfangreich, d.h. sie haben zu viele Seiten und Unterseiten. Das »ein-bis-zwei-Klick«-Verfahren kommt zu kurz (nach spätestens zwei Klicks sollte der Besucher am Ziel sein). Die Navigation ist größtenteils durchgängig, teilweise durch viele verschiedene Unterseiten etwas verwirrend (wo befindet sich der Besucher gerade). Bei allen Auftritten, insgesamt gesehen und auch auf den einzelnen Internetseiten, wird durchgehend mit zu viel Text gearbeitet; es sollte darauf geachtet werden, dass der Text möglichst nicht gescrollt werden muss (der Text sollte auf eine Bildschirmseite passen; Einstellungen beachten). Lesefreundlichkeit ist durch die große Textmenge nicht gegeben; auch die Schriften sind oftmals zu klein. Zu lange Absätze und zu kleine Zeilenzwischenräume erschweren das Lesen zusätzlich. Der Leser »steigt irgendwann aus« und kann die Information nicht mehr aufnehmen.

2.2 Bilder

Generell wurde auf das gleiche Bildmaterial zurückgegriffen wie in den Broschüren. Dadurch ergeben sich dieselben Kritikpunkte bezüglich Zuordnung zu einem bestimmten Unternehmen, Positionierung und der mangelnden Abhebung gegenüber den Wettbewerbern etc. Die Bilder sind durchgehend zu klein und in den meisten Fällen auch zu dunkel, dadurch wird es dem Betrachter sehr schwer gemacht, überhaupt etwas zu erkennen. Auch die Qualität der Bilder (1 a Kriterium im Internet) lässt häufig zu wünschen übrig. Bezüglich der Bildsprache, Anmutung der Bilder etc. ergibt sich die gleiche Problematik wie bei den Broschüren.

3. Empfehlungen

Zusammenfassend können wir den Trainingsunternehmen folgende Empfehlungen geben:

1. Kürzer, prägnanter, praktischer: Wir gehen davon aus, dass Anbieter von Outdoor-Trainings ihre Aufträge wohl erst nach einer ausführlichen, persönlichen Präsentation erhalten. Im ersten Schritt der Information geht es also darum, den Kunden zu interessieren, möglichst zu begeistern und ihm Sicherheit zu vermitteln. Diese Ziele lassen sich durch den Einsatz starker Bilder und ausführlicher Referenzen erreichen. Weitere Informationen können nen persönlich erklärt, Beziehungen durch ein Werbegeschenk vertieft und Fragen durch persönliche Übergabe eines Flyers beantwortet werden.

2. Bildhafter, emotionaler: Um im Konkurrenzumfeld bestehen zu können, muss die Fotoqualität gesteigert und die Größe der abgedruckten Bilder optimiert werden. Die Dynamik der Übungen wird durch die ausgewählten Bilder nur selten ausgedrückt. Spaß am Lernen ist nicht immer zu erkennen. Profifotografen wissen, wie nah sie ran müssen und wie Bilder scharf werden.
3. Beispielhafter: Für Entscheider haben Standbilder im Hochseilgarten wenig Aussagekraft. Durch Fotosequenzen, die den Ablauf einer Übung nachstellen und durch passende Erläuterungen könnten sich Entscheider ein eigenes »Bild« vom Ablauf des Trainings machen. So könnten auch Sicherheit und Professionalität vermittelt werden.
4. Aussagefähige Referenzen: Mit der Auflistung von Kundennamen allein ist nicht viel erreicht. Besser wäre es da, Kunden- und Teilnehmerstimmen zur Ausgangssituation und zum Lernfortschritt zu zitieren, um Outdoor-Training plastischer zu machen.
5. Vertrauen: Das Vertrauen in den Anbieter kann durch die Darstellung des methodisch-didaktischen Ansatzes, durch die Darstellung des Ausbildungs- und Erfahrungsprofils der Trainer und durch die Darstellung einer Unternehmensphilosophie gestärkt werden.

So viel zur Qualität von Prospekten und des Internetauftritts! Wir glauben, dass hier noch viel zu tun ist. Was heißt das für Sie als potenzielle Kunden? Wie aus unseren Bewertungen hervorgeht, meinen wir, dass sich die Branche in dieser Hinsicht »unter Wert« verkauft. Daher empfehlen wir Ihnen, sich von vorhandenen Mängeln in der einen oder anderen Darstellung nicht abschrecken zu lassen, sondern gezielt unter den oben angesprochenen Fragestellungen zu lesen und vor allem direkt nachzufragen.

Der Erfolg des Trainings hängt ganz allein von Kompetenz, Erfahrung und Empathie des Trainers ab. Und das lässt sich nur schwer in Broschüren abbilden. Sie sollten deshalb in jedem Fall das persönliche Gespräch mit den in Frage kommenden Outdoor-Anbietern oder besser noch mit den Trainern suchen, um sicher gehen zu können, das für Sie optimale Training auszuwählen.

Berichte aus der Praxis

Bert Kohlhaus
Die Brücke aus der Komfortzone – Führungskräfte-Entwicklung einmal anders

Auf der Anhöhe nahe der Hütte stehen sieben Personen Schulter an Schulter nebeneinander, ihnen gegenüber, einen halben Meter entfernt, ebenso weitere sieben Personen. Alle schauen auf einen zwei Meter langen Stab, der zwischen ihnen waagerecht in der Luft liegt, getragen von je einem Finger der 14 Personen. Die Aufgabenstellung hört sich eigentlich banal an: Der Stab soll auf dem Boden abgelegt werden und zwar so, dass seine Enden zur gleichen Zeit den Boden berühren. Als Rahmenbedingung gilt, dass jede Person mit einem Finger den Stab von unten berühren muss. Jede weitere Berührung ist untersagt. Was kann an dieser Aufgabe schon so schwer sein? Ebenso banal wie die Aufgabenstellung ist die Erklärung: Sobald mehrere Menschen gemeinsam eine Aufgabe erledigen sollen, müssen sie ihre Handlungen aufeinander abstimmen. Und damit kann selbst die leichteste Aufgabe zu einem unmöglichen Unterfangen werden! Viele von uns kennen diese Situation wahrscheinlich aus dem Berufsleben und vielleicht ist mancher schon daran verzweifelt.

Die 14 Personen, allesamt Männer zwischen 30 und 40, die sich dieser Aufgabe stellen, bilden die erste Generation eines Führungsnachwuchsprogramms eines mittelständischen Chemie-Unternehmens. Sie bereiten sich im Laufe von zwei Jahren auf ihre zukünftige Aufgabe als Führungskraft vor. Seit einem halben Jahr bereits durchlaufen sie gemeinsam verschiedene Seminare und Trainings und nutzen nun die Möglichkeiten, die ein Outdoor-Training bietet. Momentan bedeutet das für die 14 Trainingsteilnehmer einen dreiminütigen Kampf gegen die Schwerelosigkeit. Sie verlieren den Kampf, der Stab ist höher in der Luft als zu Beginn der Aufgabe, aber mit drei Minuten liegen sie so ziemlich im Mittelfeld. Die schnellsten Gruppen, die mir begegneten, brauchten weniger als eine Minute, um den Stab abzulegen, langsamere geben bisweilen nach vielen Versuchen und einer Stunde oder länger entnervt auf. Und dann richten sie einen vorwurfsvollen Blick zunächst auf mich, dann auf die Kollegen und schließlich auf den Stab! Es hat schon Teilnehmer gegeben, die in den Stab hineinschauten, als ob er ein Geheimnis enthalten würde. Und so heißt die Übung bei manchen Trainern auch »Magic Stick«.

Anhand solcher und anderer Aufgaben erleben Mitarbeiter die Bedeutung von häufig gebrauchten Wörtern wie Kommunikation, Kooperation, Teamarbeit etc. von einer ganz direkten und pragmatischen Seite. Zurück zu unseren

Führungskräften. Nachdem sie drei Minuten brauchten, um zu erleben, wie es nicht funktioniert, beginnen sie, sich untereinander auszutauschen. Experte, Moderator, Abstimmung, Beobachtung sind einige der Stichworte, die mir signalisieren, dass sich die 14 auf dem richtigen Weg befinden. Und tatsächlich: Beim zweiten Versuch liegt der Stock nach weniger als zwei Minuten am Boden! Was haben sie anders gemacht? Statt alle auf einmal zu sprechen, haben sie einen Moderator / Koordinator bestimmt, der allein Anweisungen geben durfte. Außerdem hatte jeder die Aufgabe, für sein eigenes Handeln die Verantwortung zu übernehmen, statt zu schauen, was die anderen alles falsch machen. Und das hat gewirkt.

Das Prinzip des Outdoor-Trainings ist so einfach wie genial: Lernen durch die unmittelbaren Konsequenzen des eigenen Handelns in einem zunächst von der Arbeitswelt isolierten Umfeld. Dabei gibt es drei Phasen:

- *Aktion:* Arbeiten an einer konkreten Aufgabenstellung (Diskussion, Planung, Aufgabenverteilung, Durchführung etc.).
- *Reflexion:* Austausch und Auswertung in der Gruppe sowie Ziehen von Schlussfolgerungen.
- *Transferdiskussion:* wesentlicher Bestandteil des Trainings. Gesammelte Erfahrungen werden auf ihre Praxisrelevanz und -tauglichkeit überprüft. Jeder Einzelne entscheidet für sich, inwiefern er sie in sein Berufs- (und Privat-)leben integrieren kann und möchte.

In der Reflexionsphase werden häufig gute Ansätze diskutiert, doch meistens bleiben die besten Vorsätze zunächst graue Theorie, vor allem wenn Zeit und andere externe Faktoren die Gruppe unter Druck setzen. Die Fortschritte der Teilnehmer zeigen sich erst im Laufe mehrerer Übungen anhand der Fähigkeit, ihre Lernerfahrungen in zukünftiges Handeln zu integrieren.

Die Herausforderung der Einfachheit

Inzwischen ist es Mittag, Zeit zu essen. Die Vorräte – von den Teilnehmern selbst eingekauft – sind bereits alle in der Küche verstaut. Das war die erste Aufgabe der Gruppe hier oben in der Selbstversorgerhütte. Welche Szenen sich beim Einkaufen abgespielt haben, kann man nur erahnen. Ich stelle mir dazu eine kleine Familie vor, in der jeder seine Wünsche durchsetzen will. Wie ich jetzt erfahre, kann es ganz einfach gehen. Unsere Gruppe hat eine recht teure Lösung für diese Aufgabenstellung gefunden: Zunächst wurden alle Grundnahrungsmittel für die drei Trainingstage besorgt. Danach legte jeder all die Dinge in den Wagen, die ihm einen unvergesslichen Genuss oben auf der Hütte bereiten sollten. Nur – von den Grundnahrungsmitteln wanderte deswegen nichts zurück ins Regal. Wie wäre der Einkauf wohl verlaufen, wenn jeder sei-

Die Brücke aus der Komfortzone – Führungskräfte-Entwicklung anders

nen Teil per Rucksack hätte tragen müssen? Zurück zum Essen. Die Gruppe hat entschieden, zunächst auf eine formale Aufgabenverteilung während der kommenden zweieinhalb Tage zu verzichten. Falls das nicht funktionieren würde, könnte man das immer noch nachholen. Kochen, Tischdecken, Spülen, Holzholen, Feuermachen, all das soll ganz spontan erledigt werden. Es fasziniert mich, wie die eingangs erwähnte »banale« Einstiegsübung bei der gemeinsamen Brotzeit schon für Gesprächsstoff sorgt. Jeder weiß, warum es nicht wie erwartet gelaufen ist, doch das wussten alle schon vor der Übung. Wieso also haben diese Menschen ihr Wissen nicht eingesetzt? Sie werden sicherlich in den nächsten Tagen ihre Antwort auf diese Frage finden. Für die bevorstehenden Aufgaben hat jedenfalls schon jeder ein Rezept parat.

Die nächste Aufgabe wartet schon einige Pfützen und Kuhfladen vom »Basislager« entfernt. Beim Springen über diese Hindernisse zieht sich die Gruppe zunehmend auseinander. Die Teilnehmer genießen es, gemeinsam hier draußen zu sein und die Natur zu erleben. Diese Ecke des Berchtesgadener Landes, nahe der österreichischen Grenze, ist sehr abwechslungsreich: Die Alpenausläufer erreichen eine Höhe von über 1000 Metern, durchzogen von tiefen Tälern. Soweit der Nebel, Vorbote des Winters, es zulässt, sieht man grüne Wiesen, vereinzelte Bäume und Buschgruppen sowie Weidezäune, die bald abgehangen werden, um durch die Last des bevorstehenden Schnees nicht heruntergedrückt zu werden. Und im Hintergrund zeichnen sich die ersten Berge der Alpen ab. Und schon stehen die Teilnehmer vor der zweiten Übung, einem Outdoor-Klassiker: das berüchtigte Spinnennetz. Viele Weisheiten geistern über die Flure der deutschen Wirtschaft, wie diese Aufgabe anzugehen ist. Und doch, auch hier zeigt sich, dass die Realität häufig ein paar Überraschungen birgt, denn jede Gruppe ist so einzigartig wie die Menschen, durch die sie geformt wird. Schnell sind die Weisheiten, vom Kollegen im Büro noch zugeflüstert, nur noch graue Theorie: Die Dynamik hat die Gruppe fest in ihren Händen und führt sie ihrem spezifischen Schicksal zu. Das Spinnennetz kann am besten dann gemeistert werden, wenn Wert auf Qualität (Berührung mit Netz vermeiden), auf eine strukturierte Diskussion (durch Moderator?), auf Rollenverteilung (Qualitätsmanager etc.) und auf Prozessmanagement (wer wird am Anfang, mittendrin und am Ende durchgereicht und warum?) gelegt wird. Ebenso ist es wichtig, bereits erreichte Standards (beste Möglichkeit, eine Person durch das Netz zu befördern) beizubehalten. Die 14 Führungskräfte in spe versäumen es, die Aufgabenstellung zu analysieren, sonst hätten sie bestimmt einige der o. g. Erfolgsfaktoren erarbeitet. Statt dessen greifen sie auf das erwiesenermaßen unproduktive Durcheinanderreden zurück. Letztlich überschreiten sie die vorgegebene Zeit von 30 Minuten (wer ist eigentlich für das Zeitmanagement verantwortlich?) und berühren das Netz unzählige Male. Das Ziel ist damit verfehlt worden und unter den Teilnehmern macht sich Frustration und Enttäuschung breit. Jetzt kommt es darauf an, aus den Fehlern zu lernen und das angeeignete Wissen in den nächsten Aufgaben zu nutzen. Außerdem wird sich nun zeigen, inwiefern jeder Einzelne und die Gruppe als

Gesamtheit in der Lage ist, mit Misserfolgen umzugehen. Soviel sei an dieser Stelle vorweggenommen: Die dritte Aufgabe wird erfolgreich absolviert. Zielerreichung 100 %. Der hierdurch entstandene Motivationsschub stabilisiert die Moral, so dass die Teilnehmer wieder eifrig Erfahrungen austauschen, um die nächsten Aufgaben noch strukturierter angehen zu können. Der erste Outdoor-Tag neigt sich dem Ende zu. Die Teilnehmer und der Trainer freuen sich auf die warme und trockene Kleidung in der Hütte. Auf Dauer ist es schon recht frisch und feucht hier draußen. Die Hütte liegt auf circa 1.200 Metern, keine andere Ansiedlung ist von hier aus zu sehen. Sie bietet etwa 50 Übernachtungsgästen Platz. Ein Einzelzimmer hat nur Rita, die liebenswürdige Hüttenwirtin, die wohl jedes ihrer 70 Lebensjahre hier oben verbracht hat. Ansonsten gibt es ein großes Matratzenlager für 20 Personen und mehrere Zimmer mit Etagenbetten. Diese für viele wahrscheinlich ungewohnt einfache Umgebung, das nasskalte Klima, die ungewohnte Nähe zu Kollegen hat schon bei manch einer Gruppe für Stress und Reibereien gesorgt. Wir jedoch sitzen inzwischen gemütlich beisammen. Das Feuer knistert wieder und der frisch gebrühte Tee wärmt die Körper von innen. In den heutigen drei Reflektionsrunden waren einige Themen angesprochen worden, die wir auf einem Flipchart sammeln, um sie in den nächsten Tagen abzuarbeiten.

Weit weg von der Komfortzone?

Am Morgen des zweiten Tages erstelle ich eine Struktur, die flexibel genug ist, um die Inhalte des Trainings auf die Bedarfe der Gruppe ausrichten zu können. Nebenan im Gemeinschaftsraum, sowohl Essens- als auch Arbeitsraum, ist die Ofenklappe noch geöffnet, damit die frisch entfachten Flammen genügend Sauerstoff bekommen. Schon bald wird der Raum wieder gemütlich warm sein. Rita hat über Nacht oder in den Morgenstunden den Holznachschub sichergestellt. Sie scheint die Gruppe zu mögen, denn sonst lässt sie die Teilnehmer auch mal selbst in die Scheune gehen zum Holzhacken! »Das sind aber nette Leute. Sie grüßen sehr freundlich«, sagt sie zu mir, als ich sie am ersten Abend in der Küche besuchte und ihr freundliches Gesicht legte sich dabei in viele kleine Falten. Aus der Küche klingt das Klappern von Geschirr und das Wühlen flinker Hände im Besteckkasten. In den Geruch des Feuers mischt sich der von gebratenem Speck. Nach und nach finden alle Teilnehmer den Weg zu einem der Stühle, die um den großen Tisch stehen. Ein paar verschlafene Gesichter wünschen sich einen guten Morgen. Die Gruppe hatte entschieden, gemeinsam im Matratzenlager zu schlafen, obwohl noch weitere Räume zur Verfügung gestanden hätten. Jeder hatte einen Schlafsack mitgebracht und mancher hat zum ersten Mal in einem Schlafsack geschlafen. Und über einem Kuhstall, in dem morgens die Kühe durch ihre Bewegungen die

Glocken zum Klingen bzw. Scheppern bringen, hat bestimmt noch keiner geschlafen. Was bedeutet ein Outdoor-Training eigentlich für die Teilnehmer? Sie sollten sich darauf einstellen, ihre Komfortzone verlassen zu müssen. Diese Zone ist der Bereich, in dem wir uns wohlfühlen, der uns vertraut ist, in dem wir zu Hause sind. Eine Umgebung, in der wir leicht erreichbare Ziele mit einem minimalen Einsatz (von Risiko) erreichen. Außerhalb der Komfortzone gibt es Raum, um Neues zu entdecken, um zu experimentieren, um sich von einer anderen Seite kennen zu lernen. Natürlich gilt auch für die Outdoor-Seminare, dass der Lerneffekt nur so groß ist, wie der Teilnehmer es möchte und zulässt. Eine Kommunikation im Vorfeld, in der über Hintergründe und Ziele informiert wird, kann die Einstellung der Teilnehmer positiv beeinflussen. Noch besser ist ein Austausch von Ansichten und Wünschen der zukünftigen Teilnehmer oder ein Vorab-Meeting mit dem Trainer.

Bau einer Seilbrücke

Zurück zu den zukünftigen Führungskräften. Nachdem die letzten Krümel des Frühstücks beseitigt sind, darf ich wieder die Leitung übernehmen. Der Themenspeicher ist noch umfangreicher geworden; anscheinend haben noch einige bei intensiven Nachtgesprächen so manche Idee ergänzt. Da nicht alle Themen jeden gleichermaßen interessieren, bearbeiten verschiedene Arbeitsgruppen unterschiedliche Schwerpunkte und präsentieren die Ergebnisse. Anschließend werden einzelne Punkte diskutiert. Diese Indoor-Anteile sind wichtig, weil hier die wesentlichen Schritte in Richtung Transfer des Erlernten gemacht werden. Um das Gelernte in einem anspruchsvollen Rahmen anzuwenden, geht es gegen Mittag wieder nach draußen in die nasskalten zugigen Wolken, die vor der Türe gekauert haben. Gemeinsam entscheiden wir, statt des Mittagessens draußen eine Brotzeit einzunehmen. Die nötigen Brote dafür sind schnell geschmiert. Bei der anstehenden Aufgabe handelt es sich um eine Projektaufgabe. Sie dauert länger und ist komplexer als die bisherigen Aufgaben. Zu Beginn vermittle ich der Gruppe das nötige Fachwissen dafür. Es geht darum, eine Brücke aus Seilen über eine 15 Meter tiefe und 25 Meter breite Schlucht zu spannen, mit der alle Teilnehmer sicher die Schlucht überqueren können. Somit gilt es, ihnen die notwendigen Techniken zu vermitteln:

Knotentechnik: Welcher Knoten für welchen Zweck?
Sicherheitstechnik: Wie werden wo Karabiner eingesetzt?
　　　　　　　　　　　Wie wird ein Partner abgeseilt?
　　　　　　　　　　　Wie entwickle ich ein redundantes Sicherungssystem?
　　　　　　　　　　　Wie werden Gurt und Helm verwendet?

Seiltechnik: Was ist ein Flaschenzug, wie funktioniert er, wofür kann er verwendet werden?

Zeitplanung, Qualitätsmanagement, Expertenwissen, Rollenverteilung, Moderatoren-Regelung, Kommunikation etc., all das Wissen, das sie sich heute und am Vortag bereits erarbeitet haben, können sie jetzt auf seine Wirksamkeit testen. Meine Rolle als Trainer besteht in dieser Phase vor allem darin, die Sicherheit der Teilnehmer während des Projektes zu gewährleisten. Schon bald übt sich ein Teil der Gruppe darin, Gurte anzulegen, Material zu prüfen und gleichmäßig auf alle Teilnehmer zu verteilen. Der Flaschenzug fordert alle am meisten, doch nach einigen Anläufen scheint jeder die Technik verstanden zu haben. Dieses gesamte Szenario ereignet sich eingehüllt in Nebel- und Wolkenschwaden. Die glänzenden Augen der Teilnehmer zeugen von dem Eifer, mit dem sie bei der Sache sind. Schon länger ist das förmliche »Sie« einem pragmatischen »Du« gewichen. Alle Vorbereitungen sind beendet, das Material ist gut verstaut und schon geht es los zum Ort des Geschehens. Weil zwei der Teilnehmer orthopädische Probleme haben, entscheide ich mich gegen die Orientierungswanderung, die uns zu der Schlucht hätte führen sollen und wähle statt dessen einen leichten Weg. Beim Abgehen der Strecke am Vortag des Trainings hatte ich bemerkt, dass die steilen Wegstellen aufgrund von Trittsiegeln der Kühe im feuchten Gras und lehmigen Untergrund ein Verletzungsrisiko insbesondere für schwache Gelenke wären. Die Sicherheit der Teilnehmer geht immer vor und Herausforderungen für den Einzelnen und die Gruppe wird es noch genügend geben!

Nach 15 Minuten verlassen wir die Straße und folgen einem Feldweg. Weit vor uns liegt eine Baumgruppe: unser Ziel. Weitere 30 Minuten später verliert sich der Feldweg in feuchtem Gras. Der Boden ist vom Regen aufgeweicht. Bei jedem Schritt scheint er unsere Schuhe festhalten zu wollen. Nur widerwillig lässt er sie mit einem lauten Schmatzen wieder los. Kurz vor dem Waldstück treffen wir auf meinen Kollegen, der uns für das Projekt begleiten wird. Wir brauchen ab jetzt zwei Trainer, da die Aufgabenstellung vorsieht, dass sich zwei Gruppen zu sieben Leuten auf je einer Seite der Schlucht aufhalten, um die Seilbrücke zu konstruieren. Mein Kollege führt seine Gruppe über eine schmale Furt auf die andere Seite des Flusses, während der Rest mit mir in den Wald eindringt, aus dem wir das laute Geräusch von fallendem Wasser hören. Der Fluss hat hier im Laufe der Jahrhunderte eine tiefe Schlucht in den Boden gegraben. An einer Stelle fällt das Wasser zehn Meter steil in die Tiefe. Auch im Sommer herrscht an dieser Stelle eine angenehme Kühle, ein Umstand, der uns im Moment jedoch »kalt« lässt. Die Bäume stehen eng beieinander, teilweise bis nahe an den Abgrund. Es gibt genügend Möglichkeiten, eine sichere Seilbrücke zu konstruieren. Zur Sicherheit der Teilnehmer hat mein Kollege das Absturzgelände mit Seilen abgesperrt. Nur wer durch Gurt, Helm und Seil gesichert ist, darf sich in diesem Bereich aufhalten, etwa um der Mannschaft auf der anderen Seite des Flusses ein Seil zuzuwerfen. Die Konstruktionsvorgabe

Die Brücke aus der Komfortzone – Führungskräfte-Entwicklung anders

sieht vor, dass zwei unabhängige Fixseile die Schlucht überspannen müssen, in die eine Person eingehängt wird. Zudem ist vorgegeben, dass die Beförderung der Person von den Teams durchgeführt werden muss; der Passagier selber kann also den Blick auf den Wasserfall genießen. Die Seile werden so nahe daran vorbeiführen, dass die Gischt auf der Haut, im Gesicht und auf den Händen zu spüren sein wird. Für viele bestimmt ein unvergesslicher Moment! Die Rollen innerhalb der beiden Gruppen sind klar verteilt, jeder weiß, was er zu tun hat. Die Bewegungen sind flüssig, ein Zögern beim Knoten des Seiles oder Anziehen des Gurtes nur für ein geübtes Auge erkennbar. Auch der kompliziertere Flaschenzug, der dazu dient, die Seile so stramm zu spannen, dass sie nicht stark durchhängen, funktioniert wie vorher geübt. Ein zufällig vorbeikommender Wanderer würde meinen, dass hier eine Gruppe von Menschen am Werk ist, die sich schon lange kennt und die solche Tätigkeiten ständig ausführt.

Sicherheit = Kompetenz und Konzentration

Und inmitten dieser geschäftigen Routine begeht die Gruppe einen Fehler, der im weiteren Verlauf zu einem Sicherheitsrisiko führen sollte: In jeder Teilgruppe gibt es einen Sicherheitsverantwortlichen, der im Laufe der Aufgabe auch die Schlucht überqueren muss. Da dies in der Planungsphase nicht bedacht worden war, ergibt es sich, dass beide Sicherheitsverantwortlichen auf derselben Seite der Schlucht sind und demnach auf der anderen Schluchtseite keiner. Von nun an noch aufmerksamer beobachte ich den weiteren Prozess bis zu dem Zeitpunkt, an dem ich eingreifen muss: Ein Teilnehmer (nennen wir ihn »X«) wird in die Seile gehängt, die die Schlucht überspannen, und wartet darauf, dass die Passage freigemacht wird. Zwei der Kollegen hatten ihm vorher abwechselnd in den Gurt geholfen, also mehrere Augen, die alles überprüft haben!? Anscheinend nicht wirklich, denn der Karabiner des Komplettgurtes, der Brustgurt mit Hüftgurt verbindet, ist weder zugeschraubt noch geschlossen und nur in den Brustgurt eingeklinkt, so dass keine geschlossene Verbindung zwischen Hüft- und Brustgurt besteht. Die Funktionalität des Gurtes ist so nicht mehr gewährleistet. Im ungünstigsten Fall kann dies zu einem Abkippen der Person führen, infolgedessen sie kopfüber aus dem Gurt herausrutschen kann. Ein Sturz in diesem Gelände würde sicher nicht ohne schwere Verletzungen bleiben.

Bis auf diesen Vorfall werden alle Aufgaben hervorragend gelöst. Die Zeitplanung ist vorbildlich, Experten und Verantwortungen werden definiert, einen Moderator braucht es nicht, die Projektphasen reihen sich sauber aneinander. Die Gruppe ist so schnell, dass sich die Teilnehmer überlegen, die Schlucht in der vorgegebenen Zeit ein zweites Mal zu überqueren. Doch Regen und Kälte zehren inzwischen an den Kräften unserer tapferen Mannschaft, so dass sich bald eine kleine Expedition in Richtung warmer Ofen in Bewegung setzt. Und schon bald sitzen wir im Trockenen, eine Tasse wärmenden Tees in den Händen.

Aus Fehlern lernen…

Schritt für Schritt verarbeiten wir die draußen gemachten Erfahrungen und diskutieren ihre Anwendbarkeit auf das Berufsleben. Die Stimmung ist angeregt, obwohl die Wärme die Köpfe allmählich müde werden lässt. Keiner erwähnt das Thema »Sicherheit« und so frage ich, wie zufrieden die Gruppe diesbezüglich ist. Damit trete ich eine Lawine los, denn der Vorfall hat sich in dieser doch eher kleinen Gruppe noch nicht herumgesprochen. Da keiner der Teilnehmer nachvollziehen kann, wie diese Sicherheitslücke entstehen konnte, gebe ich meine Beobachtungen wieder: Da es keinen Sicherheitsverantwortlichen auf dieser Schluchtseite mehr gab, lässt sich Person X von A in den Gurt helfen. Die Aufmerksamkeit des A wird auf eine andere Person gelenkt, die freudig rufend und lachend die Schlucht herübergezogen wird. A beendet seine wichtige Tätigkeit nicht, doch danach kommt B und macht weiter. Auch dieser Prozess wird nicht beendet, aber immerhin sind inzwischen die Träger des Brustgurtes an der richtigen Stelle. Eine Person C, die den Vorgang abgeschlossen hätte, stellt sich nicht zur Verfügung. X selbst überprüft auch nicht, ob alles seine Richtigkeit hat, somit bleibt der Gurt offen. Als die Passage über die Schlucht frei wird, soll X mit einem »Sicherheit suggerierenden« Klaps auf die Schultern über die Schlucht gezogen werden. Hier interveniere ich.

Die oberste Regel in diesem Training lautet, die eigene Sicherheit und die der anderen stets zu gewährleisten. Die Gruppe hat sie nicht befolgt. Die Betroffenheit ist spürbar. Für einen Moment sagt keiner etwas, Blicke wandern hin und her, insbesondere zu X, der auch nicht weiß, was er sagen soll. Die Auswertung dauert fast genauso lang wie die Durchführung des Projektes. Wie immer fasziniert mich die Offenheit, mit der über Fehler gesprochen wird, sowie die Bereitschaft jedes Einzelnen, seine Verhaltensweisen zu überdenken bzw. zu ändern.

Outdoor-Trainings bieten durch ihre Distanz zur Arbeitswelt den Raum, über eigenes Verhalten und das Verhalten der Gruppe nachzudenken, und zwar ohne Sanktionen befürchten zu müssen. Das Verhalten, in diesem Fall auf den Bau der Seilbrücke reduziert, wird hinterfragt, Positives und Negatives herausgearbeitet. In einem zweiten Schritt entscheidet jeder für sich, inwieweit das individuelle Verhalten oder die Prozesse und Strukturen innerhalb der Gruppe im Arbeitsleben wiederzufinden sind und inwiefern sie förderlich oder hinderlich sind. Ein anstrengender und ereignisreicher Tag liegt hinter uns und aus einer Ansammlung von Individuen ist eine Gemeinschaft geworden. Der Abend

Die Brücke aus der Komfortzone – Führungskräfte-Entwicklung anders

bietet Raum für manch persönliches private Gespräch. Es ist schon spät, als die Letzten das Licht ausmachen. Der dritte Tag ist gleichzeitig der Abreisetag und wird daher vor allem durch Organisatorisches bestimmt. Koordination, Aufgaben- und Rollenverteilung sind inzwischen oft genug geübt worden, so dass die Hütte schnell wieder sauber ist, die Küche leergeräumt, die Autos beladen, die Öfen gereinigt. Als die Autos hinter der Kurve verschwunden sind, schreibe ich in einem kurzen Bericht die wesentlichen Ereignisse zusammen und lasse dabei die zweieinhalb Tage an mir vorüberziehen. Wie einfach erscheint jetzt doch – insbesondere im Vergleich zur Schluchtüberquerung – die Einstiegsübung. Wie sich die 14 wohl jetzt dabei schlagen würden?

Roland E. Röttgen
Teamentwicklung einer Change-Management-Steuerungsgruppe

Vorgeschichte

Ein hoch spezialisiertes mittelständisches Unternehmen betreibt zwei Gesellschaften in der Hand einer Unternehmerfamilie in zweiter Generation. Es wurde vor ca. 60 Jahren gegründet und beschäftigt insgesamt ca. 300 Mitarbeiter. Jede der beiden Gesellschaften mit eigenständigen Geschäftsleitungen entwickelt sich in verwandten Teilmärkten gut. Es gibt viele interne Verbindungen bis hin zum innerbetrieblichen Lieferverkehr und dem Austausch von Know-how. Im Laufe der letzten Jahre nach der Deutschen Wiedervereinigung beginnen beide Betriebe ihre Chancen am Markt immer eigenständiger zu nutzen. Das führt auch zu Wettbewerb gegeneinander. Der innerbetriebliche Lieferverkehr ist rückläufig, Wissen wird zur Macht. In der Sprache der Organisationsentwicklung (OE) gehen »partikulare Interessen den gemeinsamen Interessen vor«.

Der Inhaber befürchtet, dass dieser Weg dem Gesamtunternehmen schaden könnte und bereitet die Fusion der beiden Teilbetriebe zurück zu einem Unternehmen vor. Das Beratungsunternehmen »Unternehmen Unterwegs«, Bielefeld, wird mit der Gestaltung und Realisierung dieses Fusionsprozesses betraut. Nachdem viele Workshops auf verschiedenen Ebenen als gut gestaltete OE-Prozesse mit verschiedenen Gremien gelaufen sind, liegen die Pläne und Ideen auf dem Tisch. Die Geschäftsleitungs-, Steuerungs- und Projektgruppe des Fusionsprozesses besteht zum größten Teil aus Führungskräften beider Teilfirmen. Sie kommt in die Phase der Überzeugungsarbeit und Verwirklichung. Die Mitglieder dieser drei Gruppen müssen diese nicht überall geliebten oder verstandenen Pläne und Ziele einheitlich vertreten und auch untereinander konfliktfähig umsetzen. Sie sind zum Teil persönlich und auch als Gesamtgruppe noch nicht ausreichend vorbereitet. Dafür empfiehlt die Beraterin von »Unternehmen Unterwegs« ein erlebnisorientiertes Teamentwicklungsseminar über vier Tage.

Angebots- und Auftragsphase

Die Beraterin startet Anfragen bei zwei möglichen Anbietern, z. T. auf Empfehlung. Dazu gehört auch PRAXISFELD Training + Outdoor in Radevormwald. Es kommt zu einem Telefongespräch mit mir, Roland E. Röttgen, dem Leiter der PRAXISFELD-Geschäftsstelle Süd-West, weil ich eigene OE-, Wirtschafts- und Führungs-Erfahrungen als Trainer einbringen kann. Es entspinnt sich ein einstündiges Telefongespräch mit der Beraterin des Kunden, in dem wir gegenseitig sehr viele Fragen stellen und beantworten und sehr viele Notizen anfertigen:

Im Ablauf zu verankern:	Laufend in der Leitung zu beachten:
– Motto: »Miteinander in die Zukunft«, – Wahrnehmungsfähigkeiten steigern, – Kommunikation trainieren, – Intensität!, – Beziehungskompetenz und Prozessorientierungunzureichend, – Alter 30–40 und 50–60, alles Männer bis auf eine Frau, – viel persönliche Ansprache im Team und zur Einzelperson: Welches sind die wirklichen Hausaufgaben für jeden einzelnen? – Ziele definieren, – keine Video-Erfahrung, – Focus: wir als Führungskräfte im Veränderungsprozess, – persönliche Kompetenz, deren Erweiterung, deren Grenzen, – Gefühl für die Bedeutung von Teambildung, – emotionale Ebene wichtig.	– Bedeutung von Führungsqualität bewusst machen, – Begrenzungen erleben, – Synergien ermöglichen, – USP-Bewusstsein nötig, – Wertmaßstäbe → Mensch! – »Es geht uns schlecht.« – »Keiner lehnt sich am anderen an.« – wenig Neugier, – Ergebnisse der Zukunftskonferenz berücksichtigen, – im Sommer Real Time Strategic Change Konferenz geplant, – emotionale Ebene ansprechen und verstärken, – Wertschätzung der Person, – Baustelle: Beziehung, – Eigenverantwortung, – Vertrauen, – »stark sein«, – Wertschätzung? – Beziehung Inhaber ← → Werksleiter, – hungrig machen nach mehr – Neugier?! – Chancen sehen/nicht sehen, – Lernkultur (angestrebt, vorhanden oder gewünscht?).

Nutzen und Ziele werden erkannt sowie erste Lösungs-Ideen besprochen. Bei mir beginnt ein Funke zur Beraterin, zur angefragten Aufgabe und dem Interesse an den dahinter stehenden Menschen überzuspringen. Das führt zu einem ablauforientierten Angebotsdesign, welches am Ende den Zuschlag erhält. Vereinbart wird ein Indoor/Outdoor-Teamentwicklungstraining für 15 Führungskräfte unter Beteiligung des Firmeninhabers und seiner Geschäftsführer im »Hotel am Kaiserbrunnen« in Brakel/Westfalen, welches mit PRAXISFELD beim Betrieb einer Outdoor-Trainingsanlage (Ropes Course) zusammenarbeitet.

Präsentation des Trainers und Trainingspartners PRAXISFELD

Ich erhalte wichtige Schriftstücke zum bisherigen OE-Prozess und seinen Ergebnissen zur vertraulichen Einsicht. Auf Vorschlag der OE-Beraterin wird eine einstündige Kurz-Präsentation mit den späteren Teilnehmern durchgeführt. Die Ziele hierfür sind:

- Gegenseitiges Kennenlernen der Gruppe und des Trainers,
- gegenseitiges Kennenlernen der Unternehmen des Auftraggebers und des Auftragnehmers,
- Einschätzung der Ziele und ihrer Prozesse, auf die sich die Teilnehmer und der Trainer einlassen,
- technisch/organisatorische Verabredungen,
- gegenseitig Fragen stellen und beantworten.

Der Firmeninhaber persönlich holt mich vom Bahnhof ab. Ich spüre seine Neugier auf mich und das geplante Training. Es entwickelt sich ein reges Gespräch während der Fahrt zu nahen Einsatzorten der Mitarbeiter und zu den beiden Firmenstandorten. Es macht mir Freude, diesen offenen und interessierten Menschen kennen zu lernen und mich auf ihn und seine Anliegen einzustellen. Er führt mich offensichtlich gerne herum, stellt mir seine Mitarbeiter vor und erläutert mir die Produktionsprozesse. Über erste Kontakte zu Menschen, Kulturen, Techniken, Bildern und Geräuschen lerne ich, was dem Unternehmen und seinen Menschen wichtig zu sein scheint. Es folgt das erste persönliche Treffen der OE-Beraterin mit mir, in dem wir uns ohne Vorbehalte miteinander bekannt machen und eine weitgehende Übereinstimmung unserer Wertesysteme feststellen. Ich spüre bei mir Sympathie und Empathie für die kommende Arbeit mit den mir anvertrauten Menschen.

Nach kurzer Vorstellung von PRAXISFELD und mir komme ich mit der Gruppe über zwei Themen ins Gespräch, deren Ergebnisse ich sofort während des Gespräches mit der Methode »Mind-map« auf zwei Pinwänden dokumentiere:

- Welchen Nutzen hatten die Gruppenmitglieder durch die bisherige Veränderungsarbeit für sich selbst und das Unternehmen?
- Welchen Nutzen erwarten die Gruppenmitglieder vom geplanten Seminar für sich selbst und das Unternehmen?

Ich übergebe Visitenkarten und Präsentationsmappen, beantworte viele das Training und seine Bedingungen betreffende Fragen, und wir verabschieden uns erwartungsvoll voneinander mit den Worten: »Ja, dann bis zum vereinbarten Termin in vier Wochen!« Die OE-Beraterin nimmt an der Präsentation teil und ist an einer Hospitation bei einem meiner nächsten Trainings interessiert. Kurze Zeit später warte ich auf die Ankunft meines Zuges und denke: »Ja, der Funke ist beidseitig übergesprungen. Wir werden eine gute Zeit miteinander haben, nicht nur, weil vier Tage einfach vorbildlich für ein solches Vorhaben sind.«

Entwurf des Trainingsdesigns

Voller motivierender Eindrücke beginne ich zu Hause, das Design der viertägigen Veranstaltung zu entwerfen. Als Erstes liste ich alle Hinweise und Eindrücke auf, die die Ziele und den angestrebten Nutzen für den Auftraggeber und seine Beraterin wiedergeben. Dies geschieht zum einen, um nichts zu vergessen, zum anderen, um mich selbst in das immer wieder einmalige Feld der Beziehung zu den Gruppenmitgliedern zu begeben und um zum Schluss eine Kontrollmöglichkeit zu haben, ob alle Aspekte in angemessener Weise »hineinkonstruiert« worden sind. Dies ist ein anstrengender, kreativer, aber auch lustvoller Prozess, in den die gesamte Erfahrung, die Empathie für die beteiligten Menschen und Themen einfließen. Ich spüre die Lust, etwas zu schaffen, was so noch nicht da war und auch nicht wiederkommen wird.

Mit dem in der Zwischenzeit von PRAXISFELD ausgewählten Co-Trainer Jürgen Blaß bespreche ich detailliert den Entwurf, nachdem dieser sämtliche Informationen und Schilderungen ebenfalls erhalten hat. Er kommentiert das bisher Erreichte und bringt sich mit eigenen Ideen aus seiner langjährigen Erfahrung als Outdoor-Trainer und PRAXISFELD-Gesellschafter ein, so dass es zu einer letztlich gemeinsamen Entwicklung des geplanten Trainings-Ablaufes inhaltlich und methodisch kommt. Bei uns beiden entsteht hier auch schon Vorfreude auf die gemeinsame Arbeit. Auf folgende Aspekte wollen wir besonders achten:

Im Ablauf zu verankern:	Laufend in der Leitung zu beachten:
– Video-Einsatz,	– Steigerung der Herausforderungen an persönlichen Grenzen orientieren,
– Nach-Briefing der Beraterin zusammen mit Co-Trainer,	– Wahrnehmungs-Aufgaben paarweise organisieren,
– nicht auf technische Lösungen der Outdoor-Aufgaben konzentrieren,	– Führungs-Outdoor-Aufgaben,
– Zwei Lernprojekte für Analyse-Phase: »2 blinde Mathematiker« und »Schneesturm«,	– hohe Elemente → allmähliche Steigerung der Grenzen/Test,
– Dialog Teilnehmer-Funktionen heute/später feststellen,	– Schnittstelle → Beraterin.
– Feedback nach Katzenbach.	

Kurz vor der Veranstaltung erfolgt ein aktuelles Nachbriefing der Beraterin im telefonischen Gespräch mit Jürgen Blaß und mir:

Im Ablauf zu verankern:	Laufend in der Leitung zu beachten:
– evtl. »Teambeam«-Übung im Hochseilbereich mit drei bestimmten Personen? – evtl. die Hochseilübung »Vertikales Labyrinth« für bestimmte Personen? – Thema: Weiterbildung + Personalentwicklung, weitere Kompetenzen? – Thema: Konfrontation fördern/Coaching – Wer von uns ist für die Menschen da? – Gruppen- und persönlicher Transfer, – Selbstverpflichtung: Management/Führung → aktive Entscheidung, individueller Weiterbildungsplan für jede Person, – es fehlt die kaufmännische Leitung → Assistenz für Inhaber nötig, – Weihnachtsfeier, andere Feste, – Zukunftskonferenz/Trainings-Feier.	– Technisches Büro geordnet, – komplette Verantwortung für gemeinsame neue Organisation, – zwei Stellvertreter und drei Ingenieure, – Thema: Büro-Neubau entscheiden – (Briefing, Architektur, Macher ↔ Denker), – Themen: Teamwork, – Prozesse, – Selbstverpflichtung: »Du« unterschiedlich, greift um sich (kein »Seminar-Du«!!), thematisieren

Ich vollende das Design und stelle es Jürgen Blaß und Jörn Zeller, unserem dazu kommenden Hospitanten, zum Schlusskommentar sowie zur konkreten Vorbereitung zur Verfügung. Hier nun die Beschreibung der vier Seminartage und ihrer Vorbereitung (Pausen fanden prozessgerecht statt, werden aber hier nicht dargestellt).

Das fertige Seminardesign

Donnerstag

Wir Trainer treffen uns am Vorabend im Hotel und bereiten uns intensiv vor, um eine homogene Trainingsleitung sicherzustellen. Das gesamte Design wird gemeinsam durchgegangen und der erste Tag im Detail geplant, d. h. wer macht wann was und wie wird eine möglichst gleichartige Leitungsbeteiligung erreicht? Plakate und Materialien werden bereitgestellt. Jürgen Blaß und ich kennen uns schon länger. Jörn Zeller lerne ich nun kennen. Es entsteht eine gute Arbeitsatmosphäre zwischen uns. Auch während des Trainings sind innerhalb des dreiköpfigen Leitungsteams immer wieder in den Pausen interne Prozessreflexionen angesagt, in denen der nächste Schritt entschieden wird, der zumeist mehr oder weniger von der ursprünglichen Planung abweicht. Abends folgt der Tagesrückblick mit dem Vorausblick auf den nächsten Tag. Das führt zu immer längeren Abendsitzungen, um den detailgetreuen Planungsanspruch des Anfangs aufrechterhalten zu können.

Freitag

- *Vormittag: Seminar-Vorbereitung Praxisfeld-Team, Anreise der TeilnehmerInnen*
- *Nachmittag: Seminarbeginn: Vorstellungsrunde, Zeiteinteilung/Seminar-Schluss, Tagesinhalt, Körperarbeit »Hoola-Hoop«-Reifen, Bild-Assoziation: IMPRO-Karten Auswahl (»In welcher Stimmung bin ich heute hierher gekommen?«»Welches ist mein wichtigstes Ziel für dieses Training?«), aktuelle Themen aus dem Alltag, die als Störungen oder Aufträge auf das Training einwirken können, Seminar- und Sicherheitskontrakt, Medical Check, Outdoor-Übung: »zwei blinde Mathematiker« mit Beobachtung durch zwei Teilnehmer (definierte Aufgaben), Außenreflexion der eigenen Beobachter unter Supervision durch die Trainer, Outdoor-Übung »Vorsicht Bombe!« in zwei Gruppen (Firma 1 und Firma 2 gemischt) mit Video-Dokumentation und Beobachtung durch zwei Teilnehmer (definierte Aufgaben)*
- *Abend: freiwillig: gemeinsame Video-Betrachtung ohne geleitete Reflexion.*

Die Teilnehmer treffen pünktlich zum Mittagessen ein. Ich nehme die lockere und interessierte Stimmung wahr und kann gut an die gemeinsame Präsentationsstunde vor einigen Wochen anknüpfen. Dann beginnen wir in einem nicht zu kleinen, quadratischen Raum mit heller Fensterfront. Unsere Planung lässt sich inhaltlich und zeitlich gut realisieren. Hier meine Beobachtungen zu diesem Tag:

- Für zwei fehlende, aber angemeldete Teilnehmer stellen wir zwei leere Stühle mit Namensschildern in den Stuhlkreis. Ein Teilnehmer wird wegen privater Terminprobleme erst am Abend des dritten Tages dazukommen, was mit der Geschäftsleitung vereinbart war. Der andere vorgesehene Teilnehmer verweigerte sich, was sofort zum Thema und von den Trainern auch aufgenommen wird. Wir gewinnen zwei Paten, die beide Personen später umfassend über Inhalte und Prozesse informieren wollen.

Bei der ersten Outdoor-Aufgabe werden je zwei Teilnehmer mit der Beobachtung beauftragt. Sie protokollieren genau Verhalten und verbale Aussagen der Gruppe. Bei der späteren Auswertung wird deutlich, wie schwer es der Gruppe fällt, die Interaktionen in Sach- und Prozessebene zu trennen. Es geht nur auf dem Umweg über die quasi visuelle und auditive »Aufnahme« der Interaktionen. Wir halten an dieser Art der »Supervision« durch die eigenen Kollegen fest, um die Wahrnehmungsfähigkeit und Sensibilität der Teilnehmer für die Metaebene dieser Change-Management-Gruppe zu steigern. Die Gruppe gewöhnt sich recht schnell an die für die TeilnehmerInnen ungewohnten Arbeitsbedingungen. Die Bereitschaft, in den intensiven Reflexionsrunden den Dingen auf den Grund zu gehen, nimmt zögernd, aber stetig zu.

Samstag

- *Vormittag: Resterunde, Tagesinhalt, Körperarbeit, Blitzlicht 1. Tag, Innenreflexion der eigenen Beobachter der letzten Outdoor-Aufgabe unter Supervision der Trainer, zwei geleitete Halbgruppen (gemischt aus beiden Firmen), Pinnwände (»Welche Stärken (Schwächen) unserer Change-Manager-Gruppe konnten wir feststellen?« »Welches sind ihre Ursachen?«), Plenum: Präsentation der Gruppenergebnisse, Moderation unter Fortführung der Pinwand-Plakate: Trainer ergänzen aus den eigenen Notizen und Briefing über Fragen: (»Welche Folgen haben sie für unsere Aufgabe?« »Welche Maßnahmen wollen wir ergreifen?«), Outdoor-Übung: Schneesturm, Thema: Frontloading[1], Beobachtung durch zwei Teilnehmer (definierte Aufgaben)*
- *Nachmittag: Körperarbeit im Freien, Feedback-Regeln, Reflexion der Übung »Schneesturm«, Video-Vorführung, Feedback der Beobachter unter Supervision der Trainer, Gruppen-Feedback im Umlauf-Verfahren (Methode nach Katzenbach), Reflexion paarweise, Plenums-Präsentation des Feedback-Ergebnisses, Indoor-Übung »Verkehrsstau«, Blitzlicht: »Das Training bis hierher«.*

Auch die Planung für den zweiten Seminartag können wir gut umsetzen. Sie entspricht dem sich entwickelnden Prozess. Bemerken möchte ich hier besonders: Die Analyse der Stärken und Schwächen der Gruppe erbringt sehr verwertbare Erkenntnisse. Ab sofort kommt vor jeder Übung das so genannte Frontloading mit der Frage nach den zwei Aspekten als Trainingsvorhaben, die zur späteren Steigerung der Wirksamkeit der Change-Management-Arbeit gebraucht werden. Auf diese Weise gelingt ein Soll-Ist-Vergleich in der Reflexion nach jeder Aufgabe und die Einsicht, dass noch viel zu tun bleibt, aber Verhaltensänderung mit positiver Wirkung auch möglich ist. Alle Erlebnisse und Ergebnisse werden in diesem Zusammenhang bei den Teilnehmern verankert und führen zu einer hohen Erinnerbarkeit und Identifikation mit den Zielen und Vereinbarungen, die getroffen werden. Diese stehen nicht nur auf Pinwänden, sondern sind mit vielen persönlichen Erlebnissen, Bildern, Tönen und Gefühlen hinterlegt, damit sie auch später automatisch »aufgerufen« werden können, wenn die Themen im Alltag wieder aufkommen. Bei den Übungen ist der Drang der oberen Hierarchie erkennbar, »Vorreiter« sein zu müssen, was je nach Aufgabe und geforderten Talenten manchmal zu einer Steigerung, manchmal zu einer Minderung der Leistungsfähigkeit führt. Das Führungsverständnis im Unternehmen wird mehr als deutlich, Entwicklungsbedarf auch.

---

[1] Vor der Übung wird darüber gesprochen, was speziell in der Übung geübt, ausprobiert oder erfahren werden soll oder was zur späteren Erkenntnis über Veränderungs-Maßnahmen beitragen soll.

Sonntag

- *Vormittag: Resterunde, Tagesinhalt, Auflösung und Reflexion der Indoor-Übung vom Vorabend (Verkehrsstau), Körperspannungsübungen im Freien, Outdoor-Übung »Mohawk-Walk«, Thema: Frontloading,*
- *Nachmittag: Feedback und Gruppen-Feedback: Outdoor-Übung: »Wippe« mit Video-Aufzeichnung und Beobachtung, Dialog-Sitzung, Abschluss-Abend (Kegeln).*

Dieser Tag ist den niedrigen Ropes Course Elementen vorbehalten, um einfach genug Übungsmöglichkeiten mit immer neuen Frontloading-Aspekten nutzen zu können. Der Spätnachmittag wird dem Resümee des bisherigen Trainings gewidmet. Bemerkenswertes des dritten Tages: Der Dialog (Lernende Organisation) führt nach diesen zwei Tagen gemeinsamem Erlebnisses zu einer ungeahnten und beeindruckenden Tiefe in der Kommunikation. Das Engagement und die Loyalität für die Pläne des Unternehmers zur Umgestaltung, aber auch das Aufarbeiten vergangener unerledigter Konflikte, bricht sich höchst emotional Bahn. Es gibt deutliche Zeichen persönlicher Nähe unter den Teilnehmern. Der Dialog wird auf Video aufgenommen und den Teilnehmern später mitgegeben. Der an diesem Abend dazugekommene bisher fehlende Kollege fragt am nächsten Morgen, was denn passiert sei. Er hätte abends noch eine geschäftliche Angelegenheit mit verschiedenen Kollegen besprochen, die sich so völlig anders konstruktiv verhalten hätten, als er es bisher gewohnt sei.

Montag

- *Vormittag: Resterunde, Tagesinhalt, hohe Hochseil-Übungen: Teambeam, Coaching Ladder, Cat Walk, Frontloading: Vertrauen, helfen, sich anlehnen, Kontrolle abgeben, Verantwortung für einander, Fortsetzung der Hochseil-Übungen, Reflexion der Vormittagserlebnisse*
- *Nachmittag: persönliches Feedback, Checkliste »Bildung Change-Manager«, Transfer – Gruppe, persönlicher Transfer, IMPRO-Karten, Anknüpfung an die Bild-Assoziation der Eingangsrunde, schriftliche und mündliche Rückmeldungen zum Seminar, PRAXISFELD-Give-aways[2] und bewegter Abschluss.*

Der High Ropes Course ist vormittags angesagt. Jetzt sind die Herausforderungen maximal, es geht nun weniger um Zusammenarbeit im Team wie an

---

[2] Abschiedsgeschenke

den vorhergehenden Tagen, als um die einzelne Persönlichkeit im Kontakt mit einer oder maximal zwei anderen in zehn Metern Höhe. Der Nachmittag ist nach netto drei Seminartagen der umfangreichen Transfersicherung und einem angemessenen Abschluss gewidmet. Wesentliche Eindrücke hier: Einzelne Teilnehmer nutzen die Gelegenheit, ihre eigenen Schwellen zu überschreiten und werden dabei von der ganzen Gruppe unterstützt. Der »Teambeam« fordert seine »Opfer«, sieht aber auch überraschende echte »Sieger«. Die »Coaching Ladder« erlebt die dramatische Annäherung eines Mitarbeiters an seinen Unternehmer. Das viertägige Teamentwicklungsseminar für die Change-Management-Steuerungs-, Leitungs- und Beratungs-Gruppe kommt zu einem höchst emotionalen und positiven Ende. Teilnehmer und Leitung haben das Bewusstsein, an einem außergewöhnlichen Seminarerlebnis teilgenommen zu haben.

Evaluation des Seminars

Geschlossene Fragen und ihre Noten-Bewertung (arithmetisches Mittel) sind hier dargestellt (Skala zwischen 1 = sehr gut und 5 = mangelhaft):

- Sind Sie zufrieden mit diesem Training?   Note 1,5
- Sind der Ropes Course und die Übungen für Ihre Ziele sinnvoll übertragbar?   Note 1,9
- War die Leitung kompetent/gut vorbereitet?   Note 1,5
- Förderte die Leitung eine offene Atmosphäre und Kommunikation?   Note 1,4
- Sind alle Sicherheitsaspekte angemessen berücksichtigt worden?   Note 1,2
- Würden Sie das Programm weiterempfehlen?   Note 1,4

Auszüge aus den Original-Antworten auf offene Fragen:
Was gefiel Ihnen besonders?

- Sehr gute Zuordnung der Outdoor Übungen zu den vorangegangenen Indoor-Aufgaben.
- Das Trio der Leitung. Die offene Atmosphäre hat die Leitung kompetent erzeugen können und führt somit zum Erfolg im Team.
- Das Herausarbeiten der Schwächen und Stärken und die Umsetzung in den Übungen, vor allem in den Diskussionsrunden.
- Der durchdachte Seminaraufbau und die damit verbundene Spannung und Steigerung bis zum Höhepunkt des blinden Vertrauens.

Was haben Sie persönlich und als Gruppenmitglied gelernt?

- Entwicklungspotenzial, weil Defizite klar zu sehen sind.
- Ich war ein Fachidiot.

Teamentwicklung einer Change-Management-Steuerungsgruppe

- Besser zuhören und das ständige Bemühen, auf den anderen einzugehen.
- Offene und ehrliche Gespräche sind die Grundlage für eine Teamarbeit.

Gibt es ein Lernergebnis/eine Veränderung für die Gruppe?
- Teilweise vorhandene Abwehrhaltungen wurden aufgebrochen.
- Ja, ebenfalls offen und ehrlich gegenüber dem anderen zu sein.
- Ja, es wurde offener miteinander umgegangen, es wurden Strategien entwickelt.
- Verständnis wurde tatsächlich erweitert, Teamgeist wurde als Wichtigstes erachtet.

Haben Sie Vorschläge zur Verbesserung des Programms?
- Nur deutsche Sprache und keine Abkürzungen verwenden.
- Absolut nicht!
- Deutlicherer Bezug auf die Firma.
- Die schweren Übungen (outdoor) für weniger Mutige auszuweiten, verständlicher ausdrücken.

Dokumentation: Sämtliche Video-Bänder, Flip Chart und Pinwand Plakate wurden im Original vom Auftraggeber mitgenommen. Eine Fotoserie wurde in entsprechender Stückzahl der abgebildeten Teilnehmer übergeben. Die Gesamtauswertung der schriftlichen Seminarrückmeldungen wurde an die OE-Beraterin und den Auftraggeber gesandt.

Schlussbetrachtung

Wir drei Leiter hatten zum Abschluss das Gefühl, eine erstklassige Arbeit abgeliefert zu haben. Bestätigung dafür waren die mündlichen und schriftlichen Rückmeldungen der TeilnehmerInnen und die Tatsache, nicht erschöpft zu sein. Nach aller Trainer-Erfahrung ist das ein klarer Hinweis über unsere eigene innere Balance. Nach dem Training gab es verschiedene Telefonkontakte auch mit Teilnehmern, besonders aber mit der OE-Beraterin. Mit ihr wurde nur im Nachhinein über tatsächliche Inhalte und Prozesse gesprochen, ohne persönliche Rückmeldungen über einzelne zu geben. Auf diese Weise konnte das Training mit seinen Ergebnissen in die laufende Change-Management Arbeit integriert werden. Das Ergebnis unmittelbar nach dem Training wurde durch die Wahrnehmungen der OE-Beraterin bestätigt. Etwa acht Monate später wurde zusammen mit der OE-Beraterin und dem Autor dieses Berichtes ein dreitägiger OE-Workshop realisiert, in dem die neue Organisationsstruktur der fusionierten Firma und die Zielvereinbarungen für die zukünftige Zusammenarbeit vereinbart wurden. Auch hier spielten die außergewöhnlichen Erlebnisse des geschilderten Trainings eine deutliche Rolle. Der OE-Prozess wurde nachhaltig positiv beeinflusst, indem die Mitglieder der gesamten Gruppe begannen, ein gemeinsames Verständnis über die Ziele und Wege dahin zu entwickeln. Verschiedene Personal-Entscheidungen begannen sich auch dadurch zu entwickeln, dass die Teilnehmer neue Bezugspunkte für ihr Verhalten einerseits und andererseits für ihr persönliches Entwicklungspotenzial entdeckten. Nicht am Training beteiligte Mitarbeiter berichteten über deutlich wahrnehmbare Verhaltensänderungen der beteiligten Führungskräfte und es wurde offen über das gemeinsam geteilte Erlebnis des Trainings im Firmenalltag berichtet, so dass es als Feedback von am Training nicht beteiligten Mitarbeitern an den Autor wieder auftauchte. Zu guter Letzt regte der Firmeninhaber die Durchführung von derartigen Teamentwicklungs-Maßnahmen für die neu gestalteten oder fusionierten Abteilungen an.

Rolf Stapf
Turmbauprojekt – das Unternehmensplanspiel für die »Deutsche Flugsicherung«

Wer ist Outdoor-Unlimited-Training?

Outdoor-Unlimited-Training entstand Anfang 1996 aus einem großen Trainingsprojekt, das die Opel Adam AG in Spanien durchführte. Outdoor-Unlimited-Training hat sich auf Personalentwicklungsmaßnamen für Firmen spezialisiert. Wir verbinden Indoor-Trainingselemente wie Feedback-, Konflikt- und Führungsmodelle, MBTI und Belbin-Teamrollentheorie mit Outdoor-Übungen. Die Outdoor-Übungen kommen sowohl aus dem Bereich »High-Events« und »Low-Events« als auch aus dem Bereich der Problemlösungsaufgaben. Die Gewichtung von Indoor-Elementen und Outdoor-Übungen ist von der Diagnose- und Konzepterstellung abhängig und richtet sich nach den jeweiligen Bedürfnissen des Kunden. Es handelt sich um einen Ansatz des Lernens durch Erfahrungen, ganzheitlich und erlebnisorientiert.

Die Firma Outdoor-Unlimited-Training besteht aus zwei Geschäftsführern, 13 festen Partnern und etwa 10 freien Mitarbeitern. Sie ist auf Firmentrainings spezialisiert, entwickelt und kreiert dafür immer wieder neue Übungen wie auch große komplexe Multiaktionsprojekte. Diese variieren entsprechend den Bedürfnissen der Kunden, d. h. es werden Übungen dazu genommen und verändert, sowie der Charakter der einzelnen Übungen, falls erforderlich, verschärft. Diese Variationen hängen von den unterschiedlichen Zielvorstellungen ab. Der Turmbau ist ein solches komplexes Multiaktionsprojekt.

Das Turmbauprojekt

Was können wir uns unter der zentralen Aufgabe, dem Turmbauprojekt, vorstellen? Dieses Projekt beinhaltet einen gewaltigen Turm, der aus 1400 Cola-Kisten oder anderen Kisten erbaut wird, die in verschiedenen Stationen erworben werden müssen. Diese werden dann zu einem Turm mit den Grundmaßen von vier auf vier Meter zusammengefügt. Die Höhe wird durch die

Anzahl der erworbenen Kisten bestimmt. Am Schluss können ca. 50 Personen oben auf dem Turm stehen, dort ihren verdienten gemeinsamen Erfolg feiern und mit diesem Hochgefühl (»Wir haben es geschafft«) in die anschließende Reflexions- und Transferrunde gehen.

Skizze Turmbau und Stationen

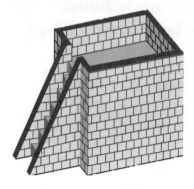

Spezifikationen:
Höhe 4 m,
Grundfläche 4 m × 4 m,
eine Treppe als Zugang,
Lauffläche 60 cm breit,
Geländerhöhe ›1,0 m auch während des Baus (gilt auch für die Treppe).

Nachfolgend einige der Stationen, die je nach Konzept in das Turmbauprojekt integriert werden. Bei jeder dieser Stationen kann die Gruppe durch ein Bonussystem Kisten erwerben.

- *Kistenklettern:* Eine Übung, bei der zwei Personen soviel Kisten wie möglich auf einer Grundfläche von einer Kiste aufeinander aufstocken müssen. Ab einer bestimmten Anzahl erwirtschaften sie einen Bonus für jede noch höher gestapelte Kiste.
- *Geländeübung:* Hier müssen bestimmte Punkte im Gelände gefunden werden. Je weiter der gefundene Punkt vom Ausgangspunkt entfernt ist, desto höher ist der Kistenbonus.
- *Floßbau:* An dieser Station müssen ein oder mehrere Flöße gebaut werden, um eine bestimmte Anzahl von Kisten pro Fahrt auf eine Insel, am See gelegen, zu bringen. Zum Erwerb von Baumaterial müssen Kisten investiert werden.
- *Brückenbau:* Hier muss eine Brücke von der Insel auf das Festland gebaut werden, über die die Kisten von der Insel zur Turmbaustation transportiert werden. Auch hier muss das Material »in Kisten bezahlt werden«.
- *Labyrinth:* Bei dieser Übung muss ein abgegrenztes Feld mit 70 Einzelfeldern unter bestimmten Regeln vom gesamten Kleinteam durchquert werden, wobei es nur einen einzigen richtigen Weg für diese Durchquerung gibt. Die gemachten Fehler bestimmen den Kistenbonus.
- *Steilwand:* In 3-er Teams wird eine ca. 14 m hohe Wand erklettert. Bei einer Erstbesteigung gibt es einen höheren Kistenbonus als bei nochmaliger Besteigung.

- *Bombenräumung:* Bergen von »Bomben« aus einer verbotenen Zone in ansteigender Schwierigkeit. Für entschärfte Bomben gibt es entsprechend der Schwierigkeit einen Kistenbonus.
- *Reflexions- und Transferrunde:* Für die Reflexions- und Transferrunde am Ende wird ein so genanntes »World-Café« eingerichtet, welches den Rahmen für die Reflexion vorgibt. Die Teilnehmer werden in Kleingruppen mit ausgewählten Fragestellungen konfrontiert. Hierbei findet ein rotierender Wechsel innerhalb der Kleingruppen statt. So ist eine Verzahnung von Informationen und Erkenntnissen möglich. Im anschließenden gemütlichen Zusammensein kann das eine oder andere noch vertieft werden.

Eine Kick-off-Veranstaltung für die »Deutsche Flugsicherung«

Outdoor-Unlimited-Training hatte schon einige Seminare im Rahmen des Führungscurriculums der »Deutschen Flugsicherung« durchgeführt. Durch diese gemeinsame konstruktive Zusammenarbeit trat die »Deutsche Flugsicherung« an Outdoor-Unlimited-Training mit der Bitte heran, ein Konzept für eine Kick-off-Veranstaltung zu entwickeln. Diese Veranstaltung sollte der Startschuss für die Veränderung von einer hierarchischen zu einer prozessorientierten Unternehmenskultur sein. Im Vorgespräch mit der »Deutschen Flugsicherung« bestätigte sich die Idee, das Turmbauprojekt für deren Zielsetzung einzusetzen. Denn die Aufgabenstellung beinhaltet Aspekte aus den Bereichen neue Visions- und Unternehmenskultur, Projekt- und Planungsinhalte, Informationsweitergabe, Abteilungsvernetzung und Klärung von Schnittstellenproblematiken. Des Weiteren werden metaphorisch die zur Implementierung einer Prozessorganisation notwendigen, persönlichen und strukturellen Veränderungen erlebbar gemacht.

Der Transfer kann im Großprojekt auf vielfältigste Weise bearbeitet werden. Es werden alle Problembereiche wie in der tagtäglichen Arbeitswelt erlebt und erfahren und können über die Reflexion hervorragend für den Transfer genutzt werden. Darüber hinaus ist ein Perspektivenwechsel möglich, der im Alltag so nicht durchgeführt werden kann. Dieser ist für die Lernerfahrungen der Teilnehmer und für die erfolgreiche Veränderung von einer hierarchischen zu einer prozessorientierten Organisation von besonderer Bedeutung. Bei weiteren Gesprächen wurden die Zielsetzungen konkretisiert:

- Teilnehmer von einer abwartenden in eine aktive Haltung bringen.
- Abteilungen für den Umwandlungsprozess sensibilisieren und als Team festigen, um als Planungsteams in der neuen Struktur agieren zu können.
- Wertschätzung der Tätigkeit der anderen.

- Aufbrechen der Grenzen zwischen zentralen und dezentralen Bereichen.
- Transparenz über die Interdependenz (nur gemeinsam erreichen wir das Ziel).
- Teilnehmer sollen lernen, situativ zu entscheiden (»Was ist die beste Lösung?«).
- Verständnis für Alternativen bekommen (»Es gibt nicht nur einen richtigen Weg«).
- Schaffung einer Fehlerkultur.
- Führungsqualität weiterentwickeln.

Die Kernpunkte dieses Trainingsdesigns waren:

- Weg von einzelnen Übungen mit klar begrenzter Aufgaben- und Zeitvorgabe und somit auch begrenzter körperlicher und psychischer Anforderung,
- gemeinsames Erfolgserlebnis durch den begeh- und erlebbaren Turm (Metapher: »Was starke Organisationen gemeinsam schaffen können!«),
- Herausforderung durch Komplexität und Dauer der Aufgabe (über 1,5 Tage),
- Simulation der Kommunikation von Schnittstellenproblemen,
- Verbesserung der Schnittstellen zwischen den Abteilungen,
- Simulation der Komplexität der Arbeitsabläufe.

Teilprojekte des Turmbauprojekts

- Kistenklettern: eine Aufgabe mit Fun-Faktor und dem Anspruch der ständigen Verbesserung.
- Floß und Brücke: Umgang mit Problemlösungsbereichen.
- Geländeübung: Qualitätsmanagement und Kommunikation sowie Umgang mit der Abhängigkeit von bestehenden Teilgruppen.
- Turmbau: Kontrolle von personellem und materiellem Bedarf und Einhalten des Zeitplanes.
- Logistik: Die dezentrale Lage der Übungsstationen erfordert exakte Koordination und Überwachung des Materialflusses der Kisten.
- Koordinierungs- und Führungsgruppe: Umgang mit der Schnittstellenproblematik, Transparenz der Kommunikation sowie die Übernahme von Führungsverantwortung.

Das Projekt wurde von uns bewusst so konzipiert, dass gleichwertige Unterteams mit- und untereinander agieren müssen. So sollte der prozessorientierte Charakter erfahrbar und erlebbar gemacht werden. Die Übungen und Aufgabenstellungen mussten von einer Führungs- und Koordinierungsgruppe strategisch, logistisch und organisatorisch vernetzt werden, wobei dem direkten

Informationsaustausch unter den Kleinteams keine Grenzen gesetzt waren. Prozessorientiertes Arbeiten bedeutet, in bestimmten Situationen aktiv zu werden und nicht alles an das Führungsteam zu delegieren.

Überblick Seminarablauf

Zeit	Dauer	Verantw.	Inhalt
Mittwoch, 30. 08. 2000			
15:00	00:15	DFS	Begrüßung
15:15	00:10	D. F.	Hinführung zum Setting und Ziel der Veranstaltung
15:25	00:05	O. U. T.	Vorstellung der Trainer, Ablauf, Organisation, Zeiten
15:30	00:15	O. U. T.	Gruppeneinteilung durch **Geburtstagskreis**
15:45	01:00	O. U. T.	Übung **Spinnennetz** Herstellen der Teamfunktionalität, Miteinander und Vertrauen schaffen
16:45	00:15		Pause
17:00	00:15	O. U. T.	**Vorstellung Turmbauprojekt**
17:15	00:15	D. F.	Moderation: Ableiten von Prozessen aus der Aufgabe
17:30	00:15	DF/OUT	Zuordnung der Prozesse auf 6 Kleingruppen
17:45	01:00	DF/OUT	Gruppenarbeit: Prozessplanung
18:45	00:45		Abendessen
19:30	00:45		Präsentation der Gruppenergebnisse: Tätigkeit der Gruppe, Schnittstellen
20:15	offen		Schnittstellenklärung
Donnerstag, 31. 08. 2000			
08:00			Frühstück, Zimmer räumen
09:00	01:30		Start des Trainings
10:30	00:20	DF/OUT	**Reflexion 1** Ist die geleistete Planung zielführend? Ausarbeitung von Optimierungspotenzial
10:50	01:25		Arbeit in den Stationen
12:15	00:15		**Wechsel** der Teams und entsprechende Einweisung in die neuen Abschnitte. Trainer verbleiben in ihren Abschnitten
12:30	02:40		Arbeit in den Stationen
15:10			Turm fertig
15:10	00:20	DF/OUT	**Reflexion 2** in den Kleinteams
15:30	00:30	DFS	**Turmfest** inkl. Schlusswort
16:00	01:30	DF/OUT	Transfersicherung durch **World-Café** Parallelen zur Arbeitswelt, Potenziale, Umsetzungsstrategien

Der erste Tag

Im Folgenden sollen die Ereignisse aus dem Blickwinkel einer Trainerin und eines Teilnehmers beschrieben werden.

Sabine S., Trainerin bei Outdoor-Unlimited:	Dieter S. aus der Abteilung XXX:
»Die Reflexion bezog sich immer wieder auf das anstehende Großprojekt und dessen Inhalte. Vertrauen, sich aufeinander verlassen können waren ganz wichtige Themen. Dafür wurden Kommunikations- und Teamregeln abgesprochen, die den Ablauf des Großprojektes vereinfachen sollten. Des Weiteren wurde das prozessorientierte Teamverhalten reflektiert, z. B. wie reagiert das Team auf Schwierigkeiten, wie auf neu eingeführte Regeln des Trainers? **Beispiel:** von den Trainern werden wegen Berührung des Spinnennetzes Teile des Netzes geschlossen. Dies erfordert einen neuen Verteilungsplan der Personen auf die noch vorhandenen Löcher, einen so genannten Notfallplan. Außerdem: Wie achtet das Team auf die vom Kunden (Trainer) vorgegebene Qualität und wie reagiert es auf weitere Wünsche des Kunden?«	»An diesem Freitag war unser ›normaler‹ Arbeitstag bereits um 12:30 zu Ende. Gemeinsam in zwei Reisebussen fuhren wir nach Hohenroda. Einchecken und Zimmerbeziehen waren schnell erledigt und so ging es gleich im Seminarraum los. Nach einer Einführung über Outdoor-Unlimited-Training, Arbeitsweisen und Übungen sowie über das Setting und das Ziel der Veranstaltung, wurden wir in sechs Kleinteams aufgeteilt und vor die erste Herausforderung, das ›Spinnennetz‹, gestellt. Wir lernten hier, einander zu vertrauen und trafen Vereinbarungen, wie wir die nächsten Aufgaben gemeinsam angehen wollten.«

Präsentation des Großprojektes

Anschließend wurde das Großprojekt von uns Trainern am Overheadprojektor mit den einzelnen Teilbereichen vorgestellt und Fragen der Teilnehmer beantwortet. Zusätzlich gab es noch von unserer Seite entsprechendes Informationsmaterial zu den einzelnen Stationen und Übungen.

Zunächst brach erst mal ein Raunen und Staunen aus – die vorherrschende Stimmung lässt sich wohl am besten durch folgende Äußerungen beschreiben: dem zweifelnden »Wie soll denn das möglich sein, das können wir nicht schaffen!«, stand das kämpferische »Das kriegen wir hin, darauf habe ich Lust, lasst uns gleich anfangen!« entgegen. Hier wurden die verschiedenen Charaktertypen und die unterschiedlichen Teamrollen sehr deutlich und auch ausgelebt. Den Antreibern oder Machern gelang es sehr gut den Prozess in Gang zu bringen und anzufangen.

Sabine S., Trainerin bei Outdoor-Unlimited:

»Die Planungsphase war schwierig: Die einzelnen Kleinteams gingen, begleitet von einem Trainer, in die Planung für die übernommene Aufgabenstellung. Der Planungsprozess hatte unterschiedliche Phasen von Intensität, und manche Kleinteams planten und diskutierten bis in den späten Abend hinein, um letzte Details zu klären. Vor allem die Führungs- und Koordinierungsgruppe war mit der Klärung der Schnittstellenproblematik bis in die späten Abendstunden beschäftigt. Es gestaltete sich als äußerst schwierig, all die vorgesehenen Personen- und Materialressourcen zu verwalten sowie den Informationsfluss für den ganzen Tag in Gang zu halten, um adäquat auf mögliche entstehende Probleme reagieren zu können.

Hier einige Beispiele: Diverse Kleinteams benötigten am Anfang, um ihre Übung durchführen zu können, eine bestimmte Anzahl von Kisten, andere dafür gar keine. Daraus ergab sich die Frage, wie die Vergabe organisiert werden muss und wer wie viele Kisten braucht. Dies war aber auch wiederum abhängig von den jeweiligen Konstruktionen der Kleinteams, z. B. bei dem Floßbauteam, denn pro Teil für den Floßbau musste eine entsprechende Anzahl von Kisten im Voraus erbracht werden. Erschwert wurde das Ganze durch die Vorgabe von uns Trainern, dass alle Teilnehmer eine Kiste als Startkapital erhielten.«

Dieter S. aus der Abteilung XXX:

»Wir hatten dann als Gesamtteam die Aufgabe, Schwerpunkte des Großprojektes sowie die verschiedenen Aufgabenbereiche herauszuarbeiten. Dieser Prozess wurde von den Trainern moderiert, auch um das Ganze in einem zeitlichen Rahmen zu halten. Persönlich fiel es mir schwer, einen Beitrag zu leisten, da die Aufgabe für mich zuerst noch sehr komplex und nicht greifbar war. Erst durch die gemeinsame Ideensammlung sowie das Herausarbeiten von Details und den möglichen Schnittstellenproblematiken entwickelte sich bei mir ein Bild von der komplexen Aufgabe. Langsam kam trotz des zeitraubenden Prozesses die Stimmung auf: ›OK, wird schwierig werden, können wir aber schaffen!‹.

So war unser Kleinteam – und auch andere Teams – bis nachts damit beschäftigt, alles zu planen und zu organisieren und wir verloren dabei den Blick dafür, dass nicht alles vorher planbar ist. Manches musste ausprobiert werden, um mit den Erfahrungen weiterplanen zu können. Es war eine äußerst anspruchsvolle Aufgabenstellung, die jedoch die Realität in unserem Unternehmen widerspiegelte. Am Ende gingen wir alle müde aber auch voller Lust und Anspannung auf den folgenden Tag zu Bett.«

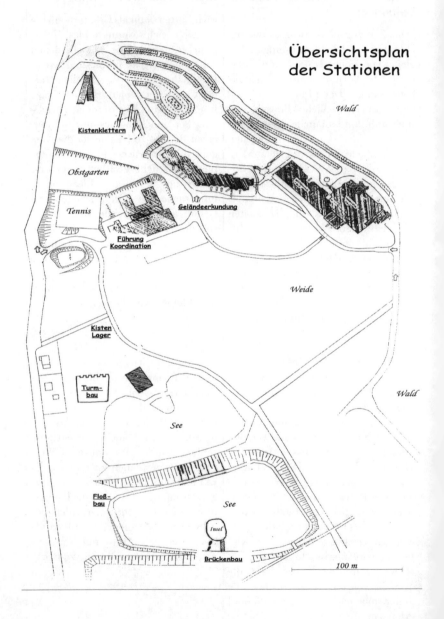

Der große Turmbautag

Sabine S. (Trainerin):

»Um 9:00 Uhr am nächsten Morgen begannen wir mit einer gemeinsamen Reflexionsrunde, bei der es um letzte Klärung noch vorhandener Probleme und um letzte Optimierungsmöglichkeiten in den Kleinteams ging. Danach war Startschuss für die Arbeit der Kleinteams in ihren Stationen, mit dem Ziel, möglichst viele Kisten für den Turmbau zu erwirtschaften.

Welche Schwierigkeiten traten auf? Beim Kistenklettern: Wir dachten, das kann doch gar nicht so schwer sein, die geforderte Anzahl an Kisten aufeinander zu stapeln. Doch trotz aller Versuche, kamen nicht mehr als acht Kisten zusammen. Erst nach einer Zwischenreflexion, bei der wir Trainer bestimmte Fehler und Verhaltensweisen reflektierten, lief es besser und die Zweier-Kletter-Teams überboten sich mit neuen Rekorden. Sie waren nun total motiviert, einen immer höheren Kistenturm zu bauen und damit ihren Kistenbonus zu verbessern.

Wie lief es in den anderen Kleinteams? Das Team ›Floßbau- und Geländeerkundung‹ löste die Aufgabenstellung sehr gut, und es erwirtschaftete viele Kisten. Die Floßbauer konnten ihre gute Konstruktion sehr schnell in die Realität umsetzen, das Kleinteam war sehr motiviert und hatte viel Spaß.

Beim Kleinteam an der Station ›Brückenbau‹ gestaltete sich der Pro-

Dieter S. (Teilnehmer):

»Anlaufschwierigkeiten am Vormittag: Die Pausen und die Mittagspause mussten von den Kleinteams und unserem Führungsteam selbstständig organisiert werden. Einzige Vorgabe der Trainer: Um 13 Uhr muss ein Stationswechsel stattfinden. Wie dies organisiert würde und in welcher Zusammensetzung die Kleinteams danach agieren, wurde uns überlassen. Dass es keine nochmalige Sicherheits- und Regelunterweisung nach den Stationswechseln geben wird, vergaßen wir leider klar an alle Teams weiterzugeben. Deshalb standen Teams nach dem Wechsel in ihrer Station, konnten aber nicht beginnen, weil keiner vom Vorteam anwesend war um diese Unterweisung vorzunehmen, ohne die nicht wieder an der Station gearbeitet werden durfte. Wir verpassten so auch die Chance, Erfahrungen und Ideen weiterzugeben. Viele Kleinteams fingen wieder am selben Punkt an wie das Vormittagsteam, und verbrachten beträchtliche Zeit ›unwirtschaftlich‹ damit, grundlegende, aber im Gesamtteam bereits bekannte Erkenntnisse bezüglich der Station zu gewinnen.

Die Brückenbaustation bereitete uns große Schwierigkeiten, denn dieses Team konnte ihre Planungsidee nicht umsetzen, hatte keine neuen Ideen dazu und versuchte nur irgendwie eine Brücke zu bauen, was aber misslang. Alle warteten auf die klaren Anweisungen von ›oben‹, die wir sonst gewohnt sind, die aber nicht kamen. Unsere

zess sehr schwierig, denn die geplante Konstruktion vom Vortag war für das Kleinteam so nicht umsetzbar und es machte sich Ratlosigkeit breit. Es gab keinen Notfallplan. Es wurde angefangen wild zu diskutieren, jedoch nicht die geplante Konstruktion in Frage gestellt, sondern nur die Fehler in der Ausführung verändert. Neue gute Vorschläge wurden nicht gehört oder wahrgenommen. Es ging in diesem Team teilweise sehr chaotisch zu. Man muss hier anfügen, dass diese Station sehr anspruchsvoll war. Das Kleinteam »Brückenbau« fühlte sich am Ende überfordert, sodass sich langsam Frustration breit machte. So kam es, dass bis zur Mittagszeit noch keine Brücke stand und auch keine neuen Umsetzungsideen vorhanden waren.

Im Nachhinein betrachtet war das Vormittags-Führungsteam organisatorisch überfordert. Dies zeigte sich insbesondere in einfachen Punkten. Z. B. wurde das Kleinteam an der Station ›Geländeerkundung‹ nicht in andere Stationen integriert, obwohl keine Punkte mehr im Gelände vorhanden waren und somit keine Kisten mehr erwirtschaftet werden konnten. Auch der Informationsfluss zwischen den Teams (insbesondere zum nachfolgenden/vorherigen Team) war nicht effektiv genug und so war vielen unklar, wo es welche Schwierigkeiten und welche Erfahrungen gab.«

Führungs- und Koordinierungsgruppe war dieser Situation nicht gewachsen. Sie bekamen die Schwierigkeiten der Brückenbauer zwar mit, konnten aber nicht adäquat reagieren bzw. es organisieren, dass z. B. aus anderen Kleinteams dort vorhandene »Experten« zur Hilfe herangezogen wurden oder zumindest bis zum Zeitpunkt des Stationswechsels, ein neues Team mit dem entsprechenden »Know-how« zusammengestellt würde.

So wurde nach dem Stationswechsel von einem neuen Team versucht, diese Aufgabe zu lösen, allerdings mit den selben Schwierigkeiten. Erst nach einer von den Trainern initiierten Zwischenreflexion, wurde vom neuen Führungs- und Koordinierungsteam, endlich ein Expertenteam an die Station beordert und die Brücke nahm langsam Konturen an. Nach der Reflexion lief einiges besser, und die Stationen mit ihren Kleinteams konnten so optimiert werden, dass unter absolutem Zeitdruck und mit Einsatz von jedem am Turmbau gearbeitet wurde. Auf der Insel stauten sich schon Türme von Kisten, die auf ihren Abtransport warteten. Nur unter großem Einsatz aller Kleinteams war es noch möglich, diese Kisten im vorgegebenen Zeitrahmen an die Turmbaustation zu bringen. Ganz knapp konnte der Turm noch im Zeitlimit fertiggestellt werden. Danach war riesige Erleichterung und Freude darüber zu spüren, es doch noch geschafft zu haben. Wir feierten gemeinsam ausgiebig auf dem Turm und waren alle überwältigt vom Anblick des imposanten Turmes. Es war ein gelungener Abschluss.«

Transfer im Word-Café

Nach der Feier war eine Stimmung zwischen »Zufriedenheit« bis hin zu »Oh, wir haben viele Fehler gemacht« zu spüren. Die Teilnehmer wurden zur Reflexion in das »World-Café« eingeladen. Hier saßen sie in losen Gruppen zu etwa acht Personen beim Kaffee zusammen. Anhand entsprechender Fragestellungen der Trainer und im verzahnten Wechsel der Tischbesetzungen wurden wichtige Prozessbereiche reflektiert und die wichtigen Erkenntnisse auf eine persönliche »Transfer-Serviette« notiert. Es gab folgende Leitfragen:

- Was haben Sie erlebt?
- Erkennen Sie Parallelen zu Ihrer tagtäglichen Arbeit?
- Wie können Sie sicherstellen, dass die hier gemachten Erfahrungen im Alltag umgesetzt werden?

Alle 15 Minuten gab es einen Teilnehmerwechsel an den Tischen, wobei eine Person sitzen blieb. Die anderen Personen verteilten sich mit ihren aufgeschriebenen Notizen an die anderen Tische. Die an den jeweiligen Tischen zurückgebliebenen Personen tauschten mit den dazukommenden Personen die an diesem Tisch erzielten Ergebnisse aus und glichen sie mit deren Erkenntnissen ab. Danach erhielten die Teilnehmer die nächste Fragestellung, mit der genauso verfahren wurde. Nach der dritten Frage, artikulierten nochmals einige Teilnehmer die für sie wichtigsten Erkenntnisse und die notwendigen Schritte für deren Umsetzung.

Beurteilung des Seminars durch die Teilnehmer

Für uns war insbesondere die Vielfältigkeit der aufgetretenen Problembereiche wichtig. Mit Problemstellungen, die auch in unserer täglichen Arbeit im Bereich von Führung, Kommunikation und Teamarbeit auftreten, wurden im Turmbauprojekt interne Defizite widergespiegelt und Lösungsansätze erarbeitet. Besonders zum Tragen kamen die Entwicklung von Planungsinhalten, die Schnittstellenklärung zwischen Projekten und Prozessen und die Vernetzung von Abteilungen. Wir haben erkannt, dass das Verharren in »hierarchischen« Denkmustern zu Ineffizienz und Problemen in der Bewältigung dieses Großprojektes geführt haben. Mit mehr Mut zur Eigenverantwortung, weniger Abwarten und Hoffen auf eine Anweisung oder Lösung der Probleme durch das Führungsteam hätten einige Situationen »wirtschaftlicher« und vor allem für unsere Kleinteams emotional zufriedenstellender gelöst werden können. Tendenzen zu mehr eigenverantwortlichem Handeln gab es. Dieses gilt es nun weiterzuentwickeln und insbesondere im betrieblichen Alltag der neuen Prozessorganisation anzuwenden. »Learning Points« der Teilnehmer die immer wieder kamen:

- Entsprechend den Situationen agieren,
- mehr Kommunikation zwischen den Abteilungen,
- Fehler ansprechen,
- nicht auf Weisungen von oben warten.

Beurteilung des Seminars durch die Trainer

Für uns ist das Turmbauprojekt wie erwartet gelaufen. Wichtig war für uns, die Teilnehmer dort abzuholen, wo sie in ihrer aktuellen Entwicklungsphase stehen. Des Weiteren hat sich unser Vertrauen auf das Prozessgeschehen bewahrheitet, d. h. den Prozess mehr laufen zu lassen und nicht zu früh einzugreifen. Denn erst durch die eigenen Erfahrungen gestaltet sich ein nachhaltiger Entwicklungsprozess. Für Großgruppen mit einer flachen Hierarchie ist diese Form der Simulation der Komplexität hervorragend geeignet einen langanhaltenden Lernprozess zu initiieren. Was werden wir künftig anders machen? Unter Umständen mehr Details vorgeben, damit das Projekt in der vorgebenen Zeit zur Umsetzung bzw. zum Erfolg führt. Dies kann auch in Form einer klaren strukturellen Vorgabe passieren und dies ist auch abhängig vom Entwicklungsstand des jeweiligen Unternehmens und den Teilnehmern. Wir werden versuchen, noch weitere Übungen in das Gesamtprojekt zu integrieren, um damit noch variabler auf die Bedürfnisse der Unternehmen reagieren zu können.

Wolfgang Servas
Outdoor-Trainings bei der Deutschen Bahn AG – Aspekte bei der Einführung innovativer Projekte in großen Systemen

Die Deutsche Bahn AG ist eines der größten europäischen Dienstleistungsunternehmen. Über 200 000 Mitarbeiter, modernste Züge, komplexe Steuerungstechnik, Kommunikations- und Informationsnetze auf neuestem Stand prägen das Bild der Bahn von heute und morgen. Die Bahn setzt dabei auf Mitarbeiter, die mit diesen Systemen kundenorientiert umzugehen verstehen. 37 000 Züge am Tag und ein enorm hoher Vernetzungsgrad kennzeichnen dieses komplexe System eines Großunternehmens. Weniger bekannt dürfte die Tatsache sein, dass das Dienstleistungszentrum Bildung der Bahn mit jährlich bis zu 2500 Teilnehmern in 170 Veranstaltungen einer der größten Anbieter im Outdoor-Bereich ist.

Der vorliegende Beitrag versucht, an Hand von ausgewählten Aspekten Beispiele für das Vorgehen bei der Einführung innovativer Projekte zu beleuchten und damit Anregungen für ähnliche Vorhaben zu geben.

Unternehmen im Wandel – Gesellschaft im Wandel

Die Gesellschaft befindet sich in einem rasanten Wandel. Der Trend zu einer zunehmenden Individualisierung geht einher mit der Notwendigkeit zu stärkerer Vernetzung und neuen Formen der Zusammenarbeit sowie einer verstärkten Kunden-, Service- und Qualitätsorientierung. Geänderte Rahmenbedingungen erfordern bei den zukünftigen Mitarbeitern neue Kompetenzen und Schlüsselqualifikationen. Dazu gehören neben der Fachkompetenz auch die immer wichtiger werdende Methoden- und Sozialkompetenz. In diesem Umfeld und im Zwiespalt zwischen dem Denken eines ehemals hoheitlichen oder gar staatstragenden System mit starren Strukturen und wenig Flexibilität und dem Erfordernis zu flexiblen, eigenverantwortlichen und individuellen Problemlösungen wird ein breites Handlungsfeld für die Personalentwicklung bei der Bahn deutlich. Die Bahn hat 1994 diese ungeheure Herausforderung angenommen und sich auf den Weg gemacht. Ein Weg, der noch lange nicht abgeschlossen ist und der derzeit auf Grund der wirtschaftlichen Situation derzeit besonders herausfordernd ist. Ein solch umfassender Wandel kann nicht durch eine einzelne Maßnahme angestoßen oder vorangetrieben werden. Viele Maßnahmen in vielen Bereichen des Unternehmens sind erforderlich. Dazu zählen nicht nur Investitionen in die Technik wie etwa die Modernisierung des Fahrzeugparks und der Bau von neuen Strecken, sondern auch Investitionen in die Organisation und die Menschen, wie etwa schlanke Führungsstrukturen, eine innovative Unternehmens- und Führungskultur, leistungsabhängige Bezahlung und ein modernes System der Personalführung und -entwicklung.

Ausbildung für den Wandel mit modernen Konzepten

Hier ist der Ansatzpunkt für integrierte Konzepte, die ganzheitlich angelegt sind. Gesellschaftlicher und betrieblicher Wandel erfordern gleichermaßen unternehmerischen Mut und strategische Planung seitens der Führungskräfte, wie auch Mut zum Denken und Handeln von den jungen Menschen, die eine Ausbildung beginnen. Mindestens so modern wie die technischen Einrichtungen sind auch die Aus- und Fortbildungskonzepte beim Dienstleistungszentrum Bildung (DZB), dem Bildungsdienstleister der Bahn. In allen Ausbildungsrichtungen stärken innovative Ausbildungsmethoden die Eigeninitiative und Verantwortungsbereitschaft. Auszubildende vermarkten in ihren eigenen Firmen, den Juniorfirmen im kaufmännisch und serviceorientierten Bereich, den Junior-IT-Systemhäusern (JunITS) in den IT-Berufen, ihre eigenen Produkte. Die Auszubildenden übernehmen dort in eigener Regie alle kaufmännischen und produktiven Vorgänge eines Betriebes von A wie Akquisition bis Z wie Zahlungsüberwachung. Die Erfolge, die Azubis dort erzielen, geben Selbstvertrauen und Sicherheit im Umgang mit den Herausforderungen der Zukunft.

Ein weiterer Bestandteil dieses innovativen Bildungskonzeptes bei der Bahn sind die Outdoor-Trainings. Das Outdoor-Zeitalter bei der Bahn begann 1996 mit dem Pilottraining einer kleinen Gruppe von 16 Ausbildern und Führungskräften des DZB. Allen Beteiligten war bereits während des Trainings klar, dass dies einer jener Bausteine sein konnte, die geeignet sind, den Wandel bei der Bahn zu fördern. Nach der Grundsatzentscheidung für die Einführung von Outdoor-Trainings war die Frage nun, wie ein innovatives Instrument in ein großes System so eingeführt werden kann, dass es nachhaltige Veränderungen ermöglicht. Nur gut zwei Jahre später war das DZB der größte Outdoor-Anbieter im Azubibereich: Schon im Jahr 1999 nahmen 2500 Azubis an einem sechstägigen Outdoor-Training mit dem Namen »SKiP« (Soziale Kompetenzen in der Praxis) teil.

Wandel als Chance – Implementierung von Outdoor-Trainings

Ein Projekt wie die Einführung von Outdoor-Trainings für so viele Azubis produziert viele Ängste, bei Ausbildern, Entscheidungsträgern, Budgetverantwortlichen, Sozialpartnern und bei nur am Rande Beteiligten. Hinzu kommt, dass sich insbesondere im Bildungs- und Personalbereich viele allein auf Grund der zahlreichen persönlichen Berührungspunkte (und sei es nur während der Schulzeit) zu selbsternannten Experten erheben. Am schmerzhaftesten sind beim Thema Outdoor die Äußerungen auf dem Niveau »... das haben wir beim Bund auch schon gemacht...«. Eine umfassende Information über Hintergründe, Ziele und Vorgehensweise ist daher sehr wichtig. Allerdings muss man sich bei so vielen Mitarbeitern, Beteiligten und Entscheidungsträgern in einem divisionalisierten Unternehmen wie der Bahn AG auch von der Vorstellung verabschieden, alle umfassend und neutral informieren zu können. Denn bei aller Wichtigkeit, die man individuell diesem Thema beimisst, muss man dessen relative Bedeutungslosigkeit im Gesamtkontext von Neubaustrecken, Milliardeninvestitionen und Kapazitätsanpassungen ebenfalls anerkennen. Ein glücklicher Umstand war die Umbruchsituation v. a. auch innerhalb des Bildungsbereiches Mitte der 90er Jahre. Ein neuer Leiter, eine neue Struktur und ein rasanter Wandel mit einem experimentierfreudigen Klima ließen ein Vorhaben wie Outdoor-Trainings auf fruchtbaren Boden fallen. Neben einer guten Portion Glück, die zum Gelingen eines solchen Projektes immer dazugehört, sind aber eine Reihe weiterer Erfolgsfaktoren ausschlaggebend. Ein großes System wie die Bahn AG kennt auch eigene Gesetzmäßigkeiten. Unabhängig davon gelten aber auch Grundregeln aus den Bereichen Projekt- und Changemanagement. Somit lassen sich die im Projekt gemachten Erfahrungen auch partiell auf die Einführung von Innovationen in großen Systemen, z. B. die Einführung von Outdoor-Trainings in anderen Großunternehmen, übertragen. Im Folgenden werden exemplarisch einige Aspekte im Sinne einer Checkliste erläutert. Dabei wird keine strenge zeitliche oder hierarchische Reihenfolge unterstellt, diese ist in Abhängigkeit von den jeweiligen System- und Projektrahmenbedingungen nur individuell möglich. Nach dem Start eines Projektes ergibt sich ohnehin meist die Notwendigkeit, viele Einzelprozesse parallel zu beachten.

Ein guter Start ist entscheidend!

Es gilt, eine mögliche Entscheidung für die Einführung von Outdoor-Trainings sauber vorzubereiten. Szenarien müssen entwickelt, Kosten geschätzt und Auswirkungen beurteilt werden. Dies ist auch erforderlich, wenn die Rahmenbedingungen und die zukünftige Entwicklung nicht einwandfrei vorhersehbar sind. Niemand erwartet in einer Nachbetrachtung viele Monate später eine Punktlandung bei 100 %. Trotzdem sind hier konkrete Aussagen gefragt. Denn den Entscheidern über eine solche Maßnahme bleibt oft nur wenig Zeit, sich in die Problematik einzuarbeiten. Sie verbinden auch meist keine persönlichen Erfahrungen mit dem Bereich Outdoor und müssen sich am gleichen Tag noch mit zahlreichen anderen Thematiken auseinander setzen. Die nur etwa 15 Minuten, die in der Präsentation für die Entscheidung über das Outdoorprogramm für die Bahn-Azubis 1996 zur Verfügung standen und die dann auch sofort getroffene positive Entscheidung zur Umsetzung, sind kennzeichnend für die innovative Atmosphäre dieser Ära. Das bedeutet natürlich auch, dass eine Präsentation entsprechend vorbereitet werden muss. In möglichst konkreten Aussagen sollte die Ist-Situation aufgezeigt, der Unterschied zum Soll herausgestellt und eine Lösung skizziert werden. Von besonderer Bedeutung sind Aussagen zum zeitlichen und vor allem zum finanziellen Rahmen sowie zum Nutzen, den die Organisation durch die Einführung von Outdoor-Trainings erzielen wird. Von Vorteil ist es, wenn es im Vorfeld gelingt, einen Verbündeten zu gewinnen, der über die Gepflogenheiten im Entscheiderkreis informiert ist. Gelingt es, den Entscheider zu begeistern und als Promotor zu gewinnen, ist ein gutes Stück Arbeit geschafft. Ein solcher Promotor sollte möglichst nahe bei der Unternehmensleitung angesiedelt sein, da er u. a. für die Sicherstellung ausreichender Ressourcen für den Implementierungsprozess sorgen muss. Mit dem Start der Implementierung sollte dann auch eine breite Öffentlichkeit hergestellt werden. Je nach der häufig unternehmenskulturell ausgeprägten Gerüchtementalität kann insbesondere die Einführung von Outdoor-Trainings zu vielen Spekulationen und damit zu einem negativen Image führen, bevor die ersten Trainings richtig angelaufen sind.

Frühzeitige Info und Einbindung der Beteiligten

Viele innovative Projekte scheitern am Widerstand der Beteiligten. Veränderungen von Situationen führen zwangsläufig zum Wegfall des gewohnten Handlungsumfeldes und damit zu Unsicherheit und Ängsten: Bin ich der neuen Situation gewachsen? Werde ich noch souverän agieren können? Fallen Besitzstände weg? Muss ich von lieben Gewohnheiten Abschied nehmen? Solche und ähnliche Fragen beschäftigen viele Menschen in Veränderungssituationen. Insbesondere bei einem so sensiblen und mit emotionalen Vorbehalten belegten Training wie im Outdoor-Bereich sollte man diesem Phänomen achtsam begegnen. Bei SKiP schienen die Ängste der Ausbilder von elementarer Bedeutung: Was passiert dort mit meinen Azubis? Wie werden sie sich verändern? Werde ich danach mit Forderungen der Azubi konfrontiert, mit denen ich nicht zurechtkomme? Wissen die Azubis nach dem Training mehr als ich? Die große Nähe der Azubi zu dieser Zielgruppe und deren meinungsbildende Bedeutung rechtfertigten besondere Investitionen, an denen die Größenordnung des Projektes nochmals deutlich wird. Alle damals 210 Ausbilder des DZB nahmen an sechstägigen Outdoor-Trainings bei unserem Kooperationspartner teil. Neben der umfassenden Information waren Teambildung und weitere Qualifizierungsinhalte Ziel dieser Trainings. Die so informierten und fortgebildeten Mitarbeiterinnen und Mitarbeiter sollten den Transfer der Trainingsinhalte und die Umsetzung der Ziele in das Arbeitsumfeld erleichtern. In weiteren Seminaren erhielten auch Betriebsräte, Jugendvertreter und Personalbetreuer die Möglichkeit zur Teilnahme. Parallel wurde in internen Publikationen und auf zahlreichen Meetings, in Arbeitskreisen und Workshops über die neue Trainingsform informiert und diskutiert.

Große Organisationen: Erfolgsfaktor kritische Masse

Der Begriff, der aus dem Bereich der Kernphysik stammt, beschreibt ein Phänomen, dem in großen Organisationen besondere Bedeutung zukommt: Gelingt es nicht, in kurzer Zeit nach dem Startschuss eine relativ breite Basis zu schaffen, läuft man Gefahr, dass sich die Innovation totläuft (bzw. »totgelaufen wird«). Im Fall von SKiP bedeutete das, nicht etwa vorsichtig mit ein oder zwei Pilotseminaren zu beginnen, danach eine ausführliche Reflexions-, Evaluations- und Konzeptanpassungsphase einzulegen, um dann später mit einem optimierten Konzept in eine zweite Testphase einzusteigen. Vielmehr ging es darum, von Beginn an richtig loszulegen. Dies gestaltete sich so: Parallel zu den letzten Ausbilderseminaren bei unserem Kooperationspartner fanden im März/April 1997 bereits die ersten beiden Pilotseminare in Regensburg statt. Dort waren in nur acht Monaten ein kleiner Seilgarten (14 Elemente, u. a. mit Wall, Mohawk Walk, mehreren Balken und Spinnennetzen) installiert sowie Orientierungstouren ausgearbeitet, Bekleidung, Zelte, Neoprenanzüge, Kanus, Rucksäcke und Schlafsäcke beschafft worden. Kurz: Die gesamte Infrastruktur für jeweils 60–80 gleichzeitig am Training teilnehmende Azubi war aufgebaut worden. Ebenfalls gleichzeitig waren 14 Ausbilder ausgewählt worden und befanden sich in einer einjährigen Qualifizierungsmaßnahme (erlebnispädagogische Zusatzausbildung »ZAB« bei OUTWARD BOUND Deutschland).

Nach den ersten beiden Pilotseminaren wurde eine Pause von nur zwei Wochen über Ostern eingelegt, um die aufgetretenen Schwachstellen für den großen Start zu beseitigen. In der Anfangsphase nach Ostern nahmen dann wöchentlich bereits ca. 50 Azubi an dem sechstägigen SKiP-Modul teil. Zum Beginn des neuen Ausbildungsjahres im September 1997 fand dann die offizielle Einführung für alle Azubi von zwei Berufsbildern statt. Bis zu diesem Zeitpunkt, also nur ein gutes Jahr nach dem ersten Kontakt mit Outdoor, hatten bereits über 500 Azubi der DB AG ein Outdoor-Training im bahneigenen Outdoor-Zentrum besucht. Während dieser Einführungsphase wurden die Trainer der Bahn durch intensive Coachings mit einer individuellen Dauer von 10–20 Trainingstagen begleitet. Bereits im Herbst 1997 lief Regensburg mit der vollen Kapazität von 2500 Azubi pro Jahr.

Umgang mit Widerständen

Die Einführung von Outdoor-Trainings bei der Bahn hatte nicht nur Befürworter. Selbst innerhalb des DZB und auch am Standort Regensburg löste eine so exotische Trainingsform auch Ängste aus, die zum Widerstand führten. Widerstände sind ja gleichzeitig auch ein Zeichen von Energie. Deshalb ist es sinnvoll, sie zu akzeptieren und den Menschen die Chance zum Wandel zu geben und sich auf Veränderungen einzulassen. Besonders für das Küchen- und Hauspersonal stellte die neue Trainingsform und die damit verbundene höhere Frequentierung des Lernzentrums Regensburg ein beachtliches Konfliktpotenzial, damit aber auch eine entsprechende Lernchance dar. Flexibilität bei den Essenszeiten, erhöhter Reinigungs- und Reparaturaufwand sowie die Bereitschaft zur Erfüllung individueller, kurzfristiger und auch ausgefallener Trainerwünsche erforderten viel Überzeugungsarbeit. In einem bis dato straff durchstrukturierten Kantinenbetrieb (Gruppe A 12.15 Uhr, Gruppe C 12.25 Uhr usw.) trifft der Wunsch nach Verteilung verschiedener Zutaten im Außengelände zur eigenen Essenszubereitung durch die Azubi erst einmal auf Widerstand. In einem eigens auf die Belange des Servicepersonals zugeschnittenen Outdoor-Training erhielten die Mitarbeiterinnen und Mitarbeiter die Möglichkeit, sich mit dieser ungewohnten Trainingsform vertraut zu machen. Gleichzeitig wurde aber auch unmissverständlich deutlich gemacht, dass am Aufbau des Outdoor-Zentrums Regensburg kein Weg vorbei geht. Kritikern, die einen solchen Weg nicht mitgehen können, muss hier auch aufgezeigt werden, welche beruflichen Alternativen sich für sie bieten. Diese Alternativen müssen dann ggf. auch konsequent umgesetzt werden. Kontroversen müssen hier ausdiskutiert werden, denn verdeckte Widerstände können das ganze Projekt gefährden.

Berücksichtigung der Unternehmenskultur

Wesentliche Verkaufsargumente und Vorteile des Systems Bahn sind die hohe Sicherheit sowie die Faktoren Pünktlichkeit und Präzision. Diese Faktoren haben viele Eisenbahner verinnerlicht, diese Werte sprechen auch eine ansonsten eher konservative Klientel an. Deshalb macht es Sinn, solche Themen zu identifizieren und auch in einem Outdoor-Training zu bearbeiten. In einem Konzept zur Einführung einer Innovation sollten aber nicht nur solche kulturprägenden Schlagworte enthalten sein, sie müssen von den Akteuren auch gelebt werden. Sonst findet eine Innovation keine Akzeptanz, da sie an den Grundeinstellungen eines Unternehmens rüttelt bzw. diese ignoriert. Konkret heißt das für die Trainer, bei aller erforderlichen Flexibilität z. B. pünktlich (und bei der Bahn zählt hier die Minute) mit dem Training zu beginnen. Das eigens erstellte und aufwendige Sicherheitsmanual ist ein weiterer Baustein des Outdoor-Konzeptes mit hoher Affinität zur Unternehmenskultur. Im Sicherheitsmanual sind die hohen Sicherheitsstandards dokumentiert. Darüber hinaus werden permanent auch kritische Trainingssituationen und Beinaheunfälle aufgenommen, analysiert und mit Vorschlägen zur künftigen Vermeidung versehen. Die einzelnen Berichte werden dann den Übungen zugeordnet und sind von allen anderen Trainern einsehbar. Somit lernen alle Trainer von ihren Kollegen und gleichzeitig wird der Sicherheitsstandard in jeder einzelnen Übung kontinuierlich optimiert. Durch solche Bausteine in einem Gesamtkonzept wird die Identifikation eigener Werte und von Produkt- bzw. Unternehmensstärken mit einer fremden Materie ermöglicht. Dies erleichtert es den Menschen in einem System, einer Innovation gegenüber offener zu sein.

Kooperation mit flexiblem Partner

Ohne einen kompetenten Partner lässt sich ein so umfangreiches Projekt nicht realisieren. Bei der Wahl eines Partners sollte darauf geachtet werden, dass dieser entweder im gleichen Umfeld tätig ist, somit die Kultur des Unternehmens versteht und die gleiche Sprache spricht, oder dass er fähig ist, auf systembedingte Faktoren mit eigener Flexibilität zu reagieren. Letzteres war bei dem von uns gewählten Partner OUTWARD BOUND der Fall. Handelt es sich, wie bei der Kooperation zwischen OUTWARD BOUND und dem DZB um einen kleineren und einen sehr viel größeren Partner, ist es wichtig, dass beide Organisationen ihre Identität behalten und auch einbringen können. Dabei wird von dem kleineren Partner ein hohes Maß an Flexibilität erwartet.

Bildung eines begeisterten Teams

Parallel zum Aufbau der Infrastruktur in Regensburg und zum Training mit allen 210 Ausbildern lief die Qualifizierung der ersten Outdoor-Profis des DZB an. Nach einem Assessment Center zur Auswahl der zukünftigen Trainer durchliefen die ersten elf Mitarbeiter eine ZAB-Ausbildung bei OUTWARD BOUND. Die Identifikation und Einsatzbereitschaft dieses Teams war insbesondere in der Aufbauphase eine der tragenden Säulen des Erfolgs. Die qualifizierte Ausbildung auf hohem Niveau und anschließende Einzelcoachings zwischen 15 und 20 Tagen legten den Grundstein für die spätere Professionalisierung und die dadurch mögliche Ausdehnung des Outdoor-Programms auf andere Zielgruppen. Inzwischen verfügt das DZB über ein Team von 24 Outdoor-Trainern, die in permanente Qualifizierungs- und Qualitätssicherungssysteme eingebunden sind. Das Team gilt auch nach fünf Jahren als eines der flexibelsten und einsatz-, und forbildungsfreudigsten innerhalb des DZB, eine relativ niedrige Fluktuation trägt zur Kontinuität und permanenten Kompetenzverbesserung auch in Spartenbereichen bei.

Eigene Identität

Eine der Grundsatzentscheidungen in der konzeptionellen Phase des Projektes war die Entscheidung für den Aufbau eigener Kompetenzen und einer eigenen Infrastruktur. Voraussetzung dazu ist natürlich das Vorhandensein eines ausreichend großen Trainingspotenzials. So fiel nach Abwägung der Vor- und Nachteile die Entscheidung, die Azubi nicht zu einem externen Veranstalter zu schicken, sondern eigenes Personal in einem Entwicklungsprozess zu Outdoor-Trainern fortzubilden und eine eigene Infrastruktur aufzubauen. Mit 300 oder 400 Azubi jährlich hätte das betriebswirtschaftlich und unter dem Blickwinkel der Professionalität der Trainer wenig Sinn gemacht. Angesichts der Größenordnung war es uns jedoch wichtig, dass die Zielgruppe von Anfang an zumindest in Form von Co-Trainern durch Personal trainiert wird, das den unmittelbaren Bezug auch zum Arbeitsumfeld der Teilnehmer hat. Die Entscheidung, Trainer aus dem Bereich der Berufsausbildung für Azubi und betriebliche Fach- und Führungskräfte für den Bereich der Fach- und Führungskräftetrainings einzusetzen, kann inzwischen als eine der herausragenden Stärken des DZB angesehen werden. Die Trainer des DZB sprechen die gleiche Sprache wie die Teilnehmer. So gelang es, eine eigene Identität und ein eigenes Bewusstsein für das Outdoor-Programm zu schaffen und nicht lediglich eine Kopie des Originals OUTWARD BOUND zu sein.

Mut zur Standardisierung

Eine große Zahl von Trainingstagen bietet unter Kosten- und Qualitätsgesichtspunkten sicher Vorteile. Eine gleichbleibende Qualität ist allerdings nur zu sichern, indem Standards geschaffen und dann auch umgesetzt und eingehalten werden. Eine Vorgehensweise, die nicht unumstritten ist, die aber nichts mit einem Mangel an Flexibilität zu tun hat. Sie drückt vielmehr, ausgehend von der Überzeugung der eigenen Leistungsfähigkeit, den Mut aus, sich als Trainingsanbieter auf die Formulierung von Zielen, Qualitätsmerkmalen und Vorgehensweisen einzulassen, die dann vom Kunden auch überprüft und eingefordert werden können. So gibt es im Azubi-Bereich beim DZB genau festgelegte Ziele, die in einem Outdoor-Training bearbeitet werden. Diese sind abhängig von der Ausbildungsordnung und den betrieblichen Ausbildungsplänen sowie der individuellen Einschätzung der Gruppe durch die Trainer. Die Outdoor-Trainer stimmen die Inhalte darüber hinaus mit den betrieblichen Ausbildern vor Ort ab. Beides zusammen schafft, im Spannungsfeld mit dem Freiraum konstruktiven Lernens, eine hohe Verbindlichkeit und die Einbindung des Outdoor-Trainings in die gesamte Ausbildung.

Diese Verbindlichkeit äußert sich auch in der Art und Weise der Vor- und Nachbereitung des Trainings. Die Vorbereitung besteht neben der Abstimmung zwischen betrieblichem Ausbilder und Outdoor-Trainer in der Bearbeitung einer CD-ROM. Dadurch erhalten die Azubi organisatorische Hinweise für ihren Aufenthalt in Regensburg, Informationen zur Anreise und Hintergründe über die besondere Trainingsform Outdoor. Das Training wird von solchen Punkten entlastet, die Selbstständigkeit und Medien- bzw. Informationskompetenz der Azubi wird gefördert. Im Training vereinbart der Outdoor-Trainer mit der Gruppe Ziele, die bei der Nachbereitung aufgegriffen werden. Zur Nachbereitung besucht ein Outdoor-Trainer ca. 2–3 Monate nach dem Training die Gruppe und bespricht die bereits erzielten Erfolge bei der Umsetzung der Ziele. Für aufgetauchte Probleme werden Lösungsstrategien vereinbart. Den Seminarbericht der Trainer erhalten auch die Ausbildungsverantwortlichen. Diese haben so die Möglichkeit, etwas über die Inhalte des Trainings und den Prozess zu erfahren.

Profis für professionelle Trainings

Auf der Grundlage der Erfahrungen hat das DZB seit 1998 sein Outdoor-Programm auf andere Bereiche, z. B. Nachwuchsführungskräfte sowie Fach- und Führungskräfte ausgedehnt. Dies war eine logische Konsequenz des Erfolges. Bemerkenswert ist jedoch vor allem die Verknüpfung mit anderen Trainingsinhalten. Auf Grund der fachlichen Verankerung der DZB-Trainer wird es möglich, fachliche Problemstellungen auf einer anderen Ebene zu bearbeiten und dann unmittelbar den Transfer zum fachlichen Umfeld herzustellen. Falls notwendig, werden auch Trainings mit Trainertandems aus einem Fachtrainer und einem Outdoor-Trainer durchgeführt. Herausragende Vorteile von Outdoor-Trainings beim DZB sind die Nähe der Trainer zur betrieblichen Realität, die professionellen Tools und Qualitätssicherungssysteme eines nach ISO 9001 zertifizierten Bildungsanbieters mit rund 20 000 Veranstaltungen pro Jahr, die Einbindung der Trainer in Fachtrainings und die hochwertige Ausstattung des Outdoor-Zentrums Regensburg, die jederzeit auch mobil eingesetzt werden kann. Gerade die hohe Trainingsfrequenz mit einer für die Branche weit überdurchschnittlichen Auslastung garantiert neben der hohen Qualität und Transfer- sowie Zielgruppenorientierung gleichzeitig günstige Preise. DZB-Trainer wissen, wovon sie reden, wenn sie Themen wie Führungsstile, Teamarbeit, Abstimmungsprobleme mit dem Betriebsrat oder Mitarbeitergespräche im Training behandeln. Und die Bildungsplaner und Trainingsentwickler des DZB kennen betriebliche Umstrukturierungsprozesse, Konfliktgespräche, die besonderen Anforderungen an Projektteams oder Zielvereinbarungen aus eigener Erfahrung. Das garantiert Trainingskonzepte, die den Punkt treffen und Trainings, die verbindlich an einem Thema arbeiten und den Bezug zum Unternehmensalltag haben. Dabei wird die Ausrichtung jedes einzelnen Trainings auf die individuellen Bedürfnisse und die Gewährung von Freiräumen im Sinne von Suchbewegungen als Lerngrundlage groß geschrieben. Outdoor-Trainings bilden damit heute ein kleines, aber wichtiges Teil im großen Puzzle des Wandels zu einer flexiblen, leistungsfähigen und serviceorientierten Bahn.

Gerd Rimner/Bernhard Burggraf
C⁴ – Company Country and City Challenge

Anlass und Auftrag

Um im »Kampf um die Talente« erfolgreich zu sein, wurde in unserem Hause (Siemens Business Services GmbH & Co OHG – SBS – Center für innovative Themen) 1998 eine Recruiting-Initiative gestartet, mit der Zielsetzung, den Recruiting-Prozess (Attract, Select, Integrate) effizient und attraktiv zu gestalten. Schnell war man sich im Klaren darüber, dass es nicht ausreicht, qualifizierte Mitarbeiter anzuwerben und an Bord zu holen. Vielmehr musste der ca. 6-monatige Integrationsprozess nach Firmeneintritt so gestaltet werden, dass sich die neuen Mitarbeiterinnen und Mitarbeiter in ihrer Entscheidung für unser Unternehmen bestätigt sehen. Hierbei spielt bei SBS die Einführungswoche für neue Mitarbeiter (»New Intake Days«) eine wichtige Rolle. Primäre Zielsetzung dieser Woche ist es, den »Neuen« alle wichtigen Informationen über das Unternehmen zu vermitteln.

Darüber hinaus soll jedoch auch das Fundament für die Entwicklung von sozialen Netzwerken und Teams gelegt und der Faktor Spaß nicht vernachlässigt werden. Diese sozialen Netzwerke sind in einem wissensbasierten Dienstleistungsunternehmen wie der SBS von größter Bedeutung. Auf dieser Basis entstand ein Beratungsprojekt, wobei wir – das CIT (Center für innovative Themen) – die Herausforderung annahmen, für ca. 90 Teilnehmer einen »Outdoor-Tag« zu gestalten, bei dem weniger Spitzenleistungen im psychischen und physischen Bereich im Vordergrund standen, sondern eher teamorientiertes Problemlösen, Ideen generieren, Kommunizieren und Planen.

Designphase

Inspiriert durch die Lernprojekte des »Konstruktiven Lernens« von Bernd Heckmair (2000),[1] die wir bereits in anderen Seminaren erfolgreich durch-

---
[1] Heckmair, B.: Konstruktiv lernen. Projekte und Szenarien für erlebnisintensive Seminare und Workshops. Weinheim und Basel 2000.

führten, war für uns klar, dass der Outdoor-Tag ein Event werden sollte, das wir aus unserer »Erlebnislernen-Toolbox« bauen wollten. Wichtig für uns war dabei, die Projekte an Unternehmensprozesse anzupassen und in der Reflexionsphase möglichst viele Bezüge dazu herzustellen. Nun ist die SBS ein Consulting- und Dienstleistungsunternehmen, dessen Kerngeschäft in der Durchführung von Projekten im Bereich e-Business und mobiles Business liegt. Was lag also näher, als die Teilnehmer »ein Geschäftsjahr der SBS« spielen zu lassen? Folgende Rahmenbedingungen wurden dabei definiert:

- 8 Teams à 10 Teilnehmer bilden die verschiedenen Bereiche/Abteilungen der SBS.
- Der Tag (8:30–16:30 Uhr) stellt ein Geschäftsjahr dar.
- Die Teams stehen in internem Wettbewerb, müssen jedoch als Gesamtunternehmen einen möglichst hohen Profit erzielen.
- Die Umgebung des Seminarhotels (Umkreis ca. 2 km) ist der Globus, auf dem die SBS als international agierendes Unternehmen ihre Projekte durchführt.
- Es können optional »Standardprojekte« oder »Anspruchsvolle Großprojekte«, aber auch »Muss-Projekte« durchgeführt werden.

Auf der Basis dieser Rahmenbedingungen entwarfen wir den Ablauf des Tages, der sich wie folgt darstellt: Nach einem kurzen Briefing durch die Trainer, max. 15 Minuten, wird jedes Team mit einem Teamrucksack ausgerüstet, der folgende Hilfsmittel enthält:

- 1 GPS (Global Positioning System) zur Orientierung im Gelände.
- 1 Funkgerät (Reichweite ca. 4 Km) zur Kommunikation der Teams untereinander.
- 1 Digitale Kamera zur Dokumentation der Projekte und des Tagesablaufs.
- 1 Teammappe mit Tagesplan, Projektbeschreibungen, Bedienungsanleitung Technik.

Der Tagesplan ist natürlich für jedes Team individuell gestaltet und beschreibt, welche Projekte zu welchem Zeitpunkt an welchem Projektort durchzuführen sind. Wie ein Geschäftsjahr »im richtigen Leben«, verläuft auch dieser Tag nicht statisch. So haben die Teams »Muss-Projekte« (Tagesgeschäft) durchzuführen, aber auch oft die Möglichkeit, zwischen »Standardprojekten« oder »Anspruchsvollen Großprojekten« zu wählen.

Die ersten Projekte am Morgen dienen dem Kennenlernen und dem Abbau von Berührungsängsten. Hier kommt der Klassiker »Spinnennetz« sowie die Projekte »Teppich falten« und »Von Insel zu Insel« zum Einsatz. In dieser ersten Phase ist uns vor allem wichtig, dass sich die Teilnehmer näher kennen lernen und Berührungsängste abbauen; eine Reflexion auf Unternehmensprozesse ist zu diesem Zeitpunkt noch nicht erwünscht. Im Anschluss können auch bereits die ersten »Standardprojekte« zur Wahl stehen. Sie sind dadurch charakterisiert, dass sie maximal eine Stunde dauern und von einem Team alleine durchgeführt werden können. Die Aufgabenbeschreibungen für »Standardprojekte« sind bewusst einfach gehalten und der für Standardprojekte erzielbare Profit ist relativ niedrig. »Anspruchsvolle Großprojekte« hingegen benötigen zur Durchführung mindestens zwei oder mehrere Teams und dauern bis zu zwei Stunden. Die Aufgabenstellungen sind, wie der Name schon sagt, anspruchsvoller, die Lernerlebnisse (d. h. der Zuwachs an Know-how) sind intensiver und der erzielbare Profit kann natürlich auch höher als bei »Standardprojekten« sein. Da sich die Teams, die sich zu »Anspruchsvollen Großprojekten« zusammenfinden wollen, grundsätzlich an verschiedenen Projektstandorten befinden, muss zuerst ein Kontakt zu einem oder mehreren Partnerteam(s) über die Funkgeräte erfolgen. Hier werden bereits erste Erfahrungen zum Thema »Probleme bei der Kommunikation« gemacht. Beispiele für Großprojekte sind »Triangel« bzw. »Der Baum ist das Ziel«. Auch müssen Vertrauensfragen geklärt werden:

- Sollen wir lieber allein ein Standardprojekt durchführen und den erzielbaren Profit mit Sicherheit einstreichen oder
- laufen wir Gefahr mit einem eventuell unfähigen Partnerteam das Großprojekt in den Sand zu setzen und leer auszugehen?

Dieses im Team zu diskutieren und zu entscheiden stellt weitere Herausforderungen an die Teammitglieder.

Lernprojekt Triangel

Nehmen wir als Beispiel für die Spiegelung von Unternehmensprozessen das Projekt »Triangel«. Die Unternehmensinstanzen »Vertrieb«, »Projektleitung« und »Produktion« haben gemeinsam ein räumlich verteiltes Projekt abzuwickeln. Es geht darum, in 20 Minuten mit vier Seilen zwei Dreiecke und zwei Quadrate zu bilden und an den Ecken jeweils eine Wäscheklammer anzubringen. Der Vertrieb erhält den Auftrag vom Kunden, dieser hat nun die Aufgabe das Projekt entsprechend aufzusetzen und seine Ansprechpartner (Projektleitung, Produktion) zu informieren und das Projekt erfolgreich abzuschließen. Die Instanzen sind jeweils ca. 50 m voneinander entfernt und dürfen ihre Standorte nicht verlassen. Handicaps dürfen natürlich nicht fehlen, so darf der Vertrieb nicht sprechen und die Produktion hat Augenbinden zu tragen. Folgende Situationen kommen dabei zustande:

- Die Produktion wäre bereit, doch der Auftrag wird nicht übermittelt, da die Projektleitung Kommunikationsschwierigkeiten mit dem Vertrieb hat. (Unruhe, Nervosität, Unsicherheit, wo sind die Probleme, warum werden wir nicht informiert?)

- Die Projektleitung spricht auch nicht, obwohl ihr das niemand verboten hat. (Kommt es in der Praxis nicht auch vor, dass sich einzelne Personen unnötige Barrieren aufbauen?)
- Der Vertrieb wird zwischendurch vom Kunden über den Projektstand befragt und »schwindelt« den Kunden an, weil er von der Projektleitung nicht laufend darüber informiert wird.
- Der Vertrieb wird von der Projektleitung nicht über das Handicap der Produktion (keine Sicht wegen Augenbinden) informiert und wundert sich, warum das Ganze so schleppend vorwärts geht. (Weiß der Vertrieb immer Bescheid, mit welchen Problemen die Produktion zu kämpfen hat?)

Solche und ähnliche Situationen bilden natürlich eine hervorragende Basis für die Reflexion und den Bezug zum Arbeitsalltag.

Weitere Lernprojekte

Höhepunkte einer anderen Art sind die Projekte »Logistik«, »Käfer« und »Schuhbeck«. Hier wird von der Hälfte der Teilnehmer ein »Outdoor-Restaurant« in Form eines Großzeltes aufgebaut und in Betrieb genommen. Abseits von der komfortablen Hotelküche werden Kartoffeln geschält, Gemüse zerkleinert und aus dem Ganzen ein schmackhafter Eintopf für alle Teilnehmer zubereitet. Gute Planung, Koordination und Improvisation sind hier die adressierten Skills. Natürlich muss auch wieder aufgeräumt werden und darum startet nach dem Mittagessen das Projekt »Mc Clean«, bei dem es für die andere Hälfte der Teilnehmer darum geht, das Restaurant wieder abzubauen und die Natur wieder in den Zustand zu versetzen, in der sie angetroffen wurde. Den Höhepunkt des Nachmittags bildet das Großprojekt »Murmelbahn«, bei dem ein Systemintegrationsprojekt durchgeführt wird. Vier Teams zu zehn Teilnehmern haben die Aufgabe, ein Röhrensystem zu konstruieren, das aus vier Teilsystemen mit spezifischen Anforderungen besteht. Durch dieses System müssen später vier Murmeln rollen und fast gleichzeitig, innerhalb fünf Sekunden, an einem gemeinsamen Zielpunkt ankommen. Andere Teams führen unterdessen andere »Standard-« bzw. »Großprojekte« durch, bis der Tag bzw. das Geschäftsjahr um 16:30 Uhr beendet wird.

Während zwar sofort nach »Großprojekten« grundsätzlich projektspezifische Reflexionsphasen durchgeführt werden, treffen sich trotzdem die Teilnehmer nochmals gemeinsam, um in einer Feedback-/Reflexionsrunde mit den Trainern das Event abzuschließen. Es besteht dann die Möglichkeit, mit der Vorbereitung des »Marktplatzes für Lernerlebnisse« zu beginnen, bei dem die Teams die gemachten Photos auf Pinnwänden aufbereiten und kommentieren. Dieser Marktplatz kann an einem zweiten Tag dazu dienen, über die Erlebnisse und Erfahrungen intensiver zu reflektieren.

Welche Erfahrungen wurden gemacht?

C⁴ wurde bisher (Stand: 20.12.2001) mit ca. 700 Teilnehmern durchgeführt und von über 90 Prozent der Teilnehmer/innen mit »sehr gut« bewertet. In Feedbackgesprächen konnten wir erfahren, dass uns die Mischung aus Spaß und Lerneffekten sehr gut gelungen ist. Freilich gibt es immer wieder Teilnehmer, denen die Projekte zu wenig spektakulär oder sportlich zu wenig anspruchsvoll sind. Hier werden mit dem Begriff »Outdoor« Hochseilgärten, extreme Klettertouren, Rafting oder dergleichen assoziiert, was jedoch nicht unser gedanklicher Ansatz bei der Planung von C⁴ war.

Für das Design wurden ca. drei Mannmonate aufgewendet. Hierunter fielen auch die Beschaffungsaufwendungen für das eingesetzte Material. (Zelte, Seile, GPS, Funkgeräte etc.). Die Materialkosten beliefen sich auf ca. 25.000,- €. Abhängig von der Anzahl der Teilnehmer kostet die Veranstaltung zwischen 410.- € (40 TN) und 230.- € (100 TN).

Welche Aufwendungen stecken in der Vorbereitung einer Veranstaltung?

Hier kommt es in erster Linie darauf an, ob eine Veranstaltung immer am gleichen oder an verschiedenen Standorten durchgeführt wird. Bei einem neuen Standort ist grundsätzlich die Gegend zu erkunden, die Projektstandorte festzulegen sowie deren GPS-Koordinaten zu ermitteln. Gegebenenfalls müssen Absprachen mit der Forstverwaltung wegen Nutzung von Flächen und Brandschutzbestimmungen (Kochen) getroffen werden. Grundsätzlich sind vor jeder Veranstaltung die Teammappen aufzubereiten, das Material auf Vollständigkeit zu überprüfen und der Transport zum Seminarhotel zu organisieren. Mit neuen Kunden müssen die einzelnen Projekte der Veranstaltung an deren Anforderungen bzw. Prozesse angepasst werden, um einen möglichst hohen Lernerfolg bei den Teilnehmern zu erreichen.

Für wen ist die Veranstaltung geeignet?

Immer wenn es darum geht, den Prozess der Bildung eines sozialen Netzwerkes oder eines Teams zu unterstützen. Das kann bei Mitarbeiterintegration sein, aber ebenso bei Kickoffs von Großprojekten anlässlich Umstrukturierungen von Unternehmen oder Unternehmensteilen etc. Einfach überall, wo sowohl gegenseitiges Kennenlernen, Teamentwicklung als auch das Aufdecken von Kommunikationsproblemen gefragt ist. Nicht zu vergessen, dass so ein Tag auch sehr viel zur Motivation der Mitarbeiter beiträgt.

Tina Küssner
»Opel – der Unterschied!«

Der Ruf nach Spanien ereilte mich auf Teneriffa. Genau genommen handelte es sich um ein Telefongespräch mit Ralf Becker, der als Kursdirektor auf einem Outdoor-Trainingsgelände in Andalusien arbeitete. Ich war zu jenem Zeitpunkt mit der Fertigstellung meiner Diplomarbeit in Biologie beschäftigt. Auf Teneriffa führte ich die dazu notwendigen Feldstudien durch, was auf der einen Seite eine sehr angenehme und ruhige, auf der anderen Seite eine einsame Beschäftigung war. Der Job, den Ralf mir anbot, stellte das genaue Gegenteil dar. Ich würde mit zahlreichen Menschen zusammenarbeiten und konnte überdies meine Kenntnisse aus dem Klettersport einsetzen. Ich sagte sofort zu. Alles klang ungeheuer spannend.

Wenige Monate später saß ich in einem Flugzeug in Richtung Jerez de la Frontera/Andalusien. Mit an Bord etwa einhundert weitere Personen. Es gab nicht viel, was uns von einem typischen »Balearenbomber« unterschieden hätte, wäre da nicht eine Gemeinsamkeit zwischen den Passagieren gewesen. Alle waren in der Automobilindustrie tätig, noch dazu für einen Hersteller: die Adam Opel AG. Wir alle waren auf dem Weg zu einer der umfassendsten Outdoor-Maßnahmen (Opel – der Unterschied!), die bis heute von einem deutschen Unternehmen durchgeführt wurde. Genau genommen handelte es sich um die erste Phase des Projekts, die in erster Linie für die Vertragshändler und verschiedenen Vertreter des Werks konzipiert war. Zwischen März 1995 und Oktober 1996 nahmen rund 7500 Personen an dem dreieinhalbtägigen Outdoor-Seminar in Jerez de la Frontera teil. Zwischen 1997 und 1999 wurden für weitere 500 Personen auf dem mittlerweile nach Barcelona verlegten Parcours Seminare durchgeführt. Es wurden weder Kosten noch Mühen gescheut. Zunächst wurde das Gelände einer Finca zum Outdoor-Trainingsparcours mit angegliedertem Seminarraum, Verpflegungs-Pavillon, Küche und Büroräumen umgebaut. Die Teilnehmer der Seminare waren wenige Kilometer entfernt im Hotel Montecastillo, in unmittelbarer Nähe der bekannten Formel-Eins-Rennstrecke von Jerez de la Frontera, untergebracht. Um die Teilnehmer jeden Morgen zum Seminargelände zu befördern, wurden Reisebusse eingesetzt.

Opel und Outdoor-Training?

Wieso kam gerade die Adam Opel AG auf die Idee, Outdoor-Training einzusetzen? Die Geschichte nahm in den USA ihren Lauf. Dort hatte General Motors (GM) wenige Jahre zuvor die neue Automobilmarke »Saturn« auf den Markt gebracht. Diese hatte es bereits im ersten Jahr als bestplatzierte amerikanische Marke auf den CSI-Index geschafft. Der Customer Satisfaction Index ist ein Maß für die Zufriedenheit der Kunden mit einer Automobilmarke. Um die wesentlichen Elemente, wie Teamarbeit und ein neuartiges Händlerkonzept, zu implementieren, wurde dort vor allem Outdoor-Training eingesetzt. Warum sollte dieses Erfolgsrezept also nicht auch auf die europäischen Partner des Weltkonzerns GM angewandt werden? Als erster europäischer Partner des GM-Konzerns wurde die britische Automobilmarke Vauxhall durch ein umfangreiches Outdoor-Programm geleitet. Auch dieses fand in Spanien statt, nur wenige Kilometer von Jerez de la Frontera entfernt. Dort wurden auch alle weiteren europäischen GM-Partner trainiert. Im Gegensatz zu Deutschland war in England Outdoor-Training schon lange fester Bestandteil des Seminarangebots. Die deutschen Organisatoren betraten Neuland.

Obwohl ich als Sicherheits-Trainerin angereist war, hieß es zu meiner Verblüffung, ich solle einfach mal an einem Seminar teilnehmen, um die Wirkung am eigenen Leibe zu erfahren. Mir erschien das absolut überflüssig, schließlich hatte ich keine Höhenangst, war in meinen Augen überaus teamfähig und hatte mit all diesen Autoverkäufern wirklich nichts gemeinsam. Andererseits war ich sehr neugierig, das Programm und die Menschen, die daran teilnahmen, auf diese Weise kennen zu lernen. Wie deutlich man durch Outdoor-Training den Begriff des Teams tatsächlich erlebbar machen kann, wurde mir bewusst, als wir zu dritt in zwölf Meter Höhe am Ende der Kletterwand angekommen waren, obwohl einer meiner Partner unter massiver Höhenangst litt.

Das Seminar war auf dreieinhalb Tage veranschlagt. Nach einer gemeinsamen Begrüßung wurden vier Gruppen gebildet, die sich Namen geben und einen Teamruf ausdenken sollten! Mir sind bis heute die »Fruchtzwerge« mit dem unvergesslichen »Schlabberschlabber« oder die zahlreichen »Red Bulls« in Erinnerung. Das Trainer-Team umfasste Personen aus verschiedensten Bereichen. Da waren zum einen die Vertreter der Adam Opel AG, die die Ziele des Konzerns vorstellten. Ihnen zur Seite standen Vertragshändler, die diese Ziele für die Händlerschaft in konkrete Umsetzungsbeispiele zusammenfassten. Dazu kamen acht Indoor-Trainer und neun Outdoor- oder Sicherheits-Trainer, welche die Ziele anhand von Metaphern und Sketchen auf der Bühne erläuterten, die Aufgaben anleiteten, den Transfer vermittelten und die Sicherheit der Teilnehmer gewährleisteten.

Die Ziele: Kundenservice und Zusammenarbeit und …

Das Seminar hatte vielfältige Ziele: Ein wichtiges Ziel der Optimierung des Kundenservices war, die Zusammenarbeit zwischen Werk und Händler weiter zu verbessern. Hier hatte es in der Vergangenheit immer wieder Probleme gegeben. Da gab es zwar eine Hotline, unter der sich die Händler Unterstützung bei technischen Problemen holen konnten. Diese führte jedoch auch mal zu Missverständnissen. Während eine Seite beklagte, dass sich niemand um ihre Probleme kümmere, war die andere Seite überzeugt, man wolle sie nur von wesentlich wichtigerer Arbeit abhalten. Nun begab es sich aber, dass Kurt M. aus dem Internationalen Technischen Entwicklungszentrum zusammen mit Peter K., Mitarbeiter eines Händlerbetriebs in Schwäbisch Hall, über das Hochseil balancierte, sie sich nach Erreichen des Ziels in die Arme fielen und sich gegenseitig gratulierten. Abends gab dann jeder dem anderen Einblicke in sein Alltagsgeschäft und beim nächsten Telefonat wussten beide, dass sie Probleme nur gemeinsam lösen konnten. Ein weiteres Ziel war, die Zusammenarbeit der Händler untereinander weiter zu vertiefen: Hierzu sei ein Werkstattmeister zitiert, der einige Monate nach dem Inhaber des Autohauses am Outdoor-Training in Spanien teilnahm. Er wunderte sich »was mit dem Chef passiert war«: Bisher gab es mit dem zweiten ortsansässigen »Opelhändler« nur wenig Kontakt und nun sollte mit ihm gemeinsam überlegt werden, wie sich die Kundenzufriedenheit am Ort weiter steigern ließe? Der Mann war gespannt, was ihn erwarten würde. Er wurde nicht enttäuscht …

Beispielhafte Programm-Übersicht

1. Tag	2. Tag	3. Tag
Begrüßung	Begrüßung	Begrüßung
Blindflug	Hochseil	Mauer
Indoor-Moderation	Indoor-Moderation	Schlußfeier
Vertrauensfall	Spinnennetz	Abreise
Mittagspause	Mittagspause	
Indoor-Moderation	Indoor-Moderation	
Steilwand	Mast	
Zusammenfassung	Zusammenfassung	
Abschied	Abschied	

Die einzelnen Übungen waren genau auf die Ziele des Unternehmens abgestimmt. Beispielsweise wurde das Spinnennetz unter dem Aspekt der Kundenorientierung angeleitet. Wir Trainer schlüpften in die Rolle des Kunden, der jegliche Regelverstöße oder Qualitätsmängel sofort anmahnt, genau wie ein Neuwagenkäufer umgehend jeden Kratzer im Lack seines Wagens reklamieren würde. Der Blindflug – hier sollte das gesamte Team einen zuvor gezeigten Gegenstand mit verbundenen Augen wiederfinden – legte dar, wie schwer es sein kann, ein Ziel oder eine Vision zu erreichen, wenn auf dem Weg dorthin Hindernisse auftauchen, die im Vorfeld nicht planbar sind. Die Steilwand, die jeweils drei Personen gleichzeitig erklettern sollten, demonstrierte, wie viel man mit der Unterstützung eines Teams und der entsprechenden Rückendeckung erreichen kann, sofern man die limitierten Ressourcen – in diesem Fall Griffe und Tritte – geschickt einteilt. Der Mast, bei dem jeder einzeln eine Plattform erklettern, sich dort frei aufrichten und anschließend in die Sicherungsseile springen konnte, vermittelte eine Einzelerfahrung, auf die man jederzeit bei neuen Herausforderungen zurückgreifen konnte. Die Aufgabe »Mauer«, bei der alle Teilnehmer ohne Sicherungsseile eine vier Meter hohe glatte Wand erklettern sollten, stand am Ende des Seminars. Trotz aller zuvor gemeinsam gelösten Aufgaben und der daraus resultierenden Erfahrung, stellte dies die Teilnehmer erneut vor eine schwierige Aufgabe, da hier alle vier Gruppen gleichzeitig arbeiteten und demzufolge auch koordiniert werden mussten.

Wichtige Augenblicke – Anfang und Ende

Einer der spannendsten Augenblicke für mich war immer das Zusammentreffen der ankommenden und abreisenden Seminarteilnehmer. Während die einen mit ihren Alltagssorgen und einer gewissen Skepsis im Gepäck aus Deutschland kamen, begrüßten sie die anderen mit einem Klatschspalier und lautem Gesang. In den Gesichtern der Ankommenden konnte man von vorsichtiger Distanzierung bis offenem Missfallen alles lesen. Und dennoch stand die absolute Mehrheit der Teilnehmer nach drei Tagen Seminar genauso begeistert im Klatschspalier wie ihre Vorgänger. Was mich betrifft, so war meine Ausbildung zum Sicherheits-Trainer mit der Seminarteilnahme noch nicht beendet. Was folgte, war die Einweisung in die Sicherheitsprozeduren auf dem Gelände. Ich merkte schon bald, dass das wenig mit meinen Vorstellungen von sicherem Klettern zu tun hatte. Dazu reichen ein Seil, ein Gurt, ein Sicherungspartner und ein paar Expressschlingen. Hier war alles mindestens doppelt gesichert. Es gab immer zwei Seile pro Person, zwei Karabiner, in die man sich einzuklinken hatte, und pro Seil standen immer zwei Personen zum Sichern. Bei den Gurten, man hätte es erwarten können, handelte es sich um Material, das normalerweise beim Fallschirmspringen zum Einsatz kam. Dabei hatte nie ein Teilnehmer die Chance, weiter als einen Meter zu fallen, bis ihn die Seile auffingen. Und selbst Knoten, die ich seit Jahr und Tag beherrschte, musste ich hier in einer völlig neuen Art legen, damit diese auch per Fernglas überprüft werden konnten.

Von Spanien nach Deutschland

Die Phasen zwei bis fünf des Programms »Opel- der Unterschied!« fanden parallel in Deutschland statt. Auch hier wurden Outdoor-Übungen eingesetzt. Auswertungen und Kommentare aller Teilnehmer wurden monatlich erfasst. Phase drei sei an dieser Stelle besonders hervorgehoben. Es handelte sich um ein mobiles Outdoor-Seminar, da hier nicht die Teilnehmer zum Übungsort, sondern das Seminar zu ihnen reiste. In drei Zelten wurden alle Mitarbeiter der Autohäuser – vom Auszubildenden bis zum Juniorchef, vom Verkäufer bis zum Werkstattmeister – durch eine eintägige Kurzfassung des Spanienprogramms geleitet. Die Zelte beinhalteten neben vielen anderen Übungen einen vierseitigen Kletterturm und wurden jeweils nach wenigen Wochen ab- und am nächsten Veranstaltungsort wieder aufgebaut.

Weitere Outdoor-Trainings finden bei Opel immer wieder statt. Welche Art Training jeweils zum Einsatz kommt, richtet sich nach dem Bedarf, nach dem Trainingsziel und der Thematik der Schulung. So wurde etwa bei der Einführung der über die ISO-9000 Norm hinausgehenden Norm Opel Iso-Plus für die Händler in den Vertriebsregionen Outdoor-Trainings durchgeführt. Auch die Händlerjunioren nehmen jedes Jahr eine Woche an einem Training der Opel Akademie teil, das Outdoor-Elemente enthält. Das Programm in Jerez de la Frontera lief von Anfang 1995 bis Herbst 1996. Der Winter 1995/96 brachte Andalusien endlich den seit sieben Jahren sehnlichst erwarteten Regen. Die völlig ausgetrockneten Stauseen füllten sich innerhalb weniger Wochen. Als unangenehmer Nebeneffekt schwemmte ein besonders starker Regenguss die Straße zum Trainingsgelände weg und es kam zu Ausfällen und Improvisationen.

Unter diesen Eindrücken lag nichts näher, als das Outdoor-Training nach Deutschland zu verlegen. Die Idee war also geboren und schon im Frühjahr 1996 wurde von Ralf und Birgit Becker die Firma Outdoor-Unlimited-Training gegründet. Im Herbst 1996 wurde ich Partnerin bei Outdoor-Unlimited-Training. Die hohen Sicherheitsstandards bezüglich Hochübungen beim Projekt »Opel- der Unterschied!« waren für Outdoor-Unlimited-Training der Anstoß, durch die Einhaltung sehr hoher Standards bei allen Trainings die Sicherheit der Teilnehmer zu gewährleisten. Eine Schwierigkeit lag im »Großprojekt« an sich: Um jedem Teilnehmer die gleichen Erlebnisse zu ermöglichen und vom ersten bis zum letzten Training die vergleichbare Ergebnisse zu sichern, war ein starrer Rahmen mit identischem Trainingsdesign notwendig, dadurch schlich sich Routine ein und der Austausch zwischen den Trainern wurde geringer – eine ständige Weiterentwicklung war nur in sehr begrenztem Rahmen möglich. Ein Hauptanliegen von Outdoor-Unlimited-Training ist es, für jeden Kunden (jede Abteilung) ein individuelles Seminarkonzept zu erstellen, das genau auf die Ziele des Kunden zugeschnitten ist. Während des Trainings stehen der Prozess und die individuelle Zielerreichung im Vordergrund – das Konzept wird an die entstandenen Situationen flexibel angepasst. Eine weitere Erkenntnis, die wir aus dem Projekt zogen, lässt sich für die Hochübungen so zusammenfassen: ›Weniger ist mehr‹. Der Transfer- und Reflexionsgehalt von komplexen Problemlösungsaufgaben am Boden ist sehr viel höher als der von Hochübungen. Diese sind sehr gut für den Teamgeist und die Verstärkung der Zusammenarbeit Einzelner, zur konkreten Problembewältigung bieten sie weniger Möglichkeiten. Zusätzlich zu den Reflexionsrunden, die jede der Übungen begleiten, setzen wir ergänzend theoretische Modelle (MBTI, Belbin usw.) ein, die einen Einblick in die Ursachen der soziodynamischen Prozesse in Teams geben.

Stefan U. Mühleisen
Fremde Welten als Trainingsraum

Wenn Unternehmen ihre Führungskräfte und Mitarbeiter statt in den Seminarraum an fremde Orte und Plätze der Welt schicken, erhoffen sie sich davon intensive Erfahrungsgewinne für die beteiligten Menschen und betroffenen Organisation. Tatsächlich kann das Heraustreten aus gewohnten Umgebungen zu spannenden Expedition in den Mikrokosmos von Denk- und Verhaltensweisen führen. Ein Bericht von Reisen zu den Polen extremer Trainingsformen.

In den letzten Jahren habe ich eine Reihe von geographisch und sozialräumlich außergewöhnlichen Trainings begleitet. Ziel war es, eigene Grenzen auszuloten, die persönlichen Erfahrungsräume auszudehnen und die Bandbreite von Möglichkeiten des »Experiental Learnings« zu erkunden. Die von mir erprobten Lernfelder reichen von survivalnaher Wilderness Experience in Skandinavien über Projektmanagement und Leadership bei Expeditionen durch die Sahara bis hin zu Teamentwicklungsprogrammen in den Dünen der Vereinten Arabischen Emirate. Aber nicht nur in großen Naturlandschaften der Erde ließen sich intensive Lernerfahrungen spüren. Für mich zählen zu den Trainings der extremen Art auf kulturell-spiritueller Ebene auch Workshops mit Indianern und Künstlern sowie Lernarrangements inmitten von Großstädten. Wohl wissend, dass für manche Teilnehmer bereits ein Seilgarten-Training »extrem« wirken kann, verstehe ich unter extremen Trainingsformen einen deutlich größeren Schritt heraus aus gewohnten Umgebungen. Gemeint ist das Eintauchen in fremde Welten. Das können geographische Großräume der Erde sein, genauso aber auch die Begegnung mit fremden Kulturen und bisher unbekannten sozialen Umgebungen.

Teamentwicklung: High-Speed-Networking in der Rub-al-Chali-Sandwüste

Vereinte Arabische Emirate. Tief hängt der Halbmond über den endlosen Dünenbergen der arabischen Wüste. Sie ist mehr als doppelt so groß wie Deutschland. Und so karg, dass ihr das Nichts einen Namen gab: ›Rub-al-Chali‹, das ›Leere Viertel‹, heißt die Wüste, die Leben nur an ihren Rändern erlaubt. Einen halben Tag mit dem klimatisierten Geländewagen vom teuersten Luxushotel der Welt, dem »Turm Arabiens« an Dubais Jumeirah Beach, entfernt, liegen die 200 Meter hohen Dünenberge. Dort haben sich die Teilnehmer des Extrem-Trainings auf weit auseinander liegenden Dünenwellen eingerichtet. Die »Single Quest« genannte Solonacht in der Einsamkeit wirft nach Tagen der Gruppendynamik jeden auf sich selbst zurück. Die hochkommenden Gedanken streifen das Verhalten beim nächtlichen Orientierungslauf oder den Umgang mit dem Teamkollegen in schwierigen Fahrsituationen. Es ist eine Gelegenheit, die Fähigkeiten für Teamarbeit, Kommunikation, Führung und Stressbelastung gründlich zu überdenken. Zweifelsohne versetzen einen die ohrenbetörende Stille und der Zauber der fremden Landschaft in einen Zustand höchster Aufmerksamkeit. »Das kann die Reflexion über eigenes Handeln und Lebenszusammenhänge beschleunigen«, so ein Teilnehmer. Fest steht: Die Gedanken der Nacht und die Erlebnisse am Tag brennen sich unauslöschlich in das Gedächtnis ein. Und die positiven Erinnerungen verbinden sich untrennbar mit dem zahlenden Unternehmen, das damit in gutem Licht glänzt. So zählen die mit Haut und Haar gemachten intensiven Erlebnisse zur Hauptwirkung der neuen Generation von Extrem-Trainings in faszinierenden Landschaften der Erde. Nach dem Motto des Wüstenreisenden Otl Aicher: »Wer alles zurücklässt und nur mitnimmt, was er am Leib hat, kommt als er selber zurück.«

Tour Extrem führt seit einigen Jahren Team- und Management-Trainings durch. Die Grenzen zum Incentive verschwimmen, wenn die Teilnehmer abends am offenen Feuer lagern und in Urlaubsstimmung schwelgen. Aber genau darin liegt das Problem: Veranstalter für Extrem-Trainings können den Transfer in den Berufsalltag nicht garantieren. Zudem sollten Personalentwickler wissen: Zeitpläne können sich wegen verspäteten Flügen, unerwartet langsamem Vorwärtskommen im schweren Gelände oder wegen Pannen verzögern. Unabhängig davon ist entscheidend, wie der Veranstalter für die Sicherheit der Teilnehmer sorgt. Tour Extrem kann auf einschlägige Landeskenntnis und hilfreiche Kontakte in Gegenden wie Sierra Nevada, Island, Indien, Mexiko, Nildelta oder Namibia zurückgreifen. Da die meisten Unternehmen streng auf ihre Ausgaben für Weiterbildung achten, sehen sie keinen Grund, ihre Mitarbeiter mit teuren Flugreisen in die Wüste zu schicken. Doch Ausnahmen finden sich vor allem bei Firmen, in denen Teammitglieder rund um den Globus verstreut agieren. Bei der Investmentbank Dresdner Kleinwort Benson kannten sich die meisten der hochbezahlten Mitarbeiter, die weltweit Megafusionen einfädeln, nur per e-mail, Videokonferenz oder Telefon. Um das zu ändern, flogen Mitarbeiter aus der ganzen Welt zum »High Speed Networking« in Dubai ein. In einem 48-Stunden-Projekt bewegten sie sich geführt durch das Lernfeld Wüste.

»Den Tag nutzen wir, um bequem an die abgelegenen Plätze zu kommen«, so Peter Schließmann, Geschäftsführer von Tour Extrem. Er hält nichts davon, die Teams unnötigen Strapazen in der Hitze auszusetzen. So beschäftigt er im

Organisationsteam einen eigenen Trupp, der Camps im arabischen Stil mit Kissen und Zelt sowie landestypische Verpflegung bereitstellt. Ein gewisses Niveau muss schon sein, aber dann wird es ernst: Am späten Abend und nachts gilt es noch Teamaufgaben zu bewältigen. Diese fangen beim Herrichten eines Nachtlagers mittels Zelt und Schlafsack an und reichen bis zur »Night Task«. Zu Fuß und per Navigationsgerät müssen kleine Teams vorgegebene Punkte im Dunkel der Wüste finden. Dort dürfen sie Denkaufgaben lösen und müssen ihre eigenen Stärken sowie Schwächen einschätzen. Die Verständigung untereinander verläuft mit Funkgeräten und Leuchtraketen. Nach meinen Beobachtungen überfordern sich Teilnehmer gerne, weil sie zu sehr in Konkurrenz und zu wenig in Kooperation denken. Auch am Tag erfordert die extreme Umgebung das gegenseitige Zusammenhelfen und die Bewältigung einer gemeinsamen Aufgabe, wenn sich etwa ein Geländewagen im weichen Sand festfährt. Was jedoch für den einen am Rande der Überforderung liegt, da fängt für den anderen der Spaß erst an. Etwa wenn die Teilnehmer mit High-Speed über die Dünen jagen und zum Abheben neigen. An dieser Stelle ist ein detailliertes Briefing durch die Trainer im Bezug auf Sicherheit und Verhalten in der fremden Umgebung gefordert. Denn die für die Trainings geschaffenen Situationen sollen zwar Ernstcharakter haben, dürfen aber nicht gefährlich sein. Dazu müssen Kenntnisse und Fähigkeiten der Teilnehmer vorher eingeschätzt und teilweise »vortrainiert« werden. Das betrifft zum Beispiel terrestrische Navigation oder den Umgang mit Geländefahrzeugen und Ausrüstungsgegenständen. Und manchmal müssen die Teams vorausschauend so zusammengestellt werden, dass unnötige Konflikte vermieden werden.

Projektmanagement: Funktionskreise bei einer Lernexpediton durch die Nordsahara zielorientiert gestalten

Marokko. Wie ein Denkmal der verfahrenen Situation hängt das Geländeauto auf einer schroffen Felskante fest. Währenddessen eskaliert der gruppendynamische Prozess in wirren Diskussionen. Über Stunden hat sich die Expedition auf einem steinigen Karrenweg immer tiefer in das bizarre Gebirgslabyrinth des Antiatlas um den 1600 Meter hohen Bou Gafer hineingebohrt. Es ist der erste Tag einer über 1000 Kilometer langen Route durch den abgelegenen Süden Marokkos. Die Teilnehmer der Lernexpedition haben für sechs Tage ihre gewohnten Umgebungen und Beziehungsgeflechte verlassen. In der Fremde gilt es neue Herausforderungen anzunehmen und damit entscheidende Handlungskompetenzen zu entwickeln und zu fördern.

Werner, im normalen Leben bei einer Bausparkasse, will »endlich einmal die Komfortzone verlassen«. Axel, Rechtsanwalt aus Essen, reizt es, »Führungskompetenz in einer fremden Gruppe zu erleben«. SAP-Beraterin Heide sieht das »gemeinsame Erreichen selbstgesetzter Ziele« als Herausforderung. Claudia, Werkstudentin bei Siemens-Nixdorf, freut sich, »einfach auf einer Sanddüne zu stehen und nichts zu sehen«. Sie will aber auch ihre Selbsteinschätzung verbessern. Peter, Landwirt und Prozessberater, drängt es in Grenzsituationen, weil ihm da oft »was Gutes einfällt«. Sibylle sehnt sich danach, Ordnung und Zivilisation gegen Natur und Intuition einzutauschen. Und mich reizt die Pionierarbeit mit einer neuen Gruppe auf unbekanntem Terrain.

Zentraler Bestandteil des Trainings ist die eigenverantwortliche Planung und Gestaltung der Expedition. Möglichst viel Verantwortung soll bei den Teilnehmern bleiben, um die Handlungskompetenz zu fördern. So gestalten wir das Training also weitgehend selbst. Bereits vier Wochen vorher hat sich das bis dahin unbekannte Expeditionsteam zum ersten Mal auf der Internetplattform von Neuland Addventure getroffen. Wie in einem Labor bewegen wir uns ab diesem Zeitpunkt innerhalb der vom Trainerteam abgesteckten Rahmenbedingungen. Dazu gehören An- und Abreisedatum, die Beschränkung der Ausrüstung auf 40 Gegenstände und für jeden Teilnehmer ein per Koordinaten festgelegter Punkt entlang des Flusses Oued Draa. Er entspringt im Antiatlas und mündet nach einem langen Weg durch die Wüste im Atlantik. Es ist uns freigestellt, welche Ziele erreicht werden sollen. Allerdings sollen aus einem festgelegten Expeditionsbudget alle anfallenden Kosten bezahlt werden.

Fieberhaftes Engagement machte sich zwischen Berlin, Essen, Mannheim, Stuttgart und München bis wenige Tage vor der Abreise breit. Von der benötigten Treibstoffmenge für die Geländewagen über Medikamente für einen Notfall bis hin zu Wasserbedarf und Fahrzeugpannen gilt es alle Eventualitäten durchzukalkulieren. Vergleichbar mit dem Unternehmensalltag ist etwa das Thema Messebau. Auch da gilt es Equipment, Transport und Personal zeitlich und räumlich zu koordinieren. Ohne Expeditionserfahrung geht das virtuelle Team an das Projekt heran. Durch das organisatorische Geschick von Heide und Andrea entstehen wohlorganisierte Aufgabengebiete wie Logistik, Fahrzeugtechnik, Sicherheit und Ausrüstung. Ressourcen wie Landkarten, Bücher – zum Teil von den Trainern zugeschickt – werden angezapft. Per Fax, Telefon, Internet-Chats und sogar bei persönlichen Treffen entstehen Ausrüstungslisten, Streckenpläne. Positionen wie Navigator, Fahrzeugtechniker, Einkäufer und Controller werden besetzt. Der gewünschte Effekt »Teilnehmer zu Akteuren zu machen« tritt damit schon lange vor dem eigentlichen Trainingsbeginn ein. Beteiligte machen sich durch das wechselnde Verteilen von Aufgaben und Rollen von Anfang an zu Verantwortlichen. Fortan produzieren wir alle Ereignisse des Trainings selbst.

Noch am Tag des endgültigen Aufbruchs zur Expedition werden unter dem Zeltdachhimmel im Tagungsraum des Hotels Les Valleés in Ouarzazate auf Moderationstafeln das Sicherheits- und Notfallkonzept besprochen, letzte Verantwortlichkeiten geklärt, Ziele aufgestellt und die Strategie diskutiert. Eine besondere Bedeutung kommt der Rolle der jeweiligen Projektleiter zu. Denn jeder der Teilnehmer soll für seinen Streckenabschnitt das Team leiten, um Führung einmal selbst zu erleben. Reduziert auf das Elementare einer Expedition entwickelt sich Systemkompetenz für Projektarbeit und Führung wie von selbst. Beim Outdoor Challenge lässt sich Führung trainieren, wenn einer der Teilnehmer die Gruppe durch eine Tagesetappe leitet. Abstimmungs- und Kooperationsprozesse erfordern klare Kommunikation, denn die Wüstentour ist als ein gemeinsames Projekt konzipiert. Die Trainer sind als Begleiter dabei und intervenieren erst, wenn es zu gefährlich wird. Vor allem, wenn sich die Gruppe überschätzt oder verrannt hat. Meist halsen wir uns zu große Tagesetappen auf, vergessen die Zeit für die Verpflegung einzuplanen, diskutieren stundenlang ohne zu handeln und verheddern uns in sinnlosen Details. Die Herausforderung für die Trainer ist es, das auszuhalten und nicht zu früh einzuschreiten. Regelmäßige Aus-Zeiten dienen den Teilnehmern zur persönlichen Reflexion, den Trainern zur Auswertung und Erholung.

»Das Training deckt verborgene Potenziale auf und hinterfragt Verhaltensstrategien«, behauptet Matthias Göttenauer, Aufsichtsratsvorsitzender der Neulands Add Venture AG. Es unterstützt die Vernetzung und Entwicklung von Kompetenzen und sensibilisiert für die Verantwortung in Gruppen- und Arbeitsprozessen. Dabei entstehen mindestens so viel selbstgemachte Probleme wie bei jedem unternehmerischen Projekt.

Leadership: Wilderness Experience in der Wald- und Seenlandschaft Värmlands

Schweden. Seit zwölf Stunden sitze ich mutterseelenallein auf einer kleinen Insel mitten im Stora Bör. Der See im waldreichen Värmland zeigt mir seine tausend Gesichter. Auf die Uferfelsen gekauert beobachte ich, wie Wasserkäfer im spiegelglatten Wasser rasante Kurven ziehen. Meine Augen wandern die Baumstämme auf und ab, studieren die Strukturen im Holz. In Sichtweite streckt eine winzige Felseninsel ihren Rücken aus dem Wasser. Wolfgang, der mich auf meiner Insel ausgesetzt hat, liegt dort und mit ihm das Kanu. Auf andere Inseln verteilt weilen Geschäftsführer, Unternehmensberater, Personalleiter, Trainer und ein Oberarzt. Sie alle haben sich unter die Obhut von DrägerForum begeben, um ihre emotionalen und sozialen Fähigkeiten zum Führen und Kooperieren unter Beweis zu stellen, ihre eigenen Werte zu prüfen und »das Richtige richtig und aufrichtig zu tun«.

Mit gemischten Gefühlen, teils befreit, teils beängstigt, haben wir am Abflughafen Hamburg unsere Uhren, Kreditkarten, Bargeld und Handys abgegeben. Dafür erhält jeder Teilnehmer ein Paket, auf dem mit dicken Buchstaben geschrieben »Notfall« steht. Somit ist bereits die Reise zum Sammelpunkt inmitten des schwedischen Värmlands über Oslo und den Landweg per VW-Bus ein Teil des Programms. Nicht Geländefahrzeuge, sondern die eigenen Füße und Kanus dienen der Fortbewegung durch die weit verzweigte Seenlandschaft und das unwegsame Gestrüpp voller Mücken. Um Navigation, Routenplanung und Verpflegung müssen sich die Teilnehmer selbst kümmern. Immer wieder kommen von den Trainingsleitern neue Aufgaben, meist dann, wenn der Stress sowieso am größten ist. Das Vier-Tage-Programm in der wilden Natur fordert die Teilnehmer körperlich sehr stark. Daher eignet sich die Wildnistour hervorragend für Nachwuchsführungskräfte und Auszubildende. Das Führungs- und Kooperationstraining setzen die Dräger Werke seit über zehn Jahren zur Personalentwicklung auf allen Verantwortungsebenen ein. Es sollen sich dabei persönliche und fachliche Führungskompetenzen herausbilden wie

- Urteils- und Entscheidungsfähigkeit in vernetzten Handlungsfeldern,
- übergreifendes, projektorientiertes Handeln,
- Kommunikations- und Kooperationsfähigkeiten, Selbstverantwortung und Motivation,
- Fähigkeit zur Frustrations- und Stressbewältigung.

Dazu Hennig Henschel, Geschäftsführer der DrägerForum GmbH:»Die Projekte, Aufgaben und Übungen haben einen Bezug zur Wildnis. Sie lassen sich aus den natürlichen Bedingungen ableiten, die sich den Teilnehmern stellen. Denn die Wildnis verlangt in der Auseinandersetzung mit ihr zwingende Handlungen und Lösungen.«

Was den Wert von Wilderness Experience ausmacht, hat für die meisten Trainings in extremen Umgebungen und Situationen eine ähnliche Bedeutung. Nicht theoretische Lösungen, sondern reale Handlungen bringen den Lernerfolg. Was der Mensch beim Handeln erfährt, prägt ihn und ist für künftige Entscheidungen abrufbar. Da die Aufgaben immer vielschichtige Handlungsdimensionen aufweisen, werden im Zuge ihrer Bewältigung auch immer mehrere Kompetenzpotentiale aus verschiedenen Persönlichkeitsschichten und Bereichen angesprochen. Diese ganzheitliche Beteiligung kognitiver, emotionaler und körperlicher Bezüge garantiert eine verhaltenswirksame Verankerung im emotionalen Gedächtnis. Die Ergebnissicherung erfolgt meist nach Abschluss des Projektes oder abends in den Reflexionszirkeln. Dabei wird die Durchführung zunächst nach bestimmten Effizienzkriterien von den Projektleitern selbst bewertet. Dann haben Teammitglieder die Gelegenheit zum Feed-back. Dabei werden eventuelle Widersprüche im Bild der Selbst- und Fremdwahrnehmung von Ausführung, Ergebnis und Verhalten diskutiert. Besprochene Vorschläge und Alternativen sowie die Resultate der Diskussion werden für die Aufbereitung im Abschlussgespräch am Trainingsende schriftlich festgehalten. Außer in Schweden nutzt DrägerForum entlegene Landschaften in Norwegen, Grönland, der chinesischen Wüste Gobi, Südafrika und Patagonien als Lernorte und Denkfabriken.

Sinnsuche: Spiritualität bei Dakota-Sioux-Ritualen in den Vogesen entdecken

Frankreich. Norbert, 42, in leitender Position bei einem österreichischen Handelsunternehmen, sieht sich in einer Zeit der Veränderung. Im Job steht die nächste Stufe auf der Karriereleiter bevor, die Kinder werden erwachsen und insgeheim stellt er sich in der Mitte des Lebens die Frage nach dem Sinn. Da scheint der experimentelle Workshop »Art & Culture« zum richtigen Zeitpunkt gekommen zu sein.

Im Open Space Design werden die Seminarteilnehmer ohne feste Zeitpläne und Programme mit dem »Anders sein« fremder Kulturen und dem »Anders Sein« der eigenen Erlebnis- und Erkenntniswelt konfrontiert. Da steht auf der einen Seite Frank Pompé, renommierter Künstler aus Michelstadt im Taunus, und auf der anderen Seite Michael Twofeathers, aus Berufung und Abstammung Lakota-Sioux-Indianer und im Berufsleben Generalunternehmer für Holzhausbau im Südkalifornien. Die Begegnung mit den beiden Impulsgebern in der Erlebnisdomäne des Veranstalters Tour Extrem in den französischen Vogesen entwickelt unvorhergesehene Dynamik. Der Künstler entfacht in seinem Sommeratelier mit einem reichen Angebot an Materialien für Malerei und bildende Kunst die Leidenschaft für künstlerisches Schaffen. Nicht wie in der Schule mit Noten, sondern mit der Freude am Gestalten und dem freien Umgang mit Farben und Formen weckt der Künstler auf motivierende Weise den Zugang zur Ressource Kunst. Manche Teilnehmer versinken förmlich in ihrer Arbeit und erkennen ungeahnte Schaffenskraft, die sie auf ihren Job übertragen wollen. Spontan entstehen Teams, die sich an Gemeinschaftswerke wie Töpfereien oder großformatige Collagen machen. »Jedes Bild ist eine Auseinandersetzung mit der eigenen Persönlichkeit und dem schaffenden Team«, berichtet Pompé aus seiner jahrelangen Erfahrung mit Gruppen.

Norbert drückt in seinen Werken in bunten Farbtönen ein bevorstehendes Ereignis aus, bei dem ihn der Lakota-Indianer unterstützen wird. Er hat sich eine sogenannte »Vision Quest« vorgenommen. Sie hat ihren Ursprung in den Initiationsriten alter Kulturen zum Übergang in das Erwachsenenalter. Schon die Germanen, die alten Griechen und die Kelten kannten Rituale einer kasteienden Einsamkeitserfahrung in der Natur. Jesus, Buddha und Mohammed kamen, allein in der Wildnis fastend, zum Wesentlichen. Das bis zu 96 Stunden lange asketische Fernbleiben von der Gemeinschaft soll beim Vision Quest die Einsicht in die eigene Persönlichkeit fördern.

Alle Teilnehmer des Workshops können Norbert bei der Vorbereitung unterstützen. Dazu gehört am Tag des Aufbruchs ein »Inipi«, die rituelle Schwitzhütte. Begleitet von den Generationen alter Lakota-Gesänge findet man sich in einem aus Weiden geformten, mit Decken abgedichteten Kuppelbau ein. Nach einer genau festgelegten Zeremonie werden vorher rund zwei Stunden lang sieben Steine zum Glühen gebracht und in eine Grube inmitten der Schwitzhütte gelegt. Mit den Zweigspitzen von Zedern belegt und anschließend von Michael Twofeathers mit Wasser übergossen, erzeugen sie wohltuenden Dampf. »Das dient der inneren und äußeren Reinigung«, so der Indianer. Warum Norbert alleine auf den Berg geht? Um als ein besserer Mensch mit mehr Klarheit über seinen Lebensweg zurückzukehren. Hier soll das Alleinsein in der Natur die gedankliche Klarheit fördern. Reduziert auf sich selbst zu sein kann den Zugang zu wenig rationalen Themen wie Selbstfindung, Lebensorientierung und Sinngebung ermöglichen. Die Natur ist Stimulans, der Ort der Spurensuche jeder Winkel des eigenen Ichs. Begegnungen mit den fremden Ritualen dienen der nachhaltigen Erweiterung des persönlichen Horizonts und einer gesteigerten Sensibilität im zwischenmenschlichen Umgang von Teams und Führungskräften. Genau das ist auch der Grund, weshalb Norbert seinen Arbeitsplatz für einige Tag mit einem Aufenthalt in der freien Natur tauscht, nur in eine Decke eingehüllt. Gemäßigte Formen der Vision Quest erlauben Zeltplane, Schlafsack, Allwetterkleidung und ausreichend Wasser. Jedoch üblich ist der Verzicht auf Nahrung und Lesestoff und Kommunikation mit der Außenwelt.

Rund 50 so genannte Visionssuche-Leiter gibt es in Deutschland, Österreich und der Schweiz. Sie führen die Teilnehmer ihrer Seminare in die Gebirgsschluchten Sloweniens, die Wüsten Kaliforniens und den Sinai, aber auch in den Bayerischen Wald oder die französischen Vogesen. Manche Anbieter rücken spezielle Zielgruppen in den Mittelpunkt. Leitende Manager zum Beispiel, bei denen der Wandel zum Geschäft gehört. Oder High Potentials, Nachwuchskräfte mit Perspektive, die ihre Stärken analysieren und Ziele definieren sollen. Führungskräfte von General Motors, McKinsey oder AT&T haben sich mittlerweile in indianischen Ritualen geübt. Etwa jeder Zehnte bricht die Visionssuche vorzeitig ab. Das bedeutet noch lange nicht, gescheitert zu sein. Denn seine Grenzen zu erkennen, sich Schwächen zu erlauben und Aufgeben nicht als Versagen zu sehen, dazu gehört viel Mut. Für High Potentials ist das möglicherweise eine völlig neue Erkenntnis.

Sozialkompetenz: Perspektivenwechsel im Großstadtdschungel New York Citys erleben

Amerika. Auf einem kleinen Zettel erhalten wir die Instruktionen. Ecke Madison Avenue und 34th Street stünde im Großstadtdschungel von New York eine Kontaktperson, die weiß, wo wir die Nacht verbringen können. Wir suchen also die nächste Subway-Station, zwängen uns in die Tiefe und knapp eine halbe Stunde später spuckt uns der enge Subway-Aufgang wieder ins Freie. Tatsächlich treffen wir dort auf eine junge Frau, die uns eine geheimnisvolle Geschichte über einen Fremden erzählt. Um ihn zu finden, sollten wir vorübergehend auf unser Augenlicht verzichten. So lautet die Instruktion. Und schon werden uns Augenbinden angelegt. Nach und nach wird mir bewusst, was es heißt, blind durch die Straßen einer Großstadt zu laufen. Schon kleine Unebenheiten bringen mich aus dem Gleichgewicht, hohe Bordsteine führen fast zum Sturz. Da ist es gut, dass wir uns jeweils an der Schulter des Vordermannes festhalten.

Parallel zur New Yorker Szene nutzen City Bound Berlin und City Bound München den öffentlichen Raum von Städten für extreme Erlebnisse. Im Kontakt zu den bis dahin unbekannten Stadtbewohnern lernen die Teilnehmer das »richtige Leben« kennen, wenn sie sich mit verbundenen Augen über eine mehrspurige Fahrbahn führen lassen oder in einer Suppenküche für Obdachlose kochen. »Da habe ich das erste Mal seit langem wieder Bodenhaftung gespürt«, so der Geschäftsführer eines Computerunternehmens. In kleinen Gruppen müssen die Teilnehmer immer wieder etwas erfragen, fordern oder tun, was sonst von ihnen nicht erwartet wird: die McDonald-Managerin um eine Flasche Salatsauce für das Abendessen anbetteln, den eiligen Geschäftsmann auffordern, in fünf Minuten zum Gruppenbild vor einem Brunnen zu erscheinen, den Auktionator um die Ecke nach den Inhalten seines Berufs zu befragen. »Gerade Führungskräfte können hier ihren sozialen Horizont enorm erweitern, indem sie ihren Schutzschild verlassen«, so der Personalentwickler einer New Yorker Firma. Normalerweise bewegt sich der Mensch in der Großstadt mit hoher Geschwindigkeit fort, wobei der Körper vorwiegend passiv bleibt. In U-Bahnen, Aufzügen, Rolltreppen hält sich die physische Bewegung in engen Grenzen, ebenso am Steuer des Pkws im Stadtverkehr. City Bound vermittelt das schiere Gegenteil: Zu Fuß und mit Muskelkraft bewegt man sich durch die Stadtlandschaft – auch einmal mit dem Kanu in verwinkelten Kanälen oder an Bord eines Schulbusses. Neue Blickwinkel stellen sich beim Besuch eines Altenheims ein. Die Aktionen im »richtigen Leben« hinterfragen den vermeintlich selbstverständlichen Alltag und schärfen den Blick für die Umwelt. Die Prinzipien der »Outdoor-Pädagogik« wie Herausforderung, Aktion und Reflexion, Gruppenselbststeuerung, Vielfalt und Ganzheitlichkeit gehören mit zum didaktischen Konzept. Im Vordergrund steht bei City Bound der Umgang mit fremden Menschen im Sozialraum Stadt. Zwar kommen auch bei Wüstentouren Kontakte mit fremden Menschen zu Stande, etwa wenn Ausrüstungsgegenstände auf einem orientalischen Markt besorgt werden sollen. Allerdings spielt die Auseinandersetzung mit den fremden Naturlandschaften die weitaus größere Rolle.

Bei City Bound kommen die Menschen durch ihr Handeln schnell in authentischen Kontakt zu sich selbst und zu den anderen. Und wie in der Wüste lässt sich auch in der Stadt ein »Single Quest« zur Selbstreflexion einbauen. Ob im Stadtpark oder in einer U-Bahn-Station – Zeit und Orte zum Nachdenken gibt es genug. Was hingegen fehlt, ist die unmittelbare Nähe zu den Naturelementen und deren wohltuende Wirkung auf die menschliche Psyche. Da hinterlassen die Dünen in der Rub-al-Chali doch den nachhaltigeren Eindruck.

Entscheidungsfindung: Die Qual der Wahl für das richtige Extrem-Training

Fremde Welten als Trainingsraum eignen sich sicherlich für Führungskräfte, Nachwuchsführungskräfte und Mitarbeiter, die bereits eine Reihe von Trainingsmaßnahmen hinter sich haben. Allein die im Vergleich zu den üblichen Seminarraum-Trainings höheren Kosten erfordern eine gezielte Auswahl der Teilnehmer. Oft werden die extremeren Trainingsformen aufgrund ihres hohen Erlebnischarakters auch als Belohnungen gebucht. In diesem Kontext erscheinen die meist in der Nähe eines Seminarhotels durchführbaren Trainings mit Seilgärten und konstruktiven Lernprojekten eher als Vorbereitung für körperlich und psychisch weit anstrengendere und herausfordernde Maßnahmen in fremden Ländern und Situationen geeignet. Vor allem zur Visionsarbeit im Raum indianischer Rituale gehört eine monatelange Vorbereitung, um die Herausforderungen gesund zu bestehen.

Sowohl die Visionsarbeit als auch das Erfahren neuer Perspektiven im Stadtraum und die expeditionsähnlichen Trainingsformen dienen in erster Linie der persönlichen Entwicklung. Die Themen Leadership, Teambildung und -führung kommen erst an zweiter Stelle, wenn es etwa darum geht, gemeinsame Routen zu planen, das Lagerleben zu organisieren und schwere Aufgaben im Team zu diskutieren und zu meistern. Letztlich dienen die Situationen in den fremd empfundenen Welten als Impuls für die Entwicklung persönlicher Führung und Handlungskompetenz.

Expeditionsähnliche Projekte in fremden Umgebungen sind meist sehr komplexe und ernsthafte Anforderungen für die Teilnehmer. Die Lernsituationen sind in hohem Maße authentisch, weil sie an reale Probleme gebunden sind. Sie fordern deshalb von vorne herein ein hohes Maß an Verantwortung und vorausschauendes Denken. Mehrdeutigkeit und Ungewissheit des Trainingsverlaufs und Ausgangs sorgen für hohe Spannung bis zum Schluss. Zur Ungewissheit in Vorbereitung und Durchführung gehören auch unvorhergesehene Witterungsbedingungen sowie verspätete Flüge für die Anreise, anspruchsvolle Logistik und brenzlige Situationen vor Ort. Solche Unwägbarkeiten können im Vergleich dazu etwa bei Touren in die Allgäuer Alpen minimiert werden. Allerdings fehlt den heimischen Regionen aufgrund ausgereifter Infrastruktur der Charme, die Anmut und Ausstrahlung der Fremdartigkeit wie sie ferne Regionen bieten.

Da der Verlauf von Trainings in fremden Naturräumen zu einem großen Teil von den Teilnehmern selbst gestaltet wird, ist darauf zu achten, dass sie sich aufgrund inter- und intrapersonalen Leistungsdrucks nicht zu viel zumuten. Unnötigen, aber selbstgemachten Stress verursachen zum Beispiel das Nichtbeachten von Ruhe- und Besprechungszeiten. Hier besteht die Gefahr, dass sich Teilnehmer über ihre Möglichkeiten hinaus beanspruchen und sogar überanstrengen. Bei den aufwändigen und zeitintensiven Aufgaben wächst ebenso die

Fremde Welten als Trainingsraum

Gefahr, dass Gelegenheiten für unmittelbare Reflexionsphasen und Feedbacks zu wenig Platz eingeräumt wird. Lernchancen können an dieser Stelle verpasst werden. Eine hohe Trainerkompetenz kann solche Nachteile auffangen. Die Trainer dürfen dabei weder zu früh noch zu spät eingreifen, um Lernchancen zu ermöglichen.

Vorteilhaft erscheinen Trainings mit Expeditionscharakter für multinationale Teams, die das Jahr über von unterschiedlichen internationalen Standorten aus meist virtuell zusammenarbeiten müssen. Durch extreme, gemeinsame Erlebnisse lassen sich hier in kurzer Zeit nachhaltige Bande zwischen den Teilnehmern schaffen. Fremde Welten als Trainingsraum schaffen verbindende Elemente zwischen den Menschen, weil sie diese mit Kopf, Herz und Hand berühren. Wer die Reisen in Trainingsräume fremder Welten antritt, wird noch lange Zeit später spüren, wie sehr es Expeditionen ins Selbst waren.

Artur Zoll
Ropes-Courses oder: Was kann man in sechs Metern Höhe lernen?

Hans und Beate, Mitarbeiter in einem Versicherungsunternehmen, stehen in sechs Metern Höhe jeweils auf einem Balken, der auch noch schwankt. Sie halten sich gegenseitig an den Schultern fest. Langsam beginnen sie sich seitwärts zu bewegen. Die Anspannung sieht man ihnen von unten an. Bei Hans sieht man die Knie zittern, der Atem wird kürzer und schneller, Beate hingegen steht ruhig und spricht mit dem Partner, die Balken werden jetzt ruhiger und langsam bewegt sich das Paar weiter. Man sieht, wie sie mehr und mehr nach hinten ausweichen. Von unten kommen Zurufe, den Rücken gerade zu halten, damit das Gewicht nach innen kommt. Die beiden reagieren darauf und sofort wird ihre Haltung besser. Bald sind sie am Ende angekommen, lösen sich voneinander und bekommen strahlende Gesichter. Die unten stehenden Kollegen klatschen Beifall. Am Seil hängend werden die beiden von den Sicherungsteams abgelassen. Die Kollegen bilden einen Kreis um die beiden, klopfen ihnen auf die Schulter und beglückwünschen sie für die Leistung. Der Trainer fragt die beiden nach ihren Erlebnissen. Beate erzählt: »Ich hätte nie geglaubt, dass ich es schaffe, drüben anzukommen. Ich war sehr aufgeregt, als ich oben auf dem wackligen Balken stand. Als ich Hans an den Schultern anfasste, bekam ich ein sicheres Gefühl«. Hans erzählte: »Solange ich unten stand, hatte ich ein gutes Gefühl. Oben jedoch fingen plötzlich meine Knie an zu zittern, und meine Sicherheit war weg. Da Beate jedoch einen ruhigen Eindruck machte, wurde ich etwas ruhiger und bekam Mut, weiterzugehen. Ich bin jetzt froh, dass ich es mit Beate zusammen geschafft habe.« Anschließend fragt der Trainer, was für jeden die wichtigste Erfahrung dabei war. Hans: »Für mich war das Wichtigste dabei, dass ich da oben das Gefühl hatte, ich kann mich auf Beate verlassen, auch wenn es schwierig werden würde und ich zunächst sehr unsicher war.« Beate: »Für mich war das Entscheidende, dass ich in dieser schwierigen Situation jemanden hatte, dem ich vertrauen konnte und mit dem ich sprechen konnte. Langsam bekam ich dadurch immer mehr Sicherheit. Es erinnerte mich an meine Anfangszeit in der Firma, als ich meine ersten großen Aufträge bekam und ich plötzlich das Gefühl hatte, ich schaffe das nicht. Die Balken waren wie die Kunden, immer hin- und herschwankend, mal sollte das geändert, mal jenes geändert werden, so dass ich schon Zweifel an meinen Fähigkeiten bekam. Ich hätte damals jemand um Hilfe bitten sollen. Ich wollte es jedoch alleine schaffen, was ich unter großer Kraftanstrengung dann auch hinbekam. Zwischendurch wollte ich jedoch schon aufgeben. Wenn ich die Situation von damals jetzt nach dieser Übung betrachte, wäre es besser gewesen, auf einen Kollegen zuzugehen und ihn um Unterstützung bitten, damit ich den Auftrag gezielter und stabiler hätte abwickeln können.« Hans ergänzte: »Gerade in schwierigen Situationen ist es wichtig, sich Hilfe zu holen, einander zu vertrauen und miteinander zu sprechen.« Im weiteren Auswertungsgespräch wurde herausgearbeitet, dass oft im betrieblichen Alltag in schwierigen Situationen zu wenig miteinander gesprochen wird und oft zuviel Misstrauen untereinander besteht.

Kommunikation und Zusammenarbeit sind bei dieser Übung, Team-Beam, zentrale Themen. Es ist ein ständiges Geben und Nehmen, um das System stabil zu halten. Die Erfahrungen, die die Paare nacheinander machen, werden an die nächsten Paare weitergegeben, damit diese davon profitieren. Der Transfer liegt darin, dass es notwendig ist, sich gegenseitig auszutauschen und Erfahrungen weiterzugeben, damit die ganze Gruppe bzw. das Unternehmen davon profitiert. Dazu gehört auch, Fehler zu machen, auszuprobieren, sich aufeinander einzulassen, zuzuhören und Ideen und Vorschläge zu diskutieren. Das ist in Kürze ein Beispiel für den Ablauf einer Übung aus einem so genannten Ropes-Course-Training.

Was sind Ropes-Courses?

Ropes-Courses sind Konstruktionen mit Masten oder Bäumen, zwischen denen Stahlseile oder Balken befestigt werden. Durch Kombinationen von Seilen, Stahlseilen und Balken werden verschiedene Übungen konstruiert. Diese Übungen befinden sich in 6–10 Meter Höhe und werden als »High-Ropes-Elemente« bezeichnet. Daneben gibt es eine Reihe von Übungen, die zwischen 1–2 Meter Höhe installiert werden, diese werden »Low-Ropes-Elemente« genannt. Sie sind meistens ebenfalls Bestandteil von Ropes-Courses. So unterschiedlich wie die Begriffe, z. B. Hochseilgärten, Ropes-Anlagen, Seilgärten etc., so unterschiedlich sind auch die Zusammenstellungen der Übungen und Konstruktionen. Neben festinstallierten Ropes-Courses gibt es auch so genannte mobile, das heißt vorübergehend aufgebaute Ropes-Course-Elemente. Je nach zur Verfügung stehender Größe des Grundstücks, dem finanziellen Aufwand und der Intention des Betreibers werden Ropes-Courses geplant und errichtet. In vielen Fällen werden sie in der Nähe von Seminarhotels gebaut, damit die Teilnehmer in den Hotels übernachten und dort die Seminare durchgeführt werden können.

Die Organisation Project Adventure, eine Abzweigung von Outward Bound, begann 1971 in Amerika für Schulen und Jugendarbeit mit Outdoor-Elementen zu experimentieren und Übungen zu entwickeln, die die Natur nicht als Basis sondern als Rahmen für Aktivitäten nutzten. Daraus entstand das »Adventure Based Counceling« (ABC)-Konzept. Die Grundlage für diese Entwicklung bildete die Erlebnispädagogik, die in den 30er Jahren durch den Reformpädagogen Kurt Hahn begründet wurde. Im Laufe der Zeit entstanden eine Reihe von Problemlösungsaufgaben, vertrauensbildende Übungen und Aktivitäten in der Höhe, um Gruppen und Einzelne vor Herausforderungen zu stellen und damit die individuelle Entwicklung und die Entwicklung der Gruppe zu fördern. Anfang der 80er Jahre begann eine amerikanische Beratungsfirma, Mitarbeiter von Unternehmen auf Seilgärten zu trainieren. 1995 schließlich hielt das Konzept in Europa Einzug. Es breitete sich sehr schnell vor allem in Deutschland, Österreich und England aus. Jedes Jahr werden neue Ropes-Courses gebaut. Inzwischen dürfte es in Deutschland ca. 100 Anlagen unterschiedlicher Größe geben.

Was ist das Besondere bei Ropes-Course-Übungen?

Das entscheidende Merkmal dabei ist, dass man sich oft alleine in einer Höhe befindet, die Angst auslöst. Dabei kommen biologische Grundmuster zum Vorschein, die zu vielerlei Assoziationen führen: Ich falle runter, ich bin völlig hilflos, ich habe keinen Halt mehr, ich werde mich verletzen. Das sind Vorstellungen, die sich in unterschiedlicher Ausprägung im Kopf jedes Einzelnen befinden. Objektiv gesehen ist bei den vorhandenen Sicherungssystemen ein Sturz oder freier Fall unmöglich. Dies sind jedoch rationale Gedanken, die in diesem Moment in der Höhe oft nicht zum Zuge kommen. Allein das Gefühl oben zu sein, nur auf einem Balken oder einem Stahlseil stehend, löst Angst aus. In dieser Situation liegt die entscheidende Phase beim High-Ropes-Training. Viele Faktoren spielen jetzt eine Rolle. Die körperliche und geistige Befindlichkeit, die Einstellung zum Seminar und zur Gruppe, frühere Erfahrungen, das Ziel der Veranstaltung, das persönliche Ziel. Hinzu kommen Ängste, die von außen geprägt sind: Angst, etwas falsch zu machen, sich zu blamieren, nicht das Ziel zu erreichen u. a.

Die Auseinandersetzung mit diesen existenziellen Situationen bedeutet für jeden Einzelnen, sich mit neuen Reizen, neuen Situationen und ungewohnten Gefühlen zu beschäftigen und – sie zu bewältigen. Zwei wichtige Aspekte sind darin enthalten, die auch zutiefst menschlich sind: Man prüft, ob die herausfordernde Situation zu bewältigen ist und ist dabei neugierig, ob die Fähigkeiten ausreichen, sie zu bewältigen. Damit erweitert man seinen Handlungsspielraum und kann sich so weiterentwickeln. Wichtig ist, dass die Angst nicht zu groß werden darf, damit das Handeln nicht erstickt wird. Eine neue Situation muss also Neugierde wecken und herausfordernd sein, damit Menschen ihre Potenziale erleben können.

Ropes-Courses

Die Anstrengungen bei High-Ropes-Übungen bewegen sich deshalb im Bereich des Machbaren in unterschiedlicher Ausprägung. Jeder kann sich an den verschiedenen Übungen eigene Ziele setzen und durch Zugewinn an Erfahrung, Sicherheit und Handlungskompetenz selbstsicherer und mutiger werden. Durch das Gefühl, nach einer, im Rahmen eigener Ziele, absolvierten Übung, nicht gefallen zu sein, nicht hilflos gewesen zu sein, Halt gefunden zu haben, erwächst eine Befriedigung, die dazu führt, sich an neue Situationen und Herausforderungen zu wagen. High-Ropes-Übungen bieten durch unterschiedliche Aufgabenstellungen immer wieder neue Situationen mit denen man sich auseinander setzen kann und die vor allem gezielt mit Themen verbunden werden können, z. B. sich gegenseitig vertrauen, gegenseitige Unterstützung in schwierigen Situationen oder Kommunikation. Alle diese Erfahrungen von Einzelnen, Paaren oder Gruppen sind aber nur möglich, weil ein Team da ist, das absichert, unterstützt und vor allem die Erfolge feiert. Das Zusammengehörigkeitsgefühl und die Beziehungen untereinander wachsen enorm. Man betrachtet die Kollegen nach einem solchen Training mit anderen Augen, weil man über gemeinsame Erlebnisse sprechen kann und mehr Verständnis füreinander aufgebaut hat.

Welche Rolle nimmt der Trainer bei einem Ropes-Course-Programm ein?

In einem Ropes-Course-Programm werden die Tätigkeiten Prozesssteuerung und Sicherheitsmanagement unterschieden. Sicherheitsmanagement umfasst das Inspizieren der Anlage vor dem Training, die Vorbereitung und Einrichtung der Übungselemente und die Bereitstellung der Ausrüstung. Die Einweisung der Teilnehmer in den richtigen Gebrauch der Ausrüstung und die Anwendung der jeweiligen Sicherheitstechnik sowie deren Überwachung gehören ebenfalls in den Bereich des Sicherheitsmanagements. Die Prozesssteuerung umfasst die Vorbereitung und Durchführung des Seminars. Dazu zählen in der Vorbereitungsphase die Bedarfsklärung und Zielbestimmung im Unternehmen, um während des Seminars immer wieder die Schnittstelle zwischen Erfahrung und Transfer aufzuzeigen.
Leitfragen dabei sind:

- Mit welchen Übungen kann ich die Ziele erreichen?
- Wie sieht das Seminardesign aus, um Lernprozesse beim Einzelnen wie auch bei der Gruppe anzustoßen und zu begleiten?
- Wie wird der Erfahrungstransfer in den betrieblichen Ablauf gewährleistet?

Beide Tätigkeiten können von einer Person ausgeführt werden, wenn die entsprechende Ausbildung vorhanden ist. In der Praxis häufiger angewandt und bewährt hat sich jedoch die Verteilung auf mindestens zwei Personen: den Sicherheitstrainer und den Prozesstrainer. Während des Seminars steuert Letzterer den Prozess zwischen den Teilnehmern und dem zu erreichenden Ziel. Dabei versteht er sich eher als Moderator denn als Trainer. Er gibt Situationen vor, erklärt diese, beobachtet die Durchführung und greift nur ein, wenn der Ablauf gestört ist oder die Gruppe sich in einer Situation festgefahren hat. Bei den Auswertungsphasen setzt er unterschiedliche Reflexionsmethoden – je nach Ziel und Gruppe – ein. Der Prozesstrainer muss alle Übungen selbst in der Teilnehmerrolle erlebt haben und sollte eine pädagogische oder psychologische Ausbildung sowie Erfahrung in der betrieblichen Weiterbildung bzw. Personalentwicklung mitbringen. Er muss imstande sein, aus den unterschiedlichen Übungsarten und Elementen die für die Gruppe und das Ziel relevanten Übungen auszuwählen und zielorientiert auszuwerten. Der Einsatz von Hochübungen setzt voraus, dass dafür in der Gruppe mit Vertrauensübungen, Teamaufgaben oder Spielen eine Basis geschaffen worden ist.

Wo liegen die Vorteile von Ropes-Courses?

High-Ropes-Übungen ermöglichen es, die Persönlichkeit des Einzelnen differenziert wahrzunehmen. Die Individualität, die Besonderheiten der Persönlichkeit treten deutlich hervor. Wie geht er mit Unsicherheit um? Verlässt er sich auf die Gruppe? Teilt er seine Gefühle mit? Spricht er Schwierigkeiten an? Akzeptiert er die Gefühle seiner Kollegen? Nimmt er Hilfe an? So kann zum Beispiel der Auszubildende sich als mutig und risikofreudig herausstellen, während der Vorgesetzte auch zeigen kann, dass er Schwierigkeiten hat. Dadurch, dass die Aufmerksamkeit nur auf einen oder zwei aus der Gruppe fokussiert ist, erkennt man die verschiedenen Facetten einer Persönlichkeit sehr deutlich. Durch das Feedback der Gruppe erhält jeder Impulse, um über sich und auch über seine Position in der Gruppe zu reflektieren. Die Teilnehmer können sich viel weniger dem Geschehen und der persönlichen Betroffenheit entziehen als bei anderen Seminarformen. Sowohl im emotionalen als auch im physischen Bereich werden Verhalten und Aktion direkt und unmittelbar sichtbar. Ein »Untertauchen« in der Gruppe oder das Gefühl, nicht genügend »zum Zuge gekommen« zu sein, ist bei High-Ropes-Übungen sehr gering.

Vom Trainer und der Gruppe muss deshalb ein Umfeld von Vertrauen, Verantwortungsbewusstsein, psychischer und physischer Sicherheit geschaffen werden, das es dem Einzelnen und dem Team ermöglicht, sich darauf einzulassen und ein Risiko einzugehen. Ebenso sollten auch Versuche oder nicht zu Ende gebrachte Übungen als Lernen verstanden und in den Erfahrungsprozess integriert werden. Über allem steht jedoch das Prinzip »Freiwilligkeit«. Jeder

Teilnehmer wählt sich seine Herausforderung selbst und übernimmt dafür die Verantwortung. Manche Teilnehmer haben vor der Übung selbst weniger Angst als davor, »Nein« zu sagen. Der Trainer muss solche Situationen erkennen und sie dem Einzelnen bzw. der Gruppe bewusst machen. »Nein« zu sagen beinhaltet dann auch die Frage: Bin ich dann noch in der Gruppe oder bin ich ausgeschlossen? Das gleiche gilt für Teilnehmer, die eine Übung abbrechen oder beim Hochsteigen wieder umkehren. Jetzt zeigt sich die Reife der Gruppe, die dem Teilnehmer signalisiert, er ist dabei und die Gruppe akzeptiert seine Entscheidung. Insofern findet hier auch ein wichtiger Gruppenprozess statt. In emotional intelligenten Teams werden solche Entscheidungen geschätzt, weil sie zu einer großen Offenheit führen und Feedback zulassen. Die Übung zum Ende zu bringen ist weniger wichtig als der Versuch, die Übung begonnen zu haben. Die Gruppe wird jetzt überlegen, wo liegen die Stärken des Mitarbeiters, wie kann er der Gruppe helfen, weitere Erfahrungen zu machen, z. B. im Sicherungsteam oder als Coach, der von unten aus beobachtet und verbale Unterstützung gibt. Das sind wichtige Prozesse, die vom Trainer erkannt und begleitet werden müssen.

Wie werden die Erlebnisse verarbeitet?

Diese konstruierten und erlebnisgeprägten Lernsituationen müssen ausgewertet und reflektiert werden. Nur durch die Reflexion wird das Erlebnis zur Erfahrung und kann zukünftig genutzt werden. Hier ist der Trainer gefordert, diesen Lernprozess mit entsprechenden Methoden zu unterstützen. Durch den Einsatz bestimmter Szenarien beim Briefing und in der Reflexion kann auch auf einer metaphernhaften Ebene gearbeitet werden.

Mit dem Ansatz des metaphorischen Modells wird versucht, die Übungen in Gleichnisse, also Metaphern zu verpacken und so in betriebliche oder private Nutzungssituationen zu übertragen. Metaphern erleichtern es, komplexe Situationen zu beschreiben und dadurch verständlich zu machen. Der Ansatz, mit Metaphern zu arbeiten, bietet sich bei Ropes-Course-Trainings besonders an, weil die Seile, Balken und Stämme zunächst keine Bedeutung haben. Um den Sinn und die Symbolhaftigkeit der Übungen zu verdeutlichen, sollte jeder Teilnehmer seine Erfahrung mit einer Metapher verknüpfen und sie somit in den Alltag transportieren. Typische Aussagen von Teilnehmern dazu sind: »Es ist wichtig, das Ziel im Auge zu behalten, um es zu erreichen«, »Manchmal muss man das Alte loslassen, um das Neue zu erreichen«, »Wenn ich nicht die Unterstützung der Gruppe gehabt hätte, hätte ich das nie geschafft«. Von den Teilnehmern werden Umsetzungsmöglichkeiten für den beruflichen Alltag erarbeitet und durch Handlungs- und Zielvereinbarungen konkretisiert.

Welchen Nutzen hat ein High-Ropes-Training für das Unternehmen?

Vor dem Hintergrund immer kürzerer Seminarzeiten und der Notwendigkeit, die Abwesenheit von Mitarbeitern im Unternehmen möglichst gering zu halten, ist das Training auf einem Ropes-Course vor allem dazu geeignet, punktgenau auf den Bedarf und damit auf das Ziel hin zu trainieren. Viele Umfragen zum Thema: Was sind die zukünftigen Qualifikationen für Mitarbeiter? zeigen, dass vor allem die Entwicklung von sozialer Kompetenz, Kommunikations- und Kooperationsfähigkeit als Erfolgsfaktoren angesehen werden. Hinzu kommt, dass Unternehmen und Mitarbeiter aufgrund der hohen Veränderungsgeschwindigkeit ständig um- und hinzulernen müssen. Dazu zählen vor allem: Umgang mit Komplexität und Veränderungen, Risikobereitschaft, kreatives Problemlösen und die Fähigkeit, mit anderen Menschen emotional intelligent umzugehen. Diese Qualifikationen sind auf kognitive Weise nur sehr unzureichend zu vermitteln.

Dafür bieten sich Outdoor-Training und speziell Ropes-Course-Programme an. Hier gibt es Lernfelder, in denen Menschen als Einzelne und als Teams losgelöst vom betrieblichen Alltag neues Verhalten ausprobieren, ihre Fähigkeiten erweitern und neue Sichtweisen und Einstellungen erwerben können. Individuelle Ziele sind zum Beispiel: Steigerung der Motivation, Abbau von Hemmschwellen, Aufbau von Mut und Risikobereitschaft, Entdeckung verschütteter Ressourcen, neue Kräfte sammeln. Für die Gruppe bzw. das Team stehen folgende Ziele im Vordergrund: Förderung von kooperativem und teamorientierte Verhalten, Erarbeitung von Regeln für die künftige Zusammenarbeit, auch bereichsübergreifend, Verbesserung der Kommunikation, Stärkung der Selbstverantwortung und vor allem auch Lob und Anerkennung aussprechen für Einzelne, die etwas Schwieriges geleistet haben.

Gemeinsam mit dem Trainer wird dann nach Transfer- und Anwendungsmöglichkeiten gesucht, also danach, wie diese Erfahrungen in den beruflichen Alltag integriert werden können. Es kommt immer auf die Zielsetzung, auf die Zielgruppe und auch auf die zur Verfügung stehende Zeit an, wieviele Übungen in der Höhe oder am Boden durchgeführt werden. So ist es durchaus möglich, nur ein oder zwei Übungen am Boden innerhalb eines Seminars einzusetzen, um damit Themen anzustoßen oder bestimmte Situationen zu verdeutlichen. Durch die einzelnen Elemente, die oft einen typischen Symbolcharakter haben, können konkrete Themen angestoßen und ausgewertet werden.

Wie wird bei Ropes-Courses die Sicherheit gewährleistet?

Sicherheit für die Teilnehmer hat in einem Ropes-Course oberste Priorität. Dazu zählt die physische – die Vermeidung von Unfällen-, wie auch die psychische – die Vermeidung von traumatisierenden Erfahrungen, die nicht innerhalb des Trainings bearbeitet werden können – Sicherheit. Die German Ropes-Course Association (GRCA) hat auf der Basis amerikanischer Konzepte für Konstruktion, Betreibung, Ethik und Management von Ropes-Courses Standards erstellt und veröffentlicht. Ein Ropes-Course Sicherheitssystem setzt sich aus technischen und nichttechnischen Faktoren zusammen. Zu den technischen Faktoren gehört in erster Linie die Absicherung der Teilnehmer bei High-Ropes-Übungen. Dafür sind zwei Sicherungssysteme am weitesten verbreitet:

- Das Prinzip Teamsicherung (Top-Rope-Sicherung): Das Sicherungsseil wird über eine Umlenkung, die über dem Übungselement angebracht ist, wieder nach unten geführt. Dort steht ein Sicherungsteam aus drei Personen mit unterschiedlichen Aufgaben: Person A bedient die Seilbremse, Person B unterstützt Person A beim Bremsen des Seiles, Person C bildet eine Back-up-Sicherung hinter Person A. Die restlichen Teilnehmer der Gruppe sichern z. B. die Leiter und unterstützen den Kollegen, der gerade die Übung absolviert, durch Lob, Ermutigung bzw. Coaching. Die gesamte Gruppe fokussiert die Aufmerksamkeit auf die Akteure. Die Unterstützung sowie die Sicherung durch die Gruppe kann als essentieller Trainingsbestandteil gezielt eingesetzt werden.
- Das Prinzip Selbst-Sicherung (Cow-Tail-Sicherung): Hierbei können sich beliebig viele Teilnehmer bzw. die gesamte Gruppe in der Höhe befinden und verschiedene Übungen hintereinander absolvieren. Die Teilnehmer sind durch zwei kurze Sicherungsseile, die am Anseilgurt befestigt sind, individuell gesichert. Das Umhängen der Sicherungsseile von Übungselement zu Übungselement erfolgt für jeden Teilnehmer eigenständig in einer »Sicherheitspartnerschaft« mit jeweils einem anderen Gruppenmitglied. Durch das gegenseitige Coaching und die Überprüfung der Sicherung sind zwei Personen immer in Kontakt und bewältigen gemeinsam die verschiedenen Übungen.

Weitere wichtige Faktoren, die beachtet werden müssen, sind: ausreichende Vorinformation und richtige Ausrüstung der Teilnehmer, Ermüdungsgrad und Konzentrationsfähigkeit der Gruppe, aktueller Gesundheitszustand der einzelnen Teilnehmer, genaue Einweisung in den Ablauf der Übungen, Zeitbudget und Wetterbedingungen und vor allem die psychische Sicherheit. Das bedeutet, dass der Trainer die Teilnehmer in der aktuellen Übungssituation beobachtet und auf emotionale Reaktionen achtet. Durch Angst, Anstrengung und

Stress werden Emotionen hervorgerufen, die vom Trainer bearbeitet werden müssen. Die Betreiber von Ropes-Courses sollten über ein Sicherheitshandbuch verfügen, in dem die einzelnen Elemente und deren Sicherheitsprozeduren beschrieben sind. Bestandteil dieses Handbuchs sollten ebenfalls Protokolle zur Dokumentation von durchgeführten Veranstaltungen auf dem Ropes-Course mit Angaben zur Gruppe, Teilnehmerzahl, zu durchgeführten Übungen, evtl. Vorfällen, Verletzungen etc. sein.

Wie ist die zukünftige Entwicklung von Ropes-Courses einzuschätzen?

Die Zahl der Ropes-Courses nimmt kontinuierlich zu, wobei die Zahl der professionellen Trainer und Anbieter von qualifizierten Ropes-Course-Programmen nicht in gleichem Maße Schritt hält. Vor allem viele Hotels sehen in der Errichtung und Betreibung von Ropes-Courses mehr ein Marketinginstrument als eine qualifizierte Methode von Personalentwicklung und Training. Dabei wird übersehen, dass ein Ropes-Course nicht wie eine Minigolfanlage betrieben werden kann, bei der nur Material ausgegeben werden muss, damit sie jeder benutzen kann. Es sind Konzepte und ausgebildete Trainer (Sicherheits- wie Prozesstrainer) erforderlich, die qualifizierte und professionelle Programme umsetzen können. Um diese Methode auch zukünftig als integrierten Bestandteil innovativer Trainings im Rahmen von Personalentwicklungsmaßnahmen zu etablieren, ist es gerade jetzt notwendig, verantwortungsvoll damit umzugehen. Die Erfolge in vielen Unternehmen sprechen für sich.

Literatur

Fuchs, H.: Erlebnisorientiertes Managementtraining. In: Schwuchow, K., Gutmann, J. (Hrsg.): Jahrbuch der Personalentwicklung und Weiterbildung. Neuwied/Kriftel 1998, S. 183–187.
GRCA (Hrsg.): Bau- und Betreibungsstandards für mobile und stationäre Ropes-Courses. Augsburg 2000.
Heckmair, B./Michl, W.: Erleben und Lernen, Einstieg in die Erlebnispädagogik. Neuwied, Kriftel 2002.
Paffrath, F. H. (Hrsg.): Zu neuen Ufern. Internationaler Kongress erleben und lernen. Alling 1998.
Plöhn, I.: Flow – Erleben. Neuwied/Kriftel 1998.
Senninger, T.: Abenteuer leiten – in Abenteuern lernen. Münster 2000.

Mario Kölblinger
Die überschätzte Wirkung von Hochseilgärten im Management-Training[1]

> Learning is dramatic and it's quick... When you get people off the ground, they're scared. It's an unnatural place for humans to be. We're not squirrels.
>
> Kimberly Leeman

Sie sind mittlerweile unübersehbar: Hochseilgärten verändern allerorten das Landschaftsbild und das Trainingsbild in den Outdoors. Neben ihrer charakteristischen Erscheinungsform wirken sie vor allem durch die Beflügelung der Phantasie – je nach Nähe zum (Hochseil-)Element und Wahl der Perspektive. Zweifelsohne bestechen ihre technische Ästhetik und ihre atemberaubenden Handlungsmöglichkeiten. Wie beeindruckend ist aber ihr Nutzen für die Team-Entwicklung in den Outdoors, zu deren Entfaltung sie doch so offensichtlich konzipiert worden sind? Spricht man mit Erbauern, Betreibern und Trainern von Hochseilgärten, so steht häufig ganz oben auf der Rangliste der Eignungszuschreibungen der instrumentelle Wert der Hochseilelemente zur Verhaltensmodifikation von Teams bzw. zur Verbesserung der Team-Effizienz. Und das kommt nicht von ungefähr: scheint doch die Erwähnung des Wortes »Team« geradezu ein Universalschlüssel zu sein, mit dem sich bei Personal-Entwicklern mühelos lukrative Trainingsfelder in der Management-Ausbildung öffnen lassen – fast meint man sogar, unabhängig von der angebotenen Outdoor-Methode und/oder von dem professionellen Erfahrungshintergrund der Trainer und Betreiber. Dazu passt auch das erfrischend offene Statement eines Neuanbieters von Hochseilgarten-Aktivitäten, der dem Verfasser unlängst auf die Frage nach den anvisierten Zielgruppen seines Seilgartenengagements treuherzig antwortete: »Damit wollen wir vor allem die Management-Kundschaft ›rüberkriegen‹ und dann klingelt nur noch die Kasse...«

Dabei bestanden bei Insidern und Experten der Outdoor-Trainings-Szene schon beim Entstehen der ersten industriell ausgerichteten Hochseilgärten in Deutschland vor ca. fünf Jahren Zweifel über deren Eignungspotenzial zur Team-Entwicklung. Denn schon lange waren die Zeichen aus Amerika nicht mehr zu übersehen. Dort hatten die Hochseilgärten als Fortbildungs-Instru-

---

[1] Dieser Beitrag erschien zuerst in der »Zeitschrift für Erlebnispädagogik«. Wir danken dem Herausgeber und dem Autor für die Möglichkeit des Nachdrucks.

mente in der Personalentwicklung bereits ihren Höhepunkt überschritten, als der Hochseilgarten-Trend in Deutschland begann, Fuß zu fassen. Unerfüllte Effizienzerwartungen auf Seiten der Firmen und eine ambivalente Akzeptanz der Teilnehmer sowie schließlich aggressiv massiv zunehmende Sicherheitsbedenken der amerikanischen Rechtskultur haben die Anwendung und Ausbreitung der Hochseilgärten im Management-Bereich massiv eingeschränkt – nicht zuletzt durch Ergebnisse von Teilnehmer-Belastungsanalysen auf dem Hochseil. Gleichzeitig wurde diese Tendenz durch erste Wirkungs-Vergleichsstudien zwischen Hochseil- und Niederseilgärten verstärkt, die keine signifikante Überlegenheit der Hochseilgärten ausmachen konnten.

All diese Ergebnisse waren und sind im Kern nicht erstaunlich, hat doch schon vor nunmehr 20 Jahren Project Adventure, das wie kein anderer Outdoor-Trainings-Provider die Entwicklung von Outdoor-Managementkursen in den USA so entscheidend vorangetrieben und maßgeblich geprägt hat, in seinem Handbuch zum Bau von Hochseilgärten unübersehbar darauf hingewiesen, dass diese eben (vornehmlich) keine Instrumente zur Teamentwicklung seien. Das wurde in der Folge der freudigen Übernahme amerikanischer Hochseilgartenkonzepte aber geflissentlich übersehen, und die Fachpresse hat das Wunschdenken mancher Betreiber der Einfachheit halber lieber ungeprüft übernommen, ohne eigene Recherchen zu bemühen. Zu groß war wohl die Faszination, die bei manchem Beitrag offensichtlich direkt vom Hochseil in die Feder des Journalisten geflossen ist, so dass sich die Begriffe »Hochseilgarten« und »Teamentwicklung« so irritierend einfach verknoten konnten. Jedoch melden sich inzwischen auch bei uns vermehrt kritische Stimmen zu Wort, die die Wirkung von Hochseilgärten als Team-Entwicklungsinstrumente aus eigener Erfahrung deutlich relativieren bzw. diese als überschätzt einstufen. Ein – wenn auch sanfter – Beitrag dazu ist in der Mai/Juni-Ausgabe 2001 des Weiterbildungs-Magazins »Managerseminare« unter dem Titel »Extreme Erlebnisse – extreme Ergebnisse?«, Seite 106–117, nachzulesen.

Die nachfolgenden Fragen und Antworten sind vor zwei Jahren im Rahmen einer Trend-Diskussion über die Entwicklung von Outdoor-Trainings am Institut für Erlebnispädagogik e. V. an der Universität Lüneburg entstanden. Sie haben seitdem nichts von ihrer Aktualität verloren. Im Gegenteil, sie liefern Fakten und Perspektiven für die notwendigen und überfälligen Differenzierungsbemühungen bei der Anwendung und in der Beurteilung der Wirksamkeit von Hochseilgärten in der deutschen Management-Trainings-Szene. Sie erlauben Vergleiche zu ziehen, realistische Erwartungen zu artikulieren und Ergebnisse zu suchen.

Im Rahmen von Outdoor-Veranstaltungen stoßen Hochseilgärten zunehmend auf das Interesse von Firmen, die nach neuen Instrumenten suchen, um tradierte Organisations- und Lernformen aufzubrechen. Andere Länder, wie etwa die USA, Großbritannien und Kanada, sind uns hier schon voraus. Welche Erfahrungen hat man dort mit dem Einsatz von Hochseilgärten in der betrieblichen Weiterbildung gemacht? Nicht immer diejenigen, die man anfangs auch erwartet hatte. Jedes Land durchläuft bei der Einführung von Hochseilgärten offensichtlich denselben Zyklus. Nach einer eher zögerlichen Phase der kritischen Orientierung folgt eine oft kritiklose und undifferenzierte Anwendungseuphorie, in der dieses Instrument fast universelle Erfolgszuschreibung erhält – querbeet. Schließlich merken dann aber die Anwender und Teilnehmer, dass sich jeweils nur bestimmte Trainings- und Entwicklungsanliegen mit Hilfe von Hochseilgärten realisieren lassen. Es ist interessant zu erleben, dass heute in den USA gerade die führenden Vertreter des Experiential Learning, die die Outdoor-Trainings-Entwicklung so wesentlich vorangetrieben und mitbestimmt haben, immer weniger Hochseilgarten-Aktivitäten für ihre Management-Klientel einsetzen oder ganz darauf verzichten.

Manche dieser Betreiber haben sogar schon ihre Hochseilgarten-Anlagen wieder verbrannt – als symbolischen Abschied von einer Fehlentwicklung, wie sie meinen. In die gleiche Richtung des Umdenkens zielt bei einer Reihe von Veranstaltern auch der Verzicht, mit Abbildungen oder Videoclips von Hochseilgärten für ihre Trainingsangebote im Unternehmensbereich (weiterhin) zu werben. Offensichtlich steht das Image der Hochseilgärten nicht mehr nur für innovative Trainingsprozesse, sondern verbindet sich auch mit Zweifeln und Irritationen, die zu Reaktanz führen. Abgesehen von diesen spektakulären Maßnahmen haben die Betreiber und Nutzer in den USA schon vor längerem begonnen, das Instrument Hochseilgarten kritischer zu betrachten und genauer auf das jeweilig spezifische Eignungspotenzial bei den unterschiedlichen Zielgruppen zu achten. Es wurde wichtig, differenzierter abzuklären, was bei den Teilnehmern mit den einzelnen Hochseil-Aktivitäten erreicht werden soll und kann. Gleichzeitig ging auch eine neue Optimierungs-Initiative für die Niederseilgarten-Programme und Wilderness-Angebote durch das Feld der Veranstalter, stand hier doch schon seit jeher ein breites Spektrum an Outdoor-Handlungsoptionen zur Verfügung, das sich bedeutend besser auf die Bedürfnisse der Management-Klientel abstimmen ließ als nur der Einsatz eines limitierten Grundinstruments mit vielen ähnlichen technischen Übungen.

Wie sieht die Entwicklung in Deutschland aus?

In mancherlei Hinsicht scheint man die Fehler der USA auch in Deutschland zu wiederholen. Die naive und undifferenzierte Euphorie zeigt auch bei uns Wirkung. Dabei können Hochseilgärten hervorragende Trainingsinstrumente sein, wenn sie für die richtigen Zielgruppen in angemessener Weise eingesetzt werden. Der Mangel an professioneller Differenzierung hängt mitunter auch damit zusammen, dass Unternehmen wie Trainer über die Existenz der Hochseilgärten zum ersten Mal mit einer Trainingsform des Erfahrungslernens in den Outdoors konfrontiert werden, ohne dass sie Kenntnis auch von anderen, bewährten Outdoor-Programmen haben. Der Erstkontakt bindet dann und grenzt andere Möglichkeiten aus. Hinzu kommt, dass einige Anbieter von Hochseilgarten-Aktivitäten diese ganz gezielt als universelle Trainings-Instrumente anbieten, die (angeblich) alle firmenspezifischen Entwicklungsanliegen des Handlungslernens bequem abdecken können. Teilweise geschieht das aus eigener (professioneller) Unkenntnis, teilweise auch wider besseres Wissen. Diese Anwendungsverkürzung scheint der Sichtweise eines Handwerkers zu ähneln, der als einziges Werkzeug nur einen Hammer besitzt und daher jedes Problem als Nagel begreift.

Ausgesprochen peinlich fällt da mitunter auch die unverblümte Angebotslyrik mancher Hochseilgarten-Bauer und -Betreiber aus, die versuchen, besonders Hoteliers zu bewegen, ihre Hotelanlage mit einem Hochseilgarten von 50.000,– bis 100.000,– € aufzuwerten. Als Zielgruppe für die prosperierende Nutzung der neuen Anlage wird da in erster Linie die budgetstarke Firmen-Klientel mit Teamentwicklungsbedarf avisiert. Diese könne sich diesem neuen Instrument auf dem Fortbildungsmarkt langfristig gar nicht entziehen und sorge dann für eine bessere Hotelauslastung bzw. für neue Kundengruppen im Seminargeschäft.

Entscheidungshilfen in Form überprüfbarer Wirksamkeitsstudien, die den Erfolg von Hochseilgärten als ausgewiesene Teamentwicklungs-Instrumente belegen, werden dabei allerdings nicht offeriert. Zudem ist von der aufwändigen Akquisition für eine betriebswirtschaftlich vertretbare Auslastung und dem umfangreichen Betriebsmanagement der Anlage nicht immer mit dem gebotenen Nachdruck die Rede. Desgleichen werden die Probleme der ständigen Verfügbarkeit ausreichenden und qualifizierten Trainings- und Sicherheitspersonals wie auch die Folgekosten für Wartung, Reparatur und Versicherung mitunter etwas »geschönt« dargestellt. Umso vernehmlicher ist dann aber das Wort vom »Mehrwert Hochseilgarten« zu hören – für wen auch immer. So werden viele Hoteliers in dem Glauben bestärkt, Hochseilgärten lassen sich wie Minigolfanlagen betreiben. Zur Eignungsbeurteilung ist daher vor allem eine differenzierte Betrachtung gegenüber anderen Outdoorformen notwendig. Viele deutsche Unternehmen haben inzwischen zwar eine recht konkrete Vorstellung darüber, was Outdoor-Trainings sind, können aber die Outdoor-Programme nicht von einander unterscheiden und ordnen allen etwa dieselben Inhalte und Möglichkeiten zu. Hochseilgärten gelten daher oft als austauschbare Programmteile, mit denen sich überall dieselben Wirkungen erzielen lassen – nur intensiver –, weil höher und schneller, weil im Trainingscenter besser erreichbar.

Hochseilgärten sind sehr spezielle Instrumente des Erfahrungs-Lernens (Experiential Learning, Learning by Doing, Action Learning, Challenge Learning), die meist out of doors, in den USA aber auch schon indoors für ganz unterschiedliche Zwecke und Ziele eingesetzt werden. Hochseilgarten-Aktivitäten dienen primär der individuellen Persönlichkeits-Entfaltung und -Entwicklung und können für die Teilnehmer hohe physische, emotionale und mentale Herausforderungen darstellen, aber auch Spaß, Thrill, Kick und sportliche Bewährung bedeuten. Die aktive Auseinandersetzung mit Hochseilhindernissen kann bestimmte Erlebnisqualitäten ganz wesentlich intensivieren und dabei spezifische Eigenschaften von Gefühlen, Wahrnehmungen und Gedanken realisieren. Ihre Bewältigung wird von den Teilnehmern zumeist als Grenzerfahrung erlebt, allerdings ist das nicht nur individuell dispositionsbedingt, sondern auch zielgruppen-, alters- und geschlechtsabhängig. Die hohe Spezialisierung der Hochseilgärten bedingt andererseits aber auch eine Limitierung in der Anwendungsbreite und -tiefe gegenüber der erwünschten Transferanbindung. Nicht alle Veränderungs- und Trainingsanliegen lassen sich über Hochseilerfahrungen bewusst machen und in gültige Transferpotenziale umsetzen.

Für welche Firmenanliegen sind sie weniger geeignet?

Zum Beispiel für die Teamentwicklung! Warum? Gerade dort ist doch anzunehmen, dass die gemeinsame Hilfe und gegenseitige Unterstützung in so schwierigen Situationen greift und das Team enger zusammenschweißt. Dieser unterstellte Wirkungszusammenhang trifft interessanterweise für andere Formen des Outdoor-Trainings ungleich mehr zu als bei Hochseilgärten. Das hat im Wesentlichen vier Gründe:

1. Die Hochseilgärten sind von ihrer Konstruktion, ihrem Sicherheits-Management, ihrem Aufgabendesign und ihrer Handhabung her auf individuelle Bewältigungsprozesse abgestellt. Das heißt, es können immer nur wenige Personen gleichzeitig etwas gemeinsam tun, der Rest des Teams steht mehr oder weniger in Warteposition. Das ist ein strukturelles Problem aller Hochseilgärten.
2. Die Aufgaben und Hindernisse im Hochseilgarten sind mehr als bei anderen Outdoor-Aktivitäten an physische Bedingungen und Voraussetzungen gebunden, wie Geschicklichkeit, Bewegungs-Koordination und -Fluss. Das limitiert naturgegebenermaßen das Spektrum der Bewältigungsmöglichkeiten und damit des Anwenderkreises. Viele unterschiedliche Fähigkeiten und Fertigkeiten des Teams werden somit gar nicht angesprochen, weil zunächst einmal das Körperliche dominiert und andere Bewältigungsoptionen nicht nachgefragt und gefördert werden. Teilnehmer, denen Bewegungsaktivitäten nicht so liegen, bleiben dann ohne individuelle Erfolgserfahrungen und können diesen Mangel auch nicht anderweitig kompensieren. Damit bleibt es ihnen auch versagt, einen eigenen, relevanten und identifizierbaren Beitrag zur gemeinsamen Teamleistung zu stiften und eine entsprechende Wirkungsposition im Team zu finden. Definiert sich der

Übungserfolg im Wesentlichen über die Qualität der Körperlichkeit, muss das Team notwendigerweise unter seinen Möglichkeiten bleiben. Es verzichtet nämlich auf die bedeutendste Quelle seines Team-Potenzials – real und modellhaft: auf die Fähigkeit, die individuellen Unterschiede der Teammitglieder freizusetzen und zielführend zu aktivieren. Jüngere Teilnehmer haben von Hochseilgärten-Programmen meist mehr als ältere Teilnehmer, da sie beweglicher sind und sich damit stärker auf die Hindernisbewältigung einlassen können. Hier spielt sicherlich auch die Freude an der sportlich-technischen Bewegungs-Beherrschung eine Rolle.
3. Die dritte Beschränkung betrifft das subjektive Risikoempfinden und die Angst der Teilnehmer. Bei vielen Teilnehmern entwertet die begleitende Angst die Lernerfahrungen im Team und macht sie nicht ausreichend verhaltensoffen. Sie sind in ihrer Wahrnehmung und Handlungsbereitschaft eingeschränkt. Dabei sind die Ängste sowohl existenzieller wie auch sozialer Art, und ein großer Teil der Sorge zielt auf den Eindruck, der vor Kollegen angesichts der außergewöhnlichen Bewältigungssituation entstehen könnte. Das führt zu Leistungs- und Gruppendruck und ist nicht nur für Vorgesetzte im Team ein Problem. Obwohl in der Aufgabenbewältigung leistungsgleich, drücken Frauen eher und mehr Ängste gegenüber Hochseilgarten-Programmen aus als Männer und sind weniger zu einer freiwilligen Teilnahme bereit.
4. Viertens ist schließlich das Transferpotenzial explizit anzusprechen. Die hohe Verfremdung bzw. Künstlichkeit des Lernarrangements erlaubt nur sehr bedingt die Spiegelung und Veränderung von komplexen Teamprozessen. Weiterhin summieren und verstärken sich die schon erwähnten Restriktionen, so dass es schwer fällt, gültige Lernanlässe entlang den zuvor ermittelten Teambedürfnissen im Hochseilgarten zu gestalten. Sie müssen ja sowohl für die Teammitglieder persönlich bedeutsam sein als auch eine sinntragende Brücke zum Teamalltag mit einer Option zum Besseren herstellen. Der enge Situationskontext erlaubt hier nur wenige Handlungsanalogien vom Hochseilgarten zur überdauernden betrieblichen Teamanwendung.

Was müsste bei den Hochseilgärten verändert werden, um eine größere Teameignung zu erreichen?

Diese Frage ist schon seit Jahren in den USA virulent, ohne dass bis jetzt überzeugende Lösungen gefunden worden sind, Ansätze bestehen aber. Die Hochseilgärten müssten in ihrer Konstruktion, in ihrem Sicherheitsdesign und in ihrer Handlungs- und Programm-Konzeption vollkommen verändert werden. Sie müssten mehr abgestufte Handlungs-Optionen anbieten und mehr Personen gleichzeitig sinnvoll und in direkter Abhängigkeit voneinander involvieren.

Dabei muss auch das Handlungs-Arrangement Sinn machen und authentisch sein, nicht nur für eine Scheinbeschäftigung möglichst vieler Teammitglieder sorgen. Weiterhin müssten Hochseilgärten bzw. Anwendungskonzepte eine breitere Palette von Lernanlässen für Teams bereitstellen, die transferierbare Analogiebildungen zum Betriebsgeschehen ermöglichen. Und schließlich brauchen Hochseilaktivitäten alle einen breiten Vorlauf an Erfahrungs-Initiativen und Niederseilübungen, um das Team miteinander vertraut zu machen und auf die neue Herausforderung einzustimmen.

Man kann also nicht davon ausgehen, dass die Hochseilgärten mit ihren größeren Herausforderungen auch eine höhere Teameffizienz bedingen?

Das wird manchmal zwar gerne angenommen, stellt sich bei näherer Betrachtung aber als Scheinkausalität heraus. Vergleichende Untersuchungen zur Wirkung von Hochseil- und Niederseilgärten sowie zu Erfahrungs-Aktivitäten haben in der Team-Entwicklung insgesamt keine Effizienz- oder Transferüberlegenheit von Hochseilgärten belegen können. Einzelne, in Hochseilgärten erhöhte Teameffekte, wie eine gesteigerte, situative Empathie, ein besseres Problemlösungsverhalten, bessere Kommunikation und Kooperation und eine gesteigerte Aufgabenmotivation, wurden durch eine deutlich geringere Team-Homogenität kompensiert. Im Einzelnen scheint es so zu sein, dass ein Team, das über eine bestimmte Herausforderung hinaus gepusht wird, nur noch an der Aufgabenerfüllung selbst, nicht aber an den Bedürfnissen, Interessen, Stärken und Schwächen der einzelnen Teammitglieder interessiert ist und auf persönliche Belange keine Rücksicht mehr nimmt. Damit werden dann schlagartig all jene Bemühungen zunichte gemacht, um derentwillen Teamentwicklungen meist angesetzt werden. Die Tendenz zum »Push Through« ist hier besonders unter Zeitrestriktionen deutlich höher als bei anderen Formen des Outdoor-Trainings. Die Konsequenzen für das Modellverhalten zur Team-Integration liegen auf der Hand.

Zudem treten bei Hochseilaktivitäten Inkonsistenzeffekte im Team auf. Das heißt, die Teilnehmer beantworten ein und dasselbe Handlungsangebot bzw. Situationsarrangement mit einer relativ breiten Spanne von Einstellungs- und Verhaltensreaktionen, das zu einem teilweise recht unterschiedlichen Grad an Commitment im Team führt. Diese Reaktionsbreite lässt sich im Einzelcoaching natürlich besser bearbeiten als im Team. Unterschiedliche Reaktionen treten auch gegenüber anderen Situationsanforderungen in den Outdoors auf, aber nicht in der Polarität und Stärke wie bei Outdoor-Aktivitäten mit einem geringeren Aufforderungs- und Erregungsniveau. Zusammenfassend lässt sich sagen, dass Hochseilgärten für die Teamentwicklung nicht mehr bringen als Niederseilgärten, jedoch bedeuten sie für die Teilnehmer mehr Stress und subjektives Risiko und für die Betreiber einen höheren Sicherheitsaufwand.

Für welche Zwecke können Unternehmen Hochseilgärten nutzen?

- als Freizeitangebote für Spaß und Bewegung,
- als Sportangebote,
- als Incentives,
- zur Seminarauflockerung,
- zur Fortbildung (bedingt und meist nur in Kombination mit anderen Formen des Indoor- und Outdoor-Management-Development, z. B. in »Sandwich-Modulen«),
- Persönlichkeitsentwicklung,
- Coaching,
- Führungsentwicklung (nur sehr bedingt).

Unter welchen Voraussetzungen können Elemente von Hochseilgärten sinnvoll zur Teamentwicklung eingesetzt werden?

Wesentlich ist, dass jeweils nur einzelne Elemente verwendet und die Teilnehmer nicht ausschließlich über den gesamten Parcours mit hohen Elementen in einem ein- oder gar mehrtägigen Hochseilprogramm geführt werden. Hochseilgärten sind zur Teamentwicklung nicht unbedingt notwendig, sie können aber eine Bereicherung der gemeinsamen Teamerfahrung sein, wenn sie nicht primär oder als einziges Entwicklungsinstrument eingesetzt werden, sondern als Option die bisherige Teamarbeit in den Outdoors unterstützen. Allerdings sollten sie, US-Erfahrungen zufolge, nicht mehr als 20 % der Gesamtaktivitäten ausmachen, erst zu Ende des Teamtrainings eingesetzt werden und von den Teilnehmern hochakzeptiert sein. Erfahrene Trainer integrieren bei Teambildungs-Programmen höchstens zwei bis drei Hochseil-Aktivitäten in eine handlungsnotwendige Konzeption aus Erfahrungs-Initiativen und Niederseilelementen und gestalten das Hochseil-Arrangement so, dass sich die Teilnehmer zur Aufgabenbewältigung permanent unterstützen müssen.

Die Durchführung derartiger kombinierter Arrangements entlässt die verantwortlichen Outdoor-Trainer aber nicht aus der Beantwortung der Frage, ob die gewählten einzelnen Hochseil-Elemente im aktuellen Teamentwicklungs-Programm wirklich Sinn machen, das Team in seinem Entwicklungsanliegen substanziell fördern und zielführend oder nur aufgesetzt sind, weil der Hochseilgarten nun mal vorhanden ist und genutzt werden muss. Darüber hinaus ist zu untersuchen, ob die angestrebten Ziele nur so oder auch mit anderen Instrumenten bei der jeweiligen Zielgruppe zu erreichen sind.

Eignen sich Hochseilgärten für kollektive Erfahrungen zur Begründung einer lernenden Organisation?

Hochseilgarten-Aktivitäten als Pflichtmodule oder als unerlässliche Voraussetzung für höhere Teamweihen sind ebenso fehl am Platz wie unlängst auch in Deutschland belegte Massenveranstaltungen mit uniformen Programm-Sequenzen im Schnelldurchlauf für alle Teams einer Unternehmung ohne Rücksicht auf die Eigenständigkeit der Teams und deren Unterschiede. Derart flächendeckende, kollektive Lehr-Lern-Beglückungen werden im amerikanischen Sprachgebrauch sinnigerweise als Ausstecherformen (cookie cutter's approach = übertragen: ein einziges Programm-Design für alle Bedürfnisse) bezeichnet.

Diese Veranstaltungen mögen in der Tat zu kollektiven Lernerfahrungen führen, bedingen aber nicht notwendigerweise einen Transfergewinn, noch begründen sie damit eine »lernende Organisation«. Stellvertretend für viele andere Massenprogramme, deren Teilnehmer flugzeug- und busladungsweise an die Hochseilgärten herangebracht wurden, mögen die Erfahrungen der ersten Pecos-Veranstaltungen[2] (20.000 Teilnehmer) in den USA stehen, die sich so zusammenfassen ließen: »War mal was anderes! Wir hatten viel Spaß miteinander und sind auch gut miteinander ausgekommen. Aber für den Arbeitsplatz hat's eigentlich nichts gebracht«. Besser lässt sich Unwirksamkeit nicht demonstrieren. Aus diesen Peinlichkeiten haben inzwischen einige deutsche Unternehmen schon gelernt und auf eine Kohorten-Entsendung im Shuttle-Betrieb zum Hochseilgarten-Training verzichtet – andere allerdings fliegen weiter.

---

[2] Pecos River Lerning Centers, Inc. Santa Fe, New Mexico, USA: Von 1985–1990 in den USA der größte Outdoor Provider für die Management Klientel. Besonders bekannt geworden durch ihre geschlossenen Massenveranstaltungen, bei denen zeitweilig Zehntausende von Teilnehmern einer einzigen Firma ein einheitliches Hochseilgartenprogramm durchlaufen haben. Dabei wurden bis zu 1500 Teilnehmer pro Tag trainiert. Existiert heute nur noch in Form einer kleinen Nachfolgeorganisation.

Wie sieht zur Zeit die Hochseilgarten-Bewegung in den USA aus?

Sie hat sich stabilisiert, aber innerhalb der Anwender-Gruppen haben sich Veränderungen ergeben. Im Bereich der Freizeitgestaltung – sogar mit Indoor-Parcours-Systemen – sowie bei Non-Profit-Organisationen und Schulen ist ein Zuwachs zu verzeichnen, während die Anwenderzahlen bei der Unternehmens-Klientel rückläufig ist. Das hat im Wesentlichen zwei Ursachen:

- Zum einen haben die Hochseilgärten für die Management-Gruppen nicht jene Lehr-Lern-Erwartungen erfüllt, die man sich in der Anfangs-Euphorie versprochen hatte. Das Anwendungsfeld war begrenzter als ursprünglich angenommen und damit auch das erhoffte Transferpotenzial. Andere Outdoor-Formen des Experiential Learning bringen mehr. Der massive Einsatz von Hochseilgärten für alle denkbaren Zielsetzungen war zu Beginn der Einführung in das Management-Training eine reine Modeerscheinung, die sich dann aber überholt hat. Heute schaut man viel selektiver auf die Zielgruppen, ihre psychische und physische Disposition sowie auf die angestrebten Trainingsziele. Im Einzelnen gilt es dabei zu untersuchen, welcher Teilnehmertypus aus den Lernerfahrungen im Hochseilgarten am meisten Gewinn zieht und für wen diese Bewältigungserfahrungen persönlichkeitsbedingt weniger geeignet sind. Wie auch in anderen Bereichen des Outdoor Management Development ist Differenzierung in der Zielgruppenauswahl, in der Bedarfsanalyse, im Design und in der Durchführung der Hochseilaktivitäten das Schlüsselkriterium für den Transfererfolg.
- Zum anderen können Hochseilgarten-Aktivitäten für manche Teilnehmer sehr extreme Erfahrungen darstellen, die in den USA bisher zu über 20 tödlichen Herzinfarkten geführt haben. Das hat in den USA besonders unter der Management-Klientel eine umfangreiche Sicherheitsdebatte ausgelöst, in deren Folge die Verwendung von Hochseilgärten bei Unternehmen deutlich eingeschränkt wurde. Im Rahmen des Medical Screening vor dem Training werden daher bei vielen Outdoor-Trainings-Anbietern Beschränkungen für Teilnehmer über 40 Jahre und solche mit Risikofaktoren verfügt. Auch das schränkt die Teilnahme geschlossener Teams an Hochseilgarten-Programmen ein.

Die Anbieter

Niko Schad
Anbieter von Outdoor-Trainings – Profile und Positionen

Im deutschen Sprachraum gibt es eine große Anzahl von Unternehmen, die entweder als Kernprodukt oder als Abrundung einer breiteren Produktpalette Outdoor-Training anbieten. Daher handelt es sich hier um eine Auswahl. Dabei wurde auf Folgendes geachtet: Erstens wurden die bekanntesten Unternehmen ausgewählt, die in Bezug auf Trainingsvolumen, Dauer der Marktpräsenz und Auftreten in der Öffentlichkeit führend in Deutschland sind. Daneben wurden noch einige weniger bekannte Veranstalter angesprochen, die den Verfassern bekannt waren. Dies geschah einerseits, um die Auswahl breiter zu machen, d. h. auch einige kleinere Unternehmen aufzunehmen, aber auch um alle im Einleitungsbeitrag beschriebenen Anbietertypen mit mindestens einem Unternehmen in dieser Auflistung vertreten zu haben. Diesen Unternehmen wurde der im Anschluss abgedruckte Fragebogen zugesandt und somit wurde ihnen angeboten, mit ihrer Unternehmensdarstellung in diesem Band vertreten zu sein. Wir haben es den Anbietern überlassen, wie sie die Fragen beantworten. Im erläuternden Anschreiben haben wir ausdrücklich auf die Möglichkeit hingewiesen, auch Fragen offen zu lassen – was speziell bei der Frage nach Umsätzen von etlichen Veranstaltern in Anspruch genommen wurde.

Leitfaden Anbietervorstellung

1. Die Unternehmensstory: Wie ist Ihr Unternehmen entstanden, von welchen Personen kam wann die Initiative? Haben Sie als ein reines Outdoor-Trainings-Unternehmen begonnen oder als spin off einer »Muttergesellschaft«? Was sind die wichtigsten Entwicklungsschritte von der Gründung bis heute? Wie sieht Ihr Unternehmen heute aus?
2. Mit welchen Medien arbeiten Sie vorwiegend? In welchen Landschaften finden Ihre Trainings vor allem statt? Verfügen Sie über eigene Zentren oder Anlagen?
3. Welche Ausbildung haben Ihre Trainer? Orientieren Sie sich an bestimmten Trainingsmethoden (Humanistische Psychologie, Systemische Ansätze ...)? Arbeiten Sie vorwiegend mit fest angestellten oder freiberuflichen Trainern? Wie groß ist in etwa Ihr Trainerpool?
4. Was sind Ihre hauptsächlichen Kunden? Welche Branchen sind vorwiegend

vertreten? Gibt es Schwerpunkte hinsichtlich der Zielgruppen oder hinsichtlich der Arten von Trainings, z. B. Teamtrainings oder Trainings im Rahmen von Personalentwicklungsprogrammen?
5. Welchen ungefähren Umsatz werden Sie 2001 mit Outdoor-Trainings erwirtschaften? Wie viele Trainingstage mit wie vielen Teilnehmern verteilt auf wie viele Einzeltrainings werden Sie in diesem Jahr durchführen?
6. Was würden Sie als die besondere Stärke Ihres Unternehmens charakterisieren? Was zeichnet Sie auf dem Markt aus, was unterscheidet Sie von Ihren Konkurrenten?
7. Wohin wird sich Ihr Unternehmen in den nächsten Jahren entwickeln?
8. Ihre Internetadresse.

1. Neulands Add Venture AG – von »Auf und Davon Reisen« zur Aktiengesellschaft

zu 1. Neulands Add Venture (NAV) wurde nach langjähriger Kooperation der Unternehmensberatung »Neuland und Partner« und den Outdoor- und Eventspezialisten »Auf und Davon Reisen« 1997 als Joint Venture gegründet. Durch Bündelung der hohen methodischen, organisatorischen und didaktischen Kompetenzen und Erfahrungen will Neulands Add Venture die Qualitätsführerschaft für Trainings mit »erlebnisorientierten« Methoden erreichen. Wichtigstes Qualitätsmerkmal ist hierbei die erfolgreiche Umsetzung der Trainingsinhalte im Arbeitsalltag der Kunden. Ziel der Trainings ist es, den Teilnehmern Handlungs- und Verhaltensalternativen bewusst zu machen und Entwicklungsmöglichkeiten zu erschließen. Die entwickelten Trainingsangebote bilden gezielt die Komplexität der Herausforderungen des jeweiligen Unternehmensalltags ab. Als Reaktion auf das starke Wachstum wurde Neulands Add Venture zum Jahreswechsel 2001 zu einer Aktiengesellschaft umgewandelt. Die Trainings von Neulands Add Venture AG werden weiterhin in enger Kooperation mit »Neuland und Partner« durchgeführt.

zu 2. Die Trainings werden speziell auf die Anforderungen der Kunden zugeschnitten. Medien werden unter dem Gesichtspunkt der maximalen Teilnehmerbeteiligung und des Lerntransfers zur Arbeit am Trainingsziel eingesetzt. Die Trainings werden weltweit durchgeführt, der Trainingsort wird in Absprache mit unseren Kunden festgelegt. Neulands Add Venture AG verfügt über ein vollausgestattetes Trainingszentrum in der Rhön.

zu 3. Wir arbeiten in einem interdisziplinären Team von zehn erfahrenen Vollzeittrainern. Zusätzlich zu einer Trainerausbildung bei Neuland verfügen unsere Trainer über sozial-, wirtschafts- oder naturwissenschaftliche Abschlüsse. In der Kooperation mit »Neuland und Partner« arbeiten wir mit weiteren 20 Trainern und Moderatoren aus verwandten Gebieten eng zusammen.

Wir arbeiten auf der Grundlage der humanistischen Psychologie und bedienen uns in der Umsetzung sowohl systemischer Ansätze als auch Methoden des konstruktiven Lernens.

zu 4. Der Trainingsschwerpunkt von NAV liegt bei Team- und Führungskräftetrainings. Ein weiteres Standbein sind Trainings zur Persönlichkeitsentwicklung. Unsere Kunden sind meist große nationale und internationale Unternehmen aus allen Branchen, die unsere Trainings zur Unterstützung von Veränderungs- oder Entwicklungsprozessen nutzen. Unternehmerisch denkende, motivierte Mitarbeiter sind wertvolle Ressourcen für unsere Kunden.

zu 5. Umsatz durch Trainings mit Outdooranteil in 2001: ca. 1.000.000 € Dies entspricht ca. 3000 Teilnehmern in 200 Einzeltrainings an 600 Trainingstagen.

zu 6. Unsere Stärken sind partnerschaftliche Zusammenarbeit mit Kunden und Kollegen, Kompetenz und Lösungsorientierung. Wir nehmen unsere Teilnehmer als verantwortlich denkende und handelnde Individuen ernst und schaffen in unseren Trainings den Rahmen dafür, Entwicklungsmöglichkeiten zu erkennen und Handlungskompetenzen zu entwickeln. Outdoor ist für uns lediglich ein Werkzeug und kein Selbstzweck.

zu 7. Wir werden auch in den nächsten Jahren Trainingskonzepte entwickeln, die gerne von den Mitbewerbern kopiert werden können. Außerdem werden wir unsere Erfahrung nutzen, um im Event-Bereich interessante Projekte zu verwirklichen.

zu 8. www.addventure.ag

2. ALEA – Anders Lernen durch Erfahrung und Abenteuer

zu 1. Die ALEA GmbH wurde 1997 von einer Gruppe von Pädagogen, Psychologen, Soziologen und Supervisoren gegründet. Der größte Teil der Gründungsgesellschafter war schon seit mehr als zehn Jahren mit der Entwicklung, Durchführung und Evaluation von ganzheitlichen Lernprozessen für Jugendliche und pädagogische und soziale Fachkräfte beschäftigt. Im Rahmen dieser Tätigkeit konnten die späteren ALEA-MitarbeiterInnen weitreichende Erfahrungen in der Organisationsentwicklung und der Teamberatung sammeln. Mit dem Titel »Anders lernen durch Erfahrung und Abenteuer« ist einiges über unsere Philosophie ausgesagt. Wir sind der Überzeugung, dass durch erfahrungsorientierte Lernprozesse, in denen nicht nur rein kognitive, sondern auch körperliche und emotionale Aspekte berücksichtigt werden, nachhaltige Entwicklungs- und Veränderungsimpulse gesetzt werden können. Abenteuerliche Situationen sind für uns nicht gleichzusetzen mit Grenzerfahrungen in extremen Natursituationen. Das Abenteuer ist für uns eher eine Form der Auseinandersetzung, die durch die Bereitschaft gekennzeichnet ist, sich auf neue, herausfordernde und oft auch verunsichernde Situationen einzulassen. Insofern kann das Abenteuer darin bestehen, einen Fluss auf einer selbst errichteten Brücke zu überqueren, ebenso gut ist aber auch das lange zurückgehaltene, offene Feedback an die Vorgesetzte oder an den Kollegen möglicherweise ein Abenteuer, auf das Mann/Frau sich einlässt. Unsere Produktpalette:

- Qualitätsentwicklung durch Teamentwicklung und Teamberatung
- Führung im Wandel
- vom Konflikt zur Synergie
- interkulturelle Zusammenarbeit
- Zeit- und Selbstmanagement
- kollegiale Beratung
- Entwicklung von Sozialkompetenz für Auszubildende

zu 2. In unseren Programmen arbeiten wir mit erfahrungsorientierten Aktivitäten, die auf der Basis der Erhebung des Ist-Zustandes und der klar formulierten Zielvorgabe in einem jeweils spezifischen Trainingsdesign unterschiedliche Schwerpunkte haben. Unsere Trainings und Seminare finden zu einem großen Teil in unseren eigenen, schön gelegenen »Abenteuer- und Erfahrungswerkstätten« in Marburg oder in Rückersbach bei Aschaffenburg statt. Darüber hinaus haben wir die Möglichkeit, andere Seilgärten sowohl in Süd- als auch in Norddeutschland zu nutzen. Zunehmend führen wir allerdings Programme unabhängig von fest installierten Anlagen durch. Aktivitäten wie Floßbau, Schluchtüberquerungen, Orientierungsaufgaben oder vielfältige Kooperations- und Kommunikationsaufgaben sind nicht an feste Arrangements gebunden.

zu 3. Die Arbeit von ALEA wird heute von zwei Mitarbeitern verantwortlich geleitet, fünf bis sechs weitere Trainer sind eng assoziiert. Unsere MitarbeiterInnen verfügen neben einer pädagogischen oder psychologischen Grundausbildung und den notwendigen Qualifikationen im Outdoor-Bereich über mindestens eine, meistens jedoch zwei oder mehr Zusatzqualifikationen in beraterischen Arbeitsfeldern (Systemische Beratung, Supervision, Kommunikationspsychologie, Gesprächstherapie...). Neben einem ausgeprägten Verständnis für das Funktionieren von Organisationen sind Prozesskompetenz und Transfersensibilität ebenso wie ein fundiertes theoretisches Wissen über Kommunikationsmodelle, über die Entstehung und Eskalation von Konflikten, über Persönlichkeitsbilder usw. wichtige Kompetenzmerkmale unserer MitarbeiterInnen.

In unserem Selbstverständnis sehen wir uns nicht als Experten, die für unsere Kunden standardisierte Lösungskonzepte liefern. Wir sehen uns als Initiatoren und Begleiter von Veränderungsprozessen, die eine Außensicht auf Strukturen, Kommunikationsprozesse, Kooperationsformen und mögliches Konfliktpotenzial haben. Wir stellen unsere Sichtweise den Kunden zur Verfügung, verweisen auf unentdeckte Ressourcen und zeigen mögliche Veränderungsrichtungen auf. Die Entscheidungen über tatsächliche Veränderungen können wir unseren Kunden nicht abnehmen.

zu 4. Unsere Kunden kommen aus allen Wirtschaftsbereichen, aus der Industrie, aus der IT-Branche ebenso wie aus Dienstleistungsunternehmen und öffentlichen Verwaltungen. In allen Bereichen verfügen wir über Stammkunden, die bei entsprechendem Bedarf immer wieder auf die Beratungs- und Trainingsangebote von ALEA zurückgreifen.

zu 6. Die Stärke der ALEA GmbH liegt in der Kompetenz unserer Mitarbeiterinnen und Mitarbeiter, auch schwierige und bisweilen konfrontative Prozesse zu begleiten und in für das Team bzw. das Unternehmen konstruktive Bahnen zu lenken. Alle unsere MitarbeiterInnen haben lange Erfahrung aus der klassischen Seminar- und Beratungstätigkeit. Sie sehen Outdoor-Aktivitäten als wichtigen Bestandteil von Trainings- und Beratungsprozessen an, die jedoch nicht per se hilfreich oder heilsam sind. Um die gemachten Erfahrungen nachhaltig für Entwicklungsprozesse nutzbar zu machen, bedarf es zunächst einer Reflexion der Aktivitäten, die an der im Vorfeld des Trainings formulierten Zielsetzung orientiert ist. Durch Follow-up Programme, Prozessbegleitung in Form von Coaching oder Supervision für Einzelpersonen oder Teams unterstützen wir unsere Kunden bei der Umsetzung der am Ende der Trainings gefassten Transfervereinbarungen.

zu 8: www.alea-consult.de

3. a. r. t. – Training und Beratung

zu 1. 1995: Gründung von a. r. t. – Training und Beratung durch
Gustav Harder: Jahrgang 1948, Kommunikationstrainer (IWL – Prof. Dr. Friedemann Schulz von Thun), Sportpädagoge, Staatl. gepr. Bergführer und Skilehrer. 13 Jahre Dozent am Sportzentrum der Technischen Universität München, 8 Jahre Leiter von OUTWARD BOUND Baad, dazu Aufenthalte in England und USA. Selbständig als Trainer und Berater mit den Schwerpunkten Kommunikation, Team und Führung. Beratungen bei Organisationsentwicklungen, Moderationen, sowie Einzel- und Teamcoachings. a. r. t. arbeitet sowohl Indoor als auch mit den Methoden und Aktivitäten des Outdoor-Trainings. Seit 2001 ist Gustav Harder Mitglied in der deutsch-schweizerischen Unternehmensberatung »Satya-Group«.
Tanja Beumler, Jahrgang 1971, Diplom Betriebswirtin mit dem Schwerpunkt im Bereich Personal. Seit 1999 Gesellschafterin bei a. r. t. Training & Beratung und verantwortlich für Konzeptentwicklung, Marketing, Qualitätssicherung und Organisation.
1998 wurde a. r. t. als erster und bisher auch einziger Anbieter von Outdoor-Trainings nach ISO 9001 zertifiziert. Kernkompetenzen 2001:

- Teamtrainings aus verschiedenen Anlässen und mit unterschiedlicher Zielsetzung
- Moderations- und Kommunikationstrainings
- Führungstrainings
- Erarbeitung und Implementierung von Führungsgrundsätzen
- Einzel- und Teamcoaching.

zu 2. Der Firmensitz ist im Allgäu, die Seminarräume sind draußen und drinnen, an festen Standorten oder mobil, im Allgäu oder in der Nähe des Kunden. a. r. t. arbeitet aufgrund seines Verständnisses von Outdoor-Trainings ausschließlich an natürlichen Gegebenheiten, also an Felsen, im Gebirge, auf Flüssen oder auf der Wiese vor dem Hotel.

zu 3. Die meisten Trainings werden von Gustav Harder selbst durchgeführt: von der Auftragsklärung bis zur Durchführung und dem Follow-up, oftmals zusammen mit einem zweiten Trainer oder einem Co-Trainer. Der Trainerpool von freiberuflichen Trainern umfasst zehn Psychologen, Pädagogen und Trainer.

zu 4. Die Kunden kommen aus unterschiedlichsten Branchen: Banken, Versicherungen, Automobilindustrie und Maschinenbau, große Konzerne sowie mittelständische und Kleinunternehmen.

zu 5. Als Anbieter der individuell gestaltet und damit auf die Bedürfnisse und Zielsetzung des Kunden eingeht, steht bei a. r. t. die Qualität vor der Quantität, das Anliegen ist die individuelle Betreuung und der Kontakt zum Kunden. a. r. t. führte 2001 ca. 50 Trainings mit 4–28 Teilnehmern durch.

zu 6. Die Stärke von a. r. t. ist die Verbindung von solider Trainerqualifikation, langjähriger Erfahrung als Trainer und Führungskraft und den Qualifikationen für unterschiedlichste Outdooraktivitäten.

zu 8. www.art-harder.de

4. Dienstleistungszentrum Bildung der Deutschen Bahn AG

zu 1. Das Dienstleistungszentrum Bildung (DZB) der Deutschen Bahn AG bietet Bildungsleistungen im DB Konzern und auf dem externen Markt an. Die Palette reicht dabei von der beruflichen Erstausbildung in ca. 30 Ausbildungsberufen über fachliche Trainings in technischen und kaufmännisch-serviceorientierten Bereichen bis zu Beratung, TQM- und Simulatortrainings sowie Trainings im Bereich der Top-Führungskräfte. Seit 1997 bietet das DZB Outdoor-Programme an, anfangs im Bereich der Auszubildenden, inzwischen auch verstärkt im Fach- und Führungskräftesektor. Das DZB gilt als kreativer Motor vieler Innovationen im Bildungsbereich, nicht nur innerhalb der Bahn. Trans-

Anbieter von Outdoor-Training

nationale Ausbildungsgänge, Computer Based Trainings (CBT), e-Learning-Konzepte, Junior-IT-Systemhäuser, Juniorfirmen, Loksimulatoren, Kooperationen mit Kultusministerien und Arbeitsämtern sowie innovative Führungskonzepte sind nur einige dieser Highlights.

zu 2. Die flächendeckende Struktur von 40 Standorten, das Know-how von fast 1000 Bildungsprofis und ein eigenes Forschungs- und Entwicklungscenter gewährleisten eine bundesweit einheitliche und qualitativ hochwertige Trainingsdurchführung. Die Outdoor-Trainings beim DZB finden entweder im eigenen Outdoorzentrum in Regensburg oder an über zehn weiteren Standorten bei Kooperationspartnern oder in Tagungshotels statt. Die Anlage in Regensburg gewährleistet es, bis zu 100 Teilnehmer parallel im Outdoorbereich zu trainieren. Das hervorragende Material ermöglicht komfortable und sichere Outdoor-Trainings im niedrigen Seilgarten (12 Elemente) genauso wie beim Klettern oder Abseilen. Die unmittelbar an das Gelände angrenzende Naab und die entsprechende Ausstattung mit Neoprenanzügen und Kanus bieten hervorragende Möglichkeiten für Projektarbeiten im Wasser, verschiedene Orientierungs- und Expeditionstouren runden das Angebot ab. Schließlich bildet die wunderschöne Altstadt von Regensburg eine beeindruckende Kulisse für Aktionen in der Stadt.

zu 3. Das Spektrum der Outdoortrainer des DZB ist so breit wie das unserer Kunden. Neben einer zielgruppenadäquaten Ausbildung (Berufsausbildung, Fachwirte, Betriebswirte, Sozialpädagogen, Handelslehrer) verfügen alle Trainer einerseits über eine ZAB-Ausbildung[1], andererseits über oft langjährige Berufspraxis im operativen Tagesgeschäft, in Produktion, Steuerung, Verwaltung und Planung oder als Trainer in Fachtrainings. Permanente Fortbildungen in Bereichen wie Coaching, Kommunikationspsychologie, Gruppendynamik gewährleisten aktuelles Wissen und kreative Trainingsmethoden. In Form von Trainertandems kommen darüber hinaus im Führungskräftebereich weitere Trainer z. B. mit eigener Führungserfahrung, mit Supervisionsausbildung oder aus dem Personalmanagement zum Einsatz.

zu 4. Die meisten Kunden des DZB kommen aus dem Konzern, weitere aus dem verkehrsnahen Bereich. Da viele der Bildungsplaner und Trainer den Wandel der Deutschen Bahn AG von einer Behörde zu einem serviceorientierten Dienstleister unmittelbar erlebt und mitgestaltet haben, hat sich die Zusammenarbeit mit Kunden im öffentlichen oder verwaltenden Sektor als positiv erwiesen. Die Trainings mit Auszubildenden machen mengenmäßig nach wie vor den höchsten Anteil aus. Die Bedeutung von Fach- und Führungskräftetrainings sowie insbesondere Trainings mit Nachwuchsführungskräften und Trainees steigt rasch an. Dabei sind alle Arten von Trainings vertreten, z. B. Teamtrainings, Trainings zur Verbesserung sozialer und methodischer Kompetenzen sowie Trainings zur Entwicklung von Führungskompetenzen. Das DZB

---
[1] Gemeint ist die Zusatzausbildung Erlebnispädagogik von OUTWARD BOUND (ZAB) (siehe: www.outwardbound.de).

verfügt auch über Personalentwickler, die unter dem Blickwinkel moderner Konzepte und auf dem Boden praktischer Erfahrungen realisierbare Entwicklungsprogramme mit Outdoor-Elementen konzipieren und die Implementierung begleiten.

zu 5. Im Jahr 2001 hat das DZB ca. 120 verschiedene Outdoor-Maßnahmen mit etwa 1800 Teilnehmern durchgeführt. Insgesamt wurden damit rund 8000 Teilnehmertage Outdoor trainiert.

zu 6. Die besondere Stärke des DZB liegt in der betrieblichen Verankerung der Trainer. DZB-Trainer wissen, wovon sie reden, wenn sie Themen wie Führungsstile, Teamarbeit oder Mitarbeitergespräche im Training behandeln. Und die Bildungsplaner und Trainingsentwickler des DZB kennen die besonderen Anforderungen an Projektteams oder Zielvereinbarungen aus eigener Erfahrung. Das garantiert Trainingskonzepte, die den Punkt treffen und Trainings, die verbindlich an einem Thema arbeiten. Die professionellen Tools, das Qualitätssicherungssystem eines nach ISO 9001 zertifizierten Bildungsanbieters mit rund 20.000 Veranstaltungen pro Jahr und die große Anzahl von Trainings garantieren eine hohe Qualität bei gleichzeitig günstigen Preisen.

zu 7. Zukünftig werden unsere Outdoor-Trainings noch mehr als ganzheitliche Bildungsmaßnahmen zur Begleitung von Personalentwicklungsprozessen entwickelt. Dabei werden den Teilnehmern z.B. beim Thema Kommunikation/Mitarbeitergespräche neben Aspekten zur Kommunikationspsychologie auch die unternehmensspezifischen Tools und Regularien vermittelt. Damit wird der Transfer in das Handlungsfeld und die Verbindlichkeit von Outdoor-Trainings verbessert.

zu 8. www.db-bildung.de und www.gaestehaus-regensburg.de

5. essence – Beratung, Training, Coaching – Einzelinterventionen und Gesamtlösungen

zu 1. 1991 wurde essence unter dem Namen »OIT – Outdoor International Trainings« in Zusammenarbeit mit der Siemens AG gegründet. Ausgangspunkt waren englischsprachige Personalentwicklungsmaßnahmen im Bereich »Europa-Kompetenz«. Im Zuge inhaltlicher und methodischer Weiterentwicklung hin zur Prozessbegleitung sind unsere Schwerpunkte Teamentwicklung, Führung und interkulturelle Zusammenarbeit. Seit 1999 führen Mayke und Michael Wagner die Firma unter dem Namen essence. Systemische Organisationsberatung und Einzelcoaching erweitern das Spektrum der Trainings- und Beratungskonzepte: Die Integration von Einzelinterventionen zu Gesamtlösungen führt zu nachhaltiger, tragfähiger Weiterentwicklung der betreuten Organisationen und Menschen.

zu 2. essence ist mobil: Wir führen Trainings- und Beratungsprozesse weltweit durch – deutsch- und englischsprachig. Wir richten uns nach den Ortswünschen der Kunden und arbeiten in Seminarhotels weltweit. Wir ziehen die Arbeit in der Natur dem Hochseilgarten vor und nutzen dieses Medium für Problemlösungsaufgaben, Klettern, Abseilen, Schluchtüberquerung und Floßbau. Die »...ing«-Sportarten wie Rafting, Canyoning, Mountainbiking haben in unseren Konzepten keinen Platz.

zu 3. Seit 1991 verfügen wir über ein internationales und interdisziplinäres Team von acht freien Trainern und Beratern aus Deutschland, Großbritannien und den USA. Das ist gelebte interkulturelle Zusammenarbeit: »native speakers« und Zweisprachler, Psychologen und Pädagogen, Ingenieure und Wirtschaftswissenschaftler. Voraussetzung für die Arbeit bei essence ist eine psychologische Zusatzausbildung mit Selbsterfahrungsanteilen. Die meisten der Trainer haben eine zusätzliche natursportliche Qualifikation. Wir begreifen den Menschen als aktiv gestaltendes Wesen, als Experten für sich selbst und für die eigene Entwicklung. Systemansatz und Handlungsansatz bilden die Grundlage unserer Arbeit. Ressourcen- und Entwicklungsorientierung haben Vorrang vor Ursachen- und Vergangenheitsbearbeitung. Indem wir die spezifischen Anliegen der einzelnen Teilnehmer bzw. des Teams zum Thema machen, gestalten wir jeden Prozess neu – flexibel und ergebnisorientiert.

zu 4. Unsere Kunden: mittelständische Betriebe und Großkonzerne: IT-Branche, Versicherungen, Automobilindustrie, Energieversorgung, Verkehrstechnik, Unternehmensberatungen, Medizintechnik, Chemieindustrie, Handel. Unsere inhaltlichen Schwerpunkte:

- individuelle Qualifizierung zur Weiterentwicklung von Führungs-, Team- und interkultureller Kompetenz,
- Begleitung vom Teamentwicklungsprozessen zur Optimierung der Zusammenarbeit von Leitungskreisen, Abteilungen, interkulturellen und virtuellen Teams, Arbeitsgruppen etc.,
- Organisationsentwicklung: ein längerfristig angelegter Entwicklungs- und Veränderungsprozess von Organisationen und der in ihnen tätigen Menschen mit dem Ziel, die Leistungsfähigkeit der Organisation und die Qualität des Arbeitslebens zu optimieren.

zu 5. 2001 hatten wir ein Arbeitsvolumen von 320 Trainer- und Beratertagen. Auf 35 Veranstaltungen haben wir insgesamt über 500 Menschen begleitet.

zu 6. essence – das Wesentliche – steht für nachhaltige Veränderungsprozesse. essence zeichnet sich aus durch internationale Erfahrung, Verknüpfung amerikanischer, britischer und deutscher Trainingskultur, Prozessbegleitung statt Standardtraining sowie Transparenz für unsere Kunden durch die Entscheidung für Training & Beratung und gegen Incentive-Veranstaltungen.

zu 7. Klein, aber fein! Unserer Vision entsprechend, wollen wir uns nicht vergrößern, sondern mit einem kleinen Team professioneller Berater weiterhin qualitativ hochwertige Seminare & Beratungen durchführen. In unserer inhaltlichen Entwicklung ist uns Tiefe wichtiger als Breite. Der Anteil der Team- und

Organisationsentwicklungen wird in Zukunft im Vergleich zu Qualifizierungsmaßnahmen zunehmen, da Systeminterventionen nachhaltigere Veränderungen in einer Organisation auslösen als die Entwicklung einzelner Individuen im System. In den Qualifizierungsmaßnahmen und Teamentwicklungen bleibt ein differenzierter Einsatz von Outdoor Elementen für Diagnose und Verankerung Teil unserer Konzepte.
Zu 8. www.t-e-a-m.org

6. faszinatour – Menschen in natürlicher Umgebung faszinieren

zu 1. Seit 1986 ist »faszinatour« für seine Kunden tätig. Es begann mit der Idee, Menschen in natürlichem Umfeld zu faszinieren und zu bewegen. »faszinatour« selbst kam in den ersten Jahren vor allem durch den heutigen Geschäftsbereich Touristik in Bewegung. Menschen mit Offenheit aufnehmen, die eigene Begeisterung spürbar machen, verpackt in hoher Durchführungsqualität, begleitet von kontinuierlicher Optimierung – diese Haltung haben sich die Gründer und Geschäftsführer von »faszinatour«, Karl-Heinz Siegl und Werner Vetter bis heute bewahrt. Ausgehend von beständig wachsender Nachfrage, entstanden nach und nach die Geschäftsbereiche »Hochseilgarten Bau«, »Event« sowie »Training & Beratung«. Jeder Geschäftsbereich ist durch den Erwerb von Kompetenzen und durch eigene Entwicklung von marktbeeinflussenden Standards/Know-how hoch spezialisiert. Der ständige Austausch von Fertigkeiten und Wissen quer durch die Geschäftsbereiche ist natürlicher Bestandteil des betrieblichen Alltags in allen Niederlassungen. Von den immensen Synergieeffekten profitieren alle Beteiligten, vor allem aber die Kunden von »faszinatour«, wie die Unternehmensentwicklung eindrucksvoll belegt.

zu 2. »faszinatour event« und »faszinatour Training & Beratung« sind spezialisiert auf das Medium Natur bzw. natürliche Lernfelder. Ergänzend setzen wir eigene und von »faszinatour« gebaute Hochseilgärten ein. »faszinatour« verfügt derzeit europaweit über 25 kooperierende Hochseilgärten mit Teamparcours sowie über eigene Anlagen.

zu 3. Alle Seminarleiter, Trainer und Trainerassistenten, die für »faszinatour«, insbesondere für den Geschäftsbereich Training & Beratung arbeiten, sind seit langen Jahren mit gutem Erfolg für unsere Kunden tätig. Die TrainerInnen haben universitäre oder vergleichbare Ausbildungen und sind von »faszinatour Training & Beratung« systematisch auf ihre Tätigkeit vorbereitet worden. Derzeit beschäftigt »faszinatour T & B« 20 freiberufliche Trainer und im festen Kernteam vier Berater. »faszinatour Training & Beratung« arbeitet in Abhängigkeit vom jeweiligen Auftrag mit einer Kombination aus bewährten Trainingsmethoden. Diesen Methodenmix gestalten wir situativ-prozessorientiert innerhalb einer Rahmenstruktur. Unsere bevorzugten Ansätze und Trainingsmethoden: Humanistische Psychologie, Systemischer Ansatz, Soziometrie, HDI, Elemente aus Gestalt-, Gesprächs- und Bewegungstherapie, Moderation, Outdoor-Elemente.

zu 4. Die Kundenstruktur von »faszinatour« umfasst nahezu alle Branchen. Im Geschäftsbereich Training & Beratung schätzen viele, weltweit tätige Konzerne unsere Arbeit. »faszinatour Training & Beratung« ist mit der Gestaltung von Outdoor-Elementen innerhalb langfristiger Personalentwicklungsmaßnahmen seit Jahren verlässlicher Partner bekannter deutscher Marken. Schwerpunktthemen sind Führung und Teamentwicklung. Steigende Tendenz verzeichnen wir bei: interkultureller Zusammenarbeit, Strategie Workshops und Projektmanagement.

zu 5. Honorarumsatz 2001: ca. 700.000 €.
Trainingstage 2001: 650
Anzahl Trainings 2001: 160
Anzahl Teilnehmer 2001: ca. 2000

zu 6. Die Trainer und Berater sind es, was »faszinatour« ausmacht. Sie sind es, die die Anliegen der Kunden erfolgreich umsetzen. Deshalb legt »faszinatour« allergrößte Sorgfalt auf die Auswahl seiner Trainer. Herkunft, Erfahrungshintergrund und die persönliche und fachliche Authentizität der Person ergeben ein stimmiges Bild. »faszinatour« unterscheidet sich von seinen Mitbewerbern vor allem durch die Synergieeffekte seiner Geschäftsbereiche. Viele Spezialisten verschiedener Fachrichtungen sorgen für die Weiterentwicklung unseres Know-how, wovon die Kunden unmittelbar profitieren. »faszinatour« ist, wie wenige Anbieter, in der Lage, qualitativ und quantitativ anspruchsvolle Aufträge aus eigener Hand sicher zu leisten.

zu 8. www.faszinatour.de

7. Hubert Schwarz Zentrum – vom Sportbüro zum Seminarzentrum

zu 1. Hubert Schwarz, der als einer der bekanntesten Extremsportler auf unserem Globus gilt, ist durch seine enormen Leistungen als Radfahrer und Botschafter auf dem Rad weltweit bekannt geworden. So absolvierte er u. a. dreifach das Race Across Amerika, den härtesten Radmarathon der Welt, radelte in 80 Tagen um die Welt und war im Rahmen der EXPO 2000 mit seiner »Bike the Future Tour«, die ihn über 25.000 Kilometer durch vier Kontinente und 21 Länder führte, als Sonderbotschafter der EXPO per Velo unterwegs. Hubert Schwarz sammelte auf seiner Tour die Zukunftsvisionen vieler Menschen, um sie im längsten Brief der Welt zusammenzufassen und um die Botschaft, dass wir nur miteinander eine bessere Zukunft und eine bessere Gesellschaft schaffen können, weltweit zu verbreiten. Das »Hubert Schwarz Zentrum« wurde von Hubert Schwarz und seiner Frau Renate im Jahre 1999 gegründet. Das Zentrum entwickelte sich vom Einmann-Sportbüro (1991), welches sich vorwiegend auf Sportreisen und Events spezialisiert hatte, zu einem Seminarzentrum mit 20 Mitarbeitern. Inmitten einer Landschaft, die fast dazu auffordert entdeckt zu werden, ist das Hubert Schwarz Zentrum eine Insel der Besinnung. Hier bietet Hubert Schwarz und sein Team Seminare, Trainings, Sport-Coaching, Firmenfitness und Outdoor-Events an. Der bekannte Extrem-Biker gibt in seinen Seminaren seine positive Lebenseinstellung und sein Know-how an Führungskräfte aller Bereiche weiter und hält Vorträge über ganzheitliches Gesundheitsmanagement und Motivation.

zu 2. Das »Hubert Schwarz Zentrum« mit Tagungszentrum, Gästehaus und Hochseilgarten liegt 20 km südlich von Nürnberg, im idyllischen Ungerthal. Im Tagungszentrum stehen vier Tagungsräume in unterschiedlicher Größe zur Verfügung. Das Gästehaus ist mit 18 Einzel-, 5 Doppelzimmern und einem großen Fitnessraum ausgestattet. Jedes Zimmer verfügt über Dusche und WC. Der Hochseilgarten ist auf zwei Ebenen (4 m und 9 m) angelegt und zusammen mit dem dazugehörigen Teamparcours bietet er ein breites Lern- und Erfahrungsfeld für Team- und Persönlichkeitstraining. Die Trainings finden vorwiegend im fränkischen Seenland und in der fränkischen Schweiz statt. Darüber hinaus werden die Trainings, Vorträge und Events auch deutschlandweit und weltweit durchgeführt (Alpen, Kilimandscharo etc.). Folgende Methoden und Aktivitäten werden angeboten:

Outdoor: Hochseilgarten, Schluchtüberquerung, Klettern, Höhlentouren, Mountainbiken, Wanderungen und Bergtouren, Floßbau, Kajaktouren, Orientierungstouren, Skitouren (mit Marc Giradelli), Nordic-Walk, Laufen nach Puls, Problemlösungs-und Interaktionsübungen.

Indoor: Motivations- und Gesundheitsvorträge, Trainings zur Teamentwicklung und Seminare zum Erlernen sozialer und persönlicher Kompetenzen, mentales Training zum Erreichen persönlicher Ziele, Leistungsdiagnostik, Rückentraining, Laufstilanalyse, Fitness Talk, Rückentraining.

zu 3. Im und für das »Hubert Schwarz Zentrum« arbeiten zur Zeit 18 festangestellte und zehn freiberufliche Mitarbeiter. Gemäß der Power-of-Mind-Philosophie (siehe unten) verstehen sich die Trainer als Berater und Coaches ihrer Teilnehmer (Einzelne und Teams), um ihnen zu helfen, neue Möglichkeiten zu suchen, zu finden und erfolgswirksam umzusetzen. Die Trainer haben ihre Schwerpunktkompetenz entweder im Bereich der Sportpädagogik, der Erlebnispädagogik oder der Kommunikation/Moderation. Durch unterschiedliche Konstellationen der Trainerteams können vielfältige Aufgabenstellungen der Auftraggeber abgedeckt werden. Grundlage für die Verhaltens- und Persönlichkeitstrainings bildet ein ganzheitliches Verständnis von Kommunikation nach der Kommunikationspsychologie von F. Schulz von Thun. Diese orientiert sich sowohl an der Wahrhaftigkeit des individuellen Verhaltens als auch an der Angepasstheit an die jeweilige Situation.

zu 4. Die Seminarangebote werden individuell auf Interessenten und Zielgruppen abgestimmt. Ein Schwerpunkt liegt bei erlebnisorientiertem Managertraining, unternehmensspezifischer Teamentwicklung und Firmenfitness. Menschen, die im Berufsleben tagtäglich Spitzenleistungen vollbringen, lernen in diesen Seminaren über ihre eigenen Grenzen hinauszugehen und diese neu zu definieren.

zu 6. Hubert Schwarz und sein Team vermitteln, was es heißt, »in Bewegung« zu gelangen. Motivation, Teamtraining, Fitness und Gesundheit bilden die Schwerpunkte in den Seminaren. Ideen und Träume in die Tat umsetzen, neue Wege gehen und kompromisslos die persönlichen Möglichkeiten neu definieren. Diesem Gedanken hat sich das Hubert-Schwarz-Team verschrieben.

zu 7. Die Erfolgsmaxime des erfolgreichen Sportlers lautet: Begabung und Intelligenz, Wissen und Fleiß können nur in Verbindung mit der entsprechenden körperlichen und geistigen Fitness zum Ziel führen. Mit seiner Power-of-Mind-Philosophie, die eigenen Träume und Ideen in die Tat umzusetzen, neue Wege einzuschlagen und immer wieder die Grenzen des Möglichen für sich selbst neu zu definieren, hat Hubert Schwarz und sein Team schon viele mitgerissen und beflügelt.

zu 8. www.hubert-schwarz.com

8. OUTDOOR UNLIMITED Training GmbH – Lernen durch Erfahren

zu 1. Die Wurzeln von »OUTDOOR UNLIMITED Training« liegen im Jahr 1995 im spanischen Jerez. Dort wurden in dem größten Outdoor-Projekt der deutschen Industrie über ein Jahr lang täglich Vertriebspartner und Mitarbeiter eines großen deutschen Automobilherstellers trainiert. Der Kern der Mannschaft aus Jerez gründete im Januar 1996 »OUTDOOR UNLIMITED Training«. Unser damaliger Course-Direktor und heutiger Geschäftsführer Ralf Becker verwirklichte damit zusammen mit dem Team die Vision einer Trainingsagentur, die ihre Inhalte mit erlebnis- und handlungsorientierten Outdoor-Trainings vermittelt. Seit Mitte 1997 besteht eine Kooperation mit BRATHAY, einem der bekanntesten englischen Anbieter von Outdoor Management Development Training. Die Geschichte von BRATHAY begann vor über 50 Jahren im englischen Lake Distrikt und ist eng mit der Entwicklung von Outdoor-Training überhaupt verknüpft. Wir setzen auf ein ausgewogenes Verhältnis von Aktion und Reflexion. Handlungskompetenz aus eigener Erfahrung und nicht nur kognitive Wissensvermittlung sind Kernelemente unserer Trainings. Durch intensive Nachbearbeitung jedes Trainings und die Auswertung von Kursprotokollen wird die Qualität und Sicherheit unserer Trainings immer weiter vorangetrieben. Kontinuierliche Verbesserung ist, genauso wie eine stetige Weiterbildung und Entwicklung, Teil unseres Selbstverständnisses. Was unser Team besonders auszeichnet – und aus dieser wesentlichen Triebfeder heraus wurde »OUTDOOR UNLIMITED Training« gegründet – ist die Begeisterung für die Arbeit und der Spaß am Arbeiten miteinander. Letztendlich kann jeder nur das wirklich gut, woran er auch Spaß hat. Die eigene Einstellung und das Verhalten sind maßgebend für die Arbeitsatmosphäre und damit auch für die Produktivität. Hier setzten auch unsere Trainings an: Jeder handelt aus eigener Verantwortung und vermittelt die notwendige Handlungskompetenz. Das sind Grundlagen jedes »OUTDOOR UNLIMITED Trainings«. Das Herausstellen der Eigenverantwortung eines jeden und die Vermittlung der notwendigen Handlungskompetenz sind Grundlage jedes »OUTDOOR UNLIMITED Trainings«.

zu 2. Unsere Trainingsgelände sind an große Seminarhotels angeschlossen. Einzelzimmer mit Vollverpflegung sind bei uns die Regel. Die großen Standorte bei Bad Hersfeld, Koblenz und Berlin haben unter anderem hohe Übungsaufbauten (Seilgärten) auf Masten. In Soltau, Memmingen und Creglingen bei Würzburg haben wir Gelände mit Übungsaufbauten in Bäumen. Die Vorteile unserer Trainingsanlagen liegen u. a. in folgenden Punkten:

- optimale Verzahnung von Outdoor-Übungen und Theorie durch Nähe zum Seminarraum,
- gleichzeitiges Arbeiten mehrerer Gruppen auf dem Gelände an mehrfach vorhandenen Übungsanlagen,
- Trainings sind mit 200 Teilnehmern möglich,
- hohe Umweltverträglichkeit.

Gern kommen wir dem Kunden entgegen und finden einen geeigneten Ort in seiner Nähe. Er muss deshalb nicht auf hohe Übungen verzichten, die sich ohne großen Aufwand mobil aufbauen lassen, vorausgesetzt, hoher Wald ist in der Nähe. Dabei kommt es nicht zu Beschädigungen in der Natur.

zu 3. Das Training/Seminar wird in der Regel von zwei langjährig erfahrenen Trainern pro Gruppe geleitet, die sowohl über die für Trainer erforderlichen Qualifikationen verfügen als auch eine stetige Weiterbildung wahrnehmen. Unser Kernteam, bestehend aus zwölf Partnern, vereint die Fähigkeiten und Kompetenzen von Sozialpädagogen, Pädagogen, Kaufleuten, Psychologen und Naturwissenschaftlern – und die gemeinsame Begeisterung für diese Arbeit. Darüber hinaus kann »OUTDOOR UNLIMITED Training« bei Bedarf auf eine ähnliche Zahl an freien Trainern zurückgreifen. Gemeinsam ist den Trainern die Ausbildung in:

- Gesprächsführung
- Moderations- und Präsentationstechniken
- Provokative Intervention
- Belbin Teamrollen-Analyse
- Myers-Briggs-Typenindikator MBTI
- Sicherheitstechnik

- Natursport: Klettern
- Erste Hilfe.

zu 4. »OUTDOOR UNLIMITED Training« ist nicht auf einzelne Wirtschaftszweige oder Branchen spezialisiert; es gibt eine Konzentration in der Automobilindustrie, die jedoch nicht strategisch, sondern eher historisch bedingt ist. Des Weiteren sind wir stark in der Telekommunikationsbranche, im klassischen Dienstleistungssektor und auch in den Produktionsbereichen Food und Non-Food vertreten.

zu 5. 2001 hat »OUTDOOR UNLIMITED Training« einen Umsatz von ca. 500.000,- € mit über 2500 Teilnehmern erwirtschaftet.

zu 6. Jedes Training wird individuell nach den Vorgaben und Anforderungen der Kunden maßgeschneidert konzipiert. Wenn sich während des Trainings neue Aspekte ergeben, gehen wir darauf flexibel ein – kein Konzept ist in Stein gemeißelt! Durch ein auf Situationen in der Arbeitswelt ausgerichtetes Übungsdesign (komplexe Problemlösungsaufgaben, Planspiele mit konkurrierenden Anforderungen) und eine enge Verknüpfung von indoor und outdoor wird eine hohe Transferqualität gewährleistet. Weiterhin spielt die Sicherheit der Teilnehmer eine große Rolle bei unseren Seminaren. Dazu tragen unsere hohen Sicherheitsstandards (z. B. mindestens zweifache Redundanz in allen Teilen der Sicherung) und regelmäßige Sicherheitstrainings, in denen die unterschiedlichsten Rettungsszenarien trainiert werden, bei.

zu 7. Nächste, große Schritte sind die Ausweitung des Geschäftes in den neuen Bundesländern sowie die Entwicklung von neuen Outdoorkonzepten mit zum Teil neuen Zielgruppen.

zu 8. www.outdoor-training.de

9. OUTWARD BOUND Deutschland – 50 Jahre Erfahrung und internationales Netzwerk

zu 1. OUTWARD BOUND Deutschland wurde im Jahr 1951 gegründet. Die Gründungsinitiative geht auf den Reformpädagogen Kurt Hahn – den Gründer des berühmten Internats »Schloss Salem« am Bodensee – zurück. Kurt Hahn stellte die Erlebnispädagogik in den Fokus seines pädagogischen Konzeptes. OUTWARD BOUND Deutschland ist Mitglied des Verbundes OUTWARD BOUND International, dem weltweit führenden Anbieter erlebnispädagogischer Programme und Outdoor-Trainings. OUTWARD BOUND International ist als weltweites Netzwerk auf allen Kontinenten mit 40 Zentren vertreten.

Neben dem ursprünglichen Kernbereich, der Veranstaltung erlebnispädagogischer Programme für Jugendliche und junge Erwachsene in Zusammenarbeit

Schad

mit Non-Profit-Organisationen (Schulen, sozialen und kirchlichen Einrichtungen), bietet OUTWARD BOUND Deutschland seit Mitte der 90er Jahre branchenunabhängig auch Unternehmens-Trainings an. Sie wenden sich an Fach- und Führungskräfte. Oft werden die Trainings auch für die Weiterentwicklung der »High Potentials« von Unternehmen nachgefragt. Neu gebildete Projektteams unterstützen ihre Teambildung durch Outdoor-Trainings. Der Non-Profit-Bereich OUTWARD BOUND DGEE e. V. ist ein freier und gemeinnütziger Träger der Jugendarbeit, Jugendhilfe und Erwachsenenbildung und will Menschen bei ihrer Persönlichkeitsentwicklung unterstützen sowie das gesellschaftliche Miteinander verbessern.

zu 2. OUTWARD BOUND betreibt in Deutschland fünf Bildungszentren in reizvoller landschaftlicher Umgebung: Baad im Kleinwalsertal, Schwangau im Allgäu, Wiligrad und Galentin am Schweriner See, Schloss Kröchlendorff in der Uckermark und Königsburg an der Schlei. Alle Zentren verfügen über Hohe Seilgärten und andere erlebnispädagogische Lernarrangements. Fach- und Führungskräftetrainings werden hauptsächlich an diesen Standorten oder mobil durchgeführt.

zu 3. OUTWARD BOUND arbeitet mit einem Kernteam fest angestellter Trainer und kann auf einen Pool von knapp 100 freien Trainern zurückgreifen. Die pädagogischen Trainer verfügen über eine pädagogisches-psychologische Ausbildung, die Sicherheitstrainer über eine fundierte technisch-instrumentelle Qualifikation (z. B. Übungsleiter bzw. Fachsportlehrer in den jeweiligen Natursportarten). Alle Trainer sind im Bereich Outdoor-Training erfahren. Grundprinzipien im Training sind Freiwilligkeit und Selbstbestimmung. In Management, Trainingsbereich und Administration garantieren insgesamt ca. 40 festangestellte Kräfte die professionelle und kompetente Zusammenarbeit mit unseren Kunden.

zu 4. Zu den Kunden von OUTWARD BOUND DGEE e. V. gehören Schulen, soziale und kirchliche Einrichtungen, Studenten und Auszubildende. Die OUTWARD BOUND Professional GmbH arbeitet für Unternehmen aller Branchen und Größen. Sie wendet sich an Fach- und Führungskräfte, High-Potentials, Trainees, neu gebildete Projektteams und Abteilungen. Teamtraining, Persönlichkeitsentwicklung, Führungskompetenz, Projektarbeit, Total Quality Management sowie Kommunikation und Kooperation sind die inhaltlichen Schwerpunkte. Die Trainings werden maßgeschneidert auf die jeweilige Situation bzw. Aufgabenstellung im Unternehmen konzipiert. Den Aktionsphasen folgen Reflexionsphasen und Auswertungen hinsichtlich des Transfers in den betrieblichen Alltag. Die physische und psychische Sicherheit der Teilnehmer wird von uns jederzeit beachtet und gewährleistet. Kunden von OUTWARD BOUND Professional sind z. B. die Dresdner Kleinwort Wasserstein, die Deutsche Bahn AG, Nike und Nestle. Bei internationalen Trainingsprojekten kooperieren wir mit Insead in Frankreich/Fontainebleau oder nutzen weltweit Zentren von OUTWARD BOUND International oder beliebige andere Locations.

zu 5. OUTWARD BOUND Deutschland rechnet für das Jahr 2001 mit einem Gesamtumsatz über alle Zielgruppen von ca. 2.500.000,– €.

zu 6. Die besondere Stärke von OUTWARD BOUND ist die 50-jährige Erfahrung im Bereich der Erlebnispädagogik und des Outdoor-Trainings. Erprobte Programme, ein hochkompetentes, eingespieltes Trainer-Team, Kompetenz im sozialen wie auch im Unternehmens-Bereich und die Möglichkeiten eines internationalen Netzwerks machen uns einzigartig.

zu 7. Um unsere Kunden im Fach- und Führungskräftebereich noch gezielter und individueller betreuen zu können, wird die neu gegründete OUTWARD BOUND Professional GmbH ab dem Jahr 2002 mit einer eigenen Geschäftsleitung arbeiten. Die Geschäftsführer haben neben ihrer Trainingserfahrung langjährige Managementerfahrung in Profit-Unternehmen. Sie kennen insbesondere die Themen »Führung« und »Verkauf« aus langjährigem eigenen Tun und garantieren so praxisrelevante Trainings.

Das Trainingsprogramm wird um Indoor-Themen erweitert, die für das betriebliche Umfeld relevant sind, z.B. Verkaufsthemen oder Ernährung, Bewegung, innere Balance.

zu 8. www.outwardbound.de

10. PRAXISFELD GmbH – Seminare, Events und mehr...

zu 1. Gegründet wurde PRAXISFELD 1992 in Wuppertal von einem interdisziplinären Team aus den Bereichen Management, Sportwissenschaft und Pädagogik. Der Firmensitz befindet sich seit 1996 in Radevormwald in einem antiken Fabrikgebäude direkt an der Wupper. PRAXISFELD hat (Herbst 2001) elf feste Mitarbeiter. Ein erhöhtes Wachstum begann 1998 mit der Eröffnung des Seilgartens und der daraus folgenden überaus fruchtbaren Zusammenarbeit mit dem »Hotel am Kaiserbrunnen« in Brakel.

Seit 1992 existiert auch ein sozial engagierter erlebnispädagogischer Bereich, der heute mit zwei festen und ca. 60 freien Mitarbeitern in Form eines e. V. mit Kindern, Jugendlichen und Multiplikatoren arbeitet. Aus einer wachsenden Nachfrage, den langjährigen Kontakten von Harald Just, einer freundschaftlich begründeten Kooperation mit dem Kletterwandbauer Hajo Müller und dem Eintritt von Albrecht Stroop begann 1997 der verstärkte Aufbau des Bereiches »Events & Acts«. Seitdem werden hier Spiel- und Stadtfeste, Messepräsentationen und auch Großprojekte wie der Bau und Betrieb eines Hochseilgartens im »Big Tipi« auf der Expo 2000 in Hannover erfolgreich abgewickelt. Solche Projekte, bei denen über fünf Monate lang 16.000 Menschen sicher und pädagogisch betreut wurden, sind vor allem durch den übergreifenden Einsatz der Kompetenzen aller Unternehmensbereiche möglich.

Um unseren Kunden auch bei Incentives und Trainings im Ausland einen vollständigen Service bieten zu können, wurde im Januar 2001 der Kölner Reiseunternehmer Bruno Peters ins Boot geholt, der seither den Geschäftsbereich »Erlebnis-Reise-Incentive« leitet.

zu 2. Die Trainings finden in Outdoorzentren und Partnerhotels in Deutschland und dem europäischen Ausland statt. Dies sind unter anderem Wuppertal, Rotenburg bei Bremen, Brakel bei Paderborn, Aschaffenburg, Marburg, Nürnberg, Stuttgart, Straßburg, Barcelona, Lake District/UK. Neben dem Einsatz von Seilgärten arbeiten wir mit einer Mischung aus Indoor-Training und mobilen Team-, Führungs- und Kommunikationsaufgaben; daher konnten wir bisher jedem Kundenwunsch folgen und Trainings auch in den Arabischen Emiraten, der Türkei, Spanien, Österreich und der Ile de France abhalten.

zu 3. Im Geschäftsbereich »Training + Outdoor« arbeiten neben vier fest angestellten Trainern ca. 40 »feste Freie«. Die Herkunft der für verschiedene Aufgaben spezialisierten Trainerinnen und Trainer reicht vom Vertriebsmanager über langjährig erfahrene Personalentwickler, Sozialpädagogen, Sportwissenschaftler bis hin zu Dozenten und Professoren staatlicher Hochschulen. Bei aller Unterschiedlichkeit legen wir Wert auf Übereinstimmung mit unseren Werten. PRAXISFELD strebt die Förderung von lebendigem, selbstverantworteten Lernen zur Humanisierung von Strukturen und Beziehungen an. Freie Entscheidung des Einzelnen und Verantwortung für andere sind für uns wichtige Grundlagen der Zusammenarbeit. Gleichzeitig ist der Bereich »Training + Outdoor« auf die Belange von Wirtschaftsunternehmen ausgerichtet und hat die Steigerung ihrer ökonomischen Leistungsfähigkeit zum Ziel. Die Trainer haben fast alle unsere interne Seilgartenausbildung durchlaufen und besitzen Zusatzausbildungen wie TZI, Gestaltpsychologie, systemische Ausbildung, Video-Prozessbegleitung, etc. Bevorzugt werden Trainer mit einem Erstberuf in der Wirtschaft oder Verwaltung und umfassenden Kenntnissen über Führung, Teamarbeit, Krisenintervention, etc. Bis auf Ausnahmefälle haben die zu zweit arbeitenden Trainer sowohl die Outdoor- und Sicherheitsausbildung wie auch die Prozess- und Themenkompetenz. Dort, wo unsere Fähigkeiten enden, kooperieren wir mit drei verschieden ausgerichteten Unternehmensberatungen und einem Spezialisten für Großgruppenarbeit (RTSC, Zukunftskonferenz, Open Space) sowie einer Spezialistin und Buchautorin zum Thema Assessment-Center.

zu 4. Die Kunden sind überwiegend Großunternehmen wie Nokia, Daimler-Chrysler, Fujitsu, Continental, etc. (siehe auch unsere Web-Seite). Schwerpunkt sind Führungstrainings und Teamtrainings. Bei den Führungstrainings überwiegen Mittelmanagement und »High Potentials«/Nachwuchskräfte mit dem Ziel des bewussteren Einsatzes der eigenen Persönlichkeit, des Ausbaus der eigenen Stärken und des Einübens von Handlungsalternativen. Anlass für Team- und Kommunikationstrainings auf allen Ebenen ist in der Regel die Bearbeitung von konkreten Konflikten und Störungen sowie die Begleitung in Change-Prozessen.

zu 5. Der von Nebenleistungen bereinigte Nettoumsatz im Trainingsbereich liegt 2001 bei ca. 600.000,- €.

zu 6. Die besondere Stärke der »PRAXISFELD GmbH« liegt in der hohen Qualifikation der Trainer, die mit eigener Berufs- und Führungserfahrung, pädagogischer Hochschulausbildung, Zusatzausbildungen aus dem Bereich humanistische Psychologie und kompromissloser Kundenorientierung einen eigenständigen PRAXISFELD-Stil geschaffen haben. Da in Bezug auf Transfer, Teilnehmerorientierung und Grundhaltung fast alle Mitbewerber das Gleiche behaupten, lassen wir lieber unsere Referenzenliste für sich sprechen.

zu 7. In der weiteren Entwicklung für die nächsten Jahre strebt PRAXISFELD vor allem die Vertiefung bestehender Kundenbeziehungen und ein eher langsames, organisches Wachstum an, um die bestehende Qualität zu sichern und, wo möglich, zu erhöhen.

zu 8. www.praxisfeld.de

11. roots outdoortrainings & seminare – Professionelle Angebote statt Patentrezepte

zu 1. Gegründet wurde »roots outdoortrainings & seminare« 1994 von vier Trainer/innen – motiviert durch die Freude an der Arbeit mit Menschen und die Begeisterung für spannende und effektive Trainingsmethoden. Was zunächst als reines Outdoor-Trainings-Unternehmen begann, hat sich in den folgenden Jahren weiterentwickelt. Durch die kritische Auseinandersetzung mit unserem Produkt und dank des Feedbacks unserer Kunden haben wir unser Profil immer weiter verfeinert. Heute trainieren, begleiten, beraten und moderieren wir erfolgreich soziale Prozesse in Unternehmen und Institutionen mit erlebnis- und erfahrungsorientierten Methoden – Outdoor und Indoor. Im Mittelpunkt steht dabei immer das Anliegen unserer Kunden. Statt Patentrezepte aus der Schublade bieten wir individuelle Beratung, maßgeschneiderte Trainingskonzepte und innovative Seminarmethoden, die Spaß und Erfolg versprechen. Darüber hinaus verstehen wir uns als ein Unternehmen mit gesellschaftlicher Verantwortung. Wir haben deshalb das Projekt »roots respect« ins Leben gerufen: Menschen mit körperlichen, geistigen oder sozialen Behinderungen unterstützen wir durch spezielle Trainings.

zu 2. Unsere gesamte Logistik ist ausgelegt auf größtmögliche Flexibilität: Kunde und Trainingsanliegen bestimmen die Auswahl von Gebiet und Unterkunft. Aus ökologischen Gründen halten wir die Anfahrtswege möglichst kurz. Bei der Unterkunft können unsere Kunden wählen zwischen: Pensionen und Seminarhotels für eine komfortable Arbeitsatmosphäre, Berghütten und Selbstversorgerhäusern mit viel Flair und »outdoor pur« (Biwak, Camp, Zeltplatz) in phantastischer Landschaft. Wir verfügen über ein außergewöhnlich großes Repertoire an Übungs- und Outdoor-Elementen aus den Bereichen Fels und Wasser sowie Problemlösung und Interaktion – eine optimale Bedingung, um maßgeschneiderte Programme bieten zu können. Daneben nutzen wir handlungsorientierte und kreativ-analoge Methoden im Seminarraum, um Auswertungsprozesse und Workshops lebendig zu gestalten.

zu 3. Neben den Gründern gibt es einen Pool von 15 freien Mitarbeitern. Wir legen großen Wert auf folgende Standards für unsere Trainer/innen:

- langjährige Erfahrung in der Durchführung von Trainings
- qualifizierte pädagogisch/psychologische Grundausbildungen
- Zusatzqualifikationen im berg- und wassersportlichen Bereich bei anerkannten Institutionen (Deutscher Alpenverein, Verband deutscher Kanuschulen).

Darüber hinaus pflegen wir in unserem Unternehmen eine lebendige Weiterbildungskultur mit regelmäßigen internen Fortbildungen. Wir sind eingebunden in ein professionelles Trainer-Netzwerk und pflegen so einen regen Fachaustausch mit den Kollegen.

zu 4. Wir verfügen über reichhaltige Erfahrung mit verschiedensten Zielgruppen (Management, Teams und Abteilungen, Nachwuchsführungskräfte, Studenten und Auszubildende, Multiplikatoren) und Branchen (Banken, Versicherungen, IT, Marketing, Automobilbranche, Energie, Lebensmittelhersteller). Wir sind Spezialisten für Teamentwicklung und Teamcoaching, Mediation von Konflikten, Training von Führungsqualitäten und sozialer Kompetenz, Kommunikation und Begleitung von Veränderungsprozessen.

zu 6. Wir unterstützen Veränderungsprozesse bei Menschen, Teams und Unternehmen durch verschiedene Trainingsformen und Methoden, die sich in den folgenden fünf Kategorien beschreiben lassen. Wir beraten unsere Kunden, welche Trainingsform für ihr Anliegen am besten geeignet ist, und empfehlen einen anderen Anbieter, wenn wir einen Trainingsbedarf nicht erfüllen können.

	Inhalte	Charakter
Outdoor-Trainings	Kundenspezifische Ziele in den Bereichen: Teambuilding/Teamarbeit, soziale Kompetenz Persönlichkeitsentwicklung	Elemente moderner Outdoor-Sportarten und erlebnisreiche Übungen mit hoher Strukturähnlichkeit zum Unternehmen werden kombiniert mit theoretischen und reflektiven Gesprächseinheiten
Indoor-Seminare	Wissensvermittlung zu ausgewählten Themen wie Kommunikation, Führung, Mediation... Vor- oder Nachbereitung von Outdoor-Maßnahmen	Erlebnisaktivierende Methoden und praktische Übungseinheiten, Moderationstechniken und Theorie-Inputs werden im Seminarraum miteinander kombiniert
Moderation, Beratung und Begleitung	Förderung von persönlichen oder teamspezifischen Prozessen Unterstützung und Reflexion bei	Begleitung und Unterstützung von Einzelpersonen, Teams oder Projekten in Form von Coaching,

Anbieter von Outdoor-Trainings

	der Umsetzung von Aufgaben und Projekten	Supervision, Mediation und Moderation
Events und Großgruppenveranstaltungen	Veränderungsprozesse einleiten und begleiten Aktuelle Themen emotional verankern Zusammengehörigkeit initiieren Unternehmensenergien bündeln	Erlebnisorientierte Übungen und kurze Auswertungssets werden so miteinander kombiniert, dass Gruppen bis zu 100 Personen mit Herz, Hand und Verstand an relevanten Unternehmensthemen arbeiten
Erlebnispädagogik	Persönlichkeitsbildung Fortbildungen für Multiplikatoren	Erlebnisorientierte Übungen und Spiele sowie Natursportarten mit pädagogischer Begleitung

zu 8. www.roots.de

12. TAM Trainer-Akademie-München – Im Mittelpunkt: Train the Trainer

zu 1. Die »TAM Trainer-Akademie-München« wurde 1974 in München gegründet und zählt zu den ältesten Ausbildungsinstituten in Deutschland. Seit 1998 in Fulda ansässig, ist die Ausbildung von Trainern auch heute noch das wichtigste Geschäftsfeld. Wir wollen unsere Kunden zum Lernen aufschließen, zum Weiterlernen motivieren und mit ihnen gemeinsam Fähigkeiten entwickeln, um anstehende Veränderungsprozesse erfolgreich zu gestalten. Mit Teilnehmern im Entwicklungsprozess zu arbeiten heißt für uns, diesen dabei zu helfen, sich ihrer persönlichen Einzigartigkeit und ihrer Stärken und Schwächen bewusst zu werden und sie gezielt im persönlichen und beruflichen Umfeld zu berücksichtigen. Um mit der zunehmenden Veränderungsgeschwindigkeit Schritt zu halten, sind neue Lernstrategien gefragt, die vor allem auch soziale und emotionale Kompetenzen fördern. Dabei verbinden wir klassische Lernmethoden mit Elementen des erlebnisorientierten Trainings. Unser Leitsatz lautet deshalb: Das, was uns im Leben wirklich nachhaltig erfolgreich gemacht hat, sind meistens nicht die Informationen, die wir gehört oder gelesen haben, sondern vielmehr die Dinge, die wir erfahren, empfunden und erlebt haben.

zu 2. Seit 1994 haben wir deshalb Instrumentarien aus dem erlebnispädagogischen Kontext in unsere Trainingskonzepte integriert. Dazu setzen wir Ropes Courses, Initiativübungen, Lerninstrumente aus dem Action Learning und andere handlungsorientierte Methoden ein. Für die erlebnisorientierten Seminare nutzen wir unsere Ropes Courses in Fulda, in Bad Gögging bei Ingolstadt und in Wirsberg bei Bayreuth, sowie andere Standorte von Kooperationspartnern. Die langjährige Erfahrung in der Personalentwicklung ermöglicht uns eine enge Verzahnung von der Bedarfsermittlung über die Umsetzung bis zum Transfer und der Implementierung im Unternehmen.

zu 3. Unser Trainerpool besteht aus qualifizierten Spezialisten für die Themen: Aus- und Weiterbildung von Trainern, Teamentwicklung, Coaching, Verkauf, Führungskräftetraining, systemische Organisationsberatung, Kommunikations- und Konfliktmanagement.

zu 4. Unsere offenen Seminare:

- TAM-Trainer – Ausbildung
- Trainer-Intensiv-Basisausbildung in vier Blöcken.
- Vermittlung der Grundlagen eines professionellen Trainings.
- Von Bedarfsermittlung bis zur Erfolgskontrolle.
- Seminarleiter-Ausbildung: Vermittlung der wichtigsten Grundlagen für die Seminargestaltung und -durchführung; für Führungskräfte und nebenberuflich tätige Referenten.
- Qualifikation zum erlebnisorientierten Team- und Motivationstrainer: sie lernen eine Vielzahl erlebnisorientierter Übungen und Methoden kennen und erleben die Chancen und Möglichkeiten von High-Ropes-Elementen. Anschließend können Sie die Ropes Courses der TAM und deren Kooperationspartner nutzen.
- STEPS on Ropes: Persönlichkeitsseminar mit erlebnisorientierten Übungen. Erlebnisse in individuelle Lernerfahrungen umsetzen und seinen Ressourcen und Zielen näher kommen.
- Schnupper Workshops: Sie erleben selbst einige Übungen aus dem erlebnisorientierten Training und lernen das Konzept sowie unsere Arbeitsweise kennen.

Unsere Schwerpunkte für firmeninterne Trainingsmaßnahmen:

- Führung als Empowerment: Führungsfähigkeit beinhaltet: partnerschaftliche Grundeinstellung, Kommunikationsfähigkeit, reflektiertes Handeln, verstärkte Selbststeuerung, Motivation und Integration der Mitarbeiter, konstruktiver Umgang mit Konflikten, Aktivierung der menschlichen Ressourcen.
- Transfer-Training: Führungskräfte als Coach ihrer Mitarbeiter. Transfer-Training ist eine von der TAM entwickelte spezielle Führungs- und Kommunikationsmethode, mit der Arbeitsabläufe, Informationskanäle und Qualität kontinuierlich verbessert werden können.
- Erfolgreiche Teams: Im Teamtraining geht es darum, Chancen für einen Erfolg im Team klar zu erkennen, Nutzungsmöglichkeiten zu erarbeiten, Toleranz gegenüber anderen zu erhöhen und Antipathien abzubauen, um im Team gemeinsam und effektiv Problemlösungen zu erarbeiten und umzusetzen.

zu 8. www.trainer-akademie.de

13. TOUR Extrem – Seminare und Incentives, Events und Erlebnisse

zu 1. Der Geschäftsführer Peter Schließmann gründete 1986 das Unternehmen »TOUR Extrem« in Seligenstadt bei Frankfurt. In 15 Jahren entwickelte sich »TOUR Extrem« zu einem führenden Anbieter von Outdoor-Trainings. Die langjährige Erfahrung in der Nutzung unterschiedlichster Naturschauplätze ist Basis bei »TOUR Extrem« auch für Incentives, Events und Expeditionen. Für namhafte Geländewagenhersteller ist »TOUR Extrem« Kooperationspartner bei Produktpromotions und Kundenveranstaltungen. Der unternehmenseigene Reiseveranstalter »TOUR Off Road« rundet mit weltweiten, speziellen Angeboten für Allrad- und Geländewagenfahrer das Programmangebot ab. Zwölf fest angestellte Mitarbeiter und ca. 250 freie Trainer und Outdoor-Experten (davon 50 als fester Kern mit ständiger Kooperation) bilden das Team von »TOUR Extrem«. Im Firmensitz in Seligenstadt befindet sich auch das Logistikzentrum. Hier steht umfangreiches Material bereit – zum Beispiel für Veranstaltungen mit GPS-Navigation durch Wüsten oder Großevents bis 2.500 Teilnehmerinnen und Teilnehmer.

zu 2. Seit 2000 gehört die »TOUR Extrem Training & Event GmbH« zur COGNOS AG (Hamburg), dem führenden privaten Weiterbildungsverbund in Deutschland. Bei komplexen Prozessbegleitungen namhafter internationaler Unternehmen entwickelt »TOUR Extrem« gemeinsam mit den COGNOS-Tochterunternehmen – Die Akademie für Führungskräfte (Bad Harzburg) und die Cegos GmbH (Witten) – Seminare, die Indoor-Maßnahmen und Elemente des Erlebnislernens im Erfahrungsfeld Natur verbinden. Neben etablierten und bewährten Outdoor-Trainingseinheiten wie Low-Events, Problemlösungsaufgaben, High Ropes, Brücken- oder Floßbau hat sich TOUR Extrem auf experimentelle Seminarformen, die sich auf die mentale und spirituelle Problemlösung für komplexe Aufgaben mit interkulturellen Techniken widmen, spezialisiert. Experimentelle Seminare sind keine Trainings im klassischen Sinne und verzichten bewusst auf genaue Ablaufpläne und Designs: Durch das Kennenlernen anderer Kulturen sollen Teams neue Weisheiten und unerschlossene Bewusstseinsebenen für die eigene Arbeit nutzen. Rituale wie Schwitzhütte, Vision Quest oder Kerzengespräch aus dem Kulturerbe der »Native Americans« konfrontieren die Seminarteilnehmer mit dem »Anders-sein« bisher fremder Kulturen und dem »Anders-sein« der eigenen Erlebnis- und Erkenntniswelt. Diese Begegnung entfaltet im Idealfall eine Dynamik, die sich weder planen noch genau evaluieren lässt. Vorhersagbar ist nur ein nachhaltiges Interesse für Dinge jenseits des persönlichen Erfahrungshorizontes, und damit eine gesteigerte Sensibilität für zwischenmenschliches Verhalten und Begegnungen mit ›anderen‹ Menschen, Kulturen und Ansichten. Ähnliche Ergebnisse lassen sich auch mit Übungen und Aufgaben unter Anleitung eines Vertreters der bildenden Künste erzielen. »Art & Culture« ist deshalb dieser Teilbereich des TOUR Extrem-Angebots überschrieben.

TOUR Extrem nutzt für Trainings und Projekte den »Erfahrungsraum Natur« auf dem gesamten Globus. Viele Trainings finden im eigenen Trainingszentrum in den Vogesen statt: Bis zu 50 Personen können hier das Trainingszentrum mitten in unerschlossener Natur nutzen. Aber auch in extremen Klimazonen, im Wald um die Ecke oder im Hotelpark lassen sich schnell und effektiv Trainings und Seminare durchführen. Vor allem, wenn es um die Auswahl »exotischer« Reise- und Trainingsziele geht, kommt den Trainern, Kunden und Seminarteilnehmern die weltweite Erfahrung der Spezialisten von »TOUR Off Road« zugute.

zu 3. Die Trainer von TOUR Extrem verfügen über weitreichende Outdoor-Erfahrung (regelmäßige Schulung!) und bringen zudem wichtige Zusatzqualifikationen und Erfahrungshintergründe ein: Dipl. Psychologe, Dipl. Biologe/MBA, Dipl. Sportlehrer/Therapeut: Team- und Persönlichkeitsentwicklung, Dipl. Designer/Künstler/Dozent: Kreativ-Management, Teamtraining, GF/Sun Dancer (Lakota-Sioux): Ressourcing, Visionen, schöpferische Impulse. Für die optimale Abstimmung der Trainingsziele hat sich der Einsatz von »Trainergespannen« (auch innerhalb des Know-how-Netzwerks der COGNOS AG) bewährt.

zu 5. In ca. 25 Seminaren im Jahr 2001 werden mit rund 400 Teilnehmern (fünf bis 80 pro Seminar) etwa 400.000,– € umgesetzt. Die Seminare fanden 2001 vorwiegend in Deutschland und am eigenen Seminarstandort in den Vogesen (Frankreich) statt. Weitere Seminare wurden zum Beispiel in Österreich, Sizilien und Dubai durchgeführt.

zu 8. www.tourextrem.com

14. Wilderness Experience

zu 1. »Wilderness Experience« bezeichnet eine Seminarkonzeption, die 1984 bei der Drägerwerk AG aus der Human-Relations-Idee geboren wurde und ursprünglich das Ziel hatte, eine attraktive Begegnungsstätte für Incentive-Maßnahmen abseits der Zivilisation zu schaffen. Aus dieser Incentive-Idee hat sich dann im Laufe der Jahre ein spezielles Führungs- und Kooperationstraining entwickelt. Heutiges Ziel der »Wilderness Experience« ist es, über den Erwerb von Handlungskompetenz und Selbsterkenntnis Schlüsselqualifikationen für den beruflichen Alltag zu entfalten. Seit 1993 werden die Trainings von der DrägerForum GmbH organisiert und durchgeführt. Die DrägerForum GmbH ist eine Tochtergesellschaft der Drägerwerk AG und im Bereich der Personal- und Organisationsentwicklung tätig. Seit 1984 finden jedes Jahr mehrere Outdoor-Trainings statt. Ursprünglich überwiegend für Mitarbeiter der Dräger-

werk AG ausgerichtet, werden seit geraumer Zeit auch Trainings für externe
Firmen angeboten. Hauptinitiator ist Henning Henschel, Geschäftsführer der
DrägerForum GmbH.
  zu 2. »Wilderness Experience« fördert und organisiert ganzheitliches, handlungsorientiertes Lernen mit den Mitteln der Natur. Die Natur bietet originäre, authentische Erlebnisse, die prägender sind als durch Medien vermittelte Erfahrungen. Das Lernmedium »Natur« ist auch deshalb so geeignet, weil es für die Teilnehmer einen Neuigkeitswert hat, der Unsicherheit auslöst, aber auch Reize bietet. Sie erleben eine neue Umgebung, neue Rollen und neue Verantwortlichkeiten bei vollkommen unbekannten Problemen. In der Natur werden Berufs- und Alltagszwänge aufgehoben und das Diktat des Terminplanes außer Kraft gesetzt. Aus didaktisch-methodischen Gründen werden die Lernorte weitgehend in ungestaltete Naturlandschaften, z. B. in Norwegen und Schweden verlegt, um unausweichliche Bedingungen und Situationen zu schaffen, die bestimmte Lerninhalte vermitteln. Besondere Reize gehen von eher ungewöhnlichen Orten, wie zum Beispiel Grönland, Finnland, der Wüste Gobi oder Ägypten aus.
  zu 3. Die Outdoor-Trainings werden immer von mindestens einem Trainer und einem Outdoor-Experten begleitet. Ihre Aufgabe besteht darin, die Teilnehmer anzuregen, aus ihren eigenen Erfahrungen zu lernen. Dazu geben sie Denk- und Handlungshilfen, indem sie Vorgänge problematisieren und Begründungszusammenhänge erfragen. Je mehr Zuwachs an Handlungsfähigkeit bei den Teilnehmern spürbar wird, desto mehr treten die Trainer in den Hintergrund. Die Trainer unterstützen mit ihrer Beobachtung die Reflexion und geben Feedback sowie in schwierigen Situationen differenzierte Ermutigung. Sie sorgen für die Balance zwischen Individuum, Gruppe, Aufgabe und Natur.
  Dem innovativen Seminarkonzept entsprechen die innovativen Methoden:

- Wir lernen von der Natur.
- Wir machen alles selbst.
- Wir erfahren Zusammenarbeit und Führung interaktiv, vernetzt und ganzheitlich.
- Wir leben in Kontrasten von Anspannung und Entspannung.
- Wir üben theoriebegleitet.
- Wir messen unsere Fortschritte.
- Wir planen den Transfer in den Alltag.
- Wir sichern Lernerfolge durch Nachbereitung.

Als erfahrenes Expertenteam begleiten und betreuen Sie auf diesen Reisen Henning Henschel (Projektleiter), Preben Mortensen (Wildnisexperte) und Prof. Dr. Ingelore Welpe (Human-Ressource Beraterin).
  zu 4. »Wilderness Experience« ist maßgeschneidert für Führungskräfte, Nachwuchsführungskräfte, ProjektleiterInnen mit komplexen Aufgaben und ExpertInnen. Es ist erprobt bei Fragen der Teamentwicklung und der Integration von Mitarbeitergruppen in Unternehmen. Es hat sich bewährt bei der Ko-

operation und Führung interkultureller und multinationaler Projektgruppen. Primäre Zielgruppen sind nationale und internationale Unternehmen, in denen die aktive strategische Personalentwicklung sowie die Entwicklung von Unternehmenskultur und Wertestrategien zum Unternehmenskonzept gehört, und die dementsprechenden Bedarf an hierzu geeigneten innovativen Konzepten und Instrumenten haben. Durch die Bedarfserhebung bei unseren Kunden findet eine besondere Strukturierung und Auswahl der Aufgaben statt, damit der Bezug zur Praxis nicht verlassen wird – im Gegenteil – er bestimmt die Inhalte und Schwerpunkte der »Wilderness Experience«. Grundsätzlich bieten wir fünf Produkte mit folgenden Inhalten an:

- Leadership und Teammanagement
- Empowerment
- Cross-Culture
- Assessment Center
- Wissensmanagement.

zu 5. Es haben bereits mehrere hundert, auch internationale, Führungskräfte erfolgreich an unseren Trainings teilgenommen.

zu 6. Wilderness Experience ist eine ganzheitliche Ressourcen-Entwicklung für Menschen, die führen und kooperieren wollen und dabei »das Richtige richtig und aufrichtig tun«. Was macht Wilderness Experience anders?

- Seit 1986 Erfahrungen mit Wilderness Experience,
- Lernort Natur, fernab der Zivilisation,
- von der Praxis zur Theorie,
- keine Standardprodukte (Bedarfsermittlung),
- Grenzenlosigkeit (geographisch und im Hinblick auf die Kundenwünsche),
- klare Nutzenorientierung (Was wir für Sie tun können?).

zu 8. www.draeger.com

Dietrich Kretschmar
Ausbildung zum Outdoor-Trainer – subjektive Zugänge zu objektiven Daten

1990 habe ich mein erstes Outdoor-Seminar geleitet. Die Frage nach einer Outdoor-Trainerausbildung hat sich für mich damals nicht gestellt. Ich hatte gerade meine Trainerausbildung an der Deutschen Trainer- und Führungskräfte Akademie absolviert und war der Ansicht, dass ich mit dieser Ausbildung als Hintergrund auch ein Outdoor-Training erfolgreich durchführen kann. Und das Seminar war in der Tat erfolgreich! Doch bald stellte sich mir die Frage nach einer speziellen Ausbildung für handlungs- und erlebnisorientiertes Lernen. Als Autodidakt und Begleiter in Seminaren bei Kollegen hatte ich zwar einiges mitbekommen, doch eine wirklich fundierte Ausbildung zum Outdoor-Trainer war das nicht. Nach einem Selbsterfahrungsseminar bei Robert Stucki in der Schweiz – das beste, was ich persönlich bis heute erleben durfte! – und einigen anderen »Wegbereitern«, hatte ich mich 1995 entschlossen, die Zusatzausbildung ZAB bei OUTWARD BOUND Deutschland zu absolvieren.

12 Sozialpädagogen und ein Trainer waren wirklich eine »bunte Mischung«. Beginnen sollte der erste Baustein um 16:00 Uhr. Um 20:00 Uhr nach einem Abendessen waren die letzten Teilnehmer noch nicht eingetroffen und die Trainer waren auch nicht so pünktlich, wie ich dies erwartet hatte. Ein solches Verhalten entsprach nicht meinem Verständnis einer Leiterfunktion in einem Training.

Ich kam aus der Wirtschaft und hatte mich gerade selbstständig gemacht. Qualität war mein Anspruch, und ich wollte eine Ausbildung zum Outdoor-Trainer haben, mit der ich auch in Wirtschaftsunternehmen den Anforderungen dieser Klientel begegnen konnte. Heute muss ich sagen, dass diese Ausbildung, auch wenn sie nicht auf meine Zielgruppe genau abgestimmt war, für mich notwendig und eine gute Ergänzung war. Ich möchte sie nicht missen – aber eine Ausbildung zum Outdoor-Trainer war sie nicht.

1. Ausbildung zum Outdoor-Trainer – erste Eindrücke

Meine Recherchen über andere Ausbildungen zum Outdoor-Trainer lassen sich vorläufig in vier Punkten zusammenfassen:

- Es gibt nur wenige Outdoor-Trainer-Ausbildungen.
- Die vorhandenen Angebote sind inhaltlich sehr unterschiedlich.
- Die vorhandenen Angebote sind methodisch sehr unterschiedlich.
- Die vorhandenen Angebote sind preislich sehr unterschiedlich.

Übrigens bieten im Internet unter dem Begriff »Outdoor-Training« weit über 100 Anbieter und Firmen Trainings an. Wenn nur jedes dieser Unternehmen einen »Outdoor-Trainer« beschäftigt, ist dies schon eine erhebliche Anzahl. Da kommen Fragen auf: Wer sind diese Trainer? Wer hat sie ausgebildet? Welche Qualifikation besitzen sie? Wie können diese Trainer qualifiziert arbeiten und trainieren, wenn es keine entsprechende Ausbildung gibt? Oder sind das alles Autodidakten? Denn ausgebildete Trainer mit einer Zusatzqualifikation »Erlebnis- und handlungsorientiertes Lernen« kann es nicht viele geben, wenn man die Teilnehmerstatistik der größten Ausbildungsinstitute im Bereich Outdoor-Training nach ausgebildeten Trainern untersucht. Daraus lässt sich folgende These formulieren:

Eine nach meinem Verständnis zielgerichtete und umfassende Trainerausbildung für Outdoor-Trainer im wirtschaftlichen Umfeld gibt es bis heute im deutschsprachigen Raum nicht!

Für das soziale Arbeitsfeld trifft dies nicht zu. Wohlfahrtsverbände, Kreisjugendringe, Jugendverbände, Vereine und Non-Profit-Organisationen haben seit Jahren die Erlebnispädagogik im Kanon ihrer Aus- und Fortbildungsangebote. Diese sind so ausgerichtet, dass der Transfer des Gelernten in soziale Arbeitsfelder sichergestellt wird! Eine pädagogische Ausbildung bzw. ein Studium der Teilnehmer ist dabei meist Voraussetzung. Eines haben beide Ausbildungsrichtungen (Schwerpunkt Soziale Arbeit/Betriebliche Weiterbildung) gemeinsam:

Keine der vorhandenen Ausbildungen bildet Trainer oder Pädagogen aus, sondern die Menschen lernen, ausgehend von ihrer jeweiligen Basisqualifikation, die Methoden des erlebnis- und handlungsorientierten Lernens in unterschiedlicher Quantität und Qualität kennen.

Was unterscheidet eigentlich den »normalen Trainer« vom Outdoor-Trainer? Gibt es einen Unterschied oder wird von beiden nicht das Gleiche erwartet? Werden Outdoor-Trainings von Bildungseinkäufern der Wirtschaft womöglich deshalb kritisch betrachtet, weil sie wissen, dass es keine qualifizierten und ausgebildeten Outdoor-Trainer gibt? Oder sind es die Erfahrungen mit schlecht qualifizierten und nicht ausgebildeten Trainern, die Outdoor-Elemente in ihren

Ausbildung zum Outdoor-Trainer

Seminaren vorwiegend als Auflockerung und Spaßelement einsetzen, weil sie sonst bei den Teilnehmern nicht ankommen? Oder hat die Erfahrung mit spektakulären und fragwürdigen Methoden das Outdoor-Training in ein Zwielicht gerückt? Es sind zuweilen Trainings, bei denen Teilnehmer mit »Tschaka Tschaka«-Parolen (»Du schaffst es!«) aufgeheizt werden und wo jegliche Sensibilität im Umgang mit psychischen Ängsten (»Wenn du zurück gehst, bist du ein Feigling«) fehlt. Oft werden in Hochseilgärten gravierende Sicherheitsmängel, fehlende Erste Hilfe Ausbildung und mangelnde Erfahrungen im Krisenmanagement bei Unfällen festgestellt.

Die zentrale Frage lautet also: Was muss ein Trainer können, der mit Wirtschaftsunternehmen erlebnis- und handlungsorientiert arbeitet? Ich werde dies in einem ersten Abschnitt ausführen. Im zweiten Teil möchte ich einige Anbieter beschreiben und die derzeitigen Ausbildungsmöglichkeiten aufzeigen.

2. Was muss ein Outdoor-Trainer können?

Ich betrachte den Trainer als Manager des Trainings- und des Lernprozesses. Grundsätzlich muss der Outdoor-Trainer alles können, was jeder »normale« Trainer auch können sollte! Seine Arbeit muss in erster Linie wirksam sein, sie muss bei den Teilnehmern Wirkung erzielen. Wichtig ist jedoch, dass er jene Wirkung erzielt, die in Absprache mit dem Auftraggeber geplant, die klar definiert und vorab schriftlich fixiert wurde. Professor Fredmund Malik, Verwaltungsratspräsident des Management Zentrums St. Gallen und Dozent an den Universitäten St. Gallen, Innsbruck und Wien, führt in seinem Buch »Führen Leisten Leben«, zum Thema wirksames Management einige Gedanken aus, die sich aus meiner Sicht jeder Trainer/Outdoor-Trainer als »Lernmanager« zu Eigen machen sollte. »Der Schlüssel zu den Leistungen wirksamer Menschen – der Performer – liegt in der Art ihres Handelns. Nicht wer diese Leute waren, war entscheidend, sondern wie sie handelten. Als Menschen, als Typen, als Persönlichkeit sind sie so verschieden, wie Menschen nur sein können. Sie entsprechen keinen Anforderungsprofilen und schon gar nicht dem akademischen Idealtypus. Durch ihr Handeln allerdings zieht sich ein roter Faden, ein Muster... Als erstes sind es gewisse Regeln, von denen sie sich – was immer sie tun und wo immer sie es tun – bewusst oder unbewusst leiten lassen, durch die sie ihr Verhalten disziplinieren. Zum zweiten kann man beobachten, dass wirksame Menschen bestimmte Aufgaben mit besonderer Sorgfalt und Gründlichkeit erfüllen und drittens schließlich entdeckt man in ihrer Arbeitsweise beinahe durchgängig ein ausgeprägt methodisch-systematisches Element: das Element handwerklicher Professionalität und damit verbunden bestimmte Werkzeuge, die sie kompetent, manchmal virtuos, einzusetzen verstehen« (S. 21 f).

Im Folgenden stelle ich auf Grund der Darstellung Maliks über wirksames Management sechs Grundsätze der Trainingsarbeit auf:

2.1 Training mit Blick auf die Ergebnisse

Es geht nicht darum, dass der Trainer für Spaß sorgt, sondern dass die eingesetzten Methoden zu den gewünschten Ergebnissen führen und dass diese Ergebnisse des Lernprozesses und die Effektivität, mit der sie ausgeführt werden, den Teilnehmern bewusst werden. Eine Outdoor-Aktion ist grundsätzlich nur Mittel zum Zweck. Die moderierte und initiierte Reflexion der Erlebnisse schafft Bewusstsein beim Lernenden. Bewusstsein weckt den Wunsch nach Veränderung oder Verstärkung – und dies stärkt die Motivation. Es geht weniger darum, dem Teilnehmer den Sinn der Aktion zu erklären oder zu vermitteln. Sinn entsteht für ihn vielmehr dort, wo das Ergebnis seiner Arbeit, seines Lernens, für ihn deutlich wird und in einem Bezug zu ihm selbst steht. Der wirksame Trainer richtet sein Denken und Handeln auf Ergebnisse aus. Der Prüfstein ist das Erreichen der mit dem Auftraggeber und den Beteiligten vereinbarten Ziele. Für den Trainer heißt dies aber auch, dass er die Ergebnisse und die Lernschritte erkennt und kommuniziert. Verhaltenstrainings haben das Ziel, dass sich das Verhalten zu einem gewünschten Verhalten hin ändert. Folglich muss das Outdoor-Training das Verhalten trainieren und einüben. Und das so, dass der Betroffene dies nicht aus einem Zwang heraus tut, sondern aus der inneren Einsicht und Selbstmotivation.

2.2 Einen Beitrag zum Ganzen leisten

Völlig falsch verstanden haben jene Trainer ihre Aufgabe, die nur darauf aus sind, eine möglichst gute Bewertung von den Teilnehmern zu bekommen. Sie leisten keinen Beitrag zum Ganzen, sondern schätzen ihre Stellung, ihre Position, ihren Rang wichtiger ein als die Vision ihres Auftraggebers oder die Mission ihrer »Kunden«, den Teilnehmern. Wirksame Trainer setzen sich mit den Zielen ihrer Kunden auseinander und stellen sich die Frage, welchen Beitrag sie durch ihr Training, ihre Arbeit und ihr Verhalten zur Erreichung der Ziele leisten. Dazu ist es aber auch notwendig, ganzheitlich und systemisch zu denken, die Unternehmensstruktur und -kultur, das Unternehmensleitbild, Systeme und Abläufe im Unternehmen oder systemische Gegebenheiten in einem Team zu betrachten und in die Entwicklung des Seminardesigns einfließen zu lassen. Wirksame Outdoor-Trainer denken an das Ganze!

2.3 Konzentration auf Weniges und Wesentliches

Viele Trainings, die heute durchgeführt werden, sind inhaltlich oft überladen und sprechen Themen nur kurz an, um dann schon wieder zum nächsten Thema zu wechseln. Das ist »Actionhopping«: eine Aktion und Übung folgt der anderen. Der Zeitplan orientiert sich nicht mehr an den Zielen, sondern nur noch an der Vielzahl von Aktivitäten. Die Teilnehmer haben keine Zeit mehr, die Erlebnisse zu reflektieren, weil die nächste Übung schon vorbereitet ist. Wirksame Trainer konzentrieren sich auf eine geringe Anzahl ausgesuchter Schwerpunkte. Nicht eine möglichst lange Liste von hochtrabenden Zielen und spektakulären Aktionen ist entscheidend, sondern die Konzentration auf wenige ausgewählte Aktivitäten führt zu soliden Ergebnissen. Daher kann auch eine vermeintlich »einfache«, kleine und unaufwändige Aufgabe viel bewirken. So hat die Problemlösungsaufgabe »Stringball« zu vielen Aha-Erlebnissen bei den Teilnehmern geführt. Diese scheinbar simple Übung mit ihren vielen zielgerichteten Varianten kann einen ganzen Vormittag füllen und zu besseren Ergebnissen führen als zwei spektakuläre Aktionen im Hochseilgarten, auf dem Wildwasser oder in der Felswand.

2.4 Bereits vorhandene Stärken nutzen

Trainingsverantwortliche und Bildungseinkäufer sehen heute leider noch viel zu oft die Schwächen der Teilnehmer und wollen diese dann beseitigen. Manchmal kommt dieser Anspruch sogar aus dem Teilnehmerkreis. Ein Trainer erzählte mir, dass ihm ein Manager in einem Verhaltenstraining bei der Feedbackrunde den »Vorwurf« gemacht hatte: »Hören Sie auf mir zu sagen, was ich gut gemacht habe, sagen Sie mir klipp und klar, was ich verkehrt gemacht habe und trainieren muss.« Natürlich ist das wichtig!. Die Teilnehmer sollen wissen, was sie »falsch« gemacht haben. Das ist aber nur eine Seite der Medaille. Viele Aktionen, Problemlösungsaufgaben und Lernprojekte im Outdoor-Training sind in ihrer Grundstruktur so aufgebaut, dass die Teilnehmer »zwangsläufig« Fehler machen oder häufig scheitern (natürlich auch, weil diese Aufgaben für die Teilnehmer keine alltäglichen Aufgaben sind und häufig zum ersten Mal erledigt werden). Selbstverständlich sollte eine Aufgabe herausfordernd sein, sollten die Ziele hoch gesteckt werden. Aber wenn der Trainer dann im Auswertungsgespräch und im Transferprozess nur die Schwächen herausstellt und Ratschläge gibt, wie diese Schwächen beseitigt werden können, dann ist das keine Stärkenorientierung, sondern eine Orientierung an den Schwächen. Wirksame Outdoor-Trainer schaffen im Lernprozess vor allem Situationen und Settings, die dem Lernenden seine Stärken deutlich erkennbar machen. Sie ermuntern die Teilnehmer, darüber nachzudenken, wie sie ihre Stärken in eine Verbindung zu ihren Aufgaben bringen – und notfalls auch den Mut aufbringen, sich die Aufgaben neu zu suchen oder entsprechend anzupassen. Ein wirksamer Trainer baut zunächst auf Stärken der Teilnehmers auf und geht mit den Schwächen seiner Teilnehmer sensibel und konstruktiv um!

2.5 Gegenseitiges Vertrauen

Grundlage eines jeden Trainings ist eine klare Vereinbarung mit den Teilnehmern. Beim Outdoor-Training beinhaltet dies neben der Klärung des Rollenverständnisses (Aufgabe, Rolle des Trainers und des Teilnehmers) auch das Thema physische und psychische Sicherheit des Teilnehmers. Hier zeigt sich, wer Teilnehmer ernst nimmt und so eine partnerschaftliche Beziehung mit gegenseitigem Vertrauen aufbauen kann. Dazu gehört Verschwiegenheit gegenüber Dritten genauso, wie gemeinsame Arbeits- und Spielregeln. Wirksame Trainer/Outdoor-Trainer nehmen die inneren Ängste ihrer Teilnehmer ernst. Dies ist keine reaktive, sondern eine aktive, positive Aufgabe. Trainer, die sich selbst in den Vordergrund spielen, die nicht aktiv zuhören können und die sich selbst als »Clown« verkaufen, schaffen kein Vertrauen und haben in einem ernstgemeinten Entwicklungs- und Lernprozess keinen Platz. Wirksame Outdoor-Trainer sind und verhalten sich authentisch. Wenn Trainer und Teilnehmer Freude, Traurigkeit, Ängste und Ärger ausdrücken können, dann ist das ein wesentliches Merkmal dafür, dass eine Basis gegenseitigen Vertrauens geschaffen worden ist.

2.6 Positiv oder konstruktiv denken

Es gibt kein Training, das immer exakt so verläuft, wie man es sich in der Vorbereitung vorgestellt hatte. Ich habe alles erlebt: von »kurz vor dem Abbruch« bis »ein mittelmäßiges Feedback« oder »ganz anders als geplant aber hochwirksam«. Wirksame Trainer schauen den Realitäten und Problemen im Training ins Auge, ohne etwas zu beschönigen oder zu verdrängen, sprechen auch vermeintlich unangenehme Wahrheiten an und betrachten Krisen als Lernchancen. Sie suchen nach den Möglichkeiten und Chancen, diese für den Lernprozess zu nutzen.

3. Tätigkeitsprofil des Outdoor-Trainers

Letztlich schafft der Trainer für seine Teilnehmer Situationen, in denen diese konstruktiv lernen und sich von Problemdenkern zu Chancendenkern entwickeln können. Der Lernerfolg hängt natürlich nicht ausschließlich vom Trainer oder dem Verhalten des Trainers ab. Lernen ist ein komplexes System, in dem das Zusammenspiel aller Beteiligten – Unternehmen, Teilnehmer, Vorgesetzte, Trainer – den Erfolg mitbestimmt (vgl. Renner, Strasmann 2000, S. 54 ff.). Renner und Strasmann beschreiben sehr klar und deutlich, welche Aufgaben auszuführen sind. Zusammenfassend sind dies die Bereiche:

- Auftragsklärung – auch mit Betroffenen
- Problemdefinition, Feststellung des Engpasses
- Zielsetzung der Maßnahme
- Konzeption des Trainings
- Organisation der Abläufe
- Klärung der Trainerkompetenzen
- Nachbereitung durch Follow-up und Coaching
- Evaluation des Trainings.

Ich möchte noch mit drei Fragen ergänzen:

- Berät er das Unternehmen zu ergänzenden weiterführenden Maßnahmen?
- Vertritt der Outdoor-Trainer in der Verhandlung und Durchsetzung gegenüber dem Auftraggeber in Bezug auf inhaltliche Gestaltung und Ablauf eine eigene Position?
- Analysiert, hinterfragt und betrachtet der Trainer systemische Situationen im Unternehmen auch in Bezug auf das Ziel einer wirtschaftlichen Verbesserung und Effizienz?

Nimmt man diese Tätigkeitsbereiche als Grundlage, so unterscheidet sich der Outdoor-Trainer nicht wesentlich im Anforderungsprofil von einem »normalen« Trainer. Aus meiner Sicht sollte jeder Outdoor-Trainer das Grundhandwerkszeug eines Trainers beherrschen. Sicherlich bleibt es auch in Zeiten zunehmender Komplexität beim Rohgerüst der Kernkompetenzen eines Trainers: die methodisch-strategische Kompetenz, die Fach- und Sachkompetenz und die soziale, persönliche und emotionale Kompetenz. Da wir aber im Outdoor-Training oft tiefer in Systeme, in die menschliche Persönlichkeit und in die Organisation eines Unternehmens eingreifen, muss der Anspruch an die Outdoor-Trainerausbildung sehr hoch angesetzt werden.

Eine klare Rollentrennung zwischen Trainer, Prozessbegleiter, Personal- und Organisationsentwickler, Coach, Mentor, Supervisor ist aber nicht mehr möglich. Mit klassischen Aufgaben wie Schwächen- und Potenzialanalyse, Konzeptionserstellung, Durchführung von Trainings, Evaluation allein ist es nicht mehr getan. Immer mehr werden Trainer auch nach den wirtschaftlichen Ergebnissen gefragt und nicht nur danach, ob isolierte Lernziele erreicht wurden. Nicht alle Ziele können durch ein Training erreicht werden, denn Leistungslücken und mangelnde Ergebnisse können viele Ursachen haben. Nur strategisch ausgebildete Trainer und Berater dienen der erfolgreichen wirtschaftlichen Sicherung der Unternehmen!

So ergibt sich folgender Inhalt und Aufbau einer Ausbildung zum Outdoor-Trainer, der in und mit Wirtschaftsunternehmen tätig werden will:
Der Outdoor-Trainer als Persönlichkeit, als Stratege, als Fachmann für Lernmethoden und als Performance Consultant.

3.1 Der Trainer als Persönlichkeit

In diesem Bereich der Ausbildung wird die persönliche, soziale und emotionale Kompetenz des Trainers entwickelt. Wichtig erscheint mir, in einem Selbsterfahrungsprozess die eigene Persönlichkeit zu erleben, zu reflektieren und gezielt einen gewünschten oder notwendigen Verhaltensänderungsprozess einzuleiten. In diesen Baustein gehört ebenso die Auseinandersetzung mit dem eigenen Umgang mit Konflikten und den daraus folgenden Konsequenzen bei Konflikten im Training. Wenn ich an mein erstes Training zurück denke, das größten Wert auf Selbsterfahrung legte, so ist mir heute noch jede Situation präsent. Es hat meinen Weg als Outdoor-Trainer bis heute mitbestimmt. Selbsterfahrung ist die Grundlage für alle weiteren Prozesse und Lernschritte in einer Ausbildung zum Outdoor-Trainer.

Keine Ausbildung zum Outdoor-Trainer ohne Selbsterfahrung!

3.2 Der Trainer als Stratege

In diesem Ausbildungsteil soll es darum gehen, dass der Trainer lernt, eine Bedarfsanalyse mit Beteiligten und Auftraggebern im Unternehmen durchzuführen. Die Ergebnisse dieser Analyse müssen sich im Fortbildungskonzept wiederfinden. Jeder Trainer muss sich bewusst machen, welche Rolle er in einem solchen Prozess einnehmen will. Je genauer die praxis- und strategieumsetzenden Ziele formuliert werden, umso mehr wird die Motivation der Teilnehmer steigen! Dies bedeutet, dass die strategischen Erfolgspositionen eines Unternehmens oder einer Abteilung definiert werden müssen. So entwickle ich heute für jeden Auftrag nach eingehender Analyse ein Konzept mit den strategischen Zielen, einem genauen Ablaufplan, mit gezielten Fragestellungen und ausgesuchten Reflexionsmodellen, die sich ausschließlich am »Engpass« orientieren. Wie schon festgestellt, kann während des Trainings ein Umdenken notwendig sein.

Keine Outdoor-Trainerausbildung ohne Entwicklung der strategischen Kompetenz!

3.3 Der Trainer als Fachmann für Lernmethoden

Zu den methodischen Fähigkeiten gehört der überzeugende und zielgerichtete Einsatz aller »Handwerkszeuge« eines kompetenten Trainers und die Beachtung individual- und teampsychologischer Prozesse. Gestaltung von Anfangssituationen, lebendiges Lernen, richtiger Umgang mit Medien und Hilfsmitteln, Methoden der systemischen Arbeit, Rollen- und Planspiele (vgl. Lensch 2000, S. 15 ff), Analyse und Umgang mit gruppendynamischen Prozessen und das Steuern von Gruppen sind nur einige der Ausbildungsinhalte. Feedback muss professionell erfolgen und Bestandteil der Ausbildung sein. Weitere Themen können sein:

- Präsentationstechniken und Rhetorik,
- Strategien der Argumentation, Diskussion, Moderation,
- Kenntnisse über die unterschiedlichen Persönlichkeitsmodelle,
- Grundlagen der Organisationsentwicklung für Unternehmen,
- Umgang mit der physischen und psychischen Sicherheit der Teilnehmer,
- Prinzipien des handlungsorientierten Lernens,
- Krisenmanagement bei Unfällen,
- interaktive Lernprojekte und zielgerichtete Einsatzmöglichkeiten,
- Arbeit mit Metaphern,
- Aufbau und Einsatz mobiler Outdoor-Elemente,
- Kenntnisse über die wichtigsten Handlungsfelder im Outdoor-Training.

Keine Outdoor-Trainerausbildung ohne das notwendige »Handwerkszeug«!

3.4 Der Trainer als Performance Consultant

Letztlich geht es um den Transfer des Lernerfolgs – eine komplexe Sache. Voraussetzung dafür ist die Fähigkeit des Trainers, seine Arbeit selbst zu evaluieren und Erfolgskontrollen durchzuführen. Manchmal ist es sinnvoll, einen tieferen Blick in und auf den Unternehmensalltag durch »Training on the Job«, Coaching, Transferhilfen oder Feldtraining zu werfen. Wie führe ich diese Begleitung durch? Wie bereite ich mich darauf vor? Welche Rückmeldung gebe ich dem Unternehmen? Wo werde ich beratend tätig und beeinflusse die Performance eines Unternehmens mit? Diesen Fragen muss sich der erfolgreiche Outdoortrainer stellen – schließlich will er nicht nur mit Aktionen begeistern, sondern durch einen ganzheitlichen Ansatz das Unternehmen stärken. Dieser ganzheitliche und weitgehende Ansatz betrachtet und beeinflusst nicht nur die Lösungsansätze über den Mitarbeiter/Teilnehmer, sondern auch die Systemdefizite und die Umwelteinflüsse im Unternehmen. Dies setzt aber eine Analysekompetenz im Rahmen der Struktur- und Prozessebene in einem Unternehmen voraus. Dazu gehören die Betrachtung von Schnittstellen, Führung, Arbeitsumfeld und anderer ergebnisrelevanter Einflussfaktoren. Gefragt ist eine Beraterkompetenz, die in dem ganzheitlichen Ansatz das Ergebnis/die Performance des Unternehmens positiv beeinflusst.

Diese Kompetenz muss im Rahmen der Ausbildung behandelt und gefördert werden. Hilfreich und vielleicht notwendig ist es, zwei bis drei Jahre selbst in einer Managementfunktion in einem Unternehmen gewirkt zu haben!

Keine Outdoor-Trainerausbildung ohne Entwicklung der Fähigkeiten, andere unternehmerisch zu beraten und persönlich zu coachen!

3.5 Fazit

Gute Outdoortrainer müssen also sehr umfassend ausgebildet sein und mehr als die Methode Outdoor oder handlungsorientiertes Lernen beherrschen. In diesem Sinne gibt es keine umfassende Ausbildung zum Outdoortrainer. Es stellt sich auch die Frage, ob es solch eine umfassende Ausbildung geben muss oder geben kann. Vieles, was ich an Qualifikationen für den Outdoortrainer gefordert habe, wird bereits bei »normalen« Trainern vorausgesetzt. Hier müssen vor allem Methoden und deren Integration in betriebliche Bildungszusammenhänge erlernt werden.

Andere wiederum, die schon langjährig mit anderen Zielgruppen erlebnispädagogisch arbeiten, brauchen ganz andere Skills: Sie müssen sich das aneignen, was üblicherweise in klassischen Trainerausbildungen gelehrt wird. Es geht also um die gezielte Ergänzung der vorhandenen Qualifikationen, um dem formulierten Leitbild des Outdoortrainers möglichst nahe zu kommen.

Vor diesem Hintergrund habe ich nun jene vorhandenen Ausbildungen gesichtet, die für potenzielle Outdoortrainer von Interesse sein könnten.

4. Ausgesuchte Anbieter und ihre Konzepte

Acht Anbieter, die repräsentativ für das vorhandene Angebot sind, sollen an dieser Stelle verglichen werden. Die Informationen sind den Internetauftritten, dem Prospektmaterial oder einer vom Unternehmen gefertigten persönlichen Darstellung entnommen. Alle nicht genannten Institute und Unternehmen bitte ich um Verständnis, wenn sie hier nicht aufgeführt sind.

4.1 OUTWARD BOUND Professional GmbH Deutschland

Titel der Ausbildung: Train the Trainer – Die Ausbildung zum Outdoor-Trainer
Grundsätzliche Ausrichtung/Inhalte:
Aufbauend auf der vorhandenen Trainerqualifikation werden die TeilnehmerInnen Kenntnisse über die wichtigsten Ansätze und Methoden des Outdoor-Trainings erwerben und in die Lage versetzt, diese in Ihren persönlichen Trainingskontext zu integrieren. Die Ausbildung beinhaltet folgende Bausteine:

- Modul 1: Die Arbeit mit Problemlösungsaufgaben und Vertrauensübungen
- Modul 2: Das Element hohe Seilgärten und künstliche Kletteranlagen
- Modul 3: Das Element »Tour« im Outdoor-Training
- Modul 4: Seminardesign und Transfermoderation
- Modul 5: Abschluss und Integration

Zwischen den Modulen werden eigenständig Praxisprojekte im persönlichen Arbeitskontext durchgeführt. Regionale Lerngruppen begleiten die Praxisprojekte und bearbeiten weitergehende Ausbildungsinhalte. Um einen kontinuierlichen gegenseitigen Beratungs- und Coachingprozess zu gewährleisten, kann die Ausbildung nur komplett gebucht werden.

Zielgruppen: TrainerInnen, BeraterInnen, DozentInnen, MitarbeiterInnen der Aus- und Weiterbildung, Human Resources, Personal- und Organisati-

onsentwicklerInnen aus Wirtschaft, Verwaltung und Non-Profit-Organisationen.
Eingangsvoraussetzungen: Pädagogische oder psychologische Berufsbildung oder mehrjährige vergleichbare Berufserfahrung.
Dauer: 14 Tage
Preise: 4.980,– € zuzüglich MwSt.

4.2 Neuland und Partner, Fulda

Titel der Ausbildung: Outdoor Trainer basics – Ausbildung zum erlebnisorientierten Teamtrainer
Grundsätzliche Ausrichtung/Inhalte:

- Umfangreiches Kennenlernen und Ausprobieren typischer Elemente des Outdoor-Trainings,
- Chancen und Grenzen von Outdoor-Trainings,
- Vorbereitung und Strukturierung von Outdoor-Einheiten,
- Einsatz von Reflexion und Transfer,
- didaktisches Design,
- Integration von Outdoor-Einheiten in Trainings,
- Knoten, Seile, Navigation; Sichern – Umgang mit den Werkzeugen des Outdoor-Trainings,
- Selbstverständnis und Rollenkonflikt als Moderator und Trainer.

Zielgruppen: Trainer, Berater, Organisations- und Personalentwickler
Eingangsvoraussetzungen: keine
Dauer: 3 Tage
Preis: 1.590,– € zuzüglich MwSt.

4.3 TAM Trainer Akademie München, Büro Fulda

Titel der Ausbildung: Ausbildung zum erlebnisorientierten Team- und Motivationstrainer
Grundsätzliche Ausrichtung/Inhalte:

- Selbsterfahrung und Kennenlernen von Boden- und Hochelementen im Hochseilparcours einschl. relevanter Sicherheitsabläufe,
- Einsatz der Übungen für unterschiedliche Zielgruppen und Trainingsthemen,
- Themenspezifische Reflexions- und Transfermethoden,

Ausbildung zum Outdoor-Trainer

- Moderation von Gruppenprozessen in den jeweiligen Seminarsituationen,
- Konzeption eigener Seminarabläufe,
- Wirkungsweisen des erlebnisorientierten Lernens,
- Kritische Situationen und deren Bewältigung.

»Sie erlernen das Handwerkszeug eines erlebnisorientierten Team- und Motivationstrainers. Sie erleben das Training in der Rolle des Teilnehmers sowie aus der Sicht des Trainers kennen, erfahren selbst die Intensität und Wirkung dieser Methode und sind anschließend in der Lage, die Übungen in ihr eigenes Seminarkonzept zu integrieren und umzusetzen.«
Zielgruppen: Trainer und Personalentwickler
Eingangsvoraussetzungen: keine
Dauer: 4 Tage
Preis: 1.700,– € zuzüglich MwSt.

4.4 E3L – Europäisches Institut für erlebnis- und erfahrungsorientiertes Lernen, Linz-Wien

Titel der Ausbildung: Diplomlerngang zur / zum E3L – Outdoor-TrainerIn für Low-/ Highelements und Prozesse
Grundsätzliche Ausrichtung/Inhalte:
»Die ersten beiden Bausteine ›Basisseminar A+B‹, welche für die weiteren Bausteine Voraussetzung sind, bieten Ihnen die Möglichkeit, in einem persönlichen Prozess die Methode als TeilnehmerIn lustvoll in der Gruppe zu erleben und auf der Metaebene zu reflektieren. Jeder andere der drei Bausteine kann singulär oder parallel besucht werden, je nach Interesse der Teilnehmer. In den beiden Trainings-Bausteinen »Outdoor-TrainerIn für Low-elements« und »Outdoor-TrainerIn für High-elements« lernen Sie zahlreiche erlebnisorientierte Übungen kennen. Danach analysieren Sie diese aus verschiedenen Blickwinkeln und lernen, die Übungen selbst sicher aufzubauen, zu begleiten und abzubauen. Im Fortbildungsbaustein »Outdoor-TrainerIn für Prozesse« werden Sie den Dreischritt »Erfahrung – Reflexion – Transfer« in Bezug auf Gruppenprozesse, zahlreiche Interventionsmöglichkeiten und das Leiten von Gruppen intensiv erleben und erlernen. Die eigene (Werte-)Haltung, systemisch-konstruktivistisches Verständnis und das erlebnisorientierte Designen von Entwicklungsprozessen sind weitere Schwerpunkte dieser coaching-orientierten Fortbildung. Ab 2003 wird ein zusätzlicher Baustein mit dem Fokus ›Lernen von und in der Natur‹ mit starkem Selbsterfahrungsanteil angeboten.«
Zielgruppen: TrainerInnen, BeraterInnen, PädagogInnen und andere Personen, die mit Gruppen arbeiten

Eingangsvoraussetzungen: allgemeine und spezifische je nach Baustein
Dauer: 18–47 Tage
Preise: 145,- € bis 195,- € netto pro Tag

4.5 Deutsche Sporthochschule Köln

Titel der Ausbildung: Outdoor-Trainer und Ropes-Course-Trainer
Grundsätzliche Ausrichtung/Inhalte:
Die Ausbildung umfasst zwei Teile, die auch separat gebucht werden können. Die Ausbildung zum *Outdoor-Trainer* beinhaltet die Umsetzung praxiserprobter Seminareinheiten in und durch ausgesuchte Outdoor-Übungen. Die Teilnehmer lernen, selbständig Trainings-Settings für Profit- und Nonprofit-Organisationen zu entwickeln und durchzuführen. Im Mittelpunkt steht dabei die Gestaltung von Übungseinheiten, Moderationsstrategien und Coachingtechniken. Mit der Anmeldung zur Abschlussprüfung muss ein Nachweis über eine erfolgreich abgeschlossene Projektarbeit vorgelegt werden.

Mit der Ausbildung zum *Ropes Course Trainer* wird das Ziel verfolgt, in den unterschiedlichen Bereichen, in denen Outdoor-Trainings, Incentives oder Events stattfinden und erlebnispädagogische Elemente vermittelt werden, die höchstmögliche durchführbare Sicherheit zu erreichen und aufrecht zu erhalten. Die Ausbildung beinhaltet den kompetenten Bau und die Absicherung mobiler Elemente, die Sicherung jeglicher Ropes Course Elemente sowie deren Anmoderation und die sinnvolle Durchführung von Low Events und Problemlösungsaufgaben. Fähigkeiten zur Gewährleistung der persönlichen Sicherheit werden erlernt, unterschiedlichste Rettungsszenarien durchgespielt. Rechtzeitige und richtige Interventionen und die sicherheitstechnische Organisation von Veranstaltungen mit Großgruppen sind ebenfalls Ausbildungsinhalte. Mit der Anmeldung zur Abschlussprüfung muss ein Nachweis über ein 14-tägiges Praktikum vorgelegt werden. Beide Ausbildungsteile werden zertifiziert durch das Institut für Natursport und Ökologie an der Deutschen Sporthochschule Köln.

Zielgruppen: Menschen mit Interesse an Erlebnispädagogik, Natursportarten, Erlebnissport oder Outdoor-Trainings; Trainer, die ihr Handlungsspektrum auf den Outdoor-Bereich ausweiten wollen; Lehrer und Ausbilder der Erlebnispädagogik
Eingangsvoraussetzungen: keine
Dauer: Teil 1: 2×7 Tage, Teil 2: 3×4 Tage
Preis: ca. 4.500,- € für die gesamte Ausbildung

4.6 OUTWARD BOUND e.V., München

Titel der Ausbildung: Berufsbegleitende erlebnispädagogische Zusatzausbildung (ZAB)
Grundsätzliche Ausrichtung/Inhalte:
Inhalt der mehrwöchigen Ausbildung, an der bereits über 400 Personen teilgenommen haben, sind praxisorientierte Lehrgänge, die alle Facetten der Erlebnispädagogik vermitteln. Im Vordergrund stehen der Erwerb einer vielfältigen Methodenkompetenz sowie die Fähigkeit, erlebnisorientierte Elemente zielgerichtet einsetzen zu können. Die Inhalte der Ausbildung bauen aufeinander auf und setzen sich aus einem Einführungsseminar, sieben Lehrgängen und einem Praxisblock mit Coaching zusammen.
Zielgruppen: alle pädagogischen Berufe, aber auch Mitarbeiter von Firmen oder Institutionen sowie Einzelpersonen, die mit Erlebnispädagogik arbeiten oder diese pädagogische Ausrichtung in Zukunft nutzen werden.
Eingangsvoraussetzungen: pädagogische oder psychologische Berufsausbildung oder mehrjährige vergleichbare Erfahrung.
Dauer: Einführungsseminar, 7 Ausbildungsblöcke und Praxisteil (insgesamt ca. 39 Tage)
Preis: ca. 4.500,– € inklusive Unterkunft und Verpflegung

4.7 Wildnisschule (Schweiz)

Titel der Ausbildung: Diplomlehrgang Erlebnispädagogik – kreativ-rituelle Prozessgestaltung
Grundsätzliche Ausrichtung/Inhalte:
Die kreativ-rituelle Prozessgestaltung ist eine handlungsbezogene Arbeitsform, die auf der Basis einer systemischen, ressourcen- und prozessorientierten Haltung vier zentrale Methodenfelder – Naturerfahrung, Kreativtechniken, rituelles Gestalten und szenisches Arbeiten – zu einem wirkungsvollen Repertoire verknüpft. Sie findet ihre Anwendung in der Erwachsenenbildung, der Organisations- und Teamentwicklung, der Sozialpädagogik und der Psychotherapie
Zielgruppen: »Jung wie Alt, Doktoren, Amateure, Theologinnen, Therapeutinnen, Techniker, Pädagogen und Künstlerinnen – alle lernen von allen – so soll es auch weitergehen!«
Eingangsvoraussetzungen: keine
Dauer: 44 Modultage plus 30 Selbstlerntage
Preise: ca. 8.000,– SFr.

4.8 Verein zur Förderung der Kinder- und Jugendhilfe e.V.

Titel der Ausbildung: Ausbildung zum Ropes Course Trainer
Grundsätzliche Ausrichtung/Inhalte:
»Die Fortbildung ›Ropes Course Trainer/in‹ befähigt Sie zur Planung und zum Bau von mobilen und stationären Seilgärten (Ropes Courses) und zur verantwortlichen Durchführung von Ropes Course Veranstaltungen. Sie werden auf den Gebieten Gruppendynamik, Gruppenleitung und Erarbeitung von zielorientierten Programmdesigns qualifiziert. Unter professioneller Anleitung erlernen, erproben und bewerten Sie klassische Medien wie Initiativübungen, Abenteuerspiele, New Games und komplexe Problemlösungsaufgaben, die in der Arbeit mit Ropes Courses zum Einsatz kommen. Praktische Einheiten zu den Bereichen Seil- und Sicherungstechnik, Sicherungskonzepte, Risk Management, Outdoor-Erste-Hilfe sowie Theorieeinheiten zu Themen wie Transfer, Arbeit mit Metaphern und Recht, komplettieren das Fortbildungsangebot.«
Zielgruppen: Pädagogen, Lehrer und Trainer in sozialen Kursen
Eingangsvoraussetzungen: keine
Dauer: 16–18 Tage
Preise: ca. 2.550,– €

5. Bemerkungen zu einschlägigen Anbietern und Fazit

Keiner der derzeitigen Anbieter hat aus meiner Sicht ein umfassendes Angebot einer Ausbildung zum Outdoor-Trainer. Eingangsvoraussetzungen, um die teilnehmende Zielgruppe klar abzugrenzen, hat lediglich der Anbieter OUTWARD BOUND. Dabei ist die Eingangsqualifikation aber eher dürftig und sehr allgemein gehalten. Auch wird eine vorgeschaltete zertifizierte Trainerausbildung nicht explizit verlangt. Die unterschiedliche Preisgestaltung und Dauer der Ausbildungen machen einen Vergleich schwierig. Grundsätzlich sind die derzeitigen Ausbildungen nach meinen Erfahrungen in ihrer Ausrichtung schnell zu erkennen. Zum einen haben wir Ausbildungen, die eher in Richtung High Ropes Trainer gehen, zum anderen Angebote, die einen hohen Anteil an Selbsterfahrung beinhalten, und wieder andere, die in wenigen Tagen die Methode »vermitteln« wollen. Klar zu erkennen sind Ausbildungen, die auf soziale Arbeit abgestimmt sind. Eine qualifizierte Ausbildung in Verbindung von Methodentraining und Prozessgestaltung für die Arbeit mit Wirtschaftsunternehmen bieten bei den von mir aufgeführten Anbietern die Unternehmen E3L, OUTWARD BOUND und die Sporthochschule Köln.
Trainer, die bereits eine qualifizierte und zertifizierte Ausbildung zum Trai-

ner absolviert haben, können sich unter den derzeitigen Angeboten leicht das notwendige Werkzeug für Outdoor-Trainings aneignen. Empfehlenswert aus meiner Sicht ist jedoch eine Ausbildung, die sich nicht so sehr auf den Schwerpunkt High Ropes Course konzentriert, sondern auch methodische und fachspezifische Themen und Inhalte anbietet. Bei ihrer Wahl sollten sich Interessenten sehr genau überlegen, welche Ausbildungsthemen ihnen noch fehlen und in welchem Kurs diese angeboten werden.

Für Absolventen von erlebnispädagogischen Ausbildungen ohne qualifizierte Trainerausbildung kann ich nur auf einschlägige Trainerausbildungen unterschiedlicher Institute (z. B. an der Deutschen Trainer und Führungskräfte Akademie in Hamburg) hinweisen. Ich bin mir bewusst, dass viele kompetente Kollegen und Kolleginnen über ein sehr gutes Know-how verfügen und in Seminaren ihr Wissen und ihre Fähigkeiten gewinnbringend und zielorientiert zum Wohle des Auftraggebers einsetzen und schon eingesetzt haben. Dies trifft auch für viele zu, die keine Outdoor- oder qualifizierte Trainerausbildung haben (leider aber nicht für alle!).

Ohne Zweifel wäre es wünschenswert, dass in naher Zukunft renommierte Ausbildungsinstitute oder interessierte und qualifizierte Trainer eine ganzheitliche Trainerausbildung (Outdoor und Indoor) anbieten. Nur so kann in dieses »unübersichtliche« Feld etwas Ordnung und Qualität gebracht werden. Handlungsorientierte Trainings und Outdoor-Trainings gewinnen als Lernmethode für bestimmte Problemstellungen in Unternehmen zunehmend an Akzeptanz – und die Erfolge sprechen für sich!

Literatur

Malik, F.: Führen Leisten Leben. München / Stuttgart 2000.
Renner, H-G., Strasmann, J. (Hrsg.): Outdoor – Das Outdoor-Seminar in der betrieblichen Praxis. Hamburg 2000.
Lensch, M.: Das pädagogische Rollenspiel als erlebnisaktivierende, szenische Trainings- und Beratungsmethode. In: e&l. erleben und lernen 6/2000, 8. Jg., S. 15–17.

Stichworte Glossar

Balanced Score Card — Diagnose- und Steuerungsinstrument, bei dem Unternehmen anhand von wenigen zentralen Kenndaten aus verschiedenen Bereichen evaluiert werden und aus dem sich künftige Entwicklungsschwerpunkte ergeben.

Blind Square — Das Team erhält die Aufgabe, mit verbundenen Augen ein Bergseil zu einem exakten Quadrat zu legen.

Blinder Mathematiker — Mehrere Teilgruppen legen mit verbundenen Augen jeweils ein Vieleck, bei dem alle Ecken durch je einen Teilnehmer besetzt, aber eine Ecke mehr als die Teilnehmerzahl zu bilden ist.

Build a Web — Der Aufbau des Spinnennetzes wird als eigenständige Problemlösungsaufgabe eingesetzt.

Cat Walk — Hohes Seilgarten Element, bei dem eine Person über einen Balken balanciert.

Coaching Ladder — Hochseilgartenelement: eine horizontale Leiter aus schwankenden, frei aufgehängten Brettern.

Find the tree — Das Team erhält die Aufgabe, nach vorheriger Planungsphase mit verbundenen Augen eine definierte Strecke/Punkt im Gelände zu finden.

Flying Fox — Überdimensionale Seilrutsche, milde Variante des »Pampers Pole«.

Fold the Tarp, flip the Tarp — Das gesamte Team steht auf einer kleinen gefalteten Plane und soll diese wenden, ohne dabei den Boden zu berühren.

Front Loading — Durch Trainerintervention oder durch Teamentscheidung werden vor den Aktivitäten neben der eigentlichen Aufgabenstellung Lernziele festgelegt, z. B. »Wir nehmen uns vor, alle Teammitglieder an der Planung zu beteiligen«.

Jakobsleiter — Hohes Seilgartenelement: Zwei Personen klettern mit gegenseitiger Unterstützung auf einer überdimensionierten Leiter.

Kick-off — Startveranstaltung bei neu gegründeten Teams, Projektgruppen oder anlässlich neuer Phasen in der Unternehmensentwicklung.

Stichworte Glossar

Mohawk Walk	Das Team überquert eine bestimmte Strecke auf Seilen, die zwischen Bäumen oder Pfosten in niedriger Höhe gespannt sind, ohne den Boden zu berühren.
Murmelbahn	Kooperationsprojekt, bei dem mehrere Unterteams unter limitierten Kommunikationsbedingungen ein gemeinsames Produkt erstellen. Diese Struktur kann prinzipiell auch für andere Konstruktionsaufgaben bei großen Teams übernommen werden (Floßbau).
Pampers Pole	Hohes Seilgartenelement zum Thema Umgang mit persönlichen Grenzen: Eine Person klettert auf einen Mast und springt anschließend in das Sicherungsseil.
Schluchtüberquerung	Das Team erhält die Aufgabe, eine Seilbrücke über eine Schlucht zu bauen und zu benutzen.
Schneesturm	Siehe **Find the tree**.
Spinnennetz	Der Klassiker unter den Problemlösungsaufgaben: Das Team muss berührungsfrei durch ein überdimensionales Netz kriechen, wobei jedes Loch nur einmal berührt werden darf.
Spin-off	Ausgliederung eines Unternehmenssegments zu einer eigenständigen Firma.
Stock	Ein Bambusstock, der auf den gestreckten Zeigefingern der Teammitglieder ruht, soll auf dem Boden abgelegt werden. Der Effekt ist immer wieder verblüffend!
Stringball	Problemlösungsaufgabe: Von einem Holzring mit ca. 8 cm Durchmesser gehen 8–10 Schnüre mit etwa 3–4 m Länge nach außen. Auf dem Holzring liegt ein Ball. Die Gruppe balanciert diesen Ball, indem sie an den Schnurenden strafft zieht. Dabei können die Bedingungen des Transports erschwert werden (z. B. Augenbinden).
System Square	Komplexe Variante von **Blind Square**.
Teambeam	Hohes Seilgartenelement: Zwei Personen balancieren mit gegenseitiger Unterstützung auf zwei parallel und frei schwingend aufgehängten Balken.
Triangel	Problemlösungsaufgabe, die Kooperation zwischen drei Hierachieebenen abbildet.
Verkehrsstau/ Traffic Jam	Teamaufgabe, bei der die Teilnehmer auf Spielfeldern angeordnet sind und nach bestimmten Regeln die Plätze tauschen müssen.

Stichworte Glossar

Vertrauensfall   Jeweils ein Teammitglied lässt sich von einem Podest in die ausgestreckten Arme der Gruppe fallen.

Wall   Das Team hat die Aufgabe, eine circa 3,80 m hohe Bretterwand ohne weitere Hilfsmittel zu überwinden.

Wippe   Das Team hat die Aufgabe, eine überdimensionale Wippe in Balance zu bringen.

Autoren und Herausgeber

Burggraf, Bernhard
Jg. 1965, Senior Process Consultant – Skills Development, Siemens Business Services GmbH & Co OHG, Center für innovative Themen.
E-mail: bernhard.burggraf@siemens.com

Gatt, Stefan
Seit 1992 Arbeit mit erlebnisorientierten Methoden als Leiter von offenen und firmeninternen Seminaren zum Thema Teambuilding und Persönlichkeitsentwicklung. Spezialist für den Aufbau von fixen und mobilen Seilgärten.
E-mail: office@gatt-ce.com

Göttenauer, Matthias
Jg. 1966, Vorsitzender des Aufsichtsrats der Neulands Add Venture AG, Diplom-Sozialpädagoge mit Schwerpunkt Freizeit und Tourismus (Fachhochschule Fulda), mehr als zehn Jahre Erfahrung in der Konzeption und Durchführung von Outdoor-Trainings und Events, Lehrauftrag für Erlebnispädagogik an der FH Fulda, Neuland & Partner Trainer-Ausbildung, Trainingsschwerpunkte: Teamentwicklung, Führung und Projektmanagement.
E-mail: matthias.goettenauer@addventure.ag

Karl, Andrea
Kommunikationsdesignerin und Consultant bei Maisberger & Partner Gesellschaft für strategische Unternehmenskommunikation
E-mail: andrea.karl@maisberger.com

Kohlhaus, Berthold
Jg. 1967, arbeitet als selbständiger Berater, Trainer und Coach; leitet Seminare, moderiert Arbeitsgruppen und berät und unterstützt Unternehmen sowie Individuen in ihrer Entwicklung.
E-mail: Berthold.Kohlhaus@web.de

Autoren und Herausgeber

Kölblinger, Mario
Partner der Unternehmensberatung Dr. Strasser Team (Brunnthal/München). Wirtschaftspsychologe, Unternehmens-Entwickler und Outdoor-Trainer, Mitbegründer des Outdoor Management Development in Deutschland. Schwerpunkte: Projekt-Management, Risk-Management, Internationales Tätigkeitsfeld im Outdoor-Trainingsbereich, Gastreferent an US-Universitäten und auf internationalen Kongressen, verschiedene Veröffentlichungen zum Outdoor Mangement Development.

E-mail: mkoelblinger@strasser.de

Kretschmar, Dietrich
Jg. 1955, Kaufmann, Zertifizierter Trainer und Berater der Deutschen Trainer und Führungskräfte Akademie Hamburg, Gründer von COMPASS TRAINER NETWORK; arbeitet seit zwölf Jahren in der Erwachsenenbildung mit internationalen Unternehmen der Wirtschaft zusammen

E-mail: ctn.dk@t-online.de

Küssner, Tina
Diplom-Biologin und Seminartrainerin, Mitarbeit als Sicherheitstrainerin beim Projekt »Opel der Unterschied« in Spanien, seit 1996 Partnerin von Outdoor-Unlimited Training.

E-mail: eberhardkuessner@t-online.de

Lehmann, Dorothea
Dipl.-Psych., Gesellschafterin roots outdoortrainings & seminare, handlungsorientierte Trainings, Weiterbildung und Beratung.

E-mail : doro.lehmann@roots.de

Maisberger, Paul
Geschäftsführer Maisberger & Partner Gesellschaft für strategische Unternehmenskommunikation, München.

E-mail: paul.maisberger@maisberger.com

Michl, Werner
Jg. 1950, Professor für Soziale Arbeit an der Georg-Simon-Ohm Fachhochschule Nürnberg, Mitherausgeber der Zeitschrift »e&l. erleben und lernen. Internationale Zeitschrift für handlungsorientiertes Lernen«, der gleichnamigen Schriftenreihe im Luchterhand Verlag und der Buchreihe »PEP – Praktische Erlebnispädagogik« (ziel-Verlag), Mitglied im Vorstand von OUTWARD BOUND Deutschland.

E-mail: Michl@hostmail.de

Autoren und Herausgeber

Mokros, Matthias
Jg. 1960, MA Geschichte, Geographie, Philosophie. Aufbaustudium Erwachsenenbildung, Zusatzausbildung Kommunikationspsychologie, Leiter des OUTWARD BOUND Bildungszentrums Königsburg (Schlei). Koordinator für internationale und interkulturelle Programme bei OUTWARD BOUND Deutschland. Sporthochseeschiffer.
E-mail: outwardbound.koenigsburg.mm@t-online.de

Molan-Grinner, Siegfried
Jg. 1968, wohnt verheiratet (eine Tochter) in Enns (Oberösterreich), Studium Kommunikationswissenschaften, Doktorat in Pädagogik; Ausbildungen in NLP, Handlungsdiagnostik, systemische Therapie und Aufstellungsarbeit, Outdoor. Seit acht Jahren als externer Personalentwickler tätig; aktuell: Förderassessments und Potenzialanalysen, Einführung digitaler Feedbacksysteme, Vertriebsentwicklung mit Outdoor-Trainings.
E-mail: smg@aon.at

Mühleisen, Stefan U.
Jg. 1962, wählt für seine Trainings mit Leistungsträgern und Kunden von Unternehmen wie Aral, Siemens oder Cognos aus einer breiten Palette, die von konstruktiven Lernprojekten über klassische Outdoor-Seminare bis hin zu Extrem-Trainings reichen.
E-mail: stefan@muehleisen.biz

Rimner, Gerd
Jg. 1948, freiberuflicher Berater und Trainer.
E-mail: gerd@rimner.de

Röttgen, Roland
Jg. 1943, staatlich geprüfter Techniker, langjährige Vertriebs- und Führungserfahrung in der Wirtschaft, seit 1990 Personalentwickler und Trainer. Ausbildung zum Dialog-Begleiter, TZI-Diplom WILL International, Moderationsmethode, Outdoor-Trainer mit Sicherheits-Zertifikat, Open Space-, RTSC- und Zukunftskonferenz. Weiterbildung in NLP, Supervision, erlebnisaktivierende Diagnose-Methoden, Lernende Organisation (MIT/Senge).
E-mail: roland.roettgen@praxisfeld.de

Schad, Niko
Jg. 1950, Diplompsychologe, Ausbildung in Psychodrama und Kommunikationsberatung (Schulz v. Thun), ehemaliger Leiter des OUTWARD BOUND Zentrums Schwangau, heute freiberuflicher Berater und Trainer, berät Unternehmen bei Prozessen der Personal- und Organisationsentwicklung und bildet seit

über zehn Jahren (Outdoor-)Trainer aus (OUTWARD BOUND ZAB & Train the Trainer, E31 Wien).

E-mail: info@niko-schad.de

Servas, Wolfgang
Jg. 1963, seit 1990 im Bildungsbereich der Bahn. Nach Tätigkeiten als Trainer und Ausbildungsleiter in Stuttgart war er bundesweit als Produktmanager (Frankfurt) und Key Account Manager Berufsausbildung. Heute: Leiter Vertrieb der Niederlassung Süd beim Dienstleistungszentrum Bildung der Deutschen Bahn AG und Standortleiter im Trainingszentrum München. Erfahrungen in Prüfungsausschüssen, Arbeitskreisen und europäischen Bildungsprojekten sowie als Projektleiter in den Bereichen Projektmanagement, Personalentwicklung und Change Management insbesondere in der Weiterentwicklung von Bildungseinrichtungen. Fortbildungen in ganzheitlichem Management (Darmstadt) und Personalentwicklung (Uni Kaiserslautern).

E-mail: Wolfgang.servas@bku.db.de

Sippl, Lothar
Jg. 1971, Dipl.-Sozialpädagoge (FH), systemischer Coach, Leiter des OUTWARD BOUND Bildungszentrums in Schwangau, konzeptioniert und leitet seit mehreren Jahren Outdoor-Trainings mit den Schwerpunkten »Teamentwicklung« und »Führung«.

E-mail: Lothar.Sippl@t-online.de

Stapf, Rolf
Dipl.-Pädagoge, Dipl. Supervisor u. Organisationsberater (Universität Kassel)

Vieth, Jürgen
Jg. 1954, verheiratet, Dipl. Päd, Sportpädagoge, Outdoor-Trainer, Zusatzqualifikationen in systemischer Beratung, Kommunikationspsychologie, Adventure Based Connseling. Lehraufträge an der Universität Marburg und an der Universität Kassel, vielfältige Veröffentlichungen zum Thema »Erfahrungsorientiertes Lernen«, seit 1997 Geschäftsführer der ALEA GmbH.

E-mail: vieth@alea-consult.de

Wagner, Mayke
Beraterin, Trainerin, abgeschlossenes Studium Sport und Englisch; Geschäftsführerin der Firma essence, einem international tätigen Trainings- und Beratungsunternehmen; Landkarten: systemische Beratung und Transaktionsanalyse.

E-mail: office@t-e-a-m.org

Wagner, Michael
Berater, Trainer, Führungscoach, staatlich geprüfter Berg- und Skiführer, Dipl. Ing. Maschinenbau; Geschäftsführer der Firma essence, einem international tätigen Trainings- und Beratungsunternehmen; Landkarten: systemische Beratung und Transaktionsanalyse.

E-mail: office@t-e-a-m.org

Zoll, Artur
Jg. 1951, Dipl. Soz.päd, seit 1990 Trainer und Mitarbeiter der Trainer-Akademie-München GmbH (TAM). Geschäftsführer der TAM, Büro Fulda. Prozess- und Sicherheitstrainer für erlebnisorientierte Seminare in Verbindung mit Hochseilanlagen. Ausbilder von Prozess- und Sicherheitstrainern, Fachübungsleiter Bergsteigen des DAV. Autor und Herausgeber des TAM Spiele- und Methodensets.

E-mail: a.zoll@trainer-akademie.de